국가정보체계 혁신론

법률출판사

머리말

국가정보기구는 그 나라의 눈과 귀 즉 촉수(觸手)이다. 오늘날 국제테러, 사이버 안보, 대량살상무기밀매조직 같은 초국가적 안보위협세력이 발호하고, 산업스파이를 포함한 국가 간의 정보활동이, 국가생존의 조건으로 이어지는 치열한 글로벌 경쟁환경의 망망대해에서 나침반 역할을 할 국가정보의 중요성은, 아무리 강조해도 지나치지 않다. 그러므로 그렇게 중요한 국가정보를 효율적으로 생산할 수 있는 국가정보 체계에 대한 혁신을 다하는 노력은 아무리 거듭해도 또한 지나침이 없다고 할 것이다.

그러나 국가정보기구는 더 이상 무소불위의 권력기구가 아니다. 국가정보는 결코 진실에 대한 것이 아니라는 정보의 한계에 대한 새로운 인식이 아니라고 하더라도, 정책공동체나 정보공동체는, 국가정보는 국가정책의 진솔한 안내자이고 조언자라는 사실을 올바르게 인식해야 한다. 외교통상부나 법무부, 국토안전부 심지어 지방자치단체 같은 정책부서도 훌륭한 국가 정책정보를 창출할 수 있음을 직시하고, 본격적인 국가정보기구는 누구나 할 수 있는 평범한 수준의 정보를 생산하는 것에 머물러서는 안 된다는 사실을 통찰해야 한다.

또한 대통령을 비롯한 정책공동체는 물론이고 정보공동체는 아무리 최고 가치의 정보도 대외관계와 국가 경제현실을 고려하여 다음 기회로 넘길 수 있음도 이해해야 한다. 그것은 결국 국가정보는 정책을 실현하거나 결정짓는 것이 아니라 정책영역의 문턱 앞에서 경쟁세력의 의도와 능력을 제공하는 서비스 역할에 머무는 것에 그 임무의 한계가 있다는 것을 의미한다. 그러므로 국가정보기구는, 만에 하나 아직까지도 어떤 비밀스러운 능력으로 대통령을 비롯한 정책담당자들을 좌지우지할 수 있다고 생각한다면, 그러한 인식은 하루빨리 버려야 한다.

오늘날 국가안보법 관련 논의가 무성하다. 그러나 그것이 어떤 대책회의체나 구성하고, 조직을 만들고, 보안 점검할 새로운 업무를 만드는 위인설관입법으로 소위 책상머리 업무(Desk-Work)가 되어서는 안 된다. 국가정보기구는 스스로가 현장을 누벼야 한다. 그를 위해 진지하게 외국의 정보 입법사례에서 어떻게 정보활동에 필요한 법을 만들고, 무엇이 과연 필요한 입법내용인지 진지하게 고민해야 한다. 결론적으로 정보 개혁의 요체는 필요한 정보를 적시에 생산하게 하는 국가정보 통솔 체제를 만들고, 생산한 정보의 공유는 물론이고, 원초적인 첩보도 공유할 수 있는 정보 시스템을 구축하며, 또한 생산한 국가정보는 필요한 정책부서가 매우 용이하게 사용할 수 있도록 해주는 것에 집중되어야 한다. 더불어서 테러와 사이버 안보, 국제조직범죄 같은 초국가적 안보위협세력에 대한 대처는, 정보와 법집행의 융합과 긴밀한 협조에 있는 것임을 간과해서는 안 된다.

정보기구가, 그리고 정보기구 수장이 결코 정보생산이 아닌 정책문제 때문에 바빠져서는 안 된다. 정보기구는 어디까지나 한발 뒤에서 그러나 신속하게, 필요한 국가정보를 끊임없이 생산하여 제공해 주는 일을 지속적으로 해야 한다. 이러한 관점에서 국가정보원 차원의 단일한 정보기구에 대한 논의가 아니라, 글로벌 초국가적 안보위협 상황에서 한국적 상황에 맞는 정보목표를 확립하고 그에 바탕을 둔 규모와 내용으로의 새로운 정보체계를 구축하며, 국가 모든 정보요소를 융합하고 조율하는, 정보 조율사를 창설하는 것을 포함한 총체적인 국가정보시스템 확립이 오늘날의 한국 정보공동체가 당면한 최대 개혁과제라고 할 것이다. 그를 위해 국가정보기구 업무 전반에 대한 심도 있는 업무 진단과 외국의 정보활동 관련법에 대한 이해는 필수적이라고 할 수 있다. 정보실패에 대한 냉정한 인식과 판단만이, 진실로 필요한 내용의 정보체계를 올바르게 구축해 줄 수 있는 가장 커다란 살아있는 교훈임을 정보역사는 잘 알려주고 있기 때문이다.

본서는 이와 같이 국가정보 체계를 재점검하려고 할 때에 립-서비스적인 외교 현상학적 논의자료로서가 아니라, 실질적인 법 규범적 자료로 활용할 수 있도록 하는 데에 초점을 맞추었다. 따라서 2008년까지의 미국과 영국 그리고 캐나다의 국가정보에 대한 최신 입법의 소개에 진력했다. 너무나 방대한 분량의 외국법률 자료 모두를 소개할 수는 없었지만, 지금까지 시도되지 않았고 어디에도 없었던 외국 정보입법에 대한 전체적인 큰 틀을 체계적으로 잡을 수 있도록 안내자의 역할로는 충분하리라고 자부한다. 국가정보 전반에 대한 보다 상세한 논의와 실천적인 법률쟁점에 대한 이해는 2008년 법률출판사가 간행한, 졸저 『국가정보(National Intelligence) - 법의 지배와 국가정보』를 참조하면 될 것이다.

그 동안 국가정보영역에 대한 연구와 논의는 일반 행정이나 외교 현상학적인 수준에 머물렀고, 법 규범적 연구가 너무나 미진하였던 분야로, 그로 인해 과거의 잘못된 정보경험이 최고의 진리인 것처럼 오도되는 경향도 적지 않았던 것으로 보인다. 그러나 최신 정보조류에 대한 연구나 이해 없이, 국제현실에 맞는 경쟁력 있는 새로운 국가정보체계를 구축하는 것은 불가능하다. 아무쪼록 본인의 조그만 노력인 본서가 글로벌 무한경쟁시대에 제대로 된 경쟁력 있는 대한민국의 국가정보기구 체계를 구축하여, 대한민국이 국제사회의 당당한 리더가 되는 과정에 조금이라도 이바지할 수 있게 되기를 소망해 본다.

마지막으로 항상 자식 걱정을 앞세우는 양가 어머님을 비롯하여 본서를 집필함에 사랑과 애정으로 도와준 아내와 대학교에 다니는 아들, 그리고 멀리 미국에서 오히려 아빠를 걱정하는 고등학생인 소중한 딸에게 진심으로 감사드린다. 또한 무미건조한 교정일을 맡아준 동국대학교 법과대학원 석사 과정의 오현철, 이성철 그리고 박상민 학생에게도 감사드린다. 이들에게 무한한 학문의 지평이 열리기를 진심으로 기원한다. 마지막으로 어려운 출판여건에서 국가 발전을 위해 흔쾌히 출판을 허락해주신 법률출판사에 진심으로 감사드린다.

2009년 1월
백년동국 만해관에서
새봄을 기다리며
한희원 씀

■ 추천사

일찍이 KGB 책임자로 미국으로 전향한 올렉 칼루진(Oleg D. Kalugin)은 국가정보의 중요성과 CIA의 역할 증대를 강조하면서 "몇 백만 달러를 정보활동에 더 투자함으로써 전쟁에 소요될 수억 달러를 절약할 수 있다."라고 역설했다. 역사적으로 보아도 CIA의 일련의 정보성공은 결국 1991년 소비에트공화국의 해체로 귀결되며, 전 인류를 무한 소모적 경쟁의 악순환에 접어들게 했던 냉전시대(Cold War)의 종식을 초래했다. 이처럼 국가안보와 국익 수호의 첨병인 국가정보기구는 국가의 생존(survival), 번영(prosperity), 그리고 위신(prestige)을 확보하는 막중한 책임을 떠안고 있다.

한 시대의 정치 · 사회상황에 따라 국가정보기구의 기능이 그 고유영역을 넘나들었던 과거사 때문에, 오늘날의 중차대한 국가안보법 제정과 관련해 다시금 정치개입이니 권력남용에 대한 우려의 목소리를 내고 있는 것을 이해할 수는 있다. 그러나 국가정보기구는 일각에서 우려하는 과거 군부독재시대 일부 정치사찰 역할과는 전혀 다른 역사적 소임을 가지고 있다. 전 세계가 치열한 정보전쟁의 소용돌이 한가운데 있는 시점에서 국가정보기구의 기능과 역할 조정을 전제로 한 입법은 한시도 지체할 수 없는 화급한 사안이다.

더욱이 우리의 경우에는 남 · 북 분단의 안보현실에서 전통적인 군사안보를 비롯하여 산업 스파이, 국제테러, 사이버 위협 등 초국가적 안보위협세력의 대두는 다원안보와 안보 형사법의 중요성에 대한 명확한 이해를 요구하고 있다. 그러므로 효율적인 업무감독을 수반한 실질적인 역할 증대를 통해 국가정보기구에게 치열한 글로벌 경쟁 환경에서 국가 번영과 생존권 사수의 중임(重任)을 부여해야 마땅하다. 이미 공론화한 국가정보기구 관련 법 제정 및 개정의 문제 역시 결코 과거로 회귀하는 것을 허용하지 않을 것이다. 따라서 정치권이든 시민단체이든 보다 거시적인 안목과 새 시대에 걸맞은 패러다임 구축을 위한 공조(共助)가 절실히 요청되는 시점이다.

이러한 때에 시의적절하게도 민주주의 법 체제 안에서의 국가정보기구 혁신과 함께 전 지구적 다원 안보위기에 따른 국가정보기구의 혁신과 안보관련 입법의 완비를 역설한 한희원 교수의 국가정보 관련 저서 출간은 반가운 일이 아닐 수 없다. 범국가적 차원의 입법을 위한 패스워드로서 훌륭한 역할을 할 것임이 분명하다.

2009년 봄

전 국가정보원장 · 법무부장관

법무법인 로고스 상임고문　김 승 규

金昇圭

■ 추천사

글로벌 정보경쟁시대 국가정보기구의 위상 정립을 위한 혁신적 제언

저자인 한희원 교수의 국가를 위한 공헌과 뜨거운 학구열이 놀라울 뿐이다.
사법고시를 거쳐 사법부 일선 검사로서 요직을 두루 거치고 국가인권위 조사국장을 역임중에 휴직하고 유학길에 올라, 국내에서는 다소 생소한 국가안보 · 세계정보학 분야를 연구하고 돌아와 현재 대학에서 후학을 양성하고 있는 한희원 교수가 국가정보체계의 혁신을 위해 혼신을 다한 논저를 엮어낸 데 경의를 표한다.
비교적 쉽게 선택하고 쉽게 학위를 취득할 수 있는 분야를 마다하고 굳이 어려운 전공분야를 택한 용기도 놀랍거니와, 그것이 글로벌 정보경쟁시대를 표방하는 오늘날 우리에게 필수불가결한 연구분야라는 것을 인지한 혜안 또한 놀랍다.
최근 국내에서는 국가안보법 제정을 위한 지속적이고 격렬한 논의가 전개되고 있거니와, 그 주된 관심사가 국가정보기구의 규모 확대라든가 역량 강화에 치우쳐 있는 데 반해, 한 교수의 일관된 논조는 국가정보기구가 지난날의 정보활동방식에서 평가받은 면모를 쇄신하고 법치권역(法治圈域) 내에 정착함으로써 작금의 논란이 해소될 수 있을 뿐만 아니라 이른바 '음지(陰地)에서의 활동'에 그치지 않고 국가 이익과 국민의 안녕을 수호하는 대한민국 호(號)의 진정한 국가 조타수로서의 정보기구로 거듭나야 한다는 것으로서, 누구라도 공감하지 않을 수 없는 것이다.
국가정보활동의 중요성과 정보기구 체제변화의 모색을 위해 미국 등 정보선진제국의 관련 법조문까지 예시 · 분석함으로써 법치국가 정보기구의 표본을 제시한 이 책이 아무쪼록 방향타를 잃고 있는 국가안보 관련 핵심논의에 냉철한 준거가 되기를 기대하며 앞으로도 국가정보와 산업보안 분야를 비롯한 여러 핵심 분야에서 끊임없이 지속될 한희원 교수의 귀중하고 부단한 연구 노력에 격려를 아끼지 않는 바이다.

2009년 대한민국 신춘
서울과학종합대학원 총장 윤 은 기

차 례

제1편 국가정보의 이해

제2편 대한민국 국가정보 체계의 혁신

제3편 외국 정보활동 법 규범

국가정보체계 혁신론

- 국가정보 시스템의 체계적 구축을 위한 연구 및 국가안보법 제정 입법자료 -

제1편 국가정보의 이해

제1장 국가안보관련법에 대한 논의의 전개

1. 서 언

국가정보원은, 변화된 안보환경에 따라 각국은 법에 명백하게 금지된 경우를 제외하고는 국가안보와 국익을 위해 정보활동 영역을 확장하는 추세라고 전제하면서, 시대적 흐름인 정보융합· 통합 요구에 맞춰 국외정보·국내보안정보의 구분을 없애 변화된 정보환경에 최대한 부응하도록 국가안보관련법을 제·개정하여 국가정보원을 안보·국익 중추기관으로 제 역할을 할 수 있도록 법적 토대 마련이 절실하다고 주장한다.[1)]

필자는 2008년 11월 27일 국회방송 "좋은 세상, 열린 토론"과 2008년 12월 5일 애국단체총협의회가 주최한 "안보관련법: 제·개정 관련 토론 세미나"에 토론자로 초대받아 논의의 전개 과정과 수준을 알 수 있었다. 그러나 국가적 역량을 결집한 전문가적인 논의가 아니라 입법 관철을 위해 내 편을 많이 확보하려는 수준이라고 할 수도 있을 만큼 합리적이지 못한 논의과정을 지켜보면서, 미국의 경우에 국가적 대재앙 즉 2001년 9/11 테러공격에 대한 정보실패(intelligence failure)와 2003년 이라크 전쟁의 전제인 대량살상무기에 대한 정보분석 실패(failure of intelligence analysis)의 심각한 반성에서 여야를 초월한 합리적이고도 이성적인 논의를 바탕으로 2004년 정보개혁및테러방지법의 제정을 연구하고 살펴보았던 입장에서 매운 안타까움을 금할 수 없었다.[2)]

---

1) 그러나 3편 입법례에서 보듯이 법에 명백하게 금지된 경우를 제외하고는, 정보활동 영역을 확장하는 추세라거나, 정보융합·통합 요구에 맞춰 국외정보·국내보안정보의 구분이 필요 없다는 국가정보원의 주장은 전제에서부터 잘못이 있다.

2) 만약 이러한 토론에 국가정보기구의 입김이 개재된다는 것은 매우 불행한 일이다. 일찍이 냉전시대에 서구세계와 자국민을 감쪽같이 속인 기만공작에 KGB의 전신인 체카(Cheka)의 코드명 "신뢰(Trust)"와 폴란드 보안청이 운영한 "저항단체(Win)"와 "해방전선(Freedom and Independence)"이라는 비밀 반정부 지하 조직이 있었다. 독재에 항거하는 민주 인권단체를 표방하는 이들 단체에 민주 저항시민들은 애국심에서 가담하였지

국가정보기구를 주된 대상으로 하는 국가안보관련법에 대한 논의는 그 논의의 원인이 무엇인가? 를 전제하고 정보 법치주의(法治主義)의 시대적 흐름에 부응하여 정보기구가 마땅히 해야 할 분야에서의 온당히 해야 할 일을, 제대로 할 수 있도록 법적 기반을 구축해주고, 따라서 가장 필요한 국가정보가 생산되어 매우 효과적으로 활용되는 체제를 구축하는 것이 핵심이라고 할 수 있다. 이러한 시대적 조류에 발맞추어 국가정보원은 2008년 새로운 안보위협 요소에 신속하고 적절하게 대응하기 위해 법 개정을 통해 국정원의 권한을 강화해야 한다며 국가정보원법 개정안을 비롯하여 총 6개의 안보 관련법을 일부 국회의원들의 서명을 받아 입법발의하였다.[3)]

냉전시대와는 질적·양적으로 성격을 달리하는 글로벌 경쟁시대에 국가정보에 대한 자성적 반성을 다하여 대한민국의 국가 경쟁력을 한 차원 높이는 계기가 되기 위해 국가정보기구의 업무능력에 대한 성찰에 따른 필요한 입법의 제·개정 방향이라면 비록 제시된 법안의 내용이 체계를 갖추지 못하고 정보와 법집행, 정보와 정책 그리고 정보의 새로운 견해에 입각한 국가정보를 전제한 것이 아니라고 하는 경우에도 국가정보에 대해 법의 지배(rule of law)를 고려하였다는 점에서 그 의의는 높이 평가할만하다. 이런 관점에서 개정 법안은 변모하는 안보환경에 즉응한 국가정보원의 권한강화라고 표현하지만 관행이나 직무경험에 비추어 국가정보원이 그 동안 모두 수행했던 일들로 '권한강화'라기보다 법의 근거가 없이 월권적으로 행했던 분야에 대한 법적 근거 도입의 문제라고 할 것으로, 국가정보활동에 대한 법치주의 인식 계기에 따른 법 개정 추진으로 이해할 수 있다.

그러나 반면에 정권교체에 따라서 부득이하게 전개되는 소위 구조조정에서의 잉여 정보자산을 구제하기 위한 관료주의적 이기심에 바탕을 둔, 의심받을 만한 소지가 있는 입법들이라면 그에 대해서는 매서운 비판과 함께 국가 신경 중추망인 국가정보시스템의 새로운 구축, 따라서 대한민국 발전의 초석을 이루어야 한다는 차원에서 심각하고도 진지한 재논의가 있어야 할 것이다. 아래에서는 제시된 입법에 대한 비판적 고찰과 비교적 최근에 정보공동체 개혁을 단행한 미국 사례를 통하여 올바른 개혁방향을 살펴본다.

만, 그것은 실제로는 국가정보기구의 기만공작에 의해 운용되던 것으로, 정보기구는 반체제 인사를 손쉽게 파악할 수 있었고 그들을 통해 변질된 거짓 정보를 서방세계에 자연스럽게 흘려 보낼 수도 있었다. 물론 반체제 인사는 때가 되면 영문도 모르고 제거되었음도 물론이다. 졸저, 국가정보(National Intelligence, 법의 지배와 국가정보, 법률출판사, 2008년, p. 587.) 이러한 역사적 경험에 비추어 보면 자기 기관의 임무와 권한에 관련된 국가기구 특히 정보기구의 행보에는 매우 신중한 자세가 요구되고 만에 하나, 영문도 모르고 조종 받을 수 있는 특정인에게 검증되지 않는 비밀 자료를 건네주어 의견이 개진되게 하는 방법으로 간여한다면 헌법상의 기본권 침해는 물론이고 따라서 심각한 국가손해배상 책임의 문제도 야기될 수 있음을 직시하여야 한다.

3) 국가정보원법 이외에 국가정보원직원법, 통신비밀보호법, 비밀의보호및관리에관한법률, 국가대테러활동에 관한 기본법과 국가사이버위기관리법이 그것이다. 2008년 12월, 국가정보원 법안 설명자료.

2. 논의의 양축

국가안보관련법에 대한 논의의 한쪽 축에는 국가정보원법 개정안을 포함한 안보관련 법안의 제·개정 문제를 국가정보기구의 권한강화와 남용, 아울러 인권침해가 수반될 또 다른 빅 브라더스의 출현으로 생각하는 반대 입장이 있다. 반면에 다른 한 축에는 국가안보 최고주의와 정보기구 안보전속·독점주의 입장을 전제하고, 오늘날 전 세계에서 벌어지는 소위 초국가적 안보위협세력을 한반도에 과대 적용하여 일사천리로 국가정보원의 입장을 옹호하고 대변하려는, 진정으로 바람직하지 못한 논리라고 비판 받을 수 있는 견해가 자리 잡고 있었다고 생각된다.

전자의 입장은 국정원의 활동은 현행법으로 이미 충분하고, 테러문제도 현행 국가정보원법에 이미 규정되어 있는 것이기 때문에 안보 관련법 제·개정 논의는 사실상 정보기구의 무능력을 근거규범의 부재로 호도하며 차제에 기능과 조직을 확대하려는 꼼수 내지는 미봉책에 지나지 않는다는 입장으로 생각된다. 한편 후자의 견해는 국가정보원이 제시하는 국가정보원법의 제·개정 필요성(상세는 별도로 후술한다), 이외에도 권한남용의 온상이던 보안감사 제도가 폐지되었기 때문에 권한남용과 인권침해는 문제되지 않을 것이라고 전제하면서, 과거 70-80년대의 업무 경험에 비추어 보면 특히 외국과의 정보공조의 경우에 상대 국가는 근거규범 제시를 먼저 요구하는데, 우리의 경우에는 근거규범이 명확하지 않기 때문에 정보공유 업무 수행에 장애 요소가 있고, 또한 경험에 비추어 보면 해외에서의 거점, 소위 '망'을 확보하는 경우에 대개 1차적으로 정치인, 2차적으로 언론인, 그 다음으로 학자와 같은 전문가 그룹이 되는데, 따라서 반대로 생각하면 상대세력도 국내에서 접촉할 인사들에 대한 정책정보와 연결될 국내정보 활동에 대한 권한 근거가 미약하다는 것은 심각한 업무차질이 우려되므로, 결국 국가정보원의 권한을 국내에서의 정책정보로 확대하고 부족한 부분은 법을 새롭게 제정해야 한다는 주장이다.[4)]

또한 국정원의 권한을 원하는 대로 확대해 주되 감독과 통제장치를 갖추면 될 것이라는 견해도 있다. 그러나 보안감사 제도가 폐지되었으므로 업무영역을 확대해도 남용이나 인권침해가 없다는 주장은 사리에 맞지 않다. 당연히 하지 말아야 할 일을 당시 바로잡은 조치에 불과하기 때문이다. 감독과 통제장치를 확보함으로써 국가정보원의 임무를 확대해도

---

4) 2008. 12.5 애국단체총협의회 주최 "안보관련법" 토론회에서의 전직 국가정보원 국장과 연세대학교 겸임교수를 역임한 분의 견해였다. 한편 동인은 문정인 외 16인 공저"국가정보론" 박영사, 비밀공작론에서 국가정보기구는 필요하다면 "불법적인 활동을 할 수 있는 유일한 정부조직"으로 비밀공작(covert action)을 국내에서 자국민을 상대로도 실시할 수 있다고 주장함으로써, 민주법치국가가 헌법에서 국가정보에 대하여 2가지 방향에서 대단히 올바르지 않은 견해를 피력하고 있다. pp.153-155.

무방하다는 견해 역시 마찬가지이다. 원래 감독과 통제장치는 뒷다리 잡는 견제가 목적이 아니라 제대로 해야 할 일을 임무지우고 과연 제대로 하였는지를 감독하면서 격려하고 독촉하는 것이지, 해서는 안 될 일을 부담지우고 남용이 없도록 간섭하기 위한 것은 결코 아니기 때문이다.

3. 국가안보관련법 논의의 필요성

그러나 위와 같은 극단적인 양 견해는 21세기 글로벌 경쟁시대에 참된 국가정보기구의 위상을 정립하고 임무를 새롭게 다잡으려는 거시적인 관점에서는 모두 적절한 견해라고 할 수 없다. 먼저 새로운 빅 브라더스의 출현 위험성은 국가정보기구에 대한 정치(精緻)한 입법부, 사법부, 행정부 그리고 시민의 감독체계 구축으로 통제가 가능한 문제로서 국가안보법의 제·개정이 현실적으로 필요하다면 "구더기 무서워 장 못 담글 수는 없는 것"으로서, 국가정보는 국가안보(National Security)를 확립하고 국가이익(National Interests)을 도모함으로써 국민의 생명과 재산과 자유를 지켜주는 인권수호에 궁극적인 책무가 있음을 미처 깨닫지 못한 견해라고 할 것이다.

한편 새로운 안보환경의 변화에 따른 국가정보기구의 새로운 역할, 구체적으로는 외국정보기구와의 정보공유(Intelligence Sharing)나 우리 정치인이나 언론인 학자 등 전문가들이 주된 포섭 대상이 될 것이기 때문에 그에 걸맞은 정책정보 개발을 위한 국가정보기구의 권한확대가 필수적이라는 견해는 더욱 냉전적인 사고로, 이러한 이해의 수준으로는 새로운 정보이론에 입각한 진정으로 필요한 국가정보(National Intelligence)의 생산은 말할 것도 없고 국가정보기구의 역할도 기대할 수 없게 된다. 새로운 안보환경 변화에 따른 입법 문제는 본 서적의 중요한 논의 대상이므로 후술하고, 우선 정보공유와 방첩대상 문제를 비판적으로 간단히 고찰하면 그러한 실무적 과거 경험에 기초한 견해는 일단의 위기의식을 야기함으로써 업무확장의 필요성과 정당성을 제시하는 설득력 있는 의견인 것처럼 보이지만 전혀 그러하지 못함을 직시하여야 한다. 정보공유 문제는 일찍이 캐스퍼 와인버거(Casper Weinberger) 전 미국 국방장관이,

> **"미국은 필요로 하는 모든 정보를 자체적으로 조달할 방법이나 기회를 가지고 있지 못하다. 우리는 전 세계의 여러 나라와 다양한 정보공유를 통하여 보충하고 있다."**

라고 언급한 사실에서도 잘 알 수 있는 바와 같이 유능한 국가정보기구의 또 다른 정보수집 루트가 된다. 따라서 미국은 냉전시대에도 영국, 프랑스 등 우방 국가는 말할 것도 없고, 법 규범이 충분하지 않은 동유럽 국가, 중국, 그리고 심지어는 경쟁국가인 소비에트 공화국과도 정보공유 활동을 하였다.[5] 이 경우 실질적으로 정보공유가 되는지는 타방국

가와 교류할 가치를 가진 정보를 얼마만큼 가지고 있고 지속적으로 생산할 수 있는 능력이 있는가에 달려 있다. 이념이 다른 국가와도 정보공유를 하는 냉혹한 현실에서 상대국가의 활동 근거규범의 문제는 이론적인 관심을 떠나서 실제적인 가치를 가질 수는 없는 것이다.

또한 정보활동에 대한 근거규범이 필요하다고 하는 경우에도 의회에서 제정된 정식입법 즉 Act나 Statute에 한정되는 것이 아님은 물론이다. 법에 기초한 적법한 행정명령도 훌륭한 근거규범이 된다. 물론 적지 않은 국가, 특히 폐쇄적 국가는 그러한 임무범위를 규정한 입법 자체를 비밀분류한 경우도 있다. 정보활동과 통제에 대한 미국의 각종 대통령명령(Presidential Executive Order)이 대표적인 행정명령인 것으로, 뒤에서 검토할 레이건 대통령 명령 제12,333호는 오늘날까지도 미국 정보공동체의 근거 규범으로 대단히 중요한 가치를 가진다. 그러므로 정보공유 문제의 아주 작은 부분을 이유로 국가 안보 관련 법률의 제·개정 필요성을 주장하는 견해는 잘못된 것으로서, 현재의 국가정보 관련법만 가지고도 외국과의 정보공유에는 전혀 모자람이 없다고 할 수 있고 필요하다면 대통령 명령을 통한 근거규범으로도 차고 남음이 있는 것이다.

다음으로 과거 해외 공작 경험에 비추어 보면 중요한 포섭대상이 정치인, 언론인, 학자 등 전문가 그룹이 되기 때문에 그들에 대한 정보수집의 근거로서의 소위 "정책정보" 수집을 위해 법 개정이 필요하다는 주장도 정보에 대한 신(新)견해의 입장에서는 말할 것도 없고 전통적인 견해의 입장에서도 논의의 가치가 없다. 간단히 말해 유능한 국가정보기구의 해외정보 활동에서의 최종적인 포섭의 대상은 그 나라 최고의 국가정보를 다룰 위치에 있는 사람, 그러므로 주로 정보기구 종사자들이나 그들과 직접 연결된 사람들에 집중되어 있음을 정보역사가 잘 보여준다. 따라서 정보 역사를 뒤흔든 기라성 같은 2중 그리고 삼중 스파이의 대부분은 KGB, CIA, FBI, NSA, MI6(SIS) 등의 실제 요원이었음을 직시해야 한다. 또한 상대세력 정보활동의 촉수가 뻗칠 정보요원, 정치인, 언론인 그리고 전문가 그룹에 대한 국내 정보활동은 당연한 방첩정보 활동의 일환으로 전개되는 것이지, 특별히 국가정책 정보로서 필요하기 때문에 새롭게 필요한 영역은 결코 아니다.

해외세력의 자국 내에서의 다방면에 걸친 정치, 경제, 산업 분야의 제반 간첩활동에 대한 저지활동 즉 방첩활동은 세계 어느 나라이든지 근거법에 의해 국가정보기구의 기본적인 임무가 됨은 췌언을 불요한다. 결론적으로 국가안보관련법 논의의 요체는 국가정보원을 비롯한 국가정보기관이 "할 만한 일을 제대로 할 수 있게 해주는 것"과, 중앙정보기구인 국가정보원을 비롯하여 군, 경찰, 검찰, 외교부, 통일부 같은 행정부 정책집행부서에 있는 정보요소를 망라하고 규범적으로 확정하여 군과 일반 행정부문을 포함한 다양한 국가정보 요소와 역량을 결집하여 대한민국 '최고의 국가정보를 생산해 내는 체계를 구축'하

---

5) 상세는 졸저, 국가정보, pp. 1237-1249.

도록 제도개선과 입법조치를 해주는 일이다.[6)]

제2장 국가정보의 필요성에 대한 이해

1. 서 언

일찍이 KGB의 주요 책임자로 미국으로 전향하여 현재 방첩공작과 보안연구소 교수로 재직하는 올레그 칼루진(Oleg D. Kalugin)은 국가정보의 중요성을 강조하고 CIA의 계속된 역할 증대를 역설하며 "(어떠한 대가를 지불했다고 하더라도) 지식은 결코 값비싼 것이 아니다. 오늘날 국가정보가 값싸게 얻어지는 것은 물론 아니다. 몇 백만 달러를 정보활동에 더 투자함으로써 전쟁에 소요될 수억 달러를 절약할 수 있다."라고 역설했다. 역사적으로 보아도 제2차 세계대전에서 연합국의 정보성공은 세계대전을 1년 앞당겨 종결지을 수 있게 해주었고, CIA의 일련의 정보성공은 결국 1991년 소비에트 공화국 해체로 귀결되며, 전 인류를 무한 소모적 경쟁의 악순환에 접어들게 했던 냉전시대(Cold War)의 종식을 초래하였다. 이처럼 정보성공은 그 값어치를 따질 수 없는 엄청난 중요성을 가진다.

그러나 오늘날에도 많은 사람들은, 정보요원들은 검정색 선글라스를 끼고 트렌치코트를 입고, 몰래 카메라나 도청장비 같은 비밀장비를 가지고 슬금슬금 돌아다니며, 남의 뒷조사를 하고 암호문을 주고받는 등으로, 어떤 신비하고 비밀스러운 업무를 수행하는 것으로만 생각한다. 하지만 국가정보는 국가안보를 수호하고 국가이익을 도모하기 위한 정형이 없는 제반 활동이라고 하지만, 본격적인 국가정보는 국가정책에 서비스하기 위한 체계적인 지적 인지물(認知物)이다. 체계성과 반복성이라고 하는 것이 다른 부문 정보활동과 국가차원의 정보활동에 근본적인 차이를 가져오는 것이다. 허다한 실패사례에도 불구하고 미국의 정보공동체가 오늘날 방대하고도 엄청난 과학기술의 발전에 의해, 예측불허의 다수의 국가적 재난 사태가 줄을 잇는 국가 살림살이 체계에서도 그 임무를 비교적 충실하게 수행하며 미국의 안보를 공고히 할 수 있는 것은, 결국 그 탁월한 체계적인 정보역량 때문이라고 할 수 있다.

냉전시대의 종언과 함께 군사안보의 중요성이 상대적으로 저감되었다는 평가가 있음에

---

6) 미국은 국가 정보요소인 16개 정보기구의 집합체를 법 규범 용어로 정보공동체(Intelligence Community)라고 하고 영국은 정보장치, 정보기구 또는 정보조직(Intelligence Machinery)이라는 용어를 사용한다. 졸저, *op, cit,* 제5편 정보기구론. 우리도 국가정보원은 물론 군, 경찰 그리고 행정부분의 정보요소를 포괄하는 국가정보망을 나타내는 법 규범적 용어로 미국이나 영국 같은 용어를 창출해야 할 것이다.

도 불구하고, 오늘날 국제적으로는 새로운 냉전시대(New Cold War)가 도래하고 있다는 경고와, 국제테러조직과 조직범죄를 비롯한 현실적인 다양한 초국가적 위협의 출현은 우리의 정보기관들로 하여금 세계무대에서의 촉수로서의 역할을 한 순간이라도 소홀히 할 수 없다는 것을 일깨워 주고 있다. 이러한 글로벌 안보환경 상황에서 미국 정보공동체의 탁월한 정보역량은 의회와 법원에 의한 엄격한 정보통제와 감독이라는 채찍을 정면으로 맞아가며, 즉 법의 지배(Rule of Law)에 의한 운용을 당연한 기본 원칙으로 이해하며, 프로페셔널리즘에 입각하여 업무를 수행하면서 하나하나 저력을 축적해 나가는 것에 있다. 그러나 우리의 경우 국가정보에 대한 체계적인 이해는 일반 시민은 물론이고 일국의 책임 있는 정책지도자들, 그리고 정보 공동체 종사자들에게도 많이 부족할 뿐만 아니라, 결과적으로 국가정보의 정확한 개념과 메커니즘에 대한 이해와 인식이 대단히 불충분하다고 하지 않을 수 없다.

이러한 이해 부족은 정보와 정책의 관계에 대한 일반적이지만 매우 중요한 문제에서도 확연히 나타날 것으로 생각된다. 단적인 예(例)로, 미국 CIA는 기관의 홈 페이지에서 자신들의 고유한 업무에 대해 다음과 같이 명료하게 설명하고 있다.

"우리는 결코 정책을 만들지 않는다. 심지어 필요한 정책이라도 권고조차 하지 않는다. 그러한 일들은 국무부나 국방부 등의 업무이다. 우리는 행정부처 책임자가 정책수립을 함에 차질이 없도록 (해외 세력과 연관된) 최선의 정보를 제공하는 일을 한다."

"We do not make policy or even make policy recommendations. That's the job of the US executive branch, such as the State Department or the Defense Department. We provide these leaders with the best information possible to help them make policy involving other countries."

– CIA 「Our Mission」 중에서–

물론 국가정보의 필요성과 현실적인 기능은 개별국가가 처한 역사적 배경과 정치·경제·사회 환경에 따라 다를 수는 있다. 통치적 기반이 미약한 국가는 국가정보기구를 가장 유용한 통치수단으로 활용할 수도 있다. 사회범죄 현상의 심각성이 두드러지는 나라의 경우에는, 국가정보가 법집행 기능을 함께 하며 사회치안 확보기능을 병행하기도 한다. 또한 국가정보활동을 국제외교 활동의 전면으로 부상시키는 정보외교를 도모할 수도 있다. 그러나 국가정보활동의 본질적 중요성은 국가안보를 확립하고 국가이익을 확보함에 있어서 기본자료 즉 정보를 체계적으로 입수하여 정밀한 정보분석을 통하여 필요한 정보를 생산하여 배포함으로써, 정책적으로 기여하도록 함에 있다. 국가정보는 본질적으로 정보 그 자체로서가 아니라 국가정책에 반영됨으로써 그 빛을 발하게 되는 것이 원칙적인 모습인 것이다.

국가운용의 규모가 방대해지고 행정업무가 복잡해질수록 국가정보 수요는 더욱 증대된다. 따라서 복잡 다변화한 오늘날 국내· 외 상황에서 국가정보의 뒷받침 없는 국가운영은 상상도 할 수 없게 되었다. 대부분의 국가가 비밀성이라는 특성을 이유로 국가정보활동을 근거규범 없이 전개하거나 근거규범이 있는 경우에도 추상적이거나 불명확한 개념을 사용하는 경우가 적지 않았다. 그러나 제3편 각국의 정보활동 근거법에서 보는 바와 같이 오늘날 미국이나 영국 같은 정보선진국들의 근거규범들은 매우 상세하고 명확하게 규정되어 있어서, 정보기구의 업무 범위와 활동 반경을 정치(精緻)하게 규율한다. 미국 국방부의 경우에는 고문을 근절하고, 국제적 비난에서 벗어나기 위해 테러리스트들에 대한 신문기법을 국방부장관 명령으로 제정하기까지 한다. 따라서 국가정보활동을 선도하고 있는 미국의 규범체계에 대한 정확한 이해만으로도, 방향과 목적이 유사한 각국의 국가정보활동에 대해 충분하고도 실질적인 이해를 할 수 있다.

그러나 사실 미국의 정보규범 체계 하나를 이해하는 것도 대단히 복잡하고 어려운 일이다. 법과 대통령령으로 규정된 방대한 양의 규범과 자주 변경되는 내용 및 수시로 활동방향을 지정하는 의회의 별도 입법 등 그 내용이 대단히 어지럽게 되어 있다. 그러나 국가정보기구의 민주성과 효율성, 그리고 개방성을 지향하는 한 미국의 정보규범 체계에 대한 정확한 이해는 국가정보학 연구에 있어서 필수적이라고 하지 않을 수 없을뿐더러, 그나마 효율적이며 가장 쉬운 접근방법이라고 하지 않을 수 없다. 왜냐하면 미국은 국가정보에 대한 가장 많은 자료가 공개되어 있고 많은 연구가 이루어져 있어서, 정보학 연구에 필요한 거의 모든 쟁점에 대한 학문적 논의가 진행되어 있다고 할 수 있기 때문이다. 또한 법적 분쟁에 대한 법원의 판례도 매우 풍부하고 필요한 규범체계도 민주성과 효율성의 양 측면에서 가장 전향적으로 완비되어 있다는 장점 때문이다. 실용적인 관점에서도 미국의 정보활동은 오늘날 국가정보 활동으로 상정할 수 있는 전 영역에 대하여, 그리고 지금까지 개발된 모든 정보방법을 동원하여 이루어지는 거의 유일한 나라이다. 또한 국가정보활동이 직면할 수 있는 제반 상황을 현실적으로도 가장 허다하게 겪고 있는 국가로서, 현재까지 생각할 수 있는 모든 법적·사실적 쟁점이 형성되어 있다고 하겠다.

예컨대 오늘날 국제테러 문제가 심각한 국가안보 쟁점이 되었다고 하지만 단순한 우려의 범위를 넘어서서 국제 테러문제에 실질적으로 직면하고 있는 나라는 그리 많지 않다. 그러한 양상은 국제 조직범죄나 대량살상무기 거래, 경제와 환경 정보에 대한 문제, 보건에 대한 문제 그리고 국가정보의 국제협약감시·이행 기능 수행의 문제에서도 비슷한 양상을 보여 주고 있다. 국가정보활동의 빈부격차가 매우 심하다고 할 수 있는 것이다. 사실 미국 이외에도 외형적인 정보 기구체계로서는 훌륭해 보이는 국가정보 운영체계를 가지고 있는 나라도 적지 않다. 그러나 미국의 정보기구처럼 정보활동에서 가능한 모든 상황을 다 직면해 보고 실제적으로 살아있는 정보기구로 활동하는 정보기구는 그리 많지 않다.

그러므로 활동이 정적으로 장식적인 내용의 국가정보 체계는 이론적인 호기심은 유발할 수 있지만 현실적인 운영과정에서의 비판과 검증을 거치지는 못했기 때문에 본받을 제도라고 보기에는 한계가 있다고 할 것이다.

이러한 여러 가지 연유로, 미국의 정보 규범체계에 대한 이해는 우리의 규범체계를 되돌아보게 하고 향후 필요한 개혁을 하는 데 매우 중요한 본보기가 될 수 있다. 거기에 더하여 본서에서는 조직 면에서 영국과 이스라엘의 체계를 간략히 살펴보고 영국과 캐나다의 법 규범을 소개한다. 사실 대한민국의 정보규범 체계를 자세히 살펴보면, 관련법은 몇 개 되지 아니 하고 대부분이 시행령과 대통령 훈령으로 이루어져 있으며, 그나마도 대외비로 처리된 것이 적지 않음을 알 수 있다. 법적 근거에 따른 자신 있고 명확한 활동이나 그 활동에 대한 감독과 책임의 부여, 그리고 그로 인한 사명감 있는 업무수행의 담보를 위해서도 변화된 초국가적 안보위협세력의 대두에 따른 국가안보관련법의 정비는 뒤늦은 감이 있지만 국가정보에 대한 법의 지배의 원칙을 재정립하는 단초가 된다는 점에서 바람직하고 필요하다.

2. 국가정보의 필요성 개관

미국 중앙정보국(Central Intelligence Agency: CIA) 본부의 출입문 왼편 대리석에 다음의 문구가 쓰여 있다.

"진실을 알게 되면 자유를 얻게 되리라

(*And ye shall know the truth, and the truth shall make you free*)."

정보의 필요성과 진리를 지향한다는 정보의 의미를 함축적으로 적절히 표현한 명구이다. 국가정보는 국가가 존립하고 발전하기 위한 불가결의 요체이다. 국가정보는 국가 간의 생존과 발전의 치열한 경쟁이 전개되는 국제관계의 망망대해를 항해함에 있어서 바른 길로 안내할, 깨어 있는 나침반의 역할을 하는 것이기 때문이다. 국가안보와 관련한 대외정책을 담당하는 부서나 책임자들로서는 양질의 관련정보를 제공 받음으로써 업무를 성공적으로 수행할 수 있다. 1955년 미 국무부차관이 상원의 정보특별위원회에서 정보의 필요성을 다음과 같이 언급한 바가 있다.

"나는 외교정책에 대한 결정을 위하여 매일 유고 전역에서 군사적 정치적 전개 과정을 알 필요가 있고, 북한체제의 안정성에 대해서 알고 싶으며, 프랑스에서 최근 발생한 테러 폭발사고의 내막을 알아야 한다. 아이티 공화국과 러시아의 최근 투표 결과, 수단의 기아문제와 이란과 이라크가 유엔의 제재를 피해나가려는 시도에 대해서도 알 필요가 있다."

정책담당자들의 실로 무한한 정보수요의 필요성을 잘 알 수 있게 해준다. 한편 국제경제, 무역, 기술개발, 에너지, 환경 그리고 공중위생 정책책임자들도 해외의 연관정보를 알아야 효과적인 정책수립과 집행을 할 수 있는 경우가 적지 않다. 예컨대 1970년대 소위 유류파동으로 인한 소위 오일 쇼크(oil shock)때 하원 특별정보위원회에서 위원장 볼란드(Edward Boland)는 "오늘날 에너지와 관련된 경제 문제는 전쟁 이외의 다른 어떤 군사적 균형 변화보다 더 심대하게 미국의 국가안보에 해악을 끼칠 수 있다. 그러므로 미국은 국제 에너지 문제에 대한 정확한 많은 정보가 필요하다."고 언급했다.

석유수출국기구(石油輸出國機構, OPEC)가 이스라엘의 팔레스타인 침공 시 이스라엘을 지원하는 미국에 대한 석유수출 감축을 협박하며, 석유를 무기로 사용한 바가 있음은 주지의 사실이다. 이처럼 외국 정부와 국제기구는 특정국가의 에너지 문제와 금융통화 문제에 대해 의도적으로 영향을 미칠 수가 있다. 그러므로 국제 경제현황에 대한 국가정보의 필요성은 군사전쟁에 대한 정보 이상으로 경제위기에 대한 대처와 해결을 위해 중요한 것이다. 다른 예를 더 들면, 환경문제에 대한 외국 또는 국제기구의 행동결정은 각국의 환경과 에너지 문제를 담당하는 담당자들에게는 매우 중요한 문제가 된다. 환경문제 담당자들은 환경사고의 사례에 있어서 원인과 대처 및 처리결과, 외국국가들의 국제환경 의무의 준수 여부, 지구상에서 현재 쟁점이 되고 있는 환경문제의 취약지역에 대한 정보를 알게 되면 효율적인 국가 환경정책을 수립하고, 상대방 국가와의 협상에서 유리한 고지를 점령할 수 있을 것이다. 그러므로 미국에서는 실제로 그와 같은 환경정책 담당자들의 국가정보의 필요성에 대하여 정보기구는 지속적으로 유용한 정보를 제공했고, 정책담당자들은 제공받은 정보를 바탕으로 하여, 핵무기 폐기물질의 투기사례나 불법적 폐기물의 해양투기, 금수 동물 또는 그를 이용한 제조물들의 밀거래, 열대 우림 파괴, 그리고 남극과 북극의 오염원 파악 및 양극지방의 빙하상태 등에 대해 면밀한 주의를 기울이며, 국제기구에의 이의제기나 외교 부서를 통한 항의 조치를 취하는 업무를 효율적으로 수행했다.

한편 미국항공우주국(NASA)의 정보수요도 국가정보의 필요성을 잘 이해하게 해준다. 나사(NASA)는 미국 정보공동체에게 외국의 우주 기술 개발력과 그 수준 - 당연히 한국의 우주기술 개발에 대한 부분도 포함될 것이 예상된다 - 외국의 향후 우주계획과 그 용도, 심지어 미국의 우주선에 영향을 미칠 수 있는 운석파편에 대한 각국의 연구결과나 자료 또는 실제적인 운항정보를 요청하였다. 이에 미국의 정보공동체는 해외 정보망을 통하여 최대한 정보수집을 다하여 나사(NASA)가 요구하는 정보를 지속적으로 제공했다.

미국 농무부 또한 외국 정부가 그들과 협정 체결한 합의를 제대로 이행하고 있는지? 지구상 각국의 농산물에 대한 무역장벽의 전개과정은 어떠한지, 세계 농산물의 공급과 수급사정의 현황과 전망은 어떠한지, 그리고 북한을 비롯한 만성적 식량 부족국가들의 식량부족 정도에 대한 정보들이 업무수행에 필요했다. 농무부는 이러한 필요성을 국가정보기구에 수요 제기하였고 미국의 정보기구들은 해당정보를 정책 파트에 적절하게 제공하여 정책 활동에 차질이 없게 했던 것이다. 미국은 정책파트와 정보부문의 이러한 협력적 전개과정을 통하여 국내·외 정책을 입안하고 실행할 뿐만 아니라, 국제연대를 통한 새로운 국제조약 체결 필요성을 제기한다거나, 국제기구의 신설 그리고 기존 국제기구의 업무개선 또는 변화 등을 제기하며, 미국의 국가안보 저해 요소를 방지하고 국가이익을 극대화하는 방향으로 국가를 운용한다.[7] 이처럼 국가정보는 국가정책을 통하여 진가를 발휘하게 되고, 국가정책은 유용한 국가정보를 바탕으로 실제 상황에 맞는 정책이 수립되고 집행되어 국가안보와 국가이익을 극대화하는 방향으로 작동하게 되는 것이다.

3. 국가정보의 대상

그렇다면 국가정보기구의 원칙적 대상(target)은 무엇인가? 이것은 국가정보기구의 활동영역에 대한 문제이기도 하다. 국가정보기구의 타깃 즉 대상에 대한 조심스러운 접근이 필요한 이유는, 비밀성을 추구하는 국가정보의 속성과 다른 어떤 국가기구도 알지 못하는 많은 정보를 가지고 있고, 또한 계속하여 알 수 있는 국가정보기구의 능력상 국가정보기구는 국가운용의 어떠한 영역에서도 역할을 담당할 수 있고 자연스럽게 영향력을 발휘하여 남용의 우려성이 상존한다는 사실에서 비롯된다. 그러므로 국가정보의 대상을 적절히 한정하는 것은 매우 중요하지만 현실적으로는 쉽지 않은 일이 된다.

기본적으로 살펴보면 국가 정보기구가 필요한 첫 번째 이유가 전술적 충격의 예방에 있으므로 국가정보기구는 자국에 전술적 충격을 줄 위험성이 있는 국가와 세력에 대한 병력배치, 무기실험과 무기제조 능력, 그리고 실제 공격 가능성 즉, 전쟁개시 가능성 등의 군사정보는 가장 기본적인 국가정보의 대상이다. 즉 국가경영의 원칙적인 관점에서는, 국가정보는 국가안보, 바꾸어 말하면 국방문제와 대외정책, 그리고 국가의 존속을 위태롭게 할 정도의 중요한 국내안전의 문제가 주된 대상이 된다. 그러므로 다른 나라 그리고 국제기구와 테러조직 같은 외부 적대세력에 의한 특정한 행동과 정책, 그리고 그들의 실제능력과 의도에 대한 파악이 국가정보기구의 1차적 관심이라고 할 수 있다. 물론 역사적 경험을 통해서 알 수 있지만, 국가정보활동은 자국에 적대적인 적국이나 적성국에 한정할 수 없음은 물론이다. 특정 분야에서 경쟁관계가 성립되었을 때에는, 중립국 또는 우방국, 심지어는 동맹국의 의도와 역할도 주시하고 파악하지 않을 수 없다. 특별히 현대 정보의 세계에서 미국과 EU가 남극과 북극을 포함한 지구 자원개발, 그리고 전 세계에 걸쳐 경제시장의 확충을 위해 경쟁하는 경우에 국가정보 활동이 우방국가 상호간에서도 치열하게 전개되는 것이 좋은 예이다.

---

7) 상세는 졸저, *op. cit.* pp. 110-112.

또한 경쟁관계 때문이 아니라 해도, 국제무대에 있어서는 우방국의 행동과 의도를 사전에 파악하는 것이 필요한 경우가 허다하다. 특별히 우방이나 동맹국이 제3국과 분쟁문제에 휘말리게 되는 것이라면, 동맹 또는 우방의 위험성 문제와 더불어 아국에 대한 그 분쟁의 영향력, 또는 아국의 분쟁에의 직접 연계 가능성을 파악하기 위해서도 정보활동이 긴요하게 된다. 더욱이 현대에 이르러 각국은 국가에 대한 새로운 위협인 국제테러나 마약문제, 국제조직범죄 · 불법이민 및 인신매매조직, 투기성 국제자본, 비정부기구(NGO), 그리고 글로벌 기업 등 비국가행위자(non-state actors)들에 대한 정보활동의 중요성이 크게 증가하고 있다.

정보의 질적 측면에서 보면, 특정한 국가중심의 냉전시대에는 적대세력은 명확하였다. 그러므로 적대세력에 대한 정보수집의 방법과 한도만이 문제가 되었지 위협주체를 파악하는 정보활동은 필요하지 않았다. 그에 반하여 국가안보를 위협하는 세력으로서의 행위 주체자들이 다양화된 현대에는 누가 실제의 행위자인가를 파악하는 것부터가 쉽지 않게 되었다. 예컨대 미국의 2003년 이라크 전쟁은 대량살상무기의 존재 이외에 사담 후세인(Saddam Hussein) 대통령이 알카에다(Al Qaeda) 테러조직을 직접 지원하는 것으로 판단하고 전쟁을 개시하였다. 그러나 후세인이 알카에다를 지원했다는 사실은 전쟁 승리 후에도 확인되지 않았다. 결국 미국은 테러행위자(공범)를 잘못 파악하고 전쟁을 시작했던 것이다.

한편 위협주체 즉 행위자가 파악된 경우에도 위협세력의 의도와 능력을 파악하여야 한다. 그런데 오늘날의 국가정보기구가 해야 할 상대방의 능력파악은 경제 · 군사 · 문화 · 사회, 그리고 심지어는 종교적인 측면까지 고려한 총체적인 역량이다. 그러한 경우에만 진정한 상대세력의 능력을 파악했다고 할 수 있다. 국가나 적대세력 역량의 질적 변화라고 할 수 있다. 예컨대 종교의 영향력이 국경을 초월한 이념적인 문제로 국경을 초월한 연대의 좋은 구심점으로 전개되는 현실에서, 종교문제와 관련이 있는 어떤 조직이나 국가의 행위를, 특정 종교와의 상관관계에서 판단한다는 것은 그 행위의 예후를 알기 위하여도 매우 긴요한 문제가 된다.

이처럼 냉전시대 종료 이후의 국가안보는 다원적으로 전개되었다. 따라서 국가안보의 종류에는 전쟁이나 국경분쟁에서 헌법을 수호하고 영토 및 주권의 보존을 목적으로 하는 군사안보를 비롯하여, 국가경제의 지속적인 성장과 안정을 확보하려는 경제안보, 마약, 국제조직 범죄와 테러리즘의 위협에서 사회적 안정과 총화를 이루려는 사회안보가 있다. 또한 인구증가나 자원결핍 · 환경파괴 그리고 악성 전염병 같은 보건과 환경의 문제에서 국민들의 건강을 지키고 쾌적하고 편안한 환경을 확보하려는 보건안보나 환경안보, 컴퓨터통신과 이용이 국가기간시설망이 된 현대에서 국민과 정부의 안전한 사이버 영역을 확보해야 하는 사이버 안보처럼 국가안보의 영역은 매우 광범위해졌나.

오늘날의 국가정보는 정치적, 경제적, 사회적, 그리고 환경・건강・문화 및 신과학기술 분야 등 국가의 총체적인 역량에 대한 문제로 확대된 것이다. 더불어 국가정보는 대외정보만이 아니라 국내안보 즉 내적 세력에 의한 정부전복기도와 간첩행위, 그리고 자생 테러문제에도 대비해야 하는 것이다. 이처럼 국가정보는 국가안보에 대한 것이지만 국가안보의 외연과 내면이 변천함에 따라 정보의 타깃도 바뀌고 있는 것이다. 그 경우에도 필요한 근거규범에 대한 입법조치가 뒤따라야 함은 법치행정의 당연한 귀결이다. 오늘날 통상적인 국가정보 대상에는 초국가적 표적(Transnational targets)과 지역표적(Regional targets), 그리고 국가표적(National targets)이 있다.

1) 초국가적 표적(Transnational targets)

초국가적 정보표적은 지구상의 특정지역, 특정 국가를 넘나들고 뛰어넘는 문제들에 대한 것으로 그 위협이 궁극적으로 세계평화와 안전 및 인권을 위태롭게 하는 내용을 의미한다. 초국가적 정보표적은 여러 국가와 지역에 걸쳐 있는 문제들로 현재는 아국과는 동떨어져 있는 것처럼 보이지만 언제라도 아국의 국가안보를 위협할 수 있는 대상이라는 점에서 중요성이 있다. 초국가적 정보표적은 활동의 내용이 다양하게 연결된다는 점과, 주체가 이동성을 가질 수 있다는 점에서 전통적이고 통상적인 정보수집 및 분석과는 별개의 정보활동을 요구한다.

현대사회의 가장 대표적인 초국가적 정보표적으로는 대량 살상무기 밀매, 국제테러, 금수무기거래, 국제조직범죄 및 대형화된 마약밀매, 국제환경문제 등을 들 수 있다. 이들 초국가적 정보표적들은 대상 국가나 조직에 대한 집요하고 장기적인 활동의 흐름을 종합하여야 비로소 파악되는 경우가 적지 않다. 그것은 오늘날 초국가적 정보표적이 될 만한 행위를 연출하는 국가나 국제조직은 자신들의 활동을 마치 움직이지 않는 별개의 산발적인 점(dot)처럼 가장하고 여러 방면에 걸쳐 정당한 국제거래로 위장하는 등 은밀하게 진행하고 있기 때문이다. 그러므로 단기적인 현상에 대한 정보활동만으로는 그 진정한 의미를 파악할 수 없는 경우가 허다하다. 예를 들어 대량살상무기(Weapons of mass destruction: WMD) 확산금지는, 미국을 비롯한 많은 국가정보기구의 정보표적이 된다. 국제테러 조직이나 소위 불량국가의 대량살상무기 개발이나 보유는, 그 위협이 전 세계에 걸쳐 광범위하게 끼칠 수 있다는 점에서 대표적인 초국가적 위협 중의 하나로 인식되고 있는 것이다.

냉전이 끝난 이후에도 이란과 이라크, 시리아, 그리고 파키스탄은 정상적인 외교관계를 통해서가 아니라 핵 억지력을 바탕으로, 즉 핵무기 보유를 수단으로 하고 국제평화를 담보로 하여, 자국의 국가이익을 도모하기 위하여 핵무기 개발을 시도하였다. 그들 국가들은 자체적인 기술개발 노력과 함께 필요한 장비와 재료 등을 정적이고 단절적인 거래인 것처럼 은밀하게 가장하면서, 한 가지 목적 즉 대량살상무기 개발로 연계시켜 가고 있었다. 그러한 내용을 파악하는 것이 바로 초국가적 표적에 대한 국가정보활동인 것이다. 그 막강한 미국의 정보공동체도 예컨대 이란이 장기간에 걸쳐 핵무기 개발을 위해 플루토늄은 영국 회사에서, 금속외피는 스웨덴에서, 반응기는 프랑스에서, 플루토늄 분리장치는 이탈리아에서, 우라늄 광석 집중기는 남아프리카 공화국에서, 구리 코일은 핀란드에서, 탄소섬유는 일본에서, 그리고 동력 공급 장치는 미국에서 구입하는 것을 뒤늦게 파악했던 것이다.

한편 국제 테러조직의 활동 또한 그 자체가 초국가적 정보표적이다. 국제 테러조직은 출발에서부터 어떤 특정 국가를 대상으로 하지 않을 뿐 아니라, 또한 특정 국가를 대상으로 하여 출발한 경우에도, '불특정 다수인의 공포심 유발'이라는 테러공격의 속성상, 직접적으로 공격을 당하기까지는 지구상의 어떤 국가가 무슨 이유로 공격의 위협대상이 될지 알 수 없는 일이다. 또한 테러조직은 개별 국가처럼 영토적으로 고정된 지역에서가 아니라, 소위 이동하는 활동적 공격체제를 갖추어, 위치나 지역에 상관없이 공격이 가능하고, 장소적 이동이 불가능한 국가(state)와 달리 테러 본부를 손쉽게 재배치하여 활동하기 때문에, 국가정보활동을 매우 어렵게 한다.

국제 마약조직 또한 지구 전역이 활동무대로 설정되고 손쉽게 국제 범죄조직과 연결된다. 이러 모든 것들이 정상적인 국가정보활동을 어렵게 만드는 것들로, 초국가적 정보표적의 특성을 잘 보여 주고 있다. 그 이외에도 개별적 특정국가에 대한 문제가 아니라 세계평화와 안전에 대한 위협이 될 수 있는 문제로는, 금지 오염물질의 해양 투기에 따른 지구환경의 변화문제, 특정지역의 인구 증가문제, AIDS와 같은 치명적 질병의 확산 등도 또한 세계평화와 안전에 위해를 초래할 수 있는 초국가적 정보표적이 된다.

2) 지역표적(Regional targets)

지역표적은 한 국가나 지역을 뛰어넘고 세계를 가로지르는 위협이 되는 것과는 달리, 장소적으로 특정되어 있는 특정 지역에 대한 정보대상을 의미한다. 이 같은 한정된 지역표적의 문제가 세계평화와 안전에 위협을 초래할 수 있음은 물론이다. 그러므로 지역표적은 특정지역에서의 국가 상호간의 작용에 따른 내용이, 다른 나라의 국가안보에 위협으로 작용될 수 있기 때문에 국가정보활동이 필요한 대상인 것을 일컫는다. 예를 들면 발칸반도에서의 전쟁이나 중동지역의 불안 증폭, 그리고 한반도에서의 긴장관계 발생은 특정한 해당 지역에서 발생하는 문제이지만, 미국은 말할 것도 없고 세계 정보기관들의 대표적인 지역표적이 될 수 있다.

지역표적은 국가 상호간의 군사 또는 준군사적 분쟁 이외에도 국경충돌, 군비경쟁, 그리고 무기와 군대의 운용에 대한 문제가 주요내용이 된다. 지역표적은 특정한 해당 지역에서의 군사적 긴장이나 분규가 대표적인 것이지만, 군사적 긴장 이외에 경제적 문제도 지역표적이 된다. 예컨대 1997년 한국의 IMF 위기를 비롯한 아시아 금융위기 도래 시, 그것이 해당 국가국내의 정치상황 변동이나 무역에 미치는 영향 등에 대해 미국 정보기관들은 다각도의 관심을 가졌던 것이다. 왜냐하면 결국 아시아의 금융위기는 미국경제를 비롯하여 전 세계 경제에 직·간접적인 영향을 미치고, 궁극적으로 미국의 국가안보 문제와 연결된다고 판단하였기 때문이다.

3) 국가표적(National targets)

국가표적은 특정 국가를 상대로 한 국가정보활동으로 전통적인 정보대상이다. 특정 국가표적은 현재에도 가장 중요한 정보의 대상이고 목표이다. 오늘날의 국가 표적이 냉전시대의 그것과 다르다면, 현대 국제사회에서 우방국가이든 적성국가이든 특정국가의 정책변화는 정도의 차이는 있지만 다른 나라에 영향을 미치기 때문에 국가표적의 숫자는 오히려 증대되었다는 점이다. 미국의 경우 냉전이 종식되고 소비에트 연방공화국이 소멸한 오늘날에도, 러시아는 미국 안보담당자들에게 가장 중요한 관심 대상국가로서 대표적인 국가정보표적이다.

한편 1997년 미국 상원정보특별위원회(SSCI)가 미국의 대외 정책전개와 관련한 입법활동과 행정부에 대한 정책개발과 지원을 위해 CIA에 요청한 국가정보활동의 내용은 미국 의회가 대외정책 수립과 관련하여 어떠한 내용의 국가정보활동을 필요로 하고, 따라서 미국 정보공동체의 정보표적과 관심사가 무엇인지를 잘 알 수 있게 해 준다. 비밀 해제된 문건에 나타난 미국 의회가 필요로 했던 정보표적은 다음과 같았다.

- 러시아 군의 무기연구 및 개발, 핵무기 의존 정도, 러시아의 핵물질 안전취급 정도, 러시아 조직범죄단체의 선거연계 및 선거결과 전망,
- 중국의 세계무기거래 확산에서의 역할, 홍콩의 장래, 중국의 주변 국가를 포함한 대외정책, 중국의 인구수 및 추세, 중국과 대만의 향후 관계,
- 인도와 파키스탄의 핵전쟁 발발 위험성,
- 인도네시아의 국내정세와 군부의 영향력,
- 국제사회에 계속 위협요소로서의 북한의 영향력, 북한의 군사능력, 북한 경제 상황, 북한의 미국과의 합의사항 이행의사,
- 팔레스타인 해방기구와 중동평화의 향후 전개,
- 사담 후세인의 장기 집권가능성과 쿠웨이트 통치에 대한 야망 및 가족관계,
- 이란 정부의 국제범죄에의 가담내용, 이란과 이라크의 관계, 보스니아에서의 이란 군 병력의 현

황, 이란 정권의 장래,

- 세르비아의 경제발전,
- 리비아의 화학무기 개발계획,
- 아프가니스탄 탈레반 정권의 전망,
- 멕시코 경제와 정치적 상황 전망,
- 피델 카스트로 쿠바 정권의 장기집권의 한계, 쿠바의 핵무기 개발,
- 과테말라의 평화전망
- 아이티 공화국의 특별 경찰 조직 현황, 아이티의 인권유린 상황,
- 콜롬비아의 정치정세,
- 페루의 테러조직 현황,
- 국제 마약밀매, 불법 무기거래 현황, 해외 각국의 미국에 대한 미사일 위협, 핵탄두 미사일의 확산 현황, 국제 조직범죄, 국제 테러조직에 의한 미국에 대한 안보위협.

위와 같은 전 세계에 걸친 문제들에 대해 미국 상원정보특별위원회는 입법 활동과 행정부처의 대외정책에 대한 지원 및 견제를 위해서, CIA 등 정보기관에 대한 정보보고를 요구하였다. 미국의 정보공동체는 이러한 의회의 정보요구에 대해 또한 차질 없이 정보를 수집하여 체계적으로 분석한 후에 정제된 정보를 전달했다. 미국의 정보공동체는 이러한 문제에 대해 잘 숙달되어 있고 평소에도 꾸준히 정보활동을 전개하여 철저히 대비하고 그들의 저력을 차질 없이 보여 주었다.

4. 국가정보 분류 일반

국가정보는 영역에 따라 정치정보, 군사정보, 과학기술정보, 경제정보, 사회문제정보 그리고 환경정보 등으로 크게 나눌 수 있다.

1) 정치정보(Political intelligence)

정치정보는 해외와 국내의 정치적 상황과 정치 환경 및 그 전개과정과 문제점 등에 대한 정보를 말한다. 국가정보기구의 대상이 되는 국내 정치정보에는 국내의 현실적인 정치상황과 향후의 전개 예측, 민주주의의 전개과정 및 저해요소, 국민의 정치적 통합도처럼 국가안보와 직결된 정치문제이다. 반면에 해외정치정보에 대해서는 정치지도자의 추문을 포함하여 제한이 없다. 특정국가의 해외정치정보는 명백히 어느 국가의 국가안보와 여러 가지 맥락에서 직결될 수 있기 때문이다. 예컨대 미국과 북한의 향후 외교관계 전개, 중국과 일본의 협력관계 진전, 아시아태평양경제협력체(APEC)의 확대에 대한 찬성· 반대국

가 현황, 차기 미국의 대통령 선거결과, 일본의 차기 유력주자 및 그 추종세력, 중국과 미국의 밀접성 등이 모두 한국의 안보 상황에 연결될 수 있는 긴요한 해외정치정보라고 할 수 있다. 이 경우의 정치정보는 우방국가나 중립국가, 그리고 적성국이건 관계없이 다른 나라들의 국내정치 상황은 모두 간과할 수 없는 주요한 정치정보이다. 특히 미국은, 외국의 정치상황 문제가 정보공동체의 최우선 관심대상의 하나로 꼽힌다. 정치적 관점에서 동떨어진 국가정보는 실질적으로 대상국가의 역량을 평면적인 관점에서 합산적으로 파악한 나열물에 지나지 않는 것으로, 총체적인 정보라고 볼 수 없다고 판단하기 때문이다.

정치정보의 중요한 예로, CIA와 FBI는 클린턴 대통령 선거기간 중에 중국이 비밀스러운 다양한 루트를 통하여 클린턴 선거캠프에 당선 후의 영향력 행사 등을 목적으로 비정상적으로 막대한 선거자금을 지원하는 것을 사전에 파악하고, 이를 적절히 통보하여 줌으로써 만약에 있을지도 모를 클린턴 대통령 후보당선 후의 중국에 대한 정치적 부담을 사전에 차단해 주었던 것이다. 이러한 정보활동은 외세에 의해 국가이익이 좌지우지되지 않도록 해주는 것으로서, 매우 적절한 정치안보의 일환이라고 평가 받았던 것임을 인식할 필요가 있다. 그러나 정치정보의 필요성과 정보의 정치화는 전혀 별개의 문제이다. 원래 정책을 지원하는 정보의 존재이유에 비춰, 아무리 정보가 정책담당자 개인에 대한 봉사가 아니라고 하지만, 정치의 속성과 정치성향을 겸유한 행정부 내 유력한 책임자의 개성이 국가안보 정책에 투영될 수밖에 없고 따라서 정보와 정치의 관계는 불가피한 긴장관계가 끊임없이 조성된다. 정보의 정치화는 특정한 의도에 따라서 객관적인 정보를 왜곡시키거나 왜곡하여 사용하는 것이라고 할 수 있다. 정보생산물이 정치적으로 악용될 우려가 있는 경우는 정보분석물이 처음부터 특정 정책을 옹호하거나 저지하기 위해 작성되는 경우이다.

정보의 정치화에는 세 가지 유형이 있다. 첫 번째 유형은 정보담당자의 자발적 협조형이다. 이것은 정보담당자가 정책담당자가 선호하는 선택사항이나 내용에 부응하기 위해서, 의도적으로 객관적 내용의 정보분석 결과를 변경하는 경우이다. 정보기구에 의한 자발적인 정보의 정치화의 중요한 동기로는, 개인적인 경력관리, 자리보존 및, 기구팽창, 신임확보 등이 깔려 있을 수 있다. 후진국적 정보기구에서는 소위 다른 국가기구와의 충성경쟁에서 유발될 수도 있다.

두 번째 유형은 정책담당자 주도형이다. 정책담당자는 정보관계자에게 특정한 주제에 대한 그들의 개인적 관심을 표시하면서, 그 방향에 따른 정보결과를 제시할 것을 암시할 수 있다. 대표적인 예로 체니 부통령이 집중한 이라크 대량살상무기(WMD) 정보판단의 오류를 들 수 있다. 세 번째로 정보가 정치에 더욱 개입된 형태로는 정보가 집권당 등 특정 정당의 선거승리를 위해 정치에 직접 활용되는 경우이다. 정치기반이 미약한 후진형 독재국가에서 정보기구가 통치수단으로 사용되는 경우가 대표적이다.

2) 군사정보(Military intelligence)

냉전시대가 종료된 오늘날의 국제관계에서도 군사정보는 또한 다양한 연유로 그 필요성과 중요성이 거듭 강조된다. 군사정보는 적대세력이나 아국과 연관이 있는 우방국에 대한 총체적인 군사력에 관한 지식을 말한다. 한국의 입장에서는 예컨대 북한뿐만이 아니라 일본, 중국, 러시아, 그리고 동남아 국가 중 일부가 장래 어느 시점에 정치·경제적인 관점에서 가상의 경쟁적 적국이 되어 군사적 대치상황이 있을 수 있다고 본다면, 그러한 상대국가의 군사력에 대한 면밀한 파악과 그에 대응한 군사 무기 체제를 구축하여 대비하는 것이 국가안보의 핵심이 되는 것이다. 그래서 상대국의 군사능력에 대한 면밀한 정보판단 결과, 상대국과의 군사적 대치는 군사력의 열세로 불가능하다고 판단되면, 신속하게 타국과의 협조나 동맹 또는 군사적 우산관계의 수용 등 외교적으로 다른 길을 찾는 길이 국가안보를 수호하는 길이 될 것이다. 여기에서 각국의 핵무기와 재래식 무기를 포함한 무기소요, 그리고 특수부대의 운용 등 군사정보의 필요성이 항상적으로 제기되는 것이다.

3) 과학·기술정보(Scientific and technical intelligence)

과학·기술 정보는 공히 민간부문과 군사부문에 대한 과학·기술 정보를 포함한다. 역사적으로 많은 경우에 민간부문에서의 기술발전이 궁극적으로 군사무기 개발로 응용된 경우와 군사무기 개발 기술이 민간영역에 응용된 경우 또한 적지 않다. 예컨대 컴퓨터 기술과 생명공학, 광학기술, 그리고 레이저 기술 등은 모두 군사무기 기술이 민간의 영역으로 전이된 것들이다. 그러므로 타국의 그러한 과학기술 전개과정을 지득하고 기술을 습득하는 것은 상대국의 잠재적인 군사능력을 평가하는 데 긴요한 국가정보가 되는 것이다.

4) 경제정보(Economic intelligence)

국가정보 체계에서 경제정보의 중요성은, 치열한 국제경쟁 속에서 국가의 지속적인 발전을 이루기 위하여 대단히 중요하다. 특정국가의 경제적 강점과 취약점을 파악하는 것은 물론이고, 각국의 산업기술 개발에 대한 추이와 내용을 알 수 있다는 것은 치열한 국제경쟁의 현실에서 실질적인 국력을 유지하는 가장 긴요한 내용이 될 수 있다. 어느 국가의 경제적 강점을 안다는 것은, 그 국가와의 경제전쟁에서 효율적으로 대처할 수 있는 예방책을 확보하는 것이고, 상대적인 경제적 취약점을 파악함으로써, 만약의 경우 어떠한 경제적 제재가 효과적으로 작용하여 소기의 목적을 쉽게 달성할 수 있는지를 알 수 있게도 된다. 또한 경제정보는 각국의 통화정책을 파악하고, 자금 세탁, 테러 조직의 자금원 파악, 각국 지도자의 부패 및 횡령을 파악하는 내용도 포괄한다.

5) 사회문제정보(Sociological intelligence)

사회문제정보는 정치정보와 긴밀히 연결될 수 있다. 주로 특정국가와 연결된 사회의 구조와, 사회 조직문제를 파악하여 획득된 정보를 말한다. 사회조직 상호 간의 관계, 그리고 그들이 인종적, 종교적 또는 정치적으로 유대관계가 있는지를 파악함으로써, 상대국의 국가 응집력 등 국력의 기초를 알 수 있게 된다. 이러한 사회정보는 또한 향후 정치체제의 변동문제도 예측할 수 있고, 대응할 기회를 제공할 수 있다. 사회문제정보는 국력의 가장 중요한 인자인 국가의 의지(will)를 결정하는 절대변수로서 중요하다.[8)]

6) 환경 · 생태정보(Environmental intelligence)

오늘날 환경정보는 초국가적 위협문제 중의 하나이다. 어느 국가에서의 에이즈(AIDS)와 중대한 전염병의 창궐은 지구의 건강안보, 그리고 생태안보와 직결되는 문제이다. 그러므로 각종 질병에 대한 현황파악 및 중·장기 추세 예측은 매우 중요하다. 더불어 환경, 인구, 자원, 그리고 식량 등 인간이 생존하기 위한 제반 생태문제에 대한 정보는 국가정보기구가 보다 관심을 가져야 할 인간안보의 문제이다. 그것은 환경 및 기후변화 등에 대한 추적은 물론이고 국제환경협약에 대한 이행여부에 대해서도 동일하다. 사실 다수의 사회역사가들은 한 국가나 제국의 흥망은 외부의 군사적 위협이나 경제 관리의 실패보다는 기후 변화, 전염병, 그리고 기근 같은 생태적 조건에 의해 크게 좌우되었다고 분석한 바가 있다.

---

8) 국력(National Power: NP)은 국가의 힘(Power) 또는 국가능력(capabilities)의 총합이다. 국력에 관한 분석방법 중 대표적인 것으로는 레이 클라인(Ray S. Cline) 박사의 P=(C+E+M) × (S+W) 라는 공식이다. P는 국력(Power)을 상징하고, C는 임계량(臨界量, Critical Mass)즉 국토 면적, 인구규모 등 고정적인 국가의 자연적 조건을 말한다. E는 경제력을 M은 군사력을 의미한다. S는 정치 지도자의 전략, 그리고 W는 국민의 의지를 표시한다. 국력방정식에서 알 수 있듯이 국력 도출에 있어서 결정적으로 중요한 부분은 국민의 의지와 정치지도자의 전략이다. 이 부분이 0이 되거나 기준치인 1보다 낮게 나타난다면 전체 국력이 영(zero)도 될 수 있다. 이 공식으로 미국이 베트남에게 질 수도 있다는 사실이 설명된다. 월남을 향한 미국의 의지와 전략은 거의 0에 가까웠고 독립을 이루겠다는 월남 사람들의 투지와 전략은 결국 미국을 이길 수 있게 한 것이다. 클라인 교수는 한국의 S+W를 1980년 저서에서는 1.4로 추정했고 1994년 저서에서는 1.2로 계산했다. 국력방정식에 의하면 아무리 경제력, 군사력이 막강해도 국가 정치지도자의 전략이나 국민들의 단합된 힘이 없으면 국력은 미약할 수밖에 없음을 잘 설명해 준다. 졸저, *op. cit,* pp. 1307.

제3장 국가정보에 대한 이해

1. 정보의 이해

그렇다면 어느 국가정보 체계에서 정치적인 목적이나 정보기구 자체의 기관 이기주의의 입장에서가 아니라 진정으로 국가나 국민의 관점에서, 그리고 실제 일하는 애국적 요원들의 미래를 위한 국가정보기구의 혁신이나 개혁, 그리고 관련 입법의 제·개정 논의가 이루어지는 실제적인 이유는 무엇일까? 그리고 그 진정한 방향은 어떠해야 할 것인가? 라는 의문이 제기된다. 사실 우리의 경우 국가정보기구가 정권이 바뀔 때마다 원훈(院訓)을 포함하여 변혁의 상습적인 고통을 반복하는 이유는 그 변화의 필요성에 대한 진정한 이유를 모르는 정치적인 동기 때문이라고 할 수 있다. 결론적으로 입법 조치를 포함한 정보공동체 변혁의 진정한 동기는, 정책 그리고 법집행과 확연히 구분되는 국가정보 개념에 대한 올바를 이해를 전제로 하고, 활동으로서의 정보실패(intelligence failure)라는 개념에 대한 정확하고도 냉철한 반성에서 비롯되어야 한다.[9] 이렇듯, 올바른 국가정보에 대한 이러한 이해와 정보실패의 반성에 기초한 정보공동체의 개혁이 되어야만, 정치논리를 벗어나 국가 안보환경과 국력 수준에 걸맞은 가장 효율적이고도 능률적이며 민주적인 국가정보기구 체계가 구축될 수 있는 것이다.

사실 정보(intelligence)는 개방형 어의로 그에 대한 개념정의는 정치사회학에서 가장 어려운 일 중의 하나이다. 정보는 일국의 국가안보와 국가이익과 관련한 문제 중에서 상대세력이 숨기려고 하는 그 무엇인가를 획득하여 알게 된 지식으로, 아국의 국가안보와 국가이익을 도모하기 위하여 필요한 문제로서, 국가나 비 국가를 막론하고 현재의 적국 또는 잠재적 적국이나 적대세력, 또한 경쟁 상대들에 대한 의도와 저력 및 활동상황, 그리고 예상되는 활동방향 등에 대한 평가되고 정제된 첩보(Information)라고 할 수 있다. 그러므로 파스너 재판관(Posner)이 일찍이 정보활동의 속성은 현재 또는 잠재적 적국, 즉 적대세력에 대한 의도(intentions)와 능력(capabilities)을 파악하는 것이라고 한 설명은, 국가정보를 이해함에 있어서 매우 적절한 지적이다.

정보학에서 정보(Intelligence)와 첩보(Information)는 구별된다. 첩보란 획득된 사실 자체를 총칭하는 것으로 생 자료(raw material)의 집합이다. 반면에 정보는 정보순환 과

9) 이러한 인식에 연결된 견해가 2008. 12.5일 발제자인 최평길 명예교수가 주창한 정보기구 정보입무의 재고조시 즉 inventory 문제라고 할 수 있다. 즉 동인은 국가정보원이 실제로 어떠한 일을 얼마만큼 하였는지는 재고량을 조사하여 그에 맞게 입법이 맞추어져야 할 것이라는 취지의 견해를 밝혔다.

정을 거쳐 정보수요자의 의도와 목적에 맞추어 좁혀진 사실이나 내용이다. 그러므로 모든 정보는 첩보이지만, 모든 첩보가 정보는 아니다. 예컨대 적대국가가 생산한 비밀 정보(intelligence)라고 할지라도, 입수한 국가의 관점에서는 그것은 단지 첩보에 지나지 않는다. 그러한 첩보는 가공과 분석의 경과를 거쳐 비로소 아국의 최종 정보로 생산된다. 정보학의 대부인 셔먼 켄트(Sherman Kent)는 정보는 국가정책운영의 기초자료로 국가정책운용을 위한 지식(knowledge)이며 활동(activities)이고 조직(organizations)이라고 정보의 삼중적 측면을 설파하였다.[10)]

2. 국가정보활동의 4대 분야

오늘날 민주적인 국가정보기구의 주요한 임무 영역에는 4가지 분야가 있다. 이를 국가정보활동의 4대 분야라고 한다. 정보수집, 수집정보의 분석, 비밀공작 그리고 방첩공작활동이 국가정보기구의 4대 영역이다.

1) 정보수집 (Intelligence Collection)

국가정보기구의 제1의 임무는 국가안전보장과 국가이익을 달성하기 위해 필요한 국가정보를 인적·물적 정보자산을 활용하여 체계적으로 수집하는 것에 있다. 이처럼 지속성과 체계성은 국가정보기구의 정보수집과 개별행정부처의 자체 정책적인 수요에 의한 자료수집과 구별되게 하는 요소 중의 하나이다. 국가의 안전보장과 국가 이익을 위한 정보수집은 개별부서가 부서 업무추진의 필요성에서 개별적으로 추진하는 경우도 있지만, 그것은 정보수집 그 자체가 목적이 아니라 업무 추진과정에서 돌출된 특별한 필요성에 의해 단편적으로 이루어지는 것으로서, 지속성과 체계성에 있어서 국가정보기구의 그것과 차이가 있다. 오늘날 과학·기술발전은 정보수집에 현기증을 느끼게 할 만큼의 획기적인 발전을 가져온 것이 사실이다. 더불어 전 세계 24시 방송채널, 인터넷의 획기적 발달, 빈번한 각종 학술회의, 국제회의의 개최, 비정부 국제기구 등의 눈부신 활약 등 정보수집 자료 원천의 놀랄 만한 확충은 정보수집을 쉽게 할 수 있다는 이점과 함께 정보수집의 엄청난 양적 증대를 가져왔다. 그것은 상대적으로 정보자료의 신뢰성 저감이라는 부작용을 동반한

---

10) "정보학의 아버지"로 호칭되는 셔먼 켄트(1903.12.6-1986.3.11)는 예일 대학교 역사학 교수였다. 2차 세계대전 중 CIA의 전신인 전략정보국(Office of Strategic Services: OSS) 조사분석실에서 북아프리카 문제를 담당하였다. 그 후 CIA에 근무하면서 다수의 정보분석기법(analytical tradecraft)을 개발하였고 "미국의 세계정책에 대한 전략정보(Strategic Intelligence for American World Policy)"라는 명저를 남겼다. 1967년 CIA를 정년퇴직하고 1986년 유명을 달리하였는데, CIA는 국가정보 발전에 대한 탁월한 업적을 기려 2000년 셔먼 켄트 연구소로 명명된 CIA부설 정보분석연구소를 설립하였다. 셔먼 켄트, *op. cit.* pp, 3-4.

것도 사실이다.

일반적으로 정보기구가 정보를 수집하는 방법은 정보인자(INT: INTelligence)에 따라서 크게 3가지로 나눌 수 있다. 먼저 정보요원 등 인간이 개입되는 휴민트(HUMINT: Human intelligence) 즉 인간정보가 있다. 인간정보 이외에 정찰위성 등 정탐 기구에 의해 수행되는 영상정보활동 즉 이민트(IMINT: Imagery intelligence)와 매신트로 불리는 흔적・계측정보활동(MASINT: Measurement and signatures intelligence) 그리고 시긴트로 불리는 신호정보활동(SIGINT: Signal intelligence)이 있다. 위 3가지는 주로 과학기술 장비를 사용하는 것이므로 기술정보활동 즉 테킨트(TECHINT: Technical Intelligence)라고 한다. 마지막으로 국가정보기구의 정보수집 활동은 다양한 공개자료에 의해서도 상당부분 획득된다. 이것을 오신트(OSINT: Open-esource intelligence) 즉 공개출처정보라고 한다.

현대사회에서 휴민트는 영상정보(IMINT)와 신호정보(SIGINT)에 비하면 분야가 상당히 적다. 수년 동안 기술정보활동(TECHINT)에 의해 수집되는 정보의 비약적인 증가는 인간정보에 대한 의존도를 낮춘 것이 사실이다. 그러나 과학・기술적 정보수집 기법이 획기적으로 발달한 오늘날에도 인간정보는 여전히 중요성을 갖는다. 정보는 상대세력의 의도와 능력을 파악하는 활동이다. 그러나 아무리 과학기술이 발달했어도 아직까지 상대방의 의도, 즉 심리상태까지 파악할 수 있는 기계는 발명되지 않았다. 상대세력의 의도는 전화도청, 결재서류 확인, 대화녹취, 태도변화 등 주관적인 모든 요소를 오감으로 느낀 후 종합적으로 판단하는 인간의 지적활동이기 때문이다.

따라서 휴민트는 단순하면서도 객관적인 사실파악을 위한 정보수집에 탁월성을 지닌 기술 정보수집 활동, 즉 테킨트(TECHINT)에 비해 계획과 의도 그리고 능력 등을 직접 확인할 수 있다는 불변의 이점이 있다. 그리고 인간정보 수집 활동으로, 상대국에 거짓정보나 역정보를 흘림으로써 기술정보수단으로는 도모할 수 없는 강력한 역공작 기회도 가질 수 있다. 사실 테러 조직, 국제 마약조직, 국제 범죄조직은 영상정보(IMINT)와 신호정보(SIGINT)로 파악할 수 있는 과학기술 신호와 활동이 상대적으로 미약한 정보 분야이다. 그런 분야는 부득불 전통적인 인간정보만이 유일한 정보획득 기법이 된다. 인간정보활동은 또한 기술정보 수집에 비해 비용이 적게 든다는 이점도 있다. 인간정보활동과 기술정보 활동의 비율이 어느 정도가 좋은지는 정답이 없다. 확실한 점은 양자가 상호 보완의 관계라는 것이다.

1994년의 미국 정보공동체의 보고서에는 인간정보와 기술정보의 비율에 대한 다음과 같은 통계수치가 있었다. 376건의 특별한 정보쟁점에 대해 인간정보는 205건에서 결정적인 기여를 했다. 테러문제에서는 인간정보가 75% 가량 결정적 기여를 했고, 마약분야에서는 약 50%, 대량살상무기 확산분야에서는 약 40%, 그리고 국제 경제문제에서는 약 30%

가량 인간정보가 기술정보에 앞서 결정적인 기여를 한 것으로 평가받았다. 물론 인간정보에도 특징이나 성질 상 한계와 단점이 따른다. 먼저 배신과 음모의 문제이다. 다양한 방법으로 선정되어 포섭된 첩보원뿐만이 아니라, 주재국에 파견된 정보관도 이중 스파이나 두더지가 될 가능성이 항상 있다. 또한 주재국 방첩기관의 뛰어난 방첩공작활동의 결과로, 수집하는 정보가 기만정보이거나 역이용 정보일 위험성도 상존한다.

한편 일반인의 인식과 달리 공개출처정보는 정보기구가 만들어진 이래로, 정보수집 활동의 매우 중요한 일부분이 되어 왔다. 국가에 따라 다르지만 일반적으로 양적인 측면에서 보면 전체 생산 정보의 약 75%에서 많게는 90%가 공개출처정보라고 한다. CIA 초대 국장이었던 힐렌코에터(Roscoe Hillenkoetter)는 1948년에 이미 CIA의 80%의 정보가 외국의 서적, 잡지, 라디오 방송, 그리고 해당국가 사정에 정통한 일반인 등 공개출처 자료에서 수집된다고 했다. 공개출처정보는 다른 정보 수집활동의 시발점이 될 수 있다는 중요성도 있다. 공개출처로부터 충분히 수집 가능한 정보를 생산하기 위해 인적·기술적 방법을 사용하여 비공개적 정보수집 활동을 한다는 것은, 정보자산의 낭비를 초래할 뿐만이 아니라, 대단히 어리석은 일이라고 할 수 있다.

공개출처정보의 전문가인 스틸(Robert D. Steele)은 "학생이 갈 수 있는 곳에 스파이를 보내지 말라(Do not send a spy where a school boy can go)."라고 하면서 정보기구의 정보수집 활동은 먼저 공개출처정보의 활용가능성 판단에서 시작되어야 한다고 강조했다. 과학기술의 획기적 발달과 최근의 인터넷 발전은 공개출처정보의 원천을 더욱 확대시켰다. 그래서 미국정보공동체의 경우를 보면 2004년의 정보개혁및테러방지법은, 국가정보국장(DNI)으로 하여금 향후에도 지속적으로 공개출처정보 수집활동을 어떻게 실시하고 대처할 것인지에 대한 정보정책 결정을 하도록 요구하고 있다. 그리고 2003년 이라크 전쟁에 대한 진상조사위원회인 대량살상무기위원회(WMD Commission)는 CIA 내에 공개출처정보 부서를 신설할 것을 권고했고 현재 국가정보국장 산하에 전문적인 공개출처정보기구가 창설되어 있다.

2) 정보분석(Intelligence Analysis)

국가정보기구가 수행하는 정보분석은 수집된 정보자료 즉, 첩보에 대한 체계적인 종합과 검증 등 다양한 분석기법을 동원하여 국가안보와 국가이익을 달성하기 위한 국가정책의 수립과 집행에 필요한 정보를 도출해 내는 과정 및 도출된 생산물을 말한다. 민주적이고 체계화된 국가정보기구의 정보수집 활동은 정보의 분석을 전제로 한 것이다. 정보분석을 생략한 정보수집 활동은 국가정보기구의 본연의 임무라고 할 수 없다는 의미가 된다. 간혹 수집된 생 자료(Raw Material) 즉, 첩보가 가공이나 분석과정 없이 그 자체로 긴요한 국가정보로 활용되는 경우도 있으나, 그것은 극히 이례적인 일이어야 하고, 대개의 경우는 그 신빙성 판단과 체계적인 이해를 위해 정보의 분석과정은 거의 필수적이라고 하지 않을 수 없다.

3) 비밀공작(Covert action)

정보활동의 또 다른 저편에는 극단적인 정보활동의 일환으로 수행되는 준 군사 활동(Paramilitary Operation)이 존재한다. 비밀공작은 국가정보기구에 의한 외교정책 그리고 국방정책 대신에 선택된 소위 제3의 옵션(option)으로서 정보기구가 유일하게 수행하는 국가정책의 대집행(代執行)이다. 한편 비밀공작은 그러한 활동이 어떤 특정국가의 활동인지 인식할 수 없는 은밀한 방법으로, 구체적 사안에 대해 군사작전을 방불케 하는 방법으로 사용되어, 특정국가에게 강력한 영향을 끼치는 국가정보기구의 전투적인 임무이다. 물론 비밀공작에는 준 군사 공작이외에도 선전공작, 정치·경제공작 등 다양한 모습이 있다. 이 같은 국가정보기구의 비밀공작은 일반적인 정탐· 간첩활동(espionage)과 대응된다. 양쪽이 모두 외국과 비밀스럽게 연결된다는 점에서는 공통되지만, 정탐· 간첩활동은 공작관이 직접 또는 현지 정보제공자로부터 정보가 전달될 때까지 인내심을 가지고 수동적으로, 그리고 조용히 기다리는 정보활동이다.

반면에 비밀공작은 정보의 유입을 기다림이 없이, 상대세력에 단기간에 강력한 영향을 미칠 것을 전제로 한 구체적 행동으로 실현된다. 그래서 비밀공작은 정보기구가 실행하는 유일한 정책 활동으로서, 정보기구에 의한 외교정책 또는 국방정책의 대집행이라고 불리는 것이다. 그러므로 시간이 많지 않은 비밀공작 사건담당자는 대외연결망에게 한정된 시간 내에 임무를 종료할 것을 요구한다. 일반적인 스파이활동(Espionage)과 비밀공작(Covert action)은 이처럼 적극성 대 소극성, 단기목적 달성 대 장기간 목표 추구성의 차이로 인해서, 같은 정보활동이지만 그 문화에 근본적인 차이가 있다. 그와 관련해, 비밀공작이 과연 국가정보기구의 본연의 임무인지에 대한 근본적인 논란이 있었으나, 오늘날 법적 근거를 갖춘 (해외에서의) 비밀공작 수행은 민주 정보기구의 정당한 임무로 간주된다. 그러나 우리의 경우 적지 않은 해외에서의 비밀 공작적 사례가 있는 것으로 판단되나, 현행법 어디에도 그에 대한 근거가 없는 바, 시정되어야 할 사항이다. 왜냐하면 비밀공작은 그 비밀성과 중요성에도 불구하고 국제 외교문제까지도 야기할 수 있다는 점에서 오히려 더 국민의 대표자인 국회에서의 감독과 통제가 필요한 분야이기 때문이다.

4) 방첩공작(Counterespionage)

국가정보기구의 4번째 주요한 활동 임무로는 방첩활동을 들 수 있다. 방첩활동은 어떤 정보를 얻으려거나 영향력을 미칠 목적으로 행해지는 것이 아니다. 방첩공작 활동은 아국이 해외세력에 침투하는 것에 비추어 짐작하면, 분명히 아국에도 해외세력 또는 그에 동조하는 세력에 의한 침투가 있을 수 있다고 보고, 아측 정보체계의 건전성을 점검하는 것으로서, 적대세력의 침투를 어렵게 하거나 정보기구, 넓게는 정부조직에 침투해 있는 비밀정보 제공자나 이중간첩 등 적대세력에 의한 첩보활동을 색출하는 활동을 말한다. 그러므로 방첩공작 활동 또한 그 성격과 대상에 있어서 전통적인 스파이 활동(espionage) 즉 일반 정보수집 활동과 차이가 있다. 오늘날 국가정보기구의 국내 정보활동은 원칙적으로 보안·방첩활동이 주된 내용이다. 그러므로 국내 정보에서 국가정책 수립에 필요한 정보를 수집하려는 자세는 근본적으로 정보기구의 역할을 오도하는 첩경이 된다.

3. 전술정보와 전략정보

국가정보기구의 궁극적인 목적은 국가안보를 수호하고 국가이익을 도모하기 위한 것으로서, 유능한 국가정보기구는 일국의 전략적 충격을 방지하고, 국가에 장기적 전문지식을 공급하며, 정책과정을 보좌하고, 정보 그 자체와 정보방법 및 원천에 대한 비밀성을 유지하는 기능을 담당한다. 국가안보와 관련한 대외정책을 담당하는 부서나 책임자들로서는 양질의 관련 정보를 제공 받음으로써 업무를 성공적으로 수행할 수 있다. 안보담당이나 법집행 담당자이외에도 경제, 무역, 기술개발, 에너지, 환경, 그리고 공중위생 정책책임자들은 국내정책인 경우에도 해외정보를 알아야 효과적인 정책수립과 집행을 하게 된다. 정보는 여러 유형으로 분류할 수 있다. 앞서 본 바와 같이 영역에 따라 정치정보, 군사정보, 과학기술정보, 경제정보, 사회정보, 보건·환경정보 등으로 나눌 수 있고 성격에 따라 전술정보와 전략정보로 분류할 수 있다.

전술정보(Tactical Intelligence)는 작전정보(Operational Intelligence)라고도 하는 것으로 목전에 있거나 머지않은 장래에 도래가 예상되는 구체적이고 현실적인 전술활동 전개를 계획하고 수행하기 위한 정보를 말한다. 주로 단기적인 현재의 전투수행을 위한 정보라고 할 수 있다. 반면에 전략정보(Strategic Intelligence)는 거시적인 장기 미래 정책을 작성함에 필요한 정보를 말한다. 간단히 말하여 전술정보가 목전의 전투에서 승리하기 위한 것이라면, 전략정보는 목전의 전투에서 일부 패퇴하더라도 궁극적인 전쟁이나 경쟁에서 최종승리자가 되기 위한 미래장기예측정보이다. 따라서 전술정보가 아직 누구도 몰랐던 현상의 비밀스러운 내용을 담고 있는 일일신문 같은 것이라고 한다면 전략정보는 장기계획 청사진이라고 할 수 있다.

CIA 보고서는 전략정보에 대한 셔먼 켄트의 업적을 다음과 같이 설명한다. 2차 세계대전이 고조되던 1943년과 1944년 사이에, 셔먼 켄트 조사분석실(R&A)의 군사-경제적 기간망 연구에 대한 보고서가 생산되었다. 연합국 폭격편대는 조사분석실이 나치(Nazi)의 숨통이라고 표현했던 독일 및 독일에 공급되는 유전지대에 대한 폭격을 감행하였다. 그

아이디어는 전적으로 조사분석실(R&A)의 것으로, 분석보고서는 통계수치와 지형 및 지질도 등 매우 신뢰할 수 있는 자료에 바탕을 둔 잘 정리된 정보분석물로서, 전투부대 지휘관은 확신을 가지고 공격을 결심할 수 있었다. 나치의 숨통 즉 유전지대에 대한 공습은 나치 공군의 항공연료의 결핍으로 이어졌고, 1944년 말에는 디젤과 가솔린 연료도 부족하게 되어 수천 대의 나치 전차와 트럭의 발이 묶였다. 참전 경험도 없어 전쟁을 모르고, 단지 뛰어난 학문적 성과와 학위만을 가지고 있던 젊은 경제학자들의 정보분석물이, 2차 세계대전의 전황을 결정적으로 바꿀 수 있게 만들었다. 그들은 나치 독일 비행기가 어디에 몇 대 있고, 언제 발진을 하여 어디를 공격하려고 계획 중이라는 비밀스러운 정보에 의존한 것이 아니라 다방면에 걸쳐 수집한 공개자료들로 진정한 전략적 군사문제 전문가가 되었다.

한편 존 하이덴리히(John G. Heidenrich) 전 CIA국장은 원래 CIA 창설 목적이 전략정보 수집이었다고 역설한다. 그럼에도 냉전시대를 거치면서 지나치게 전술정보 활동에 매몰되어 있다고 신랄하게 비판하였다. 전술정보 기관화에 대하여 CIA 정보연구센터(Center for the Study of Intelligence) 설문조사에 나타난 분석관들의 불평들은 다음과 같았다. "우리의 생산물은 특정한 부분에 대한 것이고, 목전의 이슈에 매몰되어 있어서, 전략적 역량의 한 모퉁이를 상실하고 있다. 속도는 결코 질을 대체할 수 없다. 예전에는 만들어 내곤 하던 진짜 분석적 생산물을 잃어버리고 있다. 오늘날은 단지 현재의 이벤트에 대해 보고할 뿐이다. 정보공동체는 현재의 정보에 집중되어 있다. 연구를 별로 하지 않는다. 연구부족으로 정보분석가들의 이해의 정도는 심지어는 정책 담당자의 이해 수준에도 미치지 못하는 경우도 많다. 미국에서 전략정보가 글로벌 환경과 국가적 정책 및 전략을 위한 수준으로 이루어지고 있는가? 내 대답은 명백히 "그렇지 않다(No)"이다.[11]

4. 정보와 법집행 그리고 정보와 정책

일국의 국가정보 체계에 대한 혁신은 전 세계 정보의 자유시장화를 지향하는 국가정보의 새로운 견해와 같은 현대적 학문조류에 대한 이해가 전제되지 않는다고 하는 경우에도, 국가안보, 정보수요자, 정보와 정책, 그리고 정보와 법집행과 확연히 구분되는 국가정보에 대한 올바른 이해가 선행되어야 한다. 그렇지 아니하고는 다른 출발점에 서서 다른 방향으로 향해 있는 것으로 정보개혁에 대한 논의 자체가 성립되기가 매우 어렵다고 할 수 있다.

1) 국가정보(National Intelligence)와 법집행(Law enforcement)

국가 법집행은 기본적으로 정책공동체의 영역이다. 그 가운데 대표적인 것이 경찰과 검

11) 상세는 졸저, *op. cit*, pp. 85-90.

찰수사이다. 수사는 죄형법정주의의 대원칙에 따라서 죄로 규정된 행위에 대해 형사처벌을 목적으로 적법한 수사절차를 통해 증거를 수집하는 일련의 행위이다. 수사의 결과는 또 다른 심판기구인 법원의 재판을 통하여 궁극적인 목적이 달성된다. 그러므로 수사에는 증거재판의 원칙, 엄격증거의 원칙이 지배한다. 그러나 정보활동은 정형이 없는 사실상의 활동이고 정책에 봉사하기 위하여 전개되는 것이지, 재판을 전제로 하여 이루어지는 것은 아니다. 그러나 오늘날에는 원칙적으로는 법집행기구의 업무영역인 테러문제, 마약문제, 국제조직범죄 등 다양한 범죄의 영역이 새롭게 국가정보의 영역으로 대두됨에 따라서, 정보활동에 의해 수집된 자료들이 사법절차에서 증거 또는 증거의 원천이 되는 경우가 적지 않게 발생한다. 또한 법집행은 국가정책 분야의 하나이기 때문에, 국가정보로부터 서비스를 받거나 자체적인 법집행적 정보활동이 있게 된다.

이처럼 정보와 법집행은 목적과 대상범주가 상이하지만, 다른 어떤 행정 분야보다 밀접한 관계가 있으므로 긴밀한 유대관계가 요구되어 친밀한 관계를 유지할 것 같음에도, 전통적으로 대립하고 반목한 경우가 적지 않았다. 업무의 속성상 의식적이건 무의식적이건 중복되는 경우가 발생함으로 인하여, 선의의 경쟁이나 협조적 양보보다, 부처 이기주의 등으로 경쟁적 관계가 형성된 결과이기도 하다. 또한 세계화의 필연적 결과로 다양한 인적·물적 교류가 이루어짐으로써, 오늘날 각국은 국내법적인 질서 속에서의 임무를 전제로 하였던 법집행기관의 업무가, 국내를 벗어나 해외로 많이 뻗쳐서 전개된다. 예컨대 국제노동시장의 활성화는 노동인구의 교류로 해외에서의 법집행 업무 수요를 증가시켰다. 국제 테러, 마약 밀매, 국제조직범죄, 불법이민, 국경을 초월한 자금세척 문제는 분명히 법집행기관의 업무영역이지만, 일국의 범위를 넘어서서, 국제화 그리고 다양화됨에 따라서, 대응하는 법집행기관의 업무도 그를 따라 해외로까지 연장되게 되었다. 게다가 정보는 국가안보에 대한 것이 주된 임무인 까닭에, 국가공공질서를 목적으로 하는 수사 등 법집행기관의 업무영역에 대하여 관심이 미치게 됨도 부인할 수 없다. 위와 같은 다양한 이유로 정보와 법집행의 업무영역은 중복되고 긴밀성은 더욱 요구되는 것이 현대 국가의 변모된 모습이다.

2) 국가정보와 정책

국가의 정책은 정부 또는 정치단체가 취하는 방향으로 국책(國策)이라고도 한다. 국가정책은 국가의 권력을 현실적으로 담당하는 정부의 정책이며, 정부의 정책은 의회정치 아래에서는 그 통치권을 뒷받침하는 집권정당의 정책이다. 국가정보활동의 목표이기도 한 국가안보의 확립과 국가이익의 수호는 합리적인 국가정책수립과 그 이행의 결과라고 할 수 있다. 민주국가에서 국가정보 활동은 원칙적으로는 국가정책에의 반영을 통하여 목표가 달성된다. 정보와 정책은 이처럼 기능적인 측면에서 별개로 분리된다. 정보는 정책지원 기능은 있지만 정책 선택에 있어 어느 한쪽을 옹호하는 방향으로 작동되어서는 안 된다는 한계가 있다. 따라서 정보담당자들은 객관성을 견지하여야 하고, 제공하는 정보를 통하여 특별한 정책에 대한 지지나 선호를 부추겨서는 안 된다. 만약 정보담당자들이 특정한 정책에 선호를 가지게 되면, 그들의 정보분석은 틀림없이 선입견에 의해 이루어질 것이기 때문이다. 소위 말하는 정치화된 정보(politicized intelligence), 간략히 표현하면 "정치정보"가 될 수 있는 위험성을 가지게 되는 것이다.

특별히 미국 정보공동체는 정보와 정책을 그 어느 나라보다 엄밀히 구별하는 전통을 가지고 있다. 통상 정보와 정책은 기능적 측면에서 별개로 분리된다. 정부는 어디까지나 정책에 의해 운용되며, 정보는 정책지원 기능은 있지만 정책 선택에 있어서 어느 한쪽을 옹호하는 방향으로 작동되어서는 안 된다는 한계가 있다. 따라서 정책담당자들을 상대하는 정보담당자들은, 엄정한 객관성을 견지해야 하고 그들이 제공하는 정보를 통해 특별한 정책에 대한 지지나 선호를 부추겨서는 안 된다. 만약 정보담당자들이 어떤 정책에 대한 각별한 선호를 가지게 되면, 그들의 정보분석은 틀림없이 선입견에 의해 이루어질 것이기 때문이다. 그것은 이른바 '정치화된 정보(politicized intelligence)', 즉 '정치정보'가 될 수 있는 위험성을 가지게 되는 것이다.

미국 정보공동체에서 정치정보는 해당 국가정보에 대한 가장 치욕스러운 표현으로 간주된다. 한편 정보는 정책 수립 및 집행과정에 따라 5가지의 단계별로 도움을 주게 된다. ①정책 수립 계획에의 기여, ②구체적 정책 운용에서의 기여, ③분쟁상태의 경우 협상과 극단적인 전쟁대처에서의 기여, ④경고 기능 달성으로서의 기여, ⑤조약이행의 점검에서의 효용이 그것이다. 정보기구는, 사실 비밀을 가지는 인적 물적 구조상 맡겨주기만 한다면 외교, 교육, 국토안보, 수사 등 어떤 영역의 문제에 대해서도 누구보다 임무를 잘 수행할 역량이 있다. 그러나 정보는 원칙적으로 정책을 보좌하고 지원하여 정책을 통하여 빛을 발하는 후방지원적인 조력자에 그쳐야 한다.

일찍이 로웬탈(Mark M. Lowenthal)은 정보와 정책 사이에는 "반투성의 막"이 있어 정책은 언제든지 정보의 영역에 침투가 가능하지만 정보는 조언하고, 정보를 제공할 뿐, 정책에 영향을 주려고 한다거나 선호하는 정책을 지지하여, 정책 집행의 전면에 선다는 것은 국가운용의 틀을 간단히 깨뜨려버리는 일이라고 하였다. 앞서 살펴본 바와 같이 CIA도 스스로 설정한 임무(Mission)로, "우리는 결코 정책을 만들지 않는다. 심지어 필요한 정책이라도 권고도 하지 않는다."라고 명백히 한계설정하고 있다. 그러나 정치후진국 따라서 정보후진국은 이 같은 정보와 정책의 경계선이 불분명하다. 그러나 정보와 정책의 관계에 대한 대원칙은, 양자 사이에는 반투성의 유리막을 경계로 하여, 정책은 언제든지 정보의 영역으로 넘어 갈 수 있지만, 정보는 정책의 영역으로 넘어가지 말고 정책결정자에게 합리적인 판단자료를 제공하는 데 그쳐야 한다는 사실이다.

그 동안 정보 후진국들은 정보기관이 국내. 외 정보의 수집과 분석 그리고 보안활동의 차원을 넘어서서, 체제안보 차원에서 집권 정부의 정책입안과 정책집행 업무에 깊숙이 관여함으로써, 정치적 중립을 지키지 못한 채 국민의 정보기구가 되지 못했던 것이 현실이다. 정보와 정책 상호간의 반투성 유리판 원칙의 당연한 논리적 귀결로, 정책담당자들은 정보당국이 제공한 정보를 정책적 관점에 맞게 달리 평가하고 정책을 수립·집행하는 것이 자유롭지만, 정보관계자들은 그들의 정보판단에 기초해 정책수립과 집행을 권유해서는 안 된다. 더욱이 책임 있는 정책담당자가 정보담당자에게 질문하고 증거에 대한 비판적인 견해를 개진하면서 다른 시각을 가져볼 것을 주문하는 것은 정책수립과 집행에 대한 최종 책임을 지는 정책결정권자의 당연한 의무이다. 그러므로 정보관계 입법도 이러한 인식의 바탕 위에서 제정되어야 한다.

그러나 이 같은 정보와 정책의 분리가 양자의 절연을 의미하는 것은 결코 아니다. 그래서 오늘날 정보학자들 다수의 견해도 정보와 정책 사이에 분명한 한계선이 설정된 이상, 정보의 정치화 위험보다는 정보가 그를 이유로 정책의 과정에 초연한 자세를 견지하며 상호 협조가 잘 되지 않는 데 많은 문제가 발생한다는 비판을 제기한다. 다음의 말은 이를 웅변한다.

"만약 정보분석관이 어느 정도의 정치화의 위험성을 감내하지 않는다면, 그는 그의 임무를 전혀 수행하지 않고 있는 것이다."[12)]

이것은 정보의 정치화나 정보와 정책의 경계선인 반투성 막의 침투와는 전혀 다른 개념이다. 정보의 정치화를 경계하며 정보가 최선을 다하여 국가에 봉사하는 바른 길은, 결정적인 정보를 제공함으로써 복잡한 정책분쟁을 손쉽게 해결하는 것이 아니고, 정책분쟁이 있을 수 있음을 정확히 알려주는 것이라는 견해는 경청할 만하다.[13)] 국가정보의 정치화는 경계해야 하지만 정보가 국가정책에 초연(aloofness)해서는 안 된다. 일찍이 리처드 하스(Richard Hass)가 "정보공동체는 소설을 만들어서는 안 된다. 결과를 도출해야 한다. 결과를 도출하기 위해서는 정책담당자들과 더 가까워져야 한다." 라고 한 언급은 정보의 고고한 초연성을 경계한 말이라고 할 수 있다.[14)]

---

12) Ibid. p.86. 원어는 "*If an intelligence analyst is not in some danger of being politicized, he is probably not doing his job.*"이다.

13) Ibid.

14) Jack Davis, *op. cit.* 여기에서 정보의 정치화를 반대하며 맥이친(Doug MacEachin)이 말한 그 유명한 스카우터와 코치의 비유를 음미해 볼 필요가 있다. 맥이친은 원래 스카우터(정보분석가)의 임무는 상대방 팀에 대한 정보를 수집하고 재구성해 코치에게 전달하여 최선의 게임 계획을 수립하는 데 있다. 스카우터는 게임도 시작하지 않았는데 최종 기록을 예상하는 일을 하는 것은 아니다. 이것은 주어진 임무 그 자체의 충실한 수행이 업무의 왜곡을 막을 수 있다는 사실을 잘 지적해 준다.

5. 국가정보와 국가안보(National Security)

국가 기능의 하나로서 국가정보활동은 국가안보 확보를 위한 것이다. 여기에서 국가정보의 가장 중요한 성립 전제가 되는 국가안보, 국가이익, 국가정보 플레이어, 정보수요자 그리고 오늘날 초국가적 안보위협세력의 대두와 점증에 따른 국가쟁점의 안보 쟁점화에 대한 확실하고도 규범적인 이해가 필요한 이유가 있다. 오늘날 국가정보에 대한 대부분의 잘못된 인식과 논의는 국가정보의 중요성에도 불구하고 사실 국가안보 개념에 대한 인식 부족에 기인한 바가 매우 크다.[15]

1) 국가안보와 국가이익

안전보장(安全保障)의 줄임 말인 안보(安保, security)는 어떤 위험과 손해로부터 보호되는 상태로 안심 또는 안전(safety)과 동일한 개념으로도 사용된다.[16] 그러나 아놀드 월포스(Arnold Wolfers)가 적절히 지적한 바와 같이, 주권국가 상호간의 상관관계에서 연유되는 국가안보의 개념은 절대적일 수 없다. 그럼에도 불구하고 국가안보는 주권국가의 존립이유이자 목적이 되는 그 중요성 때문에, 그리고 정보학의 관점에서는 국가안보의 개념 정의에 따라서, 국가정보의 업무범위가 결정된다고 하는 실천적인 이유 때문에 매우 중요한 개념이다. 로버트 맨델(Robert Mandel)은 탈 냉전시대에 국가안보를 새롭게 정의하여 "국가의 책임으로써 국가 및 시민의 핵심적 가치가 대·내외로부터 위협받는 상황을 방지하여 심리적 그리고 물리적인 안정을 확보하는 것"이라고 정의하면서 국가적 차원의 핵심적인 가치로 국가이익을 구성하는 생존(survival)과 번영(prosperity) 및 국가위신

---

15) 한나라당 윤두환 의원은 2007. 7. 16일, 이명박 한나라당 대선후보와 김재정 씨 부동산 관련 기록 불법 열람과 관련, 국가정보원을 항의 방문하여 "이명박 후보와 김재정 씨 부동산 문제가 국가안전보장과 무슨 관계가 있느냐"고 질타하였다. 이에 대해 김만복 국정원장은, '대북 전력우위를 유지하기 위해서는 국력을 키워야 되고, 그러기 위해서는 부패척결이 필요한 것으로 국정원의 고유업무'라는 취지의 답변을 하며 "국가안전보장 관련되는 … 사무를 담당하기 위하여 대통령 소속하에 국가정보원을 둔다."는 정부조직법 제16조를 근거로 시대상황에 따른 국가안보 사항이라면 국정원은 무슨 일이든지 할 수 있다는 취지로 설명하고 국회의원들은 해명을 경청하였다 http://www.ydh1026.or.kr/bbs/board.php?bo_table=papernews&wr_id=102&page=10(last visited, 2008. Dec. 11)

16) 원래 Security는 근심과 걱정 불안으로부터의 자유를 의미하는 라틴어 securus, 또는 securitas와 동의어이다. 라틴어 'se'는 "어떤 상태로부터 벗어나거나 자유롭게 된다, 또는 어떤 것에서 풀려난다." 라는 의미를 가지고 "curitas"의 어원인 라틴어 "cura"는 공포, 불안, 근심이나 피해 또는 외부로부터의 공격을 의미한다. 그러므로 어원적으로는 어떤 외부적인 위협으로부터 안전을 지키고 공포·불안·근심 걱정이 없도록 하는 것 또는 없는 상태 즉 위협의 부재를 말한다고 할 수 있다. 졸저, *op. cit.* p. 1297.

(prestige) 그리고 국민의 생명과 재산이 대표적인 국가의 핵심 가치라고 하였다. 한편 국가이익(國家利益, National Interests: NI)은 국가의 보존과 번영·발전, 국위선양 및 국민이 소중히 여기는 국가가치, 그리고 국가체제의 순수성 유지와 신장을 추구하여 국제적으로 내세우는 각국이 지향하는 이념 및 가치를 의미하는 것으로서, 중요한 국가이익은 국가안보의 핵심가치가 될 것임은 물론이다.[17)]

국가이익에 대한 실천적인 연구와 적용은 미국의 국익검토위원회(The Commission on America's National Interests)의 분류에서 볼 수 있다. 미국 국익검토위원회는 "미국의 국가이익" 이라는 보고서에서 국가이익을 중요도에 따라 ①결정적 이익(vital interests) ②핵심적 이익(extremely important interests) ③중요한 이익(important interests) 그리고 ④부차적 이익(secondary interests)으로 서열 구분했다.

결정적 이익은 국가 존립에 직결되는 것으로서, 자유롭고 안전한 국가가 되고 자국민의 생활을 보장하고 증진하는 데 반드시 필요한 것이라고 하였다. 핵심적 이익은 양보할 경우 미국의 능력을 심각히 손상시키지만 위태롭게 하지는 않는 것들이다. 전 세계적으로 대량파괴무기의 억제 등을 예로 들고 있다. 중요한 이익은 미국의 존립이나 번영과 무관하지는 않으나 핵심적이지는 않은 것이다. 중요한 이익을 양보할 경우 자유롭고 안전한 국가에서 시민의 생활을 보장하고 증진하는 데 부정적인 결과를 초래할 수 있다고 평가하였다. 대규모 인권위반 사태의 발생 방지, 전략적으로 중요한 지역에서 자유 민주주의 고양을 중요한 이익의 예로 든다. 마지막으로 부차적 이익은 본질적으로 바람직하지만 자유롭고 안전한 국가에서 시민들의 생활을 보장하고 증진하는 국가의 능력에 중요한 영향을 미치지는 않는 것이라고 정의하였다. 무역역조의 시정과 범세계적 민주주의 확산을 예로 들고 있다.

미국은 이러한 기본적인 분류 위에서 매년 미국의 국가이익 우선순위를 설정하고 있다. 2000년 미국 국익검토위원회가 결론지은 5대 결정적 국가 이익은 다음과 같았다.

① 미국 본토 또는 해외 주둔 미군에 대한 핵무기와 생화학 무기의 위협을 감소하거나 예방하는 것,

② 공동 번영하는 국제시스템을 구축함에 있어서, 동맹국들의 생존과 그들의 적극적 협조를 확고히 하는 것,

③ 미국 국경에 대하여 적대세력의 출현을 예방하는 것,

---

17) 국가이익은 국가를 유지하고 강화하기 위하여 지켜야 할 행동기준이나 국가이성 또는 존재이유를 지칭하는 프랑스 용어 레종 데타(Raison d' tat)에서 유래한 말로 국가목표, 국가야망 또는 약칭하여 국익(國益)이라고 한다. 국가이익은 주권국가의 대외정책의 중심개념으로 역사, 문화, 전통, 규범 및 시대상황에 따라 변할 수 있다. 역사적으로 보면 국가이익이 외교정책상의 중심개념으로 사용된 것은 주권국가가 등장한 16세기 이후의 일이며 체계적인 연구대상에 오르게 된 것은 20세기에 들어와서이다. 상세는 졸저, *op, cit.* pp. 1295-1356. 국가안보와 정보 참조.

④ 무역 · 금융시장과 에너지의 안정적 공급과 환경보존 등 주요 글로벌 체계의 생존능력과 안정성을 확고히 하는 것, 마지막으로

⑤ 중국과 러시아와 전략적 적대국이 될 수 있는 국가들과 생산적인 관계를 확립하는 것이었다.

중요한 국가이익에 대한 예시를 보면 국토를 방위하고 국민을 보호하는 것, 자국에 대한 주변국들 간의 적대적 관계 형성을 예방하는 것, 우주와 항공 그리고 영해상의 자유통행권을 확보하는 것, 국가 통신선의 안전을 확보함으로써 자국의 통행 · 통신 등 교류권을 확보하는 것, 국제 주요시장과 에너지 공급 및 전략적 자원에 제한받지 않는 접근권을 확보하는 것들은 모두 국가의 존립과 발전을 위한 국가이익이고 국가안보의 중요 과제이다. 국가정보는 위와 같은 요소들에 대하여 정확한 국가정보를 생산하여, 이를 정책담당자에게 제공함으로써 주권국가가 품위와 위신을 지키며 국가발전을 도모할 수 있는 토대인 국가안보를 확립할 수 있는 역할을 하여야 한다. 전술한 바와 같은 과거 우리 국가정보기구 수장(首長)의 인식과는 확연한 차이가 있다.

2) 국가안보(National Security)와 국토안보(Home Land Security)

한편 미국의 2004년 정보개혁및테러방지법의 제정에서 잘 나타난 바와 같이, 국가의 생존을 포함한 대외적인 위협에서의 안전보장을 의미하는 국가안보와, 주로 국토내의 대내적인 관계에서 안전의 확보, 바꾸어 말하면 평상시에의 육 · 해 · 공을 포함한 국경의 안전을 포함한 사회 공공질서와 치안유지가 주된 내용인 국토안보 개념은 구별되어야 한다. 물론 국토안보도 국가비상 사태에는 당연히 국가안보의 중요한 구성요소가 될 터이지만, 현행 헌법이 제37조에서 국가안보와 병행되는 개념으로 질서유지 또는 공공복리라는 기준을 도입하여, 이것을 국민의 자유와 권리를 제한할 수 있는 3대 기준으로 삼았다고 하는 것은, 사회질서 문제와 대비되는 국가안보의 고유 영역을 전제한 개념정의로서, 국가정보기구의 활동에 시사하는 바가 크다고 할 것이다. 개념 구분에 따른 중대한 차이점은, 고유한 국가안보는 국가정보기구를 포함한 국가안보 플레이어들의 담당 영역이지만, 평시의 국토안보 문제는 경찰 · 검찰 같은 법집행기구를 포함한 정책공동체의 임무영역이라는 것이다.

3) 국가안보 플레이어와 국가정보 수요자

한편 국가안보는 국가정보기구의 전유물이 물론 아닌 것으로서, 대표적인 국가안보 확보 수단, 따라서 국가안보 역할자에는 다음 요소들이 있다. 우방과의 결속을 다짐으로써 외부 위협을 고립시키는 외교력, 외침을 격퇴할 수 있는 강력하고 효율적인 군사력, 국민들의 총의를 동원하는 민간방위 체제 등 국가비상 위기관리 체제를 확보하는 위기 관리능

력, 탄탄한 국가기간 시설과 그 원활한 운영으로 국가발전의 동력을 계속 유지하는 국가경영능력, 상대세력의 의도와 능력을 파악하고 외부위협을 물리치고 적대국의 간첩활동을 적발하며 국가의 비밀을 최선으로 보호할 수 있는 국가 정보력, 국내적 위협요소를 제압하고 사회질서를 확립함으로써 일반 국민이 편안하게 살 수 있는 경찰력을 포함한 효율적인 법집행 능력, 국가비상사태 등의 경우에 필요한 입법에 대한 신속하고 효율적인 입법능력 그리고 시민의 기본권을 최대한 존중함으로써 국가에 대한 자발적인 참여와 협조를 이끌어내는 국민 총화력 등이 모두 일국의 구체적인 국가안보 확보 수단들이다. 그러므로 국가정보력은 매우 중요하지만 국가안보를 확보함에 필요한 여러 가지 수단들 중의 하나일 뿐이다.

한편 국가정보는 생산이 목적이 아니다. 정보는 실제 필요한 상황에서 다른 정책요소와 경합하여 적절히 반영되고 사용될 때에만 가치를 가지고 빛을 발하게 되는 것이다. 이러한 정보속성에서 정보생산자(Intelligence producer)와 정보수요자(Intelligence consumer)의 개념이 도출된다. 국가정보의 생산자는 원칙적으로 국가정보기구임은 당연하다. 반면에 주요한 정보수요자에는 궁극적인 정보수요자인 대통령을 비롯하여, 예산·입법 활동과 정보공동체에 대한 전반적인 감독권을 행사하면서 정보수요가 발생하는 의회, 외교관계를 주무로 하는 국무부, 국방부, 국토안보부, 법무부 등 국가안보 관련 유관부처 등이 중요한 정보수요자들이다. 또한 국가안보문제 기획. 조정기구인 국가안보위원회(National Security Council)와 정보공동체 자체 그리고 무기 디자이너 등 무기생산자 등도 정보수요자들이다.[18)]

4) 국가쟁점의 안보쟁점화

또 다른 중요한 쟁점은 초국가안보위협세력을 포함한 국가안보 문제가 모두 국가정보의 문제는 아니라는 사실이다. 유한한 인력과 예산이라는 국가정보 자산의 한정으로 인해 국가정보기구의 영역에는 일정한 한계가 설정될 수밖에 없다. 오늘날 초국가적 안보위협세력의 대두와 함께, 개별 국가들의 국가쟁점은 정치, 경제, 보건, 생태, 마약, 테러, 사이버, 빈곤, 양극화 문제 등 다양한 분야에서 형성되어 있다. 그러나 이러한 모든 국가쟁점들이 개별국가들에게 국가안보쟁점으로까지 비상되었는가는 별개의 문제이다. 소위 추상적 국가위험의 구체적 평가라는 별개의 논점이 대두된다. 그것은 예컨대 인터넷 보급망이 제대로 구축되지 않았고 국가 기간망이 전자 시스템화 되어 있지 않는 아프리카 오지의 국가에는, 오늘날 전 세계적으로 심각하게 중요성이 인정되는 사이버 쟁점이 아직 국가안보쟁점으로 형성되지는 않을 것임은 명백하다. 그러므로 초국가적 안보쟁점들은 세계 모든 나라들에게 일반적으로 추상적인 위험성을 제기하는 것은 사실이지만, 개별국가에게

18) 상세는 졸저, *op. cit*, pp. 93- 98, 1269-1284.

국가안보 쟁점의 현안으로 부상하였는지는 사안마다 다르다.

따라서 모든 국가쟁점을 안보쟁점화하고 더욱이 국가정보 영역화하려는 사고는, 국가정보의 진정한 역할과 임무를 몰각한 것이라는 비판을 받게 된다. 소위 새로운 국가 감시체계를 빗대는 빅 브라더스의 출현이라는 비판이 그것이다. 정당한 정치적 논의 절차를 무시하고 무조건 국가·사회적 관심을 높여 초국가적 안보쟁점이라고 하여, 그것들을 당연히 각국의 현대적 국가안보 쟁점으로 전이하는 것은, 직접적으로는 소중한 정보자산의 낭비가 될 수 있을 뿐만이 아니라, 정보민주주의 구조가 허약한 국가에서는 새로운 통치기술의 확보로써 탈냉전시대 안보쟁점의 또 다른 정치화라는 비판을 면할 수 없게 된다.

이러한 논의는 전통적인 군사안보와 탈냉전 후 안보의 문제로 국가적 쟁점의 가치를 확보한 정치·경제·사회·생태안보 이외에도 안보라는 용어는 식량안보, 자원안보, 인간안보, 공동안보, 지역안보, 협력안보, 국제안보, 문화안보 등으로 다양화되어 가면서 실로 안보홍수를 이루고 있다는 점에서 출발한다. 탈냉전시대의 모든 위협세력과 영역을 당연히 국가안보 쟁점화함으로써 대부분의 국가 활동 영역을 안보 영역화하고 따라서 국민생활 전반이 국가정보 영역화되어간다는 비판이 제기될 수 있다.

6. 정보의 신이론

지식으로서의 정보에 있어서 지식의 범위에 대하여는 정보학의 선구자인 셔먼 켄트(Sherman Kent)의 개념정의가 있었다. 그는 자신의 명저인 "미국의 대외정책을 위한 전략정보"라는 책에서 국가정보를 다음과 같이 간략하고 명료하게 정의하였다. "국가정보는 고차원적인 것으로 외국에 대한 긍정적인 정보를 말한다."[19] 셔먼 켄트는 ①고차원(high-level)적인 정보 ②해외(foreign)정보, 그리고 ③긍정적(positive) 정보만이 국가정보라고 하여, 저차원 정보와 국내정보 그리고 방첩정보와 같이 명료하지 않는 부정적인 정보는 원칙적인 국가정보에서 제외함으로써 "국가가 전 세계의 평화와 자유를 위해 기여할 수 있는 유익한 건설적인 지식과 국가의 이상 즉 국가목표를 달성하고 방위하기 위해 필요한 지식"이라고 설명하였다.[20]

그는 무엇인가 알고자 하는 지식을 추구하는 활동이자 그러한 활동에 따른 결과물인 정

---

19) Sherman Kent, *Strategic Intelligence for American World Policy*, (Princeton University Press, 1966), p. 3. 원문은 다음과 같다. "It deals ~ 'high- level' foreign positive intelligence."

20) Ibid, pp. 3-4. 원문은 "What is left is the knowledge indispensable to our welfare and security. It is both the constructive knowledge necessary which we can work toward peace and freedom throughout the world, and the knowledge necessary to the defense of our country and its ideals." 상세는 졸저, *op. cit.* 1511-1532 정보의 신이론 논의 참조.

보는, 특별하게 단지 유용한 것 이상을 추구하는 것인데, 단지 유용한 것 이상이라는 것이 다름이 아니라 단순히 국가에 보탬이 되는 것을 넘어서서 "국민의 복지와 안전"을 도모하고 국가의 존속과 발전을 위해 필요한 지식이라고 설명했다. 이처럼 셔먼 켄트가 국가정보를 고차원적이고 해외의, 그리고 긍정적인 정보로 한정한 것에는 국가정보는 "국민들의 복지와 안전"을 위해 필요한 것이라는 확고한 정보적 신념을 가졌기 때문이었다. 국내정보 이단(異端)의 견해가 시사하는 바는 크다.

적국을 전제로 하는 군사안보는 당연히 해외정보의 중요성이 강조되지 않을 수 없을 것이고, 오늘날의 초국가적 안보위협 등 대부분의 국가존립에 대한 위해 요소는 외부적인 것이다. 그러므로 정보는 기본적으로는 해외정보를 지향하여야 한다. 그럼에도 불구하고 국가정보기구가 상대적으로 권한과 실적을 과시하고 활동하기가 편리한 국내정보 활동에 치중함으로써 한정된 정보자산의 합리적인 사용에 차질이 발생하고 진정으로 중요한 국가정책 수립의 핵심인 해외정보 수집에 차질과 장애가 온다면 그것은 국가정보활동을 포기하는 것과 같고 국가안보에 대단히 위험한 문제가 될 것이다.

이 같은 정보가능에 대한 새로운 견해[21]는 공개정보자료를 포함하여 상대세력에 대한 총체적인 국력을 평가하고, 국가정책을 장기적인 관점에서 지원하는 전략정보의 가치를 중시하면서 국가정보의 미래 장기예측 능력이 정보기능의 요체라는 결론에 도달한다. 그러므로 국가정보기구는 세계적 수준의 싱크 탱크(think-tank)로 다양한 국책문제에 대하여 종합적으로 연구조사와 분석업무를 수행하고 종합적인 해결책을 제시할 수 있는 실용적인 국책 연구기관이 되어야 한다는 결론에 도달한다. 그럼으로써 정책담당자에 대하여 관심사안이나 현안사안에 대한 보조자나 조언자의 역할을 뛰어 넘어서서, 살아있는 백과사전(living encyclopedia)으로 국가경영에 대한 전반적인 참조서비스(reference service)를 상시적으로 제공하는 아이디어 제공 역할을 하게 된다.

미국의 경우 실제로 이러한 관점에서의 정보공동체의 대대적 개혁을 위한 입법노력이 전개되었었다. 1992년 2월 상·하원 정보특별위원회는 미국에서 활용할 수 있는 모든 정보자료를 활용하여 제반 정보분석 업무만을 전담하는 국책 중앙 정보분석기구(Central Analysis Institute)를 창설하는 입법을 제안하였다. 새로운 중앙 정보분석기구는 학술적 연구기구의 모습을 본떠서, 집행능력이 있는 특정한 국가정보기구로부터 분리시키고 정책담당자로부터도 독립시킨다는 것으로 하원정보 특별위원장인 데이브 맥쿠디(Dave McCurdy)의 말을 빌리면, 그것은 세계 수준의 초일류 싱크 탱크를 창설하는 것이었다.

또한 전직 CIA 국장 콜비는 더 나아가 국가정보의 자연스러운 흐름과 교환으로 각 국가가 상호간에 이득을 얻을 수 있는 국제무대에서의 "정보의 자유거래"를 예견하였다. 미

---

21) 정보에 대한 새로운 견해를 주창한 대표적인 사람은 말할 것도 없이 셔먼 켄트이고, CIA 국장을 역임한 콜비(Colby)와 터너(Turner) 역시 대표적인 선구자들로 손꼽힌다. Abram N. Shulsky & Gary J. Schmitt, *op. cit.*, pp. 161-167. 졸저. Ibid.

국의 경우 그러한 중간 단계 정도로 나타난 것이 2004년 정보개혁법에 의해 창설된 국가정보국장(DNI) 직위라고 할 수 있는 것이다. 이러한 정보기능에 대한 새로운 견해에 따르면 정보수집, 정보분석, 비밀공작, 그리고 방첩공작 등 국가정보의 4가지 임무 중에서 정보분석 기능이 가장 중요하게 된다. 또한 정보에 대한 신 이론은 정보에 있어서 비밀은 상대적인 것으로 정보수집과 획득단계에서의 첩보는 진정한 의미의 비밀정보가 될 수 없다고 본다. 셔먼 켄트는 정보의 세계에서 상대세력의 의도와 능력에 대한 "절대비밀 부존재의 원칙"을 6.25 한국전쟁을 예로 들어 적절하게 설명하였다.[22)]

정보에 대한 새로운 견해의 시각에서는, 정보는 사회과학으로 상대세력을 총체적으로 파악하는 활동이므로 비밀이 있다고 해도 그러한 단편적인 비밀첩보만으로는 전체적인 모습으로서의 상대세력의 의도와 능력을 파악한다는 것은 불가능하기 때문에, 비밀을 지킨다는 보안문제와 아국의 비밀을 탐지하려는 적국에 대하여 기망과 역기망에 의한 방첩공작 활동에 대하여는, 정보활동으로서의 중요성을 높게 평가하지 않는다. 더 나아가 신 정보이론 주창자들은 국가정보를 온 천하에 공지하여 상호이득을 얻을 수 있도록 전 세계 사람들도 활용할 수 있도록 하여야 한다고 주장한다. 그래서 CIA 터너(Stansfield Turner) 전 국장은 미국이 UN의 위임을 받아 미국의 이익과 전 인류의 공영을 위하여 세계의 모든 나라가 활용할 수 있는 오픈 스카이 에이전시(Open Skies Agency) 라는 세계정보기구를 창설하자고 제안하였다. 정보에 대한 새로운 견해에 대한 충분한 이해는 정책결정권자나 정보담당 책임자들은 물론이고, 국가경영에 참가하는 모든 사람들에게 국가정보를 충분히 이해하고 또한 국가정보의 향후 전개과정을 전망함에 있어서 매우 좋은 논의라고 할 수 있다.[23)]

---

22) 셔먼 켄트가 정보의 비밀성을 부인하며 들은 사례는 다음과 같다. 북한과 함께 한국전쟁을 도모한 소비에트 공화국은 대한민국을 침공하려는 문제를 결정하면서 침공에 대한 절대적 장애물인 미국의 의도 즉 군사비밀을 파악하려고 했을 것이 명백하고, 그러한 정보분석과 판단을 한 연후에 6.25 한국전쟁을 감행했을 것이다. 그러나 전 세계 최고의 정보기구 중의 하나였던 KGB가 최고의 정보기법을 동원했다고 하더라도 절대로 대한민국 침략전쟁에 대한 미국의 대응적 군사·외교비밀을 탐지해 낼 수는 없었다고 단언한다. 즉 어떤 서류에서나 통화에서도 소련의 전쟁 발발에 대한 미국의 대응 의도를 사전에 파악할 수는 없었을 것이라는 것이다. 왜냐하면 소련과 북한의 6.25 침략전쟁에 대한 미국의 국방·외교정책은 침략전쟁이 시작된 연후에 비로소 트루먼 대통령이 최종 결정하였기 때문에 KGB가 몰래 훔쳐보고 뒤져본 어떠한 서류 그리고 감청한 미국측 누구의 대화 속에서도 그 비밀은 존재할 수 없었다는 것이다. 셔먼 켄트는 그러한 비밀은 오로지 사회과학적인 방법을 동원한 연구와 분석을 통해서 미국의 가능한 행동경로를 예측할 수 있을 뿐이라고 설명한다. 「Probable Course of Action: Estimates」 Sherman Kent, *op. cit.* pp. 58-59. 다만 켄트는 소련을 푸르지나 대국(Great Frusina)이라고 가상적국을 상정하여 설명하고 있다.

23) 물론 개별국가의 상황에 따라 국가정보기구의 필요성이 다를 수 있음을 부인할 수도 없다. 그러므로 서구식 재단으로 구 소비에트 공화국이 악명 높았던 체카(Cheka)나

7. 국가정보의 한계

치밀하게 전개되는 국가정보활동에도 불구하고 정책담당자와 정보관계자들은 국가정보가 무조건 옳다고 단정해서는 안 된다. 정보는 현 상태에서 파악 가능한 현상에 대한 일단의 잠정적인 판단 가치일 뿐으로, 국가현안에 대한 모든 동적인 내용을 한꺼번에 커버할 수는 없기 때문이다. 이것을 국가정보의 한계라고 한다. 또한 정보는 판결을 거친 것이 아니라 가공과 분석을 통한 일종의 의견물인 것이기 때문에, 예컨대 증거주의에 입각한 법원의 판결과는 가치에서도 차이가 있다. 그러므로 현실의 긴박한 상황에 매몰되어 있어서, 경우에 따라서는 지푸라기라도 잡고 싶은 심정의 정책담당자들이나 정보관계자들은, 정보를 지고(至高)의 진실인 것처럼 오인하고 행동할 수 있음을 경계하여야 한다. 정책담당자나 정보관계자들이 인식해야 할 사항 중의 하나로, 정보에 대한 다음과 같은 역설적인 명구가 있다.

"정보는 결코 진실에 대한 것이 아니다."라는 말이 그것이다.

그렇다고 하여 정보가 허위에 대한 것이 아님은 물론이다. 동 경구의 의미는 만약에 어떤 정보가 진실 그 자체라고 한다면 정부의 입장에서는 더 이상의 정보활동을 할 필요가 없을 것이라는 뜻이다. 즉 정보활동은 진실을 추구하는 것이지만, 정보는 마치 살아 있는 생명체와 같아서 시시각각 변할 수 있는 것으로서, 그 누구도 진실 여부를 단정할 수 없다는 정보대상의 속성을 암시함과 동시에 정보활동의 어려움을 웅변하는 것이다. 더불어 정보관계자들에게는 획득 정보가 진실인 것처럼 오인하고 행동하지 말라는 경고의 의미도 함축하고 있다.

정보의 한계에 대한 이러한 솔직한 인식은 예컨대 정보의 절대 진리성을 과신하며 복잡한 정책업무의 편의적 처리를 위해 손쉽게 책임전가의 한 형태로 정보 의존적 업무행태로 갈 수 있는 현대사회에서 되새겨보아야 할 좋은 가르침이다. 원래 정보가 절대적 진실을 추구하는 것에는 한계가 있고, 정보는 현 상태에서 판단하여 그나마 상황적으로 실재와의 유사함을 추론해내는 것이라고 할 수 있다. 그러므로 정보기구는 어떤 현안이나 문제에 직면했을 때, 진행 중인 사태에 대해 현재까지 최선을 다해 가장 명확한 첩보자료를 획득하여 유용한 정보를 생산하는 것이 중요하다. 더불어 제반 정황판단으로 정책담당자들이

KGB를 통치기구로 사용하였던 사실과 그리고 현재는 러시아가 연방보안부(FSB)를 활용하여 본질적으로 정치체제의 민주적 기반이 허약할 수밖에 없는 집권세력의 통치체제의 지지기반으로 활용하는 것을 그 나라의 사정을 도외시한 채 나쁘다고만 할 수는 없을 것이다. 그것은 바꾸어 말하면 국가정보기구의 역할은 국가별로 차이가 있을 수밖에 없고 또한 군사적으로 긴장과 대치 속에 있는 경우에는 아무리 장기 예측 전망의 전략정보가 미래의 청사진이라고 해도 급선무인 전술정보와 현용정보의 가치를 무시할 수도 없다는 결론이 된다. 졸저. op. cit. pp. 1532.

불확실성의 상당한 부분을 없애고 객관적인 이해를 할 수 있도록 조언하는 역할을 해야 하는 것이다.

국가정보기구가 최선을 다한다고 해도, 분석결과물이 명백한 진실이라고 단정할 수 없음은, 상대방도 방첩공작, 역공작, 기만공작 등을 사용하는 정보 세계의 현실에서 불가피한 것이기도 하다. 그러한 복잡한 정보활동 세계에서 상대적으로 제대로 된 정보를 추론하는 것이 결국 국가정보기구의 역량으로 평가되는 것이다. 여기에 국가정보기구의 겸손한 업무자세의 출발점이 있고, 중단 없는 지속적인 정보활동이 요구되는 이유가 되며, 특정한 정보만을 이유로 정책을 강요해서는 안 되는 근거가 되는 것이다. 정보의 한계에 대한 확고한 인식의 바탕 위에서 정보담당자들은 그 활동 목표를 정책담당자들에게 제공할, 신뢰할 수 있고 편견이 없으며, 정직하고 객관적인, 바꾸어 말하면 비 정치화된 정보물을 생성함에 최선을 다하는 자세를 견지하는 것이 필요하다.

제4장 정보개혁 논의의 출발점으로서의 정보실패 (Intelligence Failure)

1. 서 언

정보실패란 국가 정보기구가 국가안보와 국가이익에 대한 위협요소를 제대로 예측하거나 판단하지 못하여, 국가안보에 위협을 초래하거나 국가이익에 손해를 가져오는 정보과 정상의 제반 잘못을 말한다. 슐스키(Abram N. Shulsky)는 정보실패는 "본질적으로 정보기구의 상황에 대한 오판으로 정부로 하여금 오히려 상황에 부적절하게 대처하게 하거나 국가이익에 저해되게 행동하게 하는 것"이라고 설명하였다. 앞서 본 바와 같이 해외세력에 의한 불의의 기습으로부터 전략적 충격을 방지하는 것은 가장 중요한 정보기구 4대 기능의 하나로 정보와 정보기구가 존재하는 직접적인 이유이다.

월터 라쿠어(Walter Laqueur)는 정보실패의 충격을 군사적 기습(Military Surprise)과 정치적 기습(Political Surprise) 그리고 경제 · 과학기술적 기습(Economic and Scientific -Technological Surprise)이 초래된 경우로 분류하였다. 한편 정보실패를 단지 또 한 번의 사실적인 경험으로 받아들여서는 아무런 의미가 없다. 문제는 사후의 대처 방법이다. 미국의 경우에는 중요한 정보실패가 초래된 경우에 거의 예외 없이 의회에서의 치밀한 조사절차를 거치고 정책대안이 권고되어 정보공동체의 발전직 계기로 삼았다. 형사책임이나 정치적 책임을 물어 직위를 해제하는 것 같은 일은 잘 발생하지 않는다. 반면에 대다수의 국가에서는 정보실패라는 개념 자체의 모호성과 정책실패와의 혼동으로 인하여 또 한 번의 국가적 위기사례를 경험하였다는 정도 이외에 아무런 반성과 발전의 계기 없이 지나치는 경우가 적지 않고, 사후처리라고 하는 경우에도 정치적·법적 책임 추궁에 그치고 마는 경우가 많은 것으로 생각된다. 국가정보기구의 발전을 위해서는 정보실패 사례에 대한 분석과 연구는 아무리 강조해도 지나치지 않다.

2. 정보실패 요인 개관

정보는 기본적으로 상대국이 비밀로 유지하려고 하는 사항과 상황에 대하여 그 의도와 능력을 파악하여 미래의 사태 진전과 상대세력의 미래행동을 예측하는 일련의 적극적이고 고도의 위험성이 수반되는 행위 결과물이기 때문에, 본질적으로 정확한 정보파악에는 어려움이 있을 수밖에 없다. 따라서 정보실패 가능성은 정보활동의 내재적 속성이라고 할 수 있다. 그러나 그러한 내재적 속성 이외에도 정보실패의 요인으로는 정보공동체 수집능력상의 한계, 정보공동체 분석능력상의 문제[24], 정보의 정치화, 복수 이상의 정보기구가 존재하는 경우에 정보공유를 회피하는 기관이기주의에 따른 관료주의적 경직성, 그리고 비록 정확한 정보가 생산된 경우에도 정보의 정치지향성과 기관 이기주의에 의한 정보배포상의 문제가 모두 정보실패를 가져올 수 있는 요인들이다.[25]

3. 정보실패 사례[26]

역사적으로 불측의 기습공격과 정보실패의 대표적 사례로는 1941년 제2차 세계대전 당시 일본의 진주만 기습공격 사건, 1941년의 독일의 러시아 침공, 1951년 중국의 한국전 개

---

24) 분석능력의 한계는 정보분석관 내적 문제인 인지적 오류(cognitive failure)와 분석관의 능력부족(capability failure)으로 대별된다. 인지적 오류는 능력과 경험을 갖춘 정보분석관의 경우에도 지적·정신적 분석 활동상의 장애가 초래되어 정상적인 정보분석과 판단을 하지 못하고 정보실패를 초래한 경우로, 기왕에 정설로 굳어진 내용에 대해서는 정설을 뒤집고 과감하게 새로운 정보분석과 판단을 시도하지 못하고 기존의 정보분석에 맞추려는 경향이 있는 정설이론(Received Opinion), 상대방의 동기나 의도를 정보분석관이 자신과 동일한 것으로 착각하고 자기 기준에 맞추어 정보를 잘못 분석하는 심리적 오류상태인 경상이론(鏡像理論, Mirror-Imaging), 비슷한 사고방식과 직업의식을 가진 사람들이 모여 의사결정을 할 경우에 생겨나는 집단사고(Group-thinking)가 있다. 한편 능력 부족은 현대적 초국가적 안보위협세력에 대한 경험과 지식 부족으로 인한 능력 부족의 문제가 있을 수 있다. 상세는 졸저, op. cit. pp.1368-1374.

25) 상세는 졸저, *op. cit.* pp.1366-1378. 정보실패 원인 논의 참조.

26) 객관적인 입장에서 본다면 일방의 정보실패는 결국 타방의 정보성공을 의미하는 것으로 정보실패에 대한 일률적 개념정의는 모두 자국 중심이 된다는 것이다. 졸저 ,*op, cit*, p. 1364.

입 공격, 1962년의 중국의 인도 공격, 1982년의 아르헨티나의 영국령 포클랜드 침공, 1996년의 이라크의 쿠웨이트 침공, 인도와 파키스탄의 핵무기 개발성공, 2001년 9월 11일의 알카에다 테러조직의 미국 본토 공격, 그리고 2006년 10월의 북한의 핵무기 개발성공 등이 거론된다. 인도, 파키스탄, 북한의 핵무기 개발성공은 해당국가의 입장에서는 정보와 정책의 성공 쾌거라고 말할 것이지만, 주변국가와 직접 이해당사국에게는 현대 군사기술적으로 핵무기 이상의 국가안보에 대한 강력하고 엄청난 위협을 초래할 무기가 없다는 점에서 인접국가의 핵무기 개발은 국가안보에 치명적인 위협을 초래한 것으로, 결정적인 정보실패라고 하지 않을 수 없다.

정보실패는 기습에 대한 경고나 예측 실패로서, 국가안보에 대한 위협을 초래하는 경우도 있지만 국력의 소진을 초래하는 경우도 있다. 1973년 원유생산국들의 국제 회의체인 국제석유수출국기구(OPEC)가 원유를 무기로 사용하여 원유가격을 급격히 인상함으로써 국제경제에 타격과 경제성장을 둔화시킨 석유파동을 예측하지 못한 것이 대표적인 사례이다. 상황 판단을 잘못한 정보실패 사례로는 제2차 세계대전 당시 독일군이 연합국 상륙작전 가능성을 예측했었음에도 불구하고 상륙 D-day와 상륙지점을 노르망디로 판단하지 못하고, 결국 제2차 세계대전 패망의 지름길로 들어섰던 사례와, 한국전쟁 당시 1950년 12월의 중국 당국의 한국전 불개입 선포 등에 현혹되어 중국군의 개입을 예견하지 못하여 결과적으로 추가적 전쟁손실이 확대되었던 사례, 미국의 정보공동체가 소비에트 공화국의 군사력을 과장 분석·평가하여 촉발되었던 1950년대 중반의 화력간극(bomber gap)논쟁과 1950년대 후반부터 1961년까지의 미사일 갭(missile gap)논쟁을 촉발하고 그것이 1970년대 초까지 10년 이상 양국의 경쟁적 군비확장 정책으로 이어져서, 전 인류를 제3차 세계대전의 불안 속에 그늘지게 했던 사례들이 있다.

가장 최근의 국제적인 정보실패 사례로는 아무래도 2001년의 9.11 테러공격 사건, 그리고 2006년의 북한의 핵실험 발사성공 사례를 들지 않을 수 없다. 북한 핵실험에 대한 국제적 반응과 경제 충격은 대단하여, 북한의 가장 커다란 맹방인 중국을 포함하여 국제사회는 일치하여 북한 핵실험을 비난하였다. 미국, 중국, 러시아, 프랑스, 영국의 5개 상임이사국을 포함한 유엔안전보장이사회는 2006년 10월 10일 대 북핵실험 비난결의를 하였다(SC/8853). 2006년 10월 14일 유엔 안전보장이사회는 북한에 대하여 만장일치로 군사·경제적 제재를 결의하였다. 핵실험 후 한국의 경제 지표인 종합주가지수(Korea composite Stock Price Index: KOSPI)는 2.4% 떨어졌다. 또한 밀려드는 주문으로 외환거래가 5분간 중단되기도 하였다.[27]

---

27) 상세한 논의는 졸저, *op. cit*, pp.1486-1509.

4. 북한 핵실험 성공에 대한 한국 정보기구의 성찰

1) 북한 핵실험에 대한 국제사회에서의 논의

북한 핵실험의 위협적 성격에 대하여는 유엔 안전보장이사회에서 즉시 논의되었다. 유엔의 논의에서 북한의 핵실험이 동북아 지역과 세계평화에 대한 분명한 위협이었음을 만장일치로 인정하여 군사학적 위협의 심각성은 국제법적으로도 명백해졌다. 북한 핵실험 문제를 의제로 논의한 2006년 10월 14일 유엔안전보장이사회 제5,551회 모임에서, 미국 대표 존 볼튼은 북한 핵실험은 안전보장이사회가 지금까지 직면했던 그 어떤 일보다 더 중대하게 국제평화와 안전을 위협하였다고 말하였다. 중국 대표 왕 구앙야(Wang Guangya)는 북한이 국제사회의 보편적인 반대에도 불구하고 언어도단의 핵실험을 한 것을 심히 유감으로 생각하고 북한의 입장을 반대하며, 중국은 한반도와 북동 아시아에서의 평화와 안전을 유지하는 데 최선을 다할 것임을 강조하여, 북한 핵무기가 한반도와 북동 아시아에서의 평화와 안전에 대한 커다란 불안요소임을 지적하였다.

영국 대표 페리(Emyr Jones Parry)는 북한 핵실험은 돌이킬 수 없는 행동으로 한반도를 포함한 동북아 지역과 국제사회에 엄청난 긴장을 야기하였고, 국제평화와 안전에 커다란 위협을 제기하고 전 세계 대량살상무기 비확산 체제를 심각하게 잠식하였다고 발언하였다. 케사르 마요랄(Cesar Mayoral) 아르헨티나 대표는 북한이 전략 미사일 실험을 한 데 이어서, 핵실험까지 감행한 것은 국제평화와 안전을 위태롭게 했다고 비난하였다. 오시마(Krnzo Oshima) 일본 대표는 북한이 보여준 일련의 행동은 동아시아는 물론 그를 넘어서서 광범위하고 심각한 우려를 자아냈다고 발언하였다. 이에 유엔 안전보장이사회는 북한 핵실험이 한반도를 포함한 북동아시아 지역과 전 세계에 끼친 평화와 안전에 위험을 제기한 데 대하여 심각한 우려를 표명하며 북한에 대한 우선적인 경제적 제재 결의안을 만장일치로 채택하였었다.[28)]

28) SECURITY COUNCIL CONDEMNS NUCLEAR TEST BY DEMOCRATIC PEOPLE'S REPUBLIC OF KOREA, UNANIMOUSLY ADOPTING RESOLUTION 1718 (2006), Action Prevents Provision of Nuclear Technology, Large-Scale Weapons, Luxury Goods to Country; Permits Inspection of Cargo to Ensure Compliance. SC/8853, *available at,* http://www.un.org/News/Press/docs/2006/sc8853.doc.htm. 한편 최영진 한국대표도 북한 핵실험은 한반도와 북동 아시아 전체에 중대한 위협을 제기했다고 말하였다.

2) 북한 핵실험 성공의 정보학적 의의

결국 북한 핵실험이 국민들의 마음에 핵 공포와 전쟁의 불안감을 심어주었던 것을 넘어서서, 대한민국 국가안보에 심각한 위협을 제시하였었다고 하는 점에 대하여도 이론이 있을 수 없다. 유사한 역사적 사례를 보면, 미국은 1998년도의 인도 핵실험과 1999년도의 파키스탄 핵실험을 파악하지 못한 것을 미국 정보공동체의 대표적인 정보실패로 규정하고 크게 반성한 바가 있었다. 하물며 미국이 직접 군사적으로 대치하고 있지도 않은 인도와 파키스탄의 핵무기 실험 사실을 파악하지 못한 것을 자국의 대표적인 정보실패로 규정하고 정보기구 외부인을 책임자로 하여 정보공동체가 핵실험 정보를 어디까지 파악하고 있었는지를 비롯하여 관련 정보인지(認知) 상황과 조직의 운영상황을 파악하고 추후 대책을 강구했던 역사적인 전례에 비추어 본다면,[29] 군사적으로 대치하고 있는 상황에서 또한 남북화해 협력의 분위기에서 경제교류와 원조를 계속하고 있는 외교, 국방, 경제 그리고 통일 정책적으로 매우 중요한 국가적 상황에서, 남북한 간의 대표적 정책변수라고 할 수 있는 북한 핵실험 경과 정보의 상세한 파악은, 설령 그러한 정보가 정책결정권자에 의하여 최종적으로는 어떻게 사용될 것인가와 무관하게, 대한민국 국가정보기구로서는 본연의 임무로서 마땅히 정확한 정보수집과 분석 및 평가가 있었어야 할 것임은 두말할 나위도 없다고 할 것이다.

한편 가장 최근에 중국 베이징에서 열린 북핵 6자 수석대표회담이 북한이 제출한 핵 신고 내용에 대한 검증 문제로 좌초 위기에 빠졌다.[30] 이런 가운데 로버트 게이츠 미국 국방장관이 2008년 12월 11일 북한은 핵을 포함한 여러 개 폭탄을 제조했다고 밝히 사실은 우리 정보기구의 연속된 정보실패는 심각하고, 따라서 국가정보기구에 대한 위기경고는 오늘날 현재에도 계속 발령되고 있음을 알 수 있게 해준다.[31] 우리 정보기구는 가장 중요한 정보목표가 되어야 할 북한의 핵무기 보유에 대한 정보생산을 아직도 제대로 못하고

---

29) 1998년의 인도와 다음 해의 파키스탄 핵실험을 미리 예상하지 못한 미국 정보공동체의 심각한 정보실패로 워싱턴은 깜짝 놀라고 조지 테닛 중앙정보국장(DCI)DMS 전 합참부의장 데이빗 제레미아(David Jeremiah) 장군을 책임자로 한 정보공동체 차원의 진상조사위원회를 구성하여 미국 정보공동체가 솔직히 핵실험 사실을 파악하고 있지 못했던 사실을 확인하고 이를 의회를 통하여 국민 앞에 시인했다. 졸저, *op. cit*, p.1498.

30) 사실 가능하다면 이러한 6자회담에서의 북한대표 미국 대표 일본 대표의 계획과 의중을 비밀기법으로 사전 탐지하여 우리의 회담대표에게 건네주어 대비하도록 하는 것이 국가정보기구의 본연의 모습이며 능력이고 그것은 WTO협상이나 해외 국책사업에서의 입찰단가 확보 같은 단선적 활동도 마찬가지이다. 상세는 졸저, *op. cit.* 경제와 정보편 참조.

31) 필자가 입수한 NIC의 2025년 Global Trends에서도 2025년까지는 이미 북한이 핵보유할 것을 예상하고 있나. NIC, Global Trends 2025: A Transformed World (2008), p.62 참조.

혼동 상태에 있는 것이 명백해 보인다. 또한 북한 국가안보의 살아있는 모습인 김정일 최고 지도자에 대한 건강을 포함한 동태파악 실패는 우리의 정보기구 능력을 적나라하게 보여주고 따라서 다른 나라 정보기구와의 정보공유의 한계도 짐작할 수 있게 해준다.[32]

3) 소결론

우리의 경우 현재까지 북한 핵실험의 정보학적 의미가 어떠한 것인지에 대하여 논의된 바는 없고, 다만 정치학의 관점에서 핵의 공포를 가져다 준 뉴스로 이야기된 것으로 기억된다. 북한 핵실험 성공에 대한 우리나라 정보기구의 대처와 그 후의 전개과정은 미국이 정보실패의 경우에 보여준 매서운 비판과 지적은 물론이고, 그런 연후 법적·제도적 지원 노력을 다함으로써 추후 연이은 정보실패가 발생하지 않도록 제반 노력을 다했던 역사적인 경험에 비추어 보면, 국가안보 문제에 대한 국가정보 경영에 커다란 구멍이 있었던 일로 이러한 정보실패에 대한 반성에서 정보공동체의 개혁과 변화 문제가 제기된다.[33] 케네디 대통령 말대로 "정보기구의 성공은 칭찬되지 않지만 실패는 비판을 받는다."는 말처럼

---

32) 다음 기사들은 실상을 유추하게 해 준다. 美 "북한 핵폭탄 여러 개 제조"[매일경제] 2008년 12월 11일, http://kr.news.yahoo.com/service/news/shellview.htm?linkid=4&newssetid=1352&articleid=2008121118010891798(last visited, 2008. Dec. 12) 로버트 게이츠 미국 국방장관이 외교전문지 '포린 어페어즈'(2009 1·2월호)에 기고한 "균형 잡힌 전략(A Balanced Strategy)"이란 글에서 "북한은 핵을 포함한 여러 개 폭탄을 제조했다"고 밝혔다. 미 국방장관이 북한의 핵폭탄 제조를 기정사실화해 언급한 것은 이번이 처음이다. 이는 최근 미 국방 당국이 북한을 핵보유국에 포함시키는 보고서를 발표한 게 한국 정부의 주장대로 '단순 실수' 아니라 미군 당국의 종합적이고 철저한 분석에 따른 결론일 수 있다는 관측을 뒷받침한다. 다른 사례로,

佛의사, "김정일 뇌졸중 불구 수술 안해…지금은 호전" [뉴시스] 2008. 12. 12 *see,* http://kr.news.yahoo.com/service/news/shellview.htm?linkid=4&articleid=2008121202455165280&newssetid=1331 (last visited. 2008. Dec, 12) 김정일 국방위원장이 뇌졸중을 일으켰으나 수술은 하지 않았고, 현재 상태가 좋아졌다고 그를 치료했던 프랑스 의사가 밝혔다. 10월 하순 마지막으로 김 위원장을 치료한 프랑수와 사비에루 신경외과 의사는 11일자로 발행된 르피가로 신문과의 인터뷰에서 "김 위원장은 뇌졸중을 일으켰지만 수술은 하지 않았다. 지금은 호전됐다"고 말했다. 루는 "공개된 김 위원장 사진들은 최근 것으로 진짜처럼 보인다. 그가 북한을 통치하고 있다는 인상을 받았다"며 "의료상 비밀과 국가기밀 때문에 더 이상 말할 수 없다"고 밝혔다. 이러한 추후의 정보는 우리 정보기구의 과묵함이 아닌 솔직한 정보실패로 외교정책에도 혼선을 가져온 무책임의 표본이라고 할 수 있다.

33) 이러한 현상은 국가정보에 대하여 정책당국자나 정보책임자들의 이해부족에서 기인할 것이다. 또한 학계에서도 정보실패에 대한 논의가 본격적으로 이루어지지 않았고 관련 연구 자료가 많지 않으며 진행 중인 국가정보 기구의 활동에 대해 성공과 실패의 이분법적 잣대로 재단하는 것이 위험스럽기도 할뿐더러 어렵기도 한 일이기 때문에 발생하는 현상이기도 하다. 상세는 졸저, *op, cit,* pp. 1498-1501. 그 후 국제사회의 대량살상무기 개발과 확산에 대한 정보역량의 제고를 위해 현재까지 다각도로 노력하였다.

정보실패의 비판은 정보실패를 교훈 삼아 업무쇄신과 재도약의 기회를 가진다는 점에서 의미가 있는 것이다.

정보기구가 그렇게 채찍을 통하여 성장하였음은 CIA가 잘 보여주었다. 물론 먼저 채찍을 받을 만한 사안에 대한 정보실패를 인식하고 이해하는 것이 중요함은 말할 것도 없다. 실패를 인식하지 못하면 반성과 대책은 있을 수 없는 것이기 때문이다. 우리의 국가정보기구도 뒤늦었지만, 일본의 지속적인 독도 영유권 주장, 중국의 동북공정론, IMF 금융위기 초래, 보건·환경정보의 실패로 볼 수 있는 미국산 쇠고기 문제에 대한 해외정보의 불생산 등 그 동안의 적지 않은 정보실패에 대한 솔직한 반성과 성찰(省察)에서 정보공동체에 대한 획기적인 변혁의 출발점으로 국가안보 관련법의 제·개정 문제에 임하는 진지한 자세를 보여야 할 것이다.

제5장 정보공동체 운영에 대한 감독과 통제

법치행정의 대 원칙상 아무리 국가안보를 수호하고 국가이익을 도모하는 업무를 하는 국가정보기구라고 하는 경우에도, 민주적 통제와 감독은 필연적이다. 선진 각국의 입법추세는 오히려 정보기구에 대한 감독과 통제는 다른 행정부처에 대한 그것보다 강화하고 다양한 장치를 구축했다. 아래에서는 대표적으로 미국의 예를 중심으로 살펴본다.

1. 행정부 자체통제

1) 개 관

정보기구에 대한 1차적인 감독과 통제는 행정부처 내부의 규정과 절차에 의하여 행해진다. 정부기구에 대한 행정부처 자체 통제의 핵심은, 집행부의 속성에 맞게 정보기구가 그 기능을 제대로 수행하여 충분한 역할을 다하고 있는가를 점검하는 것에 주안이 있다. 결코 최고정책결정권자의 명령에 순응하는지와 같은 정보기구에 대한 장악을 위한 것에 주안이 있는 것은 아니다. 행정부 자체 통제의 한 방법으로 대통령의 명령에 의하여 특정한 사안을 조사하고 감사하기 위하여 구성되는 외부의 조사·감독기구가 활용되기도 한다. 미국의 경우 행정부 차원의 외부 감독·조사위원회가 매우 활성화 되어, 이란 콘트라 사건에 대한 타워 위원회나, 2003년 이라크 전쟁의 전제였던 대량살상무기의 존재에 대한 정보오판을 조사하기 위하여 구성되었던 대량살상무기(WMD)위원회가 대표적이다.

한편 정보기구 자체에 의한 행정통제는 사실 가장 직접적인 방법이 되고 실질화되어야 할 부분이다. 오늘날 대부분의 국가정보기구는 감찰감처럼 내부 자체 감사기구를 구성하고 있다. 이 경우에 감찰감 직위의 독립성 확보와 사명감 있는 감찰감의 역할은 국가정보기구의 업무를 감독하는데 가장 유용할 수 있다는 것이 중론이다. 감찰감의 임기가 보장되고 임명에 의회의 동의를 필요로 하고 정보기구 내에 위치하지만 실질적인 독립성을 확보하여 의회와 대통령에게 직접 보고하는 CIA 독립 감찰감 제도는 좋은 시사점이 된다.

그러나 행정부 자체 통제는 한계가 따른다. 먼저 최고정책결정권자는 능력과 시간상 제약 때문에 정보에 대한 보고를 받는 이외에, 업무에 대한 구체적인 통제는 사실상 도모할 수 없는 것이 현실이다. 한편 행정부 자체 통제는 소위 제 식구 잘못 감싸기의 정분주의로 흐를 위험성이 있음을 부인할 수 없다. 왜냐하면 정보기구의 잘못된 업무는 바로 행정부 전체의 도덕적인 문제로 비화될 가능성이 매우 높기 때문이다. 또한 행정부 자체 통제의 정점에는 국정 최고책임자가 위치하는데 최고책임자의 정보에 대한 자의적 인식과 개인적 판단이 정보기구를 사유화시킬 위험성도 있고, 또한 잘못된 형태로 유도될 경우에도 이를 수정할 수 없다는 한계가 지적되기도 한다. 이러한 여러 가지 이유로 외부통제는 필연적으로 요청된다.

2) 미국 행정부 자체 통제 조직

(1) 국가안보위원회(National Security Council)

안보문제에 대한 최고 의결기구로서 미국 모든 정보기관의 대외 정보활동과 방첩활동 그리고 특별활동에 대한 감독과 방향을 제시하고 권고안을 대통령에게 제출한다. 그러나 정보업무에 정통하지 않은 구성원도 멤버로 되어 있는 속성상, 국가안보위원회의 업무원칙이 국가정보 활동의 지향점과 일치하는 것은 아니다. 이러한 차이는 정보공동체는 실천이 주된 임무인 공작 기관임에 반하여 국가안보위원회는 어디까지나 주요한 정보수요자의 하나이면서 정보의 조정자인 것에서 기인한다. 그러므로 피터 라빈-한센과 윌리엄 뱅크스가 적절히 지적하였듯이, 국가안보위원회가 대통령을 대신하여 정보공동체에 대한 통제와 감독 업무를 수행하는 경우에도 NSC는 대통령의 참모조직으로 전략기획과 조정, 그리고 국가안보 보좌역으로 대통령에 대한 안보문제에 대한 판단을 보좌하는 임무를 원칙으로 하고, 적극적이고 지속적인 비밀공작을 포함한 정보업무 수행에의 관여는 임무에 좋지 않은 영향을 줄 수 있어 바람직하지 않다.

(2) 대통령해외정보자문위원회(President's Foreign Intelligence Advisory Board)

백악관 내의 기구로 16명을 넘지 않은 위원들로 구성된 해외정보에 대한 대통령에 대한 자문기구이다. 미국 정보공동체의 정보수집과 정보분석, 방첩공작과 비밀공작 활동 등 정보활동의 적정성 여부, 그리고 정보의 질과 양에 대한 종합적 평가를 하는 감독기구로 기능한다.

(3) 정보감독위원회(Intelligence Oversight Board: IOB)

4명의 해외정보자문위원회의 위원으로 구성되어 정보공동체 업무에 대한 상시 감독기능을 수행한다. 특별히 정보기구들의 감찰업무가 제대로 수행되는지를 집중 감독한다. 일종의 정보기관에 대한 외부 감찰감실이다.

(4) 관리 · 예산실(Office of Management and Budget: OMB)

대통령 직속의 인력 및 예산 담당 기관으로 대통령의 지시에 따라 정보예산이 제대로 집행되고 있는지를 감사한다. 또한 의회에 제출할 정보관련 입법 초안도 준비하고 정보공동체의 의회에의 증언내용도 사전에 검토한다.

(5) 사생활과시민의자유감독위원회(Privacy and Civil Liberties Oversight Board)

2004년 정보개혁과 테러방지법에 의하여 가장 최근에 신설된 백악관 내 상설 법적 기구이다. 위원은 5명으로 외부인사로 정보와 인권 분야에 대한 업적과 경험이 있는 신뢰성과 전문성, 그리고 독립성을 갖춘 인물 중에서 대통령이 임명한다. 의장과 부의장은 상원에 의해 인준된다. 상설 조직으로 산하에 사무처를 가지고 정보공동체의 업무로 일반 시민들의 사생활과 자유가 침해되었는지의 문제와 위험성을 검토한다. 위원회는 가이드라인을 제시하거나 감독권이나 통제권을 발동할 수 있다. 의회에도 활동에 대한 연간보고서를 제출한다.[34)]

---

34) 자유와 프라이버시 등 일반 시민의 법적 권리가 테러와의 전쟁이라는 이름으로 무단히 침해되거나 소홀하게 되는 일이 없도록 검토한 후에 대통령과 다른 고위 관료들에게 자문하는 역할을 담당한다. 한편 백악관 대변인 다나 페리노(Dana Perino)는 PCLOB는 중요한 조직으로 대통령도 중요성을 잘 알고 있다고 강조하였지만, 일각에서는 법이 발효된 뒤에도 1년 늦게 출범하고 예산과 인력 면에서 서류상의 조직이라는 비판이 제기되기도 하였다. Richard B. Schmitt, "Privacy Guardian Is Still a Paper Tiger:" A year after its creation, the White House civil liberties board has yet to do a single day of work,Los Angeles Times(February 20, 2006), *available at,* http://www.truthout.org/cgi-bin/artman/exec/view.cgi/49/17867

2. 입법부 통제

1) 서 언

주권 재민의 민주국가에서 입법부와 사법부 역시 국가안보 수호의 헌법적 주체임을 부인할 수 없는 명백한 사실이다.[35] 사실 입법부에 의한 행정부처에 대한 업무통제는 후술할 사법부에 의한 업무통제와 비교하여 거의 무제한적이라고 할 수 있다. 또한 입법부에 의한 통제는 정책과 연관되어 있다. 사법부에 의한 통제는 구체적 사건에 대한 처벌과 배상처럼 과거지향적임에 반하여, 입법부에 의한 업무통제는 새로운 정책방향을 제시하고 그를 뒷받침할 입법과 예산 조치를 하는 방안으로 전개 된다. 입법부에 의한 통제의 대표적인 것은 법률제정권의 행사이다. 또한 예산권에 기초하여 돈줄인 지갑을 장악함으로써 행정부의 업무를 통제하고 장악할 수 있다.

국정감사와 조사를 통하여 구체적이고 세세한 행정행위의 적법성과 타당성을 조사함으로써 행정부의 업무 전반을 감독하고 통제할 수도 있다. 미국 의회는 이러한 입법권과 예산권을 아주 구체적인 업무통제 및 감시권의 유용한 방법으로 필요할 때마다 매우 쉽고 적절하게 사용한다. 구체적인 통제수단으로는 청문회와 보고서 제출요구권, 그리고 조약에 대한 비준동의권을 비밀정보에 대한 적절한 접근 방법으로 원용하여 정보기구에 대한 감독과 통제의 수단으로 활용하기도 한다. 일부 공개된 CIA 자료에 의하면, 1991년 한 해에 의회는 CIA 하나의 정보기구로부터만 약 1,000번의 개별 브리핑을 받았고 7,000건의 정보보고서를 보고받았다. 이러한 추세는 1990년도 내내 계속 이어졌다. 이에 따라 미국 의회 정보위원회는 정보업무에 대한 이해와 전문성을 바탕으로 하여 대통령보다 정보공동체를 더 잘 관장하고 소상하게 파악하고 있는 것으로 인정받고 있다.

한편 정보기구에 대한 입법부의 감독과 통제에 있어서는 비밀누설의 위험성도 간과할 수 없는 중요한 부분이다. 사실 보안의 문제는 정보기구의 업무에 대한 입법부의 통제와 감독을 부적당하다고 주장하는 견해의 대표적인 논리가 된다. 더불어서 정보위원회에 보고된 국가정보가 정치적 목적으로 남용되는 것에 대한 위험성과 비판도 제기된다.[36]

---

35) Dycus, *op. cit.* pp. 59-154,

36) Roger Z. George & Robert D. Kline, Intelligence and the National Security Strategist: Chapter 7, Sharing Secrets with Lawmakers: Congress as a User of Intelligence., L. Brit Snider, p100 (1st ed. 2006). 입법부에 의한 비밀누설의 경우 당연히 안보차원의 조사가 이루어지고 의회는 성실한 협조를 다하여야 한다. 그것이 정보공동체의 지속적이고 충실한 협조를 이끌어 내어 정보공동체에 대한 업무 감독과 통제의 목적을 궁극적으로 이룰 수 있는 길이다. 예를 들어 보면 2002년 6월 19일 미국 CNN 방송은 미국 국가안보국(NSA) 국장이 상원과 하원 정보위원회에 보고한 매우 중요

2) 의회 관련 위원회

미국의 상원정보특별위원회와 하원상설정보특별위원회는 정보공동체에 대한 독점적 관할권을 가지고 정보공동체를 감독하며 여러 가지 입법을 제안한다. 상원과 하원의 정보위원회에는 비밀취급인가를 받은 정보 분야에 대한 전문적 직원들이 근무한다(상원정보특별위원회 절차규정 제10조). 이들은 전직 정보공동체 분석가 등 정보기관 종사 경험이 있는 정보 전문가들로서, 정보위원회가 업무를 충실히 수행하는 데 크게 기여한다. 정보위원회 직원들과 정보공동체 현역 근무자들과의 직무 교류도 활발하여, 서로 간에 이해의 폭을 넓히며 계속 현실적인 전문성을 쌓아 간다. 직원들은 위원회 의장과 부의장 합동승인으로 임명되어 정당을 초월하여 의장과 부의장의 감독 하에 업무를 수행한다.

(1) 상원정보특별위원회(Senate Select Committee Intelligence: SSCI)

다수당 출신 의원이 1명 많게 구성될 수 있도록 13명에서 17명의 홀수로 구성된다. 위원 임기는 연임을 전제로 8년으로 하여 전문성을 가질 수 있도록 한다. 정보예산의 승인과 감독 및 조사 그리고 청문활동을 한다. 대통령이 국회의 동의를 거쳐 임명하는 국가정보국장(DNI)과 국가정보국 제1 부국장 그리고 CIA 국장과 감찰감에 대한 인사청문회를 담당한다.

(2) 하원상임정보특별위원회(House Permanent Select Committee on Intelligence: HPSCI)

상원정보특별위원회의 카운터 파트너로 19명의 의원으로 구성되며, 모든 정당에 의석에 비례하여 위원수가 안분된다. 재선을 전제로 8년 임기이다. 인사 청문회를 제외하고 예산승인과 정보업무 감독 그리고 조사 청문회를 실시한다.

(3) 기타 위원회

국방부를 담당하는 국방위원회, 법사위원회, 예산. 결산심사위원회, 하원 대외문제위원회(Foreign Affairs Committees)와 상원대외관계위원회(Foreign Relations Committees)도 모두 미국의 정보공동체 업무를 감독하는 기능을 수행한다.

한 기밀이 담긴 내용을 보도하였다. 그 정보는 상원정보위원회에서 유출된 것으로 짐작되었고 FBI의 진상조사가 이어졌다. 진상조사는 의회 스태프진은 물론이고 의원들을 상대로도 진행되었다. FBI는 먼저 인터뷰 형식으로 상·하 양원 의원 37명을 조사하였고 60명의 스태프에 대해 조사를 실시하였다. 1차적인 인터뷰와 질문조사를 거쳐 17명의 상원의원들에게 해당 미디어와의 접촉여부를 확인하기 위하여 전화기록과 스케줄이 포함된 약속일지를 제출해 줄 것과 거짓말 탐지조사를 요청하였다. 상원의원 그레이엄(Graham)은 FBI의 조사에 전폭적인 협조를 약속하였다. 졸저, *op. cit*, pp. 1572-1573.

3. 사법부 통제

오늘날 정보활동도 당연히 사법심사의 대상이 된다고 함에는 의심의 여지가 없다. 이 경우에 국가정보 활동에 대한 사법적 판단 쟁점 중의 하나는 사법심사의 공개성과 국가정보 활동의 비밀성 조화의 문제라고 할 수 있다. 법원은 기본적으로 구체적인 사건에 대한 판결을 통하여 영향력을 행사하게 된다. 그러므로 앞서 본 바와 같이 입법부에 의한 통제가 정책과 연결된 정치적 쟁점에 대한 것이라면, 사법부 통제는 법적 책임 문제에 집중된 법적 쟁점에 대한 것이다. 또한 입법부에 의한 통제가 전반적이고 광범위한 분야에 미친다면, 사법부에 의한 통제는 개별사건을 통한 조심스럽고 미세한 접근을 통하여 이루어진다. 그러나 구체적인 사건에 대한 사법부 판단은 향후 국가정보기구 활동의 준거로서 작용될 것이기 때문에 매우 중요한 통제장치가 된다. 또한 국가안보와 관련된 사법부의 판례에 대한 이해는 국가안보와 국가정보 활동에 대한 전반적인 이해를 도울 수 있게 하여, 사전적인 준거의 틀로도 작동한다. 사법부에 의한 정보업무 또는 정보관련 업무에 대한 사법심사의 가장 큰 잣대는, 민주국가에서의 개방성과 공개성의 원칙과 국가안보 문제에 대한 정보활동의 공개성 제한 즉 비밀성의 조화 문제이다.

제6장 국가정보의 현대적 과제

1. 초국가적 안보위협세력의 대두

탈냉전 이후 제기된 다양한 초국가적 국가안보 쟁점은 정보공동체에게 쉽지 않은 역할을 요구하고 있다. 사실 냉전시대의 정보활동이 어렵고 힘들었다고 하지만 냉전시대에는 위협의 주체와 위협의 내용이 거의 예상되어 있었고, 국가 정보공동체는 그들의 활동에 대한 상대방의 대응경로를 예측하고 고정된 상대방에 대하여 일정한 패턴에 따라 정보활동을 전개할 수 있었다. 그러나 탈냉전 이후에는 위협의 종류나 위협의 주체부터 다양하여, 무엇이 아국에 대하여 가장 중요한 위협일지 자체를 분석하고 파악한 후에, 정보활동의 대상을 설정해야 하는 시원적(始原的)인 문제에서부터 어려움을 제시하고 있다. 아래에서는 여러 문제 중에서 각국에 거의 공통적으로 국가안보 쟁점화되었다고 여겨지는, 테러문제와 산업간첩, 사이버 안보, 그리고 그 중요성을 인식하지 못하는 환경 생태문제 등 탈냉전 이후의 초국가적 위협이 정보공동체에게 제시하는 문제점과 정보활동의 어려움을 간략하게 살펴보도록 한다.

1) 테러리즘

안보환경의 변화에 따라 여러 나라에서 국가안보의 중심개념으로 급부상한 대표적인 개념이 테러문제이다. 테러문제는 정보공동체에 정보수집 체계 및 분석체계, 그리고 예산과 인력수급 등 전반에 걸쳐 영향을 미친다. 테러집단은 냉전시대의 소비에트 공화국이나 중국처럼 특정한 지역에 고착되어 있는 조직도 아니고, 그들의 활동이 포착될 수 있는 대규모 병력을 유지하지도 않는다. 의사소통에 있어서도 현대적 전자장비에 의존하지 않고 있어서, 최첨단 기술 장비를 사용하여 정보활동을 한다고 하더라도, 근본적으로 추적과 예견에 어려움이 있다. 테러조직의 경우에는 정보활동에 충분한 가치를 가지는, 그리고 인지 가능한 신호정보가 절대적으로 부족하다.

정보분석가들은 테러조직의 통신 내용을 "채터(Chatter)"라고 지칭한다. 오늘날 신호정보(SIGINT) 획득의 세계 최고기관인 미국 국가안보국(NSA)에 의하면 수많은 채터(Chatter)가 계속 증가하고 있다고 한다. 미국 행정부는 2003년 2월 국가안보위원회에서 이라크 문제에 대한 심도 있는 논의를 하기 위해 정보공동체가 소위 지하드 폰(Jihad Phone)이라고 불리는 이라크 어느 지역사령관의 통신내용을 도청한 통화내용과 인공위성 자료, 이라크 지하시설에 대한 비디오 촬영내용에 대하여 콜린 파웰 국무부장관과 조지 테닛 CIA 국장 등이 참석한 가운데 정보판단을 위한 시연회를 가졌다. 내용은 이라크의 한 사령관이 다른 지휘관에게 무엇인가를 급히 지시하고 이를 복창하는 것이었다.

COL: Captain Ibrahim?
CAPT: I am with you, Sir.
COL: Remove.
CAPT: Remove (이하에서도 지시를 받은 지휘관이 내용을 반복하고 있다)
COL: The expression.
CAPT: The expression.
COL: "Nerve agents."
CAPT: "Nerve agents."
COL: Wherever it comes up.
CAPT: Wherever it comes up.
COL: In the wireless instructions.
CAPT: In the instructions
COL.: Wireless
CAPT: Wireless

당시 이라크의 지하드 폰을 감청한 미국 정보공동체는 위 통화내용을 다음과 같이 이해한 것이었다. “현재 숨겨져 있는(wherever it comes up) 생화학 무기(Nerve agents: 신경 작용제)를 무선통신(wireless)을 이용하여 긴급히 제거하라(remove).” 결과적으로 오판이었지만 미국 행정부는 이라크가 명백하게 다량의 - 다른 첩보에 대한 정보분석에 따르면 약 150톤 - 생화학무기를 보유하고 있는 것으로 판단하였었다. 이러한 테러조직에 대한 과학적인 정보수집 기법의 한계에 따라 오늘날 미국 정보공동체가 너무나 과다하게 기술정보 수집활동에 의존하고 있는 것에 대한 반성과 함께 인간정보의 주된 책임기구인 CIA가 테러조직에 침투하여 테러조직의 고위 지휘관의 의중을 직접 확인하는 것을 임무로 하는, 인간정보 수집 활동이 강력하게 요청되고 있다. 테러와의 전쟁이 정보공동체에 요구하는 또 하나 어려운 문제가, 비밀공작을 포함한 군사작전의 전개문제와 법 집행공동체와의 업무협조 문제이다. 그러므로 각국은 초국가적 안보위협세력에 대한 가장 중요한 대처방안의 하나로 정보와 법집행 업무의 유기적 강화 즉 정보의 활용에 모아져 있다.

2) 경제정보

경제정보 또는 산업정보가 국가정보 문제와 연관되는 가장 중요한 이유는 산업경쟁력의 약화는 결국 국가의 생존과 번영 그리고 위신 등 국가의 핵심적인 가치와 연결될 수 있기 때문이다. 경제안보 문제는 결코 국가정보기구가 앞장서서 어느 개별기업의 산업 및 기술정보를 보호해 주려는 것은 아니다. 한편 국가정보기구 요원이 경제정보 보안을 지켜준다는 이유로 기업의 거래비밀이나 최신 과학기술에 접근하여 내용을 지득한 후에, 그를 남용할 위험성은 누구도 배제할 수 없는 문제이다. 그러므로 국가정보기구가 경제문제와 관련하여 주목하여 취급하여야 할 내용으로는 ①해외에서의 국가경제 경쟁력에 대한 분석 및 파악, ②국가의 대외무역 문제에 대한 분석 및 파악, ③최신과학기술 등 선진 산업정보 획득을 위한 해외에서의 산업스파이 활동, ④국내에서의 해외정보기구들의 산업스파이 활동에 대한 방첩공작활동, 그리고 마지막으로 ⑤국가에 중대한 영향을 끼칠 수 있는 주요 국가와 주요 국제기구의 정책을 포함한 국제경제 환경 변화에 대한 예측을 들 수 있다.

한편 해외에서의 산업스파이 활동으로 획득한 경제정보를 어느 기업에게 허여할 것인가 라고 하는 것과 관련하여 경제정보 윤리의 문제가 제기될 수 있다.[37] 그러나 그것보다 더욱 중요하게 대한민국의 국가정보기구들은 예컨대 미국의 CIA와 국가안보국(NSA), 중국의 국가안전부(MSS), 일본의 JETRO, 러시아의 해외정보부(SVR)와 연방보안부(FSB) 및 참모부 정보총국(GRU), 영국의 비밀정보부(M16), 프랑스의 대외안보총국(DGSE), 독일의 연방정보국(BND), 인도의 조사분석청(RAW) 등이 대한민국의 최첨단 산업기술에 대

37) 상세는 졸저, 경제와 정보 편 pp.646-823. 참조.

하여 일개 기업을 대상으로 하여 산업간첩 정보수집 활동을 전개하는, 또는 하려는 노력에 대하여, 과연 어떠한 대비책을 가지고 있는지를 심각하게 되돌아보아야 한다. 국가정보기구는 외국 정보기구들의 산업간첩 활동을 효율적으로 저지하는 능력을 갖추어야 하고, 실제로 그러한 활동을 중점적으로 하는 것이 외국에서의 산업 정보수집과 함께 진정으로 담당해야 할 임무이다.

3) 건강과 환경안보

환경문제는 현재의 인류건강에 직접적인 영향을 미치고 미래 후손들의 안녕에도 영향을 끼친다. 환경문제는 오늘날 직접적으로 상호 국제 연관성을 가진 문제로 각국은 환경문제를 국가안보 및 국가이익과 직결된 문제로 보게 되었다. 지구 역사적으로는 국가가 종국적으로 멸망한 것은 군사나 경제문제보다 환경문제로 인한 것이 더 많았음은 세계 역사학자들의 연구에서 잘 나타나 있다. 지구 환경문제는 어느 한 국가만의 노력만으로는 해결될 수 없는 전 지구적인 문제로, 국제적인 협력과 합의 그리고 공감대의 형성을 요청한다. 국가별로 상이한 환경관심은 공평한 조정자의 부재 등으로 국제환경 문제가 선진국과 후진국간의 괴리를 의미하는 "남북 문제화"가 되었다고도 말해진다. 이로 인해 각국은 자국의 성실한 환경협약의 준수 이외에도 타국의 환경협약 이행에 대한 감시문제가 중요한 이슈가 되었고, 경제문제와 연결되어 국가안보에 대한 도전의 문제로 이해되었다. 환경문제와 건강문제에 대한 국가정보기구의 의제는, 먼저 국제적으로 중대한 전염병의 발생지역을 신속히 확인하고 감염경로를 추적하는 것에서 시작한다.

각국은 자국의 정치 · 경제 · 사회 문제 등의 여러 가지 이유로, 중대한 전염병의 발생사실 자체를 부인하거나 내용과 정도를 공개하려고 하지 않는다. 그러한 정보는 주로 신호정보와 영상정보 그리고 공개정보의 철저한 분석과 국제정보 공조를 통해 확인할 수밖에 없다. 그러한 신속하고 정확한 정보파악에 기초하여 여행 출입국에 대한 적절한 대응책이 강구될 수 있을 것이다. 다른 나라의 환경오염 전염병이 어느 국가 내로 유입된다는 것은, 국가안보의 구성인자인 국민의 건강에 막대한 손해를 야기할 수 있기 때문에 대단히 중요하다.

다음으로 환경쟁점에 대한 각국 국가정보기구의 목표는, 궁극적으로 건강한 지구환경 달성을 목표로 하게 된다. 그를 위해 국가정보기구는 환경협약 협정 상대국 등의 국제환경협약 준수 여부에 대한 감시를 하게 된다. 이러한 임무는 해외정보망을 갖춘 국가정보기구가 아니면 하기 어려운 일로서, 국가정보기구의 중요한 임무가 된다. 환경에 대한 위협요소를 사전에 파악하고 분석하는 일, 각국의 주변 환경에 악영향을 끼칠 수 있는 환경정책을 수립하고 집행하는 상대 국가를 탐지하여 이를 국제공조 등으로 효율적으로 저지하는 일, 그리고 더 나아가 국가 주변 환경의 변화 자체를 추적하는 일도 국가정보기구의 임무로 논의된다.

문제는 이러한 정보활동이 원활하게 이루어지기 위해서는, 국가최고정책결정권자의 환경 마인드와 연결되어 있기도 하지만, 환경과 건강에 대한 이러한 정보적 이슈는 사실 정책결정권자들로부터 주목 받기 어렵다는 것이다. 물론 냉전시대의 정보활동에 익숙하여 있던 정보기구들로서도 국가안보와 관련된 환경과 건강정보를 획득할 수 있는 정보수집기법을 새롭게 개발하여야 할 것이고 무엇보다 전문적인 지식을 갖춘 전문가들의 확보 등 환경문제를 담당할 수 있기에 충분한 전문적인 정보역량의 구비가 선행되어야 할 것이다. 오늘날 환경안보 문제는 각국이 생각하는 것보다 매우 가깝게 다가와 있고 국가정보기구의 중요한 아젠다로 형성되어 있다.

4) 사이버안보 및 정보전

과학 기술문명의 획기적인 발전으로 인한 정보화 물결에 따른 정보화 시대의 최첨단 과학통신기술은, 안보문제의 성격을 상상할 수 없는 방식으로 변화시키고 있다. 정보전이란 정보자체가 파괴되거나 정복할 가치가 있는 전략적 군사 자산으로 간주되는 전쟁양상을 지칭하며, 상대국의 정보 그 자체 그리고 정보처리과정과 정보체계 및 컴퓨터 네트워크를 교란시킴으로써 지휘체계와 전술운용을 무력화하여 정보의 우위를 확보하며 수행하는 전쟁이라고 할 수 있다 이러한 정보전에는 상대국의 컴퓨터 네트워크에 침투하여 내용을 파악한 후에 파악한 정보를 활용하거나 역이용하는 "컴퓨터 착취(Computer Network Exploitation: CNE)"와 컴퓨터 네트워크 자체를 물리적으로 파괴하여 작동불능이 되게 하는 "컴퓨터 공격(Computer Network Attack: CAN)"이 있다.

오늘날 현대전에서 정보전은 필수적인 것으로 무고한 시민들에 대한 대량 살상을 회피하고 전쟁을 승리로 이끌 수 있다는 장점이 있지만, 과학문명시대인 오늘날에도 아프가니스탄에서의 전쟁처럼 전혀 네트워크를 운영하지 않는 테러조직에 대한 테러와의 전쟁은 정보전이 무용지물인 경우도 적지 않다는 점을 국가정보기구는 인식해야 한다. 그것은 인간정보라는 전통적인 정보수집 기법은 여전히 중요하다는 것을 의미한다.

한편 이러한 정보전의 현상은 역설적으로 컴퓨터 망을 활용한 최첨단 네트워크 구축이 잘된 나라일수록 소위 사이버 테러(Cyber terror)에 의해서, 일시에 국가정보 네트워크가 붕괴될 수도 있다는 것을 의미하는 것으로 정보보안의 중요성을 일깨워 주는 것이다. 그러므로 아국의 컴퓨터 망에 대한 침투세력을 적발하고, 그것을 사전에 저지하는 것은 국가정보기구의 매우 중요한 사이버 방첩역할이 된다. 알려진 바와 같이 현재 중국군은 특수 사이버 공격 부대를 운용하면서, 수시로 미국을 비롯한 다수 국가의 국가안보망에 대한 침투를 시도하여, 상대국가의 사이버전 능력을 분석·평가한다고 한다. 우리나라의 사이버 국가 안보환경은 세계 최첨단의 전자 네트워크 국가 기간시설을 구축한 것과 함께 생각보다 매우 위험한 수준에 위치하고 있는 것이다.

2. 새로운 국제안보 환경의 특성

냉전시대의 종식을 국가정보 수요의 마감으로 생각하는 나라는 세계 어디에도 없다. 경제안보의 간과로 구 소비에트 공화국이 1991년 멸망함으로써 도래한 탈 냉전시대에도 국가정보는 국가안보와 국가이익을 위하여 각 국가의 가장 중요한 살아 있는 자산으로 기능하였다. 더 나아가 각국의 국가이익 우선 정책은 언제라도 신 냉전체제를 유발할 수 있고 실제로 오늘날 다시 신 냉전시대로 돌입하고 있다는 전망도 있다.[38] 탈 냉전, 세계화, 정보화로 대변되는 오늘날의 정보환경은 전술한 바와 같은 다양한 국가정보 분야를 창출하고 있다. 오늘날 각국이 공통적으로 직면하고 있는 정보환경을 요약하면 다음과 같다.

1) 다양한 행위자의 출현

교통과 각종 통신 수단의 획기적인 발달은 더 이상 고립된 국가존재를 인정하지 않고 있다. 냉전시대의 경우에는 국가에 대한 안보위협의 주체는 주로 개별국가였거나 국가동맹이 거의 전부였다고 하여도 과언이 아니다. 그러나 탈냉전 후 세계화, 교통·통신혁명의 획기적 발달은 비단 경쟁국가 또는 적대국가 등 국가뿐만 아니라 개인, 집단, 조직, 단체, 기업, 국제기구 등이 모두 그 잠재적 역량을 바탕으로 일국의 국가안보를 위협하는 중요한 행위주체로 등장하였다.

2) 안보위협 쟁점의 다양화

세계화, 정보통신의 획기적인 발전은 안보적 쟁점의 세계화도 함께 수반하였다. 대량살상무기의 밀거래, 사이버 공간에서의 범죄, 세계 각 지역에서의 종족분쟁 등 지역분규, 국제테러리즘, 국제마약밀매, 환경파괴, 전염병의 확산 등 초국가적 안보위협 쟁점들이 그 영향력의 범위와 위협의 유형을 확대·심화시켜 국가안보를 위협하고 있다.

---

38) 미국과 NATO가 북한과 이란 미사일을 겨냥하여 동유럽 폴란드와 체첸 공화국에 설치하려는 미사일과 레이더 기지 계획에 대하여 미하일 고르바초프 전 소련 대통령은 신 냉전 시대(New Cold War)를 초래할 것이라고 경고하였고, 푸틴 러시아 대통령도 핵무기 수준 향상 등 군비 증강을 포함하여 중대한 대응 조치를 취할 것을 고려하여 현재 신 냉전시대의 도래를 우려하는 목소리가 높다. Luke Harding, Russia threatening new cold war over missile defence: Kremlin accuses US of deception on east European interceptor bases, FIOS, April 11, 2007.

3) 국가정보의 국제화

일국의 국가정보는 더 이상 한 국가만의 안보자산으로 한정되지도 않는다. 일국의 국가안보를 위한 정보활동이 세계 안보를 위하여도 훌륭하게 기능하게 된 것이 오늘날 국제정보 환경이다. 즉 일국의 국가정보가 그 기능적인 면에서 자국의 국가안보의 확립에만 한정되는 역할을 하는 것이 아니라, 더 나아가 국제연합(UN)의 창설 목표인 세계평화와 인류공영, 그리고 인권증진을 위하여 기여하는 국제 정보화하는 경향이 있다는 것이다. 미국이 세계경찰의 역할을 하는 것이 자국의 이익을 위한 것임은 부인할 수 없지만, 우주 그리고 대양과 남·북극에서의 환경파괴와 무분별한 개발에 대한 적발노력 등 세계적인 정보활동 노력은 온 인류를 위하여 유용하게 사용되고 있음도 부인하기 어려운 것이 단적인 예라고 할 수 있다.

제7장 정보개혁에 대한 미국의 경험

1. 미국 정보공동체의 개혁

1947년 평화시에의 정보기구로 상정된 CIA가 창설된 이래, 미국은 냉전시대에도 겪어보지 않았던 국제 테러조직에 의한 2001년 9월 11일의 본토에 대한 초유의 공격, 그리고 2003년 미국 정보공동체 모두가 속아 넘어간 이라크 대량살상무기에 대한 정보분석의 실패를 거울삼아 정보공동체에 대한 대대적인 수술 작업에 착수하였고, 필요한 입법을 포함하여 신속한 대처를 함으로써 오늘날 또 다시 최강의 정보공동체를 구축하였다.[39)]

2. 정보공동체의 대변혁

1) 국가정보국장(DNI) 직위 창설

정보공유의 실패가 9/11 테러공격의 주요한 원인 중의 하나로 지적되고, 정보공동체의 획기적인 개혁이 필요하다는 9/11 위원회의 권고에 따라서, 제 3편에서 살펴볼 2004년 정보개혁및테러방지법을 제정하고, 그에 의하여 CIA 국장이 겸직하던 중앙정보국장(DCI)을 대체한 국가정보국장(DNI) 직위가 신설되었다. 법은 국가정보국장이 CIA를 비롯한 다른 정보기관의 장을 겸직하지 못하도록 함으로써, 현장 상황에 대한 집행 부담을 주지 않고 아래와 같이 국가정보정책 전체에 대한 기획과 총괄업무에 전념하도록 하였다.[40)] 일국의

39) 졸저, *op, cit,* 9/11 테러 공격과 미국 정보공동체의 대대적 개혁 노력 부분 참조.

정보기관 수장이 허다히 많은 직책을 겸직하는 것을 고려하면 시사하는 바가 크다.[41]

2) 국가대테러센터(National Counterterrorism Center: NCTC) 창설

테러활동을 분쇄하려는 미국과 국제사회의 노력을 지원하고 책임지기 위하여 국가정보국장(DNI) 산하에 신설된 조직이다. 본토에서 초유의 9/11 테러공격을 경험한 부시대통령은 2003년 5월 1일자로 대통령 명령 제13,354호를 발령하여 CIA에 테러위협종합센터(Terrorist Threat Integration Center: TTIC)를 창설했었다. 이것을 2004년 정보개혁및테러방지법으로 정식 법적 근거를 마련하여 국가대테러센터로 명칭을 변경하고 국가정보국장 산하기관으로 배치한 것이다.

3) 국토안보부(Department of Homeland Security: DHS) 창설

그 동안 여러 부처에 산재되어 있는 국토 안보관련 문제를 종합적으로 전담하기 위하여 위 정보개혁법에 따라서 국토안보부를 창설하였다.[42] 국토안보부는 테러공격과 자연재해 등 국가위기 비상사태로부터 미국을 보호할 책임을 임무로 하는 행정부처이다. 비전은 "미국인의 자유를 지키며, 미국을 보호하고, 국토를 안전하게 한다."이다.[43] 미국 국방부

---

40) 법은 국가정보국장을 보좌할 정보공동체 내의 독립기구로 국가정보국(Office of the Director of National Intelligence : ODNI)을 창설하였다. 국가정보국 직원은 현재 약 1,500명 정도로, 새로 취임한 2대 맥코넬 국가정보국장은 2007년 3월 23일자로 획득국과 집행위원회를 신설하였다. 최고의 정보분석 부서인 국가정보위원회(NIC)가 국가정보국 내에 있다. 집행위원회, 시민의 자유보호실(CLPO), 법률 보좌관(GC), 감찰감(IG), 수석첩보실(CIO)이 참모부서이다. 4국 6담당관 체제로 기획 · 요구국(P&R), 수집국(Collection), 분석국(Analysis), 획득국(Acquisition)의 4국과 ①국가대테러센터(NCTC), ②국가대량살상무기확산방지센터(NCPC), ③국가방첩공작센터(NCIX)의 3대 기능적 임무조직과, ①북한(North Korea MM), ②이란(Iran MM), ③쿠바/베네수엘라(Cuba/Venezuela MM)의 3개의 지역적 임무조직의 6 담당관이 있다. 국(局)의 총책임자인 부국장(Deputy Director of National Intelligence : DDNI)들은 국가정보국장의 제청에 따라 의회의 동의를 거쳐 임명된다.

41) 정보개혁법, §403-1 (f) (1) (A).

42) 국토안보부의 창설은 국방부 창설 이후 50년 이래 가장 큰 정부조직 개편으로, 국토안보부는 2007년 기준으로 약 450억 달러의 예산에 21만 명의 직원이 근무하는 행정부처로 국방부와 재향군인부(VA)에 이어 3번째로 커다란 공룡부서이다. 졸저, *op. cit*, p. 1485.

43) 국토안보부의 목적은 테러행위를 포함한 국내에서의 비상사태에 대비하고 그를 예방하며 응전하는 것으로 그를 위해 기존에 법무부가 관장하던 이민국(INS)을 흡수한 것을 비롯하여, 해안경비대, 세관, 연방비상사태관리청(Federal Emergency Management Agency: FEMA) 업무 등 22개 연방 정부기관으로부터 국토 안보관련 업무를 전부 또는 부분적으로 흡수하여 이를 통합하였다. 국토안보부의 역사, 전략계획, 비면, 목적 등은, http://www.dhs.gov/xabout/strategicplan/. 참조

가 해외에서의 군사 활동으로 미국의 국가안보를 책임지고 있는 것에 대비하여, 국토안보부는 민간영역에서 미국 국토와 국경에서 국가의 안보문제에 책임을 담당하고 있는 것으로 비유된다. 국토안보와 관련한 제반 정보, 즉 국토안보부 자체 정보는 물론이고, 16개 정보공동체의 정보, 그리고 주와 지방자치단체 등 비전통적인 출처들로부터의 국토안보와 관련한 제반 정보를 국토안보부에 집결되도록 하였다. 업무는 국토안보위원회(Homeland Security Council: HSC)에 의하여 조율된다.[44] 국토안보부의 창설과 임무를 보면 국가안보(National Security) 문제와 국토안보(Home Land Security) 문제를 냉철히 구분하여, 전자의 문제는 주로 해외세력에 대한 정보공동체의 역할로 삼고 후자 즉 국토안보의 문제는 행정부 정책 부서의 소관임무로 설정한 그 참뜻을 넉넉히 알 수 있다.

제8장 대표적 국가의 정보기구

제1항 미국 정보공동체(Intelligence Community)

그 동안 미국 정보공동체는 미국의 중앙정보기구인 CIA 국장이 겸직하는 국가중앙정보국장(Director of Central Intelligence: DCI)이 통솔했었다. 그 후 2001년 9/11 테러공격과 2003년 이라크 내 대량살상무기 정보분석 실패가 결정적인 동기가 되어 제정된 2004년 '정보개혁및테러방지법(IRTPA)에 의해 중앙정보국장(DCI) 중심의 정보공동체에 근본적인 변화를 가져왔다. 즉 중앙정보국장(DCI) 체제를 폐지하고 일각에서 정보세계의 '새로운 황제(Czar)'라고 호칭하는 국가정보국장(DNI) 직위를 신설하여 국가정보국장으로 하여금 정보공동체를 통솔하도록 새로운 지휘체계를 구축한 것이다.

현재 미국 정보공동체(IC)는 16개의 정보기구로 구성되어 있다. 최고의 국가중앙정보기관인 중앙정보국(CIA)을 비롯하여, 육·해·공군과 해병대의 각 4개 정보기구 및 미국의 군사정보 분석에 대한 총책임을 담당하는 국방정보국(DIA), 감청 등으로 전 세계 신호정보획득에 대한 책임을 가지는 국가안보국(NSA), 정탐 인공위성 개발과 운용책임을 지는 국가정찰실(NRO), 새로 개발한 무기가 정확히 제반 장애를 극복하고 목표물을 공격하는

44) 국토안보위원회(HSC)는 국가안보위원회(NSC)와 성격상 유사하며 대통령에 대하여 국토안보와 대 테러문제에 대한 보좌업무를 수행한다. 국토안보위원회 구성원은 국토안보부장관을 비롯하여 재무부, 국방부, 법무부, 보건후생부, 교통부의 각 장관, 백악관 예산실 책임자, CIA 국장, 그리고 FBI 국장 등으로 대통령에 대한 국토안보보좌관이 의장이 되어 회의를 주재한다. 국토안보부를 소개한 졸저. *op. cit*. pp. 1484-1485.

데 필요한 지구공간에 대한 지형학적 · 지질학적 정보수집을 하는 국가지구공간정보국(NGA) 등 국방부 산하 8개 군 정보기관이 미국 정보공동체의 구성원이다.

일반행정부처의 정보기관으로는 7개가 있다. 정보공동체의 구성원 중 가장 작은 규모이지만 업무의 속성상 고급 양질의 정보로 평가 받는 종합적인 정보분석을 주특기로 하는 국무부 정보조사국(INR), 대 테러업무와 방첩공작 활동을 전문으로 하는 연방수사국(FBI), 2004년 신설된 국토안보법에 의해 창설된 국토안보부(DHS) 산하의 정보분석실(OIA)과 해안경비대 정보실(CGI), 다른 나라의 핵무기 개발계획, 그리고 핵무기 확산과 지구 자원 안전 문제 등에 대한 업무를 담당하며 전문적인 방첩활동을 수행하는 에너지부의 정보 · 방첩공작실(INI), 재무회계와 통화문제 관련 정보를 획득 분석하는 정보업무를 담당하며 테러조직의 재정문제를 업무소관으로 하는 재무부 정보분석실(OIA), 그리고 미국 마약문제에 대한 최고의 정보 · 수사기관으로, 2006년 2월 16번째 마지막으로 정보공동체 구성원이 된 마약청(DEA) 등 16개 정보기구들이 미국 정보공동체를 구성한다. 그리고 16개 구성원을 총괄하는 국가정보국장 사무실 즉 국가정보국(ODNI)이 정보공동체 전체를 형성하고 있다.

이처럼 미국 정보공동체는 국가정보국(ODNI)과 도합 16개의 정보기구들로 구성되어 있는 정보의 제국(帝國)이다. 그러나 정보공동체는 단순한 16개 정보기구의 병렬체가 아니라 국가정보국(ODNI)에 의해 유기적인 업무협조를 이룸으로써 폭발력을 더하여, 미국의 국가안보는 물론이고 미국을 넘어서 전 세계에 거미줄 같은 정보체계를 구축하고 있는 세계의 촉수이다. 이처럼 미국이 전 세계의 정치 · 경제 · 사회 · 문화 · 환경 등 제반 문제에 대해서까지 정보활동을 하는 것은, 무엇보다 세계의 평화와 안전이 미국의 안보와 직결되어 있다고 보기 때문이다.

조직은 다음과 같다.

US Intelligence Community members.

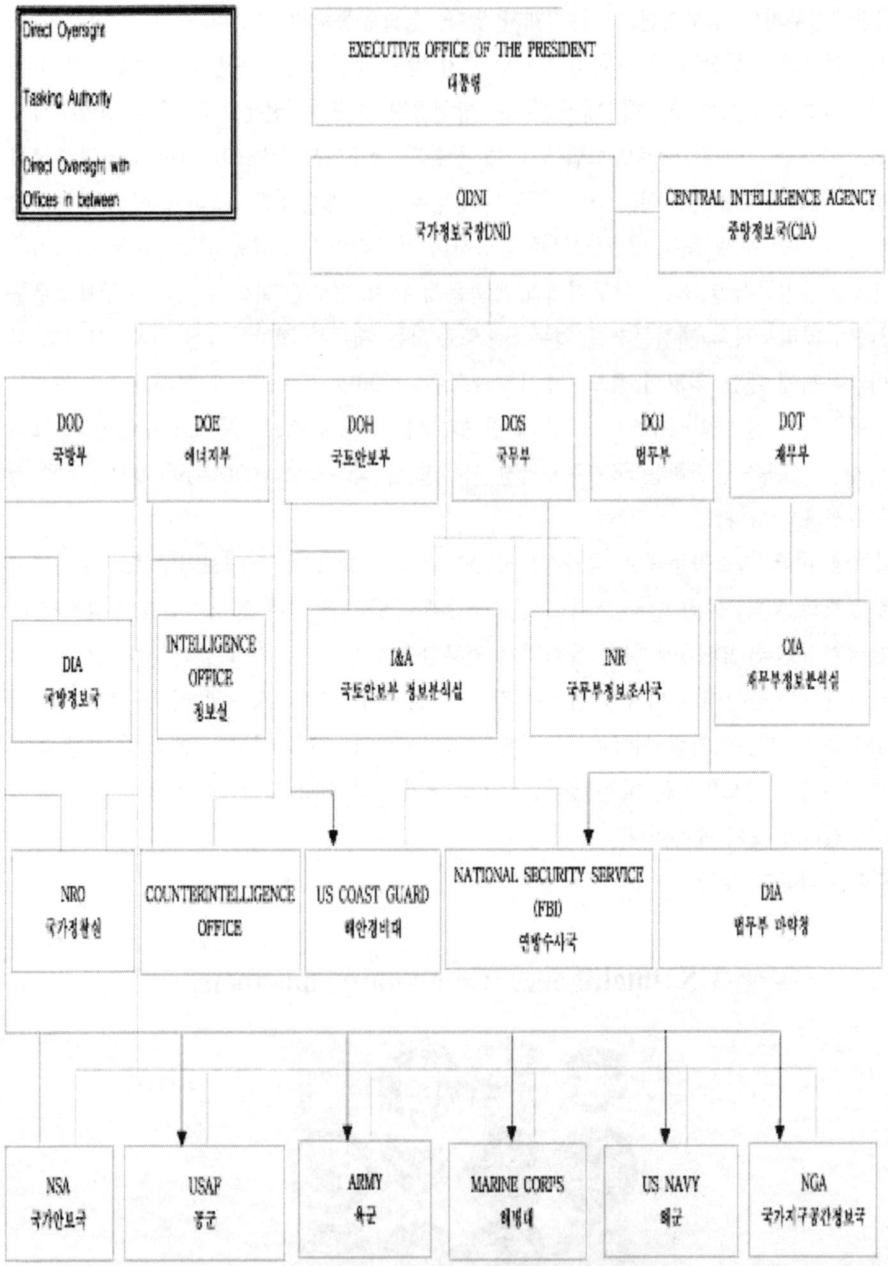
Direct Oversight
Tasking Authority
Direct Oversight with Offices in between
EXECUTIVE OFFICE OF THE PRESIDENT
대통령
ODNI
국가정보국장(DNI)
CENTRAL INTELLIGENCE AGENCY
중앙정보국(CIA)
DOD
국방부
DOE
에너지부
DOH
국토안보부
DOS
국무부
DOJ
법무부
DOT
재무부
DIA
국방정보국
INTELLIGENCE OFFICE
정보실
I&A
국토안보부 정보분석실
INR
국무부정보조사국
OIA
재무부정보분석실
NRO
국가정찰실
COUNTERINTELLIGENCE OFFICE
US COAST GUARD
해안경비대
NATIONAL SECURITY SERVICE (FBI)
연방수사국
DEA
법무부 마약청
NSA
국가안보국
USAF
공군
ARMY
육군
MARINE CORPS
해병대
US NAVY
해군
NGA
국가지구공간정보국

I. 국가정보국장(Director of National Intelligence : DNI)

1. 연혁과 개관

국가정보국장은 16개 정보기구로 구성된 정보공동체(IC)를 통솔하는 수장(首長)이다. 국가정보국장이 집무하는 유형적 사무실을 국가정보국(ODNI)이라고 한다. 국가정보국장 직위를 신설한 정보개혁법의 요체는, 수하에 실행기구인 CIA를 직접 가지고 있었던 중앙정보국장(DCI) 체제와 달리 어떤 집행정보기구도 거느리지 못하게 한 것이다.

2. 국가정보국장의 권한과 임무

국가정보국장의 역할은 크게 3가지로 대별된다. 먼저 대통령에 대한 최고의 정보 보좌관이고, 국가안보위원회(NSC)와 국토안보위원회(Homeland Security Council)의 국가안보와 관련된 정보문제에 대하여 조언과 보좌임무를 수행한다. 다음으로 국가정보국장은 16개 정보기구로 구성된 정보공동체의 수장이다. CIA도 물론 국가정보국장의 지휘, 감독을 받으며 보고한다. 마지막으로 국가정보국장은 정보공동체의 국가정보계획(National Intelligence Program)을 수립하고, 그 이행을 지시하고 실행을 감독한다. 한편 법은, 국가정보국장이 CIA를 비롯한 다른 정보기관의 장을 겸직하지 못하도록 함으로써 현장 상황에 대한 집행 부담을 주지 않고 국가정보정책 전체에 대한 기획과 총괄업무에 전념하도록 하였다. 오늘날 일국의 정보기관 수장이 허다히 많은 직책을 겸직하는 것을 고려하면 시사하는 바가 크다. 관련 법규정을 바탕으로 임무를 구체적으로 정리하면 다음과 같다.

1) 국가정보의 생산과 배포

국가정보국장(DNI)은 대통령, 행정부처 및 기관의 책임자, 합참의장과 군 지휘책임자, 상원과 하원 정보관련 위원회와 기타 국가정보국장(DNI) 판단으로 적절하다고 생각되는 사람들에게, 정보공동체의 모든 정보와 기타 해당기관의 자료를 종합하여 작성한, 적시성을 지니고 정치적 고려를 배제한 객관적인 내용의 국가정보를 제공한다.

2) 국가 모든 정보에 대한 접근권

국가정보국장(DNI)은 법에 제한규정이 있거나, 아니면 대통령에 의해 특별히 지시되지 않는 한 정보공동체의 정보는 물론이고 연방정부의 다른 부서, 정부기관, 그리고 단체에 의해 수집된 국가안보와 연관된 모든 자료에 대해서도 접근권을 가진다. 국가정보에 총괄

책임과 의무를 부여하는 당연한 귀결이라고 할 수 있음에도 법으로 명문화하고 있다.

3) 정보우선순위 결정권

국가정보국장(DNI)은 대통령이 달리 지시하지 않는 한 국가정보 목표, 정보활동의 우선순위, 분석 및 배포와 관련된 객관적이고 명료한 활동 지침을 작성한다. 정보목표와 정보활동의 우선순위를 작성함에 있어서는, 정보공동체 구성원들의 요구는 물론 행정부처 정책결정권자 등 정보수요자의 정보요구를 수렴하여 결정하게 된다.

4) 정보공동체 업무조종 · 감독권

앞서 본 바와 같이 국가정보국장(DNI)은 정보공동체(IC)의 총책임자로 국가안보분야와 관련된 정보와 관련하여 대통령, 국가안보위원회(NSC), 국토안보회의(Homeland Security Council)의 최고 조언자로 기능한다. 또한 정보공동체의 사업계획서라고 할 수 있는 국가정보계획서(NIP)를 작성한다.[45] 이러한 업무를 차질 없이 수행하기 위하여 제반 국가정보계획을 조종하고 감독하며, 실행을 지시하고 실적을 점검할 권한을 갖게 된다. 특히 국가정보국장은 획득한 정보가 객관적인 새로운 가치를 가질 수 있도록 최종적인 국가정보 분석업무에 있어서도 책임을 진다. 따라서 건실한 분석기법의 개발과 정보활동에 필요한 지식 습득을 독려하고, 정보분석은 가용한 모든 자료에 기초할 수 있도록 모든 첩보 자료를 제출 받고 획득하며, 정보공동체의 구성원들로 하여금 정기적으로 분석생성물에 대한 경쟁적 분석을 담보하는 방안을 확보할 책임과 권한이 있다. 그러나 군 정보부분에 대해서는 직접적인 업무지시권을 가지고 있지 않다. 또한 CIA를 비롯한 정보공동체 구성원들이 업무를 수행함에 있어 헌법과 관련법을 준수하도록 할 책임도 부담한다.

5) 예산배분권

정보공동체 구성원들을 통솔하고 위와 같은 정보공동체에 대한 조종 · 감독의 임무수행을 담보해 주기 위해서, 법은 국가정보국장에게 주요 정보기관장의 임명시 의견개진권과 함께 예산배분권을 부여하고 있다. 따라서 국가정보국장은 매년 국가정보계획 예산을 통합하여 정보공동체의 전 예산을 결정하게 된다. 의회로부터 예산이 승인되면, 국가정보국장은 CIA를 비롯한 정보공동체의 개별 정보기관들에게 정보 예산을 분배한다. 다만 군사정보 관련부분에 대해서는 직접적인 업무지시권을 부여하지 않는 것처럼, 국방 정보예산

45) 국가정보계획(National intelligence Program : NIP)은 원래 1947년 국가안보법 당시부터 규정된 사항으로, 정보공동체의 모든 계획과 사업, 활동 그리고 대통령과 국가정보국장에 의해 지시된 활동을 포괄한 정보공동체의 사업계획서이다. 다만 법률적으로 작전임무수행이라는, 그 기능을 약간 달리하는 국방정보계획, 사업과 국방활동은 포함하지 않는다.

의 배분에 대해서도 국방정보기관 상호간의 균형 등을 고려하기 위해 국방부장관과 상의하도록 하였고 총액만 배분한다.

3. 국가정보국(ODNI)의 조직

정보개혁법은 국가정보국장을 보좌할 정보공동체 내의 독립기구로 국가정보국(Office of the Director of National Intelligence : ODNI)을 창설하였다. 최고의 정보분석 부서인 국가정보위원회(NIC)가 국가정보국 내에 있다. 집행위원회, 시민의 자유보호실(CLPO), 법률 보좌관(GC), 감찰감(IG), 수석첩보실(CIO)이 국가정보국장에게 조언을 하는 참모부서이다. 그리고 4국 6담당관 체제로 구축되어 있다. 4개국은 기획・요구국(P&R), 수집국(Collection), 분석국(Analysis), 그리고 획득국(Acquisition)이다. 6개 담당관은 ①국가대테러센터(NCTC), ②국가대량살상무기확산방지센터(NCPC), ③국가방첩공작센터(NCIX)의 3대 기능적 임무조직과, ①북한(North Korea MM), ②이란(Iran MM), ③쿠바/베네수엘라(Cuba/Venezuela MM)의 3개의 지역적 임무조직으로 되어 있다. 각 국(局)의 총책임자인 국가정보국 부국장(Deputy Director of National Intelligence : DDNI)들은 국가정보국장의 제청에 따라 의회의 동의를 거쳐 임명된다.

1) 국가정보위원회(National Intelligence Council: NIC)

국가정보위원회(NIC)는 정보공동체와 정책공동체를 연결해 주는 국가정보국 체제의 핵심 부서이다.[46] 국가정보위원회는 원래 1979년에 중앙정보국장(DCI) 체제에서 창설되었던 조직으로, 국가의 현안은 물론이고 중장기 전략적 정보예측 보고서를 생산해 내는, 정보공동체의 핵심적 기능을 수행하는 부서이다. 국가정보위원회는 정책 담당자들에게 편견이 없고 현재의 미국 정책과 일치하는지에 대한 고려 없이, 오로지 객관적이고 꾸미지 않은 상태의 정보를 제공함을 목적으로 한다. 이러한 중요한 기능을 하는 국가정보위원회를 국가정보국장 산하에 배치시킨 것이다. 위원들은 국가정보국장이 임명한 정보에 대한 깊은 이해와 충분한 경험을 가진 다른 정보기구들의 상위급 정보분석 전문가들로 구성된다.

국가정보위원회(NIC)는 정보공동체 전체의 협력을 이끌어내고 발전시키는 정보협력의 촉진자로, 국가 정보수집과 정보활동 수행에 대한 측정과 평가업무를 수행하며 국가정보국장을 보좌하는 기능을 수행한다. 국가정보위원회는, 사실 정보공동체뿐만 아니라 미국

---

46) 조직도에는 NIC는 나타나 있지 않고, 합동정보공동체위원회(Joint Intelligence Community Council: JICC)라고 되어 있으나, 국가정보국(ODNI)이 직접 발간한 "An Overview of the United States Intelligence Community"(2007) 등 제반 지료를 종합해 보면, 국가정보위원회(National Intelligence Council NIC) 체제로 운용되고 있다. NIC의 공식 인터넷 주소는, http://www.dni.gov/nic/NIC_home.html이다.

정부를 통틀어 국가정보에 대한 전략적 사고의 중심처로 정보공동체의 모든 정보를 종합하여 가장 중요한 임무라고 할 수 있는 국가정보예측보고서(National Intelligence Estimates : NIEs)를 생산한다. 그에 따른 미국의 최장기 예측보고서가 매 5년마다 세계 제반 문제에 대한 15년 후의 상황을 예측하는 미래예측보고서이다.

2) 수석첩보실(Chief Information Officer)

수석첩보실(CIO)의 임무는 정보공동체의 유기적 결합이라는 국가정보국(ODNI)의 창설 이유와 일치한다. 즉 미국 정보공동체의 단순한 분석정보 공유가 아니라 각 기관이 획득한 원시정보 자체의 공유, 즉 첩보공유(Information sharing)를 책임지는 부서이다. 수석첩보실의 첩보공유는 비단 안보 정보에 대해서 뿐만이 아니라 정책, 기술, 문화 그리고 경제에 대한 제반 문제를 포함한다.[47]

3) 시민의 자유보호실(Civil Liberties Protection Officer)

시민의 자유보호실(CLPO)은 2004년 정보개혁법에 의한 법률기구로서, 정보공동체의 업무수행 과정에서 야기될지도 모르는 인권침해를 예방하고 구제책을 강구하여 일반 시민들의 자유와 사생활을 최대한 보장하는 임무를 수행한다.

4) 국가대테러센터(National Counterterrorism Center)

국가대테러센터(NCTC)는 정보공동체의 테러 대응 최고종합기관이다. 국가대테러센터 국장은 상원 인준 하에 대통령이 임명한다. 일반적인 보고서는 국가정보국장에게 제출하지만, 합동 테러방지 활동에 대한 계획과 실행에 대해서는 대통령에게 직접 보고한다. 사실 CIA를 비롯하여 FBI, 국토안보부, 그리고 국방부가 각자 테러 전담부서를 조직하여 운용하고 있다. 이렇게 산재한 테러 대응조직을 병렬적으로 운영하면서도 각 기관의 테러에 대한 정보와 대테러 활동 내용과 계획에 대한 정보를 종합하여, 테러문제에 대한 최고의 종합정보를 도출하고, 일단 유사시 국가의 모든 역량을 동원함과 동시에 즉각 작전에 돌입하여 테러활동을 분쇄할 전략적 작전계획을 수립하고, 대 테러활동에 대한 지침도 하달한다.

---

47) Director of National Intelligence, *available* at, http://en.wikipedia.org/w/index.php?title=Director_of_National_Intelligence&oldid=160941888 (last visited Dec. 13, 2008).

4. 국가정보국(DNI) 체제에 대한 우려

국가정보국의 업무에 대해서는 우려의 목소리도 있다. 먼저 일부 비평가들은, 일선의 최고 실무집행 국가중앙정보기구인 CIA 기능을 지나치게 약화시켜, 조종과 감독에 앞서서, 정작 필요한 정보의 양이나 질의 부족 등 국가정보 활동이 급격히 위축될 것이 우려된다는 점을 지적했다. 또한 국가정보국장의 국방부 산하정보기구들에 대한 권한이 상대적으로 약화되어 있는 것은, 정보공동체를 균형 있게 이끌고 가는 데 있어서 커다란 문제라고 지적한다. 이미 언급한 것처럼 국방부 전체 정보기구들에 대하여는 총괄적인 예산배분권을 갖는 이외에 실질적인 정보의 조종·감독 등의 권한은 가지고 있지 않다. 사실 국방정보국(DIA), 국가안보국(NSA), 국가정찰실(NRO), 그리고 국가지질공간정보국(NGA) 등은 국방부 부문 정보기구라기보다, 국가 전체적인 중앙정보기구적 역할을 담당하고 있음에도 불구하고, 업무통제는 국방부장관이 직접 관장하고 있다. 이런 이유로 비 집행기구인 국가정보국장을 정점으로 한 통합 체제를 지향하였음에도, 국방부 소속의 정보기구들에 대한 통제의 끈이 놓쳐져 있는 것은 국가정보의 조화로운 발전을 위하여 문제라는 비판이 제기되고 있다.[48)]

---

48) Dycus, *op. cit.*, pp364-368.

Office of the Director of National Intelligence Organization

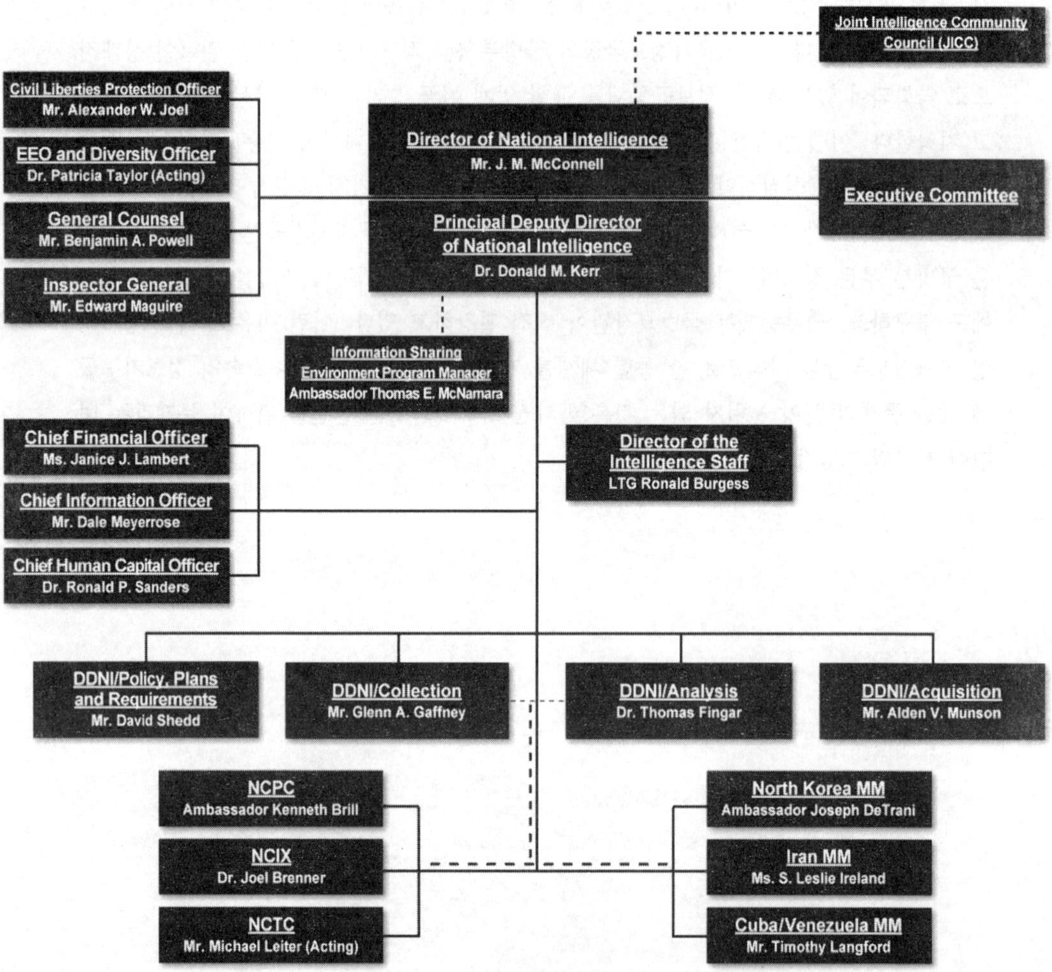

II. 중앙정보국(Central Intelligence Agency)

중앙정보국(CIA)은 1947년 국가안보법에 의해 창설된 해외정보를 전담하는 국가중앙정보기구로, 제반 해외정보를 수집하고 분석하여 대통령을 비롯한 미국의 정책담당자들에게 정보를 보고하는 임무를 수행한다. 트루먼 대통령은 1947년 9월 18일부터 발효된 국가안보법에 서명하여 국가안보위원회(NSC)와 CIA를 창설하였고 초대 국장에 해군 출신의 힐렌코에터(Roscoe H. Hillenkoetter)를 임명함으로써 CIA가 역사에 등장하게 되었다. CIA의 기능은 뒤에서 영국의 비밀정보부(MI6), 그리고 이스라엘의 모사드와 유사하다. 미국 정보공동체가 국가정보국장 체제로 변하면서 CIA의 임무범위와 역할이 상당히 축소되었지만, 여전히 인간정보활동(HUMINT)을 총괄하는 책임을 맡고 있어서, 최고의 맨 파워를 가지고 있는 국가중앙정보기구이다. 사안에 따라서는 국가정보국장을 거치지 않고 대통령에게 직접 보고할 수 있다.

중앙정보국(CIA)의 핵심 임무는 국가안보정책에 대하여 대통령과 국가안보위원회, 그리고 미국의 국가안보정책을 담당하는 공무원들을 보좌하는 것이다. 그 실효적인 보좌를 위하여 정확하고 포괄적이며, 그리고 시의적절한 해외정보를 수집・분석하여 정보생산물을 제공하고, 방첩공작활동, 비밀특별활동, 그리고 대통령의 지시에 따라 해외에서의 특수공작 임무와 국가안보와 관련된 기타 기능을 수행한다. CIA는 기본적인 행정 및 지원업무 이외에 ①첩보의 수집, ②정보생산과 배포, ③보안을 포함한 적극적 방첩공작활동, ④소위 비밀활동(Covert action)을 의미하는 특별활동과 마지막으로 위 4가지 기본임무에 더하여 국가정보의 최고 책임자인 대통령이 수시로 지시하는 태스크포스적 임무를 포함함으로써 총체적인 국가정보활동을 전개할 수 있는 확고한 법적 근거를 갖추고 있다.

이처럼 CIA의 임무는 외국정부와 기업, 그리고 개인에 대한 해외정보를 수집하여 분석하고, 비밀공작 등의 업무를 통하여 국가안보와 국가이익을 수호하는 미국의 '비밀의 손'으로 통한다. 냉전시대를 통하여 오늘날의 미국에 이르기까지 과학기술은 물론이고, 경제발전, 문화, 사회의 발전에 CIA의 엄청난 기여가 있었다는 것은 부인할 수 없는 사실이다. CIA가 단순한 정보기관이 아니라 세계의 지식공장으로도 통한다는 사실도 유념해야 한다. CIA는 인류학, 동물학, 그리고 지질학에 이르기까지 세계 유수의 수많은 박사급 전문 인력을 보유하고 있다. 냉전시대에 미국의 CIA는 지구 전역에서 수 없이 많은 전쟁위험의 위기를 그 기구의 노력으로 극복하게 해주었고, 전쟁예방 임무를 충실히 완수했다는 평가를 받았다. 오늘날의 초국가적 위협의 출현 등 변화된 정보환경에서도 미국 정보공동체에서 국가안보와 국가이익을 위해 노력하는 CIA의 역할온 계속될 것이리고 기대되고 있다.

□ CIA) 조직도

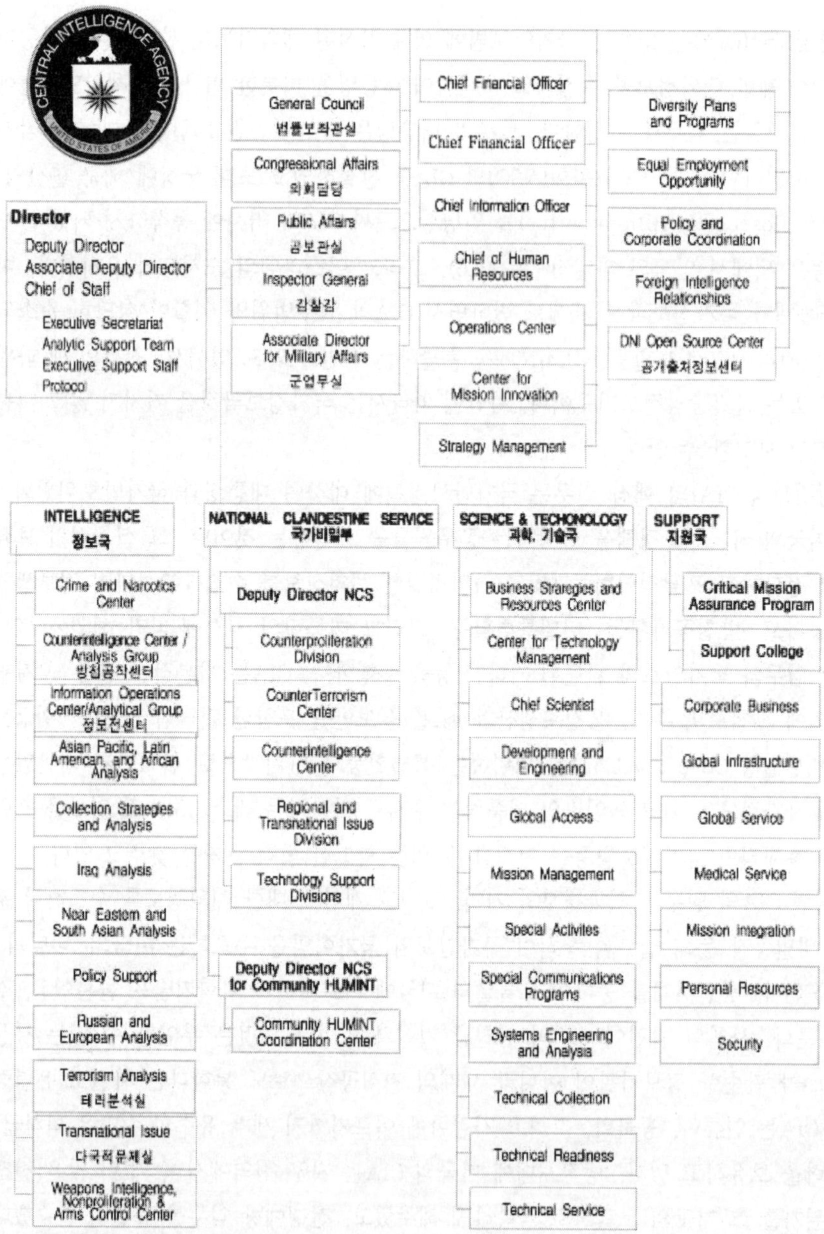
CENTRAL INTELLIGENCE AGENCY
UNITED STATES OF AMERICA
Director
Deputy Director
Associate Deputy Director
Chief of Staff
Executive Secretariat
Analytic Support Team
Executive Support Staff
Protocol
General Council
법률보좌관실
Congressional Affairs
의회담당
Public Affairs
공보관실
Inspector General
감찰감
Associate Director for Military Affairs
군업무실
Chief Financial Officer
Chief Financial Officer
Chief Information Officer
Chief of Human Resources
Operations Center
Center for Mission Innovation
Strategy Management
Diversity Plans and Programs
Equal Employment Opportunity
Policy and Corporate Coordination
Foreign Intelligence Relationships
DNI Open Source Center
공개출처정보센터
INTELLIGENCE
정보국
Crime and Narcotics Center
Counterintelligence Center / Analysis Group
방첩공작센터
Information Operations Center/Analytical Group
정보전센터
Asian Pacific, Latin American, and African Analysis
Collection Strategies and Analysis
Iraq Analysis
Near Eastern and South Asian Analysis
Policy Support
Russian and European Analysis
Terrorism Analysis
테러분석실
Transnational Issue
다국적문제실
Weapons Intelligence, Nonproliferation & Arms Control Center
NATIONAL CLANDESTINE SERVICE
국가비밀부
Deputy Director NCS
Counterproliferation Division
CounterTerrorism Center
Counterintelligence Center
Regional and Transnational Issue Division
Technology Support Divisions
Deputy Director NCS for Community HUMINT
Community HUMINT Coordination Center
SCIENCE & TECHONOLOGY
과학, 기술국
Business Strategies and Resources Center
Center for Technology Management
Chief Scientist
Development and Engineering
Global Access
Mission Management
Special Activites
Special Communications Programs
Systems Engineering and Analysis
Technical Collection
Technical Readiness
Technical Service
SUPPORT
지원국
Critical Mission Assurance Program
Support College
Corporate Business
Global Infrastructure
Global Service
Medical Service
Mission Integration
Personal Resources
Security

III. 국방부 산하 정보기구

미국 국방부의 정보조직은 막강한 개별 정보기구들로 구성된 작은 정보공화국을 이루고 있다고 할 수 있다. 국방부 산하에만 도합 8개의 독립적인 정보기구가 존재한다. 국방부 소속 정보기구들은 업무성격에 비추어 3가지 유형으로 나누어 볼 수 있다. 첫 번째는, 소속은 국방부이지만 국방부만의 업무수요가 아니라 정보공동체 전체에 대한 정보생산을 목적으로 활동하는, 즉 국가정보기구의 역할을 하는 정보기구들이 있다. 이름에 '국가(National)'라는 명칭이 붙어 있는 기관들인 국가안보국(NSA), 국가지구공간정보국(NSA), 국가정찰실(NRO)이 그것이다. 두 번째로는, 행정부의 한 부문인 국방부의 정보수요에 대하여 정보서비스를 제공하는 정보기구이다. 국방정보국(DIA)이 그것이다. 마지막으로, 각 군의 특성 등 개별수요에 따른 육군, 해군, 공군, 그리고 해병대 4개의 군별 독립된 정보기구가 있다. 또한 위 8가지 독립적 성격의 정보기구가 미국 국방부 정보기구의 모든 것은 아니다. 미 국방부는 그 이외에도 지구와 우주에 대한 9개 통합사령부 체제를 구축하고 있고, 그들은 각각 자체적인 정보기구를 가지고 있음이 발견된다.

1. 국가안보국(National Security Agency)

국가안보국(NSA)은 국방부 산하의 신호정보 전문 정보기구로, 미국 정보공동체에서 가장 방대한 조직과 예산을 사용하는 정보기구이다. 국가안보국 컴퓨터망 조직은 지구상에서 가장 뛰어난 체계와 능력을 가졌고 컴퓨터에 의한, 대량 데이터 수집능력은 상상을 초월한다고 한다. 국가안보국의 대상이 되는 지구상의 전자통신은 수백만 통의 전화와 이메일, 그리고 팩스를 포함하여 거의 모두가 자동 감청되어 데이터베이스화되는 체계를 구축하고 있다. 더불어 음어를 사용한 것으로 의심되는 통신은 더 세밀한 분석 장치로 자동 이동시킨다. 도청 대상 통화에는 개인과 기관 단체를 모두 포함한다. 수년 동안 존재 자체가 비밀로 분류되어 있어 "그런 기관은 없다(NSA: No Such Agency)." 또는 "입에 담지 말아라(NSA: Never Say Anything)."의 약어로 알려졌다.

국가안보국은 지구상 도처에서 발산되고 통신되는 신호정보를 현존하는 지구상에서 현존하는 가장 강력한 컴퓨터를 이용해 대량으로 수집하여 거리판단, 통화자 신분식별, 인터넷 주소, 사용언어 분류, 통화시간 분류, 음어 사용 여부 분석 등 자동으로 데이터베이스화 한다. 또한 암호 문제를 포함하여 신호정보 및 신호정보와 관련한 기술정보 수집을 전문으로 하는 정보기구로 뚜렷한 아국·적국 구분 없이 해외의 관련 정보를 수집·생산하고 미국의 정보시스템을 보호하는 임무를 수행한다. 그 어느 정보기구보다 고도의 최첨단 기술을 활용하는 조직으로 통신과 정보기술의 개척자로 기능하고 민관을 통틀어 외국언어 분석과 연구에 많은 경험과 노하우를 가진 언어학 연구기관으로 기능하기도 한다. 신호정보는 국가정보 체계의 중추라고 할 수 있다. 국가안보국의 주요한 고객은 소속 기관인 국방부 이외에 대통령을 포함한 백악관, CIA나 국무부 등 유관 행정부처, 상・하 양원 관계자들, 군 지휘관, 무기제조업자, 그리고 미국의 우방국들이다.

국가안보국은 미국의 국책연구기관으로 미국 미래의 초석이라는 평가를 받고 있다. 즉 정보기구로 탄생하여 오늘날도 정보기구로 기능하고 있지만, 국가안보국의 역할은 미국의 산업・과학기술 발전과 연계되어, 또한 다양한 분야에서의 실천적인 연구실적을 바탕으로 여러 분야에서 세계 과학기술을 주도함으로써, 국가 성장과 발전의 원동력이라는 평가를 받고 있다. 물론 그 업무성격으로 인하여 불법도청 등의 문제로 법적 쟁송에 연루되기도 한다. 그러나 미국의 국가안보국은 21세기 국가정보기구의 새로운 역할을 논의할 때 국가정보기구가 국가발전의 원동력인 국책연구기관이 될 수 있다는 좋은 본보기를 보여 주고 있는 것이라고 할 수 있다.

2. 국가지구공간정보국(National Geospatial-Intelligence Agency)

국가지구공간정보국(NGA)은 적시에 적절하고 정확한 전 세계 지구공간의 지질학적 정보를 다양한 각도에서 접근하여 필요한 정보를 생산하는 정보기구이다. 지오 스페셜 'Geospatial'이라는 용어는 '공간창조'의 신조어로 지리적인 데이터 세트와 함께 공간 소프트웨어 및 통계학적인 분석 방법의 조합을 의미한다. 따라서 'Geospatial'은 통상 지리적인 정보를 수집하고, 저장하고, 가공・분석하여 생산된 정보를 전달하는 것을 의미하는 '지오매틱스(Geomatics)'와 지리정보시스템(GIS)의 기능적인 합성어이다. 전투에서 전장을 손금 보듯이 알 수 있다는 것은, 다양한 작전을 전개하면서 더불어 효과적인 수비 방책을 준비하는 것으로 전투를 승리로 이끄는 필수요건이라 할 수 있다. 국가지구공간정보국이 바로 현장 전투부대에 전투지역에 대한 시의성과 정확성을 갖춘 현장 지질 공간에 관한 생생한 정보를 제공함으로써, 전쟁을 유리하게 이끌도록 하는 기능을 수행하기 위해 탄생한 정보기구이다.

지구공간정보는 화상과 지형정보를 최첨단 과학기술을 적용하여 생생하게 입체적으로 작성한 정보이다. 지구공간정보는 수요자의 특정한 요구대로 만들어진다는 점에서 앞으로도 활용 의의가 매우 크다. 또한 민간의 수요에도 부응하며 특별한 인도적 노력으로 수재와 화재시의 물이나 불의 궤적을 추적하여 재난에도 대비할 수 있게도 해 준다. 국가지구공간정보국은 '현재 그리고 다음의 다음(Now, Next and After Next)'에 대한 정보까지를 생산할 목표 아래 구축되어 있다. 국가지구공간정보국에서 활약하는 전문가들에는 지도제작 전문가, 화상 전문분석가, 물리과학자, 화학자, 기후학자, 측지전문가, 컴퓨터와 원거리 통신 기술설계 및 사진 측량전문가 들이 있다.

3. 국가정찰실(National Reconnaissance Office: NRO)

국가정찰실(NRO)은 화상정보 획득을 전문으로 하는 국가정보기구이다. 전술한 국가안보국(NSA)이 '지구의 귀'라고 한다면 국가정찰실은 우주에서의 '지구의 눈'이라고 할 수 있다. 국가정찰실의 존재는 CIA의 권고에 따라 1992년 8월 18일부로 비밀 해제되어 알려졌지만 1972년 이후의 임무 등 후속계획은, 아직도 철저하게 비밀로 분류되어 있고 추세를 예측할 수 있는 예전 자료들도 활용에 일정한 제한을 가하고 있다. 미국은 국가정찰실이 수집한 자료는 국부의 하나인 '국가기술자산(NTM)'[49]으로 분류하여 국가비밀로 관리하고 있다. 현재까지 국가정찰실에 대한 조직은 비밀분류되어 알려져 있지 않다. 그러나 유추되는 내용으로는 국가정찰실(NRO)은 국방부 소속이지만 기능적으로는 국가 전체의 화상정보수요에 부응하는 임무의 속성으로, 정보획득의 우선순위 등 정보요구는 정보공동체 전체의 수요를 반영하여 국가정보국장(DNI)에게서 직접 지시를 받고 있다는 점과 6개의 의회 위원회가 국가정찰실(NRO)의 활동을 감독한다는 사실이다.

4. 국방정보국(Defense Intelligence Agency)

국방정보국(DIA)은 1961년 케네디 대통령 당시의 맥나마라(Robert S. McNamara) 국방장관에 의해 창설된, 군사 정보를 생산하고 총체적으로 관리하는 국방부 산하 정보기구이다. 국방정보국은 CIA, 국무부 정보조사국(INR)과 함께 미국 정보공동체의 모든 국가정보를 활용하여 정보분석 업무를 수행할 책임이 있는 3대 종합정보분석기구 중의 하나이다. 미국의 국방정보국은 러시아의 참모부 정보총국(GRU), 영국의 국방정보참모부(DIS) 그리고 이스라엘의 아만(Aman)에 비견된다. 국방정보국장은 3성 장군으로 국방부장관과 합동참모본부의장에 대한 최고의 군사정보 보좌관이며 국방정보계획에 대한 총괄관리자이고 국방정보위원회 의장이다. 한편 국방정보국장은 단순한 정보 참모가 아닌 미국군 전략지휘부의 지휘관이다.

---

49) National Technical Means : NTM

5. 육군정보부대(Army Intelligence and Security Command)

육군정보부대(INSCOM)의 주된 임무는 전 세계 전쟁지역과 분쟁지역을 포함하여 향후 분쟁예상지역 등에 대한 군 관련 정보를 수집하여, 육군 전투력 향상과 발전에 기여하고, 일선 지휘관들의 전쟁수행 지휘력을 지원함에 있다. 육군정보부대는 실전형인 자체 인력과 장비에 의하여 육군의 지상정보센터(NGIC)에서 화상정보, 흔적계측정보, 신호정보 수집활동으로 획득한 제반 첩보를 종합하여 과학적·기술적 정보 및 일반적인 군사정보를 생산한다. 육군정보부대는 참모형인 단순한 국내 정보·보안기관이 아니라 전 세계에 산재되어 있는 미군 기지를 바탕으로, 24시간 미국과 우방의 이익에 대한 실질적이고 감지되는 위협을 신속하게 추적하여, 관련정보를 수집하고 분석하는 종합 정보기구로서의 기능을 한다. 그에 의거하여 생산되는 정보 분석보고서가 '위협 평가보고서'로 국방 정책결정자들은 물론이고 미국 정보공동체와 무기 개발 및 전투 체계 개발자에게도 제공된다. 또한 이것은 일부 국가의 군 정보기구가 지휘관들의 충성심을 체크하는 등에도 큰 중점을 두고 있는 것과 같은 참모형, 그리고 감시형의 정보체계가 아니라, 전장 지휘관들이 전투를 수행함에 있어서 무엇을 필요로 하고 알아야 하는지에 대한 문제 해결형 정보기구라는 것을 의미한다.

6. 해군정보실(Office of Naval Intelligence: ONI)

해군정보실(ONI)은 1882년 3월 23일 해군참모총장 명령 제292호에 의해 창설되어, 그 때부터 정보업무를 시작하여 민간부문과 군을 포함하여 미국에서 가장 오랫동안 정보활동을 한 역사를 가지고 있다. 오늘날 해군정보실은 외국세력의 침투에서 인적 물적 자원을 포함한 해군력을 보호하고, 해군에 대한 외국의 정보활동을 탐색해 내고 방어하는 방첩공작 활동도 전개한다. 해군정보실은 메릴랜드 수윗랜드(suitland)에 있는 국가해사정보센터(National Maritime Intelligence Center : NMIC)에 해안경비대정보실(CGI), 해병정보대(MCIA)와 함께 위치한다. 해군정보실은 해상전쟁 수행과 항해의 자유권을 확보하고, 외국의 공격을 저지하는 것을 목적으로 하여 미국 해군에 대한 적시의, 그리고 적절하며 객관적인 해군관련 정보를 제공함을 기본적인 임무로 한다.

이러한 임무를 가진 해군정보실의 정보활동 반경은 단순한 해상전쟁 문제를 넘어서서, 세계 주요국의 상업선박의 선적 활동과 어획활동을 감시하는 것에도 있다. 또한 대량살상무기확산 방지를 위한 감시 및 예방활동에도 이르고, 무기운송 혐의가 있는 선박을 정선시킨 후에 수색하고 나포하는 일, 밀거래 무기존재 확인과, 해상을 통한 마약밀매 차단활동도 수행한다. 또한 미국이 경제제재를 발동한 경우 피 제재국가로 밀거래 운송하는 무역선박을 차단함으로써, 금수조치의 실효성이 확보될 수 있도록 해준다. 또한 관세를 포탈할 목적으로 이루어지는 영해에서의 밀거래나 항로를 이탈한 무역 거래에 대한 정보도 수집하여 이를 해당 국가에 통보하여 국가의 관세업무가 제대로 집행될 수 있도록 지원하는 등, 해상운송과 관련한 다양한 활동을 전개하고 있다. 각국의 등록된 무역선 등 합법적인 왕래 선박들에 의한 불법적인 금수무기거래 여부, 해상을 통한 핵 물질 거래, 마약과 불법이민에 대한 정보도 수집하여 관련 부서에 배포한다.

7. 공군정보감시정찰대(Air Force Intelligence Surveillance and Reconnaissance)

공군정보감시정찰대는 공군의 독자적 정보기구이면서도 기능적 체제상 신호정보 총괄 정보기구인 국가안보국(NSA)과 효율적인 업무협조를 위하여 국가안보국 내의 한 기구로 기능한다. 정보요원들은 공군부대 본부에서부터 일선 자대에 이르기까지 모든 단계의 명령과 전투현장에 즉각 대처할 수 있도록 단계별로 배속되어 있다. 평화유지 활동 및 인도적 활동도 수행하고 대테러 정보, 마약정보도 수집한다. 공군정보감시정찰대의 강점은 세계 각지의 공군 지상기지에서 그 기동력과 신속한 현장 접근을 할 수 있는 능력이 있다는 것과, 또한 어떠한 악천후에도 불구하고 시간과 공간의 제약을 받지 아니하고 수시로 현장에서 가장 밀접한 생생한 정보를 수집할 수 있다는 것이다. 결국 필요시 가장 빠르게 현장에 접근할 수 있는 정보기구이다.

공군정보감시정찰대는 단순한 정보관련 참모부서가 아니라 공군 전투 조직의 각 단계에서 8번째 공군력(Eighth Air Force)이라 불리며, 현장 전투부대에 배속되어 있는 실전형 전투부대이다. 전 세계 70여개의 기지에서 다양한 원천의 국방정보를 획득하고 생산하여, 현장 지휘관, 공군 각 부서 그리고 국가 정책결정자들에게 필요한 정보를 제공하고, 전투부대의 현장 전투에 직접 참가하여 현장 전투정보를 수집하며, 그렇게 수집한 정보에 따라 필요한 작전을 지휘관에게 조언하며, 직접 전투를 실행하기도 한다. 또한 공군의 방첩업무도 수행하고, 외국무기 체계와 기술 파악, 각국의 국제조약 의무이행을 감시하는 임무도 수행한다. 특히 대통령, 국방부장관, 합참의장, 야전군 지휘관, 그리고 유관 정보기구들의 지시와 요청에 의한 특정한 국제조약의 이행여부를 확인하는 것도 중요한 임무이다.

8. 해병정보대(Marine Corps Intelligence Activity: MCIA)

해병정보대는 해병대의 CIA로, 보이지 않는 '비밀의 손'으로 통한다. 해병정보대의 존재는 그 자체로 전투력의 상당부분을 상징한다. 해병정보대는 독립된 정보기구임에도 스스로를 '협력자(Corporate enterprise)'라고 정의한다. 정보기구로서 해병정보대는 해병대 소속으로 해병본부에 군에 대한 위협평가 및 계획수립과 정책결정에 필요한 해병관련 정보를 제공함을 1차적 임무로 하지만, 더 나아가 다른 정보기구의 요청을 받아 그들이 수행하기 어려운 임무를 대행하거나 협력적 정보업무를 수행하기 때문이다. 미국 정보공동체에서 해병정보대의 가치는 그 맨 파워로 인해 주목을 받고 능력을 인정받는다. 즉 과학장비가 한계가 있는 영역에서 막강한 전투력을 갖춘 인적 능력을 활용해 언제, 어떤 조건, 어떤 곳에서도 성공적으로 필요한 정보활동을 수행해낸다는 점에서 높이 평가 받고 있다. 해병대의 주된 임무가 기동력, 그리고 전략적 전투수행이므로 해병정보대의 정보활동도 2/3는 방첩공작, 암호해독 문제 등을 포함한 전략적 정보활동이라고 한다. 미국 해병정보대는 또한 원정·탐험 정보부대라고도 불린다. 그것은 기동활동과 전투 직전 단계에서 남들보다 먼저 투입되어 상황을 파악하여 전투에 사용할 정보를 획득하고, 또한 위험을 무릅쓴 전투현장에서의 기동활동과 정보활동을 병행 수행하는 것에서 붙여진 이름이다.

IV. 행정부 부문 정보기구

1. 에너지부 정보방첩실 (Office of Intelligence and Counterintelligence)

에너지부 정보방첩실(IN)은 에너지부가 운영하는 중요한 많은 국가연구 실험실과 에너지부 업무의 성격에 따른 자체 정보 요구에 의해 그 필요성이 요구되어 발전된 미국 정보공동체의 주요 구성원이다. 에너지부 정보실(IN)이 주목을 받는 것은, 그 전문적인 과학지식을 바탕으로 세계평화와 안전을 위협하는 핵무기 등 대량살상무기에 대한 과학적인 정보활동을 수행함에 있다. 다른 나라의 핵시설에 대한 점검을 하거나 그 수준과 능력을 평가하는 일 등은, 일반적인 정보요원들이나 정보기구들로서는 한계가 있는 업무이기 때문이다. 또한 에너지부 정보실(IN)의 정보능력은 전략적 장기적 관점에 집중하고 해당 분야에 대한 독특한 기술적 우월성을 대표한다는 점에서도 다른 정보공동체의 정보능력과 성격에서 구별된다.

2. 국무부 정보조사국(Bureau of Intelligence and Research : INR)

국무부 정보조사국(INR)의 전신은 제2차 세계대전 당시 미국의 정보기관이었던 전략정보실(Office of Strategic: OSS)의 한 단위 부서였던 조사분석실이었다. 국무부 정보조사국(INR)은 미 국무부 소속 국 단위의 작은 기관으로 19개부서 총300명 정도의 직원이 근무한다. 이들은 서로 다른 36개국 언어를 사용하고 다수의 직원들은 박사학위 소지자 등 해당분야의 전문가들이다. 2004년 기준으로 분석관은 165명이다. 동 분석관의 규모는 CIA 분석관 규모의 10분의 1정도라고 한다. 그러나 국무부 정보조사국의 정보분석 생산물은 미국 정보공동체의 보고서 중에서 가장 권위를 인정받고 있는 것 중의 하나로 의회도 높이 평가한다. 정보조사국은 지리학적 그리고 국제적 국경 문제에 대한 정보를 수집·분석하여 국방·환경·보건 등의 정책수행에 필요한 정보를 생산한다. 그를 위해 대외문제에 대한 독립적 지위의 분석관들은 정보공동체의 모든 가용한 정보를 활용하지만, 가장 중요한 자료는 외교공관을 통하여 입수되는 각국의 외교보고서이다. 외교부의 지역적·기능적 배경을 발판으로 공식·비공식 통로를 통해 수시로 주고받는 외교관계 자료는 정보 획득의 매우 중요한 원천이 된다. 또한 수시로 외교업무의 연장선에서 각국의 외교담당 고위관계자, 심지어는 최고통수권자의 의중을 확인할 수 있다는 것도 여타의 다른 정보획득 기법으로는 수집할 수 없는 국무부 정보조사국만의 좋은 정보자료가 된다.

분석보고서는 각국의 정치·군사적 전개과정, 테러·마약 문제, 그리고 무역문제 등에 대한 내용을 포함한다. 또한 국무부를 위한 정보정책을 개발하고 일관된 대외정책을 위해 정보공동체 내의 다양한 워킹 그룹과 정책형성위원회에 참가하여 함께 일한다. 한편 국무부 정보조사국의 인도(人道)정보과(HIU)[50]는 전 세계 인도주의적 문제에 대한 정보를 미국 행정부는 물론이고 유엔 그리고 비정부기구 단체들에게도 제공한다. 동 정보보고는 미국과 유엔의 정책방향 결정에 영향을 미치는 매우 중요한 정보생산물이다.

3. 재무부 정보분석실(Office of Intelligence and Analysis : OIA)

재무부 정보분석실은 1977년 블루멘탈 재무부장관(Michael Blumenthal)이 창설한 정보지원실(OIS)이다. 미국 정보공동체의 일원으로서의 재무부 정보분석실의 임무는 테러 그룹과 대량살상무기확산 그룹 그리고 다른 주요한 국가안보위협 세력에 대한 재정지원을 포함한 원조 네트워크에 대한 정보를 분석하여 정책담당자들에게 경제·정치적인 문제와 안보문제에 대한 제반 이슈를 정확하게 분석한 정보생산물을 적시에 제공함으로써 정책형성을 지원하고 재무부의 정당한 업무집행 권한이 행사되도록 하는 것이다. 2006년부터 2008년까지의 전략적 우선순위를 국제 테러그룹, 이라크 반란단체, 그리고 대량살상무기 확산과 관련되어 있는 소위 세계불량국가들에 대한 재정정보 수집을 통해 재정지원 루트를 차단하고 국제적 재정 및 다른 지원방책도 모두 제거하여 경제제재를 강화하는 것에 두고 있다. 그를 위해 정보분석실은 자금세탁과 국제테러조직의 자금조달 문제에 대비하

50) Humanitarian Information Unit: HIU, available at, http://www.state.gov/s/inr/hiu/.

기 위해 1989년 창설된 글로벌 정보기구인 금융활동특별조사단(FATF)과 유기적 협조를 맺으며 업무를 수행한다.

4. 법무부 마약단속국(Drug Enforcement Administration : DEA)

마약단속국(DEA)은 연방경찰 업무도 수행하는 법무부 산하의 법집행기관이다. 마약단속국은 2006년 2월 17일 마지막, 즉 16번째로 미국 정보공동체의 정식 멤버에 편입되었다. 이것은 그 동안 사회치안의 법집행 업무로만 인식되어 오던 마약문제를 정보공동체의 정보협력을 통하여, 범국가적으로 대처하여야 할 국가안보 문제로 인식하였다는 것을 의미한다. 그 이면에는 오늘날 마약거래 자금이 국제테러 조직의 운용자금으로 유입되는 현상이 점증하므로, 중요한 국가안보 위협인 테러문제에 대한 효과적 대처를 위해서는, 마약문제도 전 정보공동체의 역량을 집중하여 대처해야 할 필요성이 절실해진 것으로 인식된 때문이다.

5. 법무부 연방수사국(Federal Bureau of Investigation : FBI)

법무부 연방수사국(FBI)은 1908년 7월 26일 보나파르트 법무부장관 (Charles Joseph Bonaparte)이 루즈벨트 대통령의 승인을 받아 연방범죄 수사를 위한 수사국(Bureau of Investigation: BOI)으로 창설하고, 동 수사국이 1935년 후버(J. Edgar Hoover) 국장에 의해 연방수사국(FBI)으로 명칭 변경되어 오늘에 이르고 있다. 오늘날 FBI의 기능은 2001년 9/11 테러공격 이후 테러업무가 대폭 강화되는 등 의회에서 오히려 업무강화를 요구하여 FBI 업무는 대단히 확대되었다.

더 큰 변화는 전통적으로 미국은 국가정보 업무와 법집행 업무를 그 속성상의 차이로 인해 엄격히 구분하여, 같은 부서 내에서도 정보와 수사의 엄격한 분리체제를 유지하였는데, 법집행과 관련해서도 정보공동체의 정보를 적극 활용할 수 있게 되었고 또한 법집행 과정에서 획득한 정보를 정보공동체에 제공할 수 있도록 법집행 업무와 국가정보 업무의 공조체제를 강화하였다는 점이다. 현재 FBI의 주된 임무는 테러와 외국세력의 위협으로부터 미국을 방어하고 보호하며, 미국의 형사법을 강화하고 지탱하여 미국사회의 사법정의를 구현하는 것이다. 즉 연방범죄 수사가 제1의 임무이다. 그러나 법은 9/11 테러공격 이후 전통적인 연방범죄 수사 이외에 국가안보와 관련한 FBI의 3대 임무를 새롭게 강조하였다. 그 3대 임무는 다음과 같다.

가. 테러공격으로부터의 미국의 보호.

나. 외국정보기구의 위협과 스파이 활동으로부터의 미국의 보호.

다. 사이버 범죄와 하이테크 범죄로부터의 미국의 보호.

즉 대테러 업무와 경제스파이 활동 등 제반 적대세력으로부터 미국의 국가안보를 수호하기 위한 국내에서의 정보수집 및 방첩공작 활동이 우선적인 임무이다. 따라서 법은 1) 테러공격 2) 외국정보기관의 위협과 대 간첩활동 3)사이버 전쟁 4) 공직부정부패사범 5) 시민권 보호 6) 국·내외 조직범죄 7) 화이트컬러 범죄 8) 강력범죄에의 대처를 FBI의 중요한 업무로 규정하고 있다.

FBI 조직

- **National Security Branch 국가안보실**
    - Counterintelligence Division
    - Counterterrorism Division
    - Directorate of Intelligence
    - Weapons of Mass Destruction Directorate
- **Criminal Investigations Branch 범죄수사실**
    - Criminal Investigative Division
    - Cyber Division
- **Law Enforcement Services Branch**
    - Criminal Justice Information Services Division
    - Critical Incident Response Group
    - Laboratory Division
    - Office of International Operations
    - Office of Law Enforcement Coordination
    - Operational Technology Division
    - Training &Development Division
- **Administration Branch**
    - Human Resources Division
    - Facilities &Logistics Services Division
    - Finance Division
    - Records Management Division
    - Security Division
- **Office of the Chief Information officer**
    - Information Technology Operations Division
    - Office of IT Policy &Planning
    - Office of IT Program Management
    - Office of IT Systems Development

6. 국토안보부의 정보기구

국토안보부(DHS)는 그동안 여러 행정부처에 분산되어 있던 대테러 업무, 자연재해에 대한 대응 업무, 이민업무, 국경경비업무 등 제반 국토안보 관련 업무를 통합관리하기 위해 신설된 거대 부서로, 2002년 11월 25일 국토안보법에 의해 창설되었다. 현재 약 200,000 명이 넘는 직원으로 국방부(DOD), 그리고 원호부(VA)[51]에 이어 행정부처 중 3번째로 큰 부서이다. 국토안보부는 그 방대한 업무의 성격상 산하 개별 소속부처에도 정보업무가 산재되어 있다. 현재 정보공동체의 정식멤버로서 국토안보부에서 국가안보와 관련한 국가정보 업무를 수행하는 부서는 2개이다. 국토안보부 정보분석실(I&A)과 해안경비대정보실(CGI)이 그것이다.

1) 정보분석실(Office of Intelligence and Analysis : I&A)

미국 정보공동체의 정식 멤버로 5가지 주요 영역에 집중하고 있다. 국토안보 관련 정보에 대한 분석능력의 양적· 질적 개선, 부서에 산재되어 있는 정보요소의 통합, 국토안보에 대한 위협정보의 주정부와 민간부분과의 공유, 정보공동체에서의 유기적인 협조 그리고 미 의회와의 관계강화이다. 이를 위하여 정보분석실 분석가들은 테러분자와 그들의 연결망을 추적할 뿐 아니라 국가기간시설에 대한 위협, 생화학무기 테러와 핵무기 테러, 전염병, 육·해·공을 통한 국토안보에의 위협요소, 그리고 미국 사회의 과격화 경향에 대한 평가업무를 수행한다.

2) 해안경비대정보실(Coast Guard Intelligence : CGI)

해안경비대는 국토안보부 소속으로, 정규군으로서의 임무와 해양 서비스 업무의 복합업무를 담당하고 있는 기관이다. 해안경비대의 군 관련 임무는 미국의 5대 군 임무로 지칭된다. 그리하여 해안경비대는 평시에는 국토안보부 소속이지만 전시에는 해군 소속이 되어 정식군의 임무를 수행한다. 해안경비대의 핵심임무는 영토 내 수로, 항구, 연안, 영해, 그리고 공해상에서 미국 시민을 보호하고 환경관련 문제를 감시하며, 미국경제와 안보이익을 수호하는 것이다. 해안경비대는 정보기능과 함께 법집행 기능도 수행한다. 주요 항만시설의 공격에 대비한 안전성 확보를 포함한 보안문제, 수색과 구조 활동, 대 마약활동, 해양을 통한 불법이민 단속, 그리고 해양 수산자원 보호활동이 업무와 연결된 주된 정보활동이다.

---

51) Department of Veterans Affairs : VA. 인터넷 사이트, http://www.va.gov/.

제2항 영국의 정보기구

I. 개 관

영국의 국가정보기구는 엘리자베스 여왕의 월싱햄(Francis Walshingham) 경이 1573년 해외정보망을 구축한 것에서 유래한다. 또한 20세기 초반의 두 차례에 걸친 세계대전을 거치면서 영국의 정보기구는 실용적인 체계를 구축하며 급속히 발전했다. 미국 CIA 창설 요원들도 영국의 정보기관에서 연수하여 국가정보에 대한 이해를 꾀했을 정도로 영국은 국가정보 체계의 선진국으로 그 능력을 널리 인정받고 있다. 1차 세계대전 중 영국의 비밀정보 업무는 개별적 번호가 부여된 군사정보로 이루어졌다. 군사적 필요성에 의해 정보기구가 실용적으로 먼저 발전한 이후 그 바탕으로 민간정보기구로 발전하였던 것이다. 군사정보기구는 통상 군사정보번호(Military Intelligence : MI)가 부여되어 번호대로 호칭되었다. 대표적인 것이 MI5 : 국내정보, MI6 : 해외정보, MI14와 MI15 : 독일제국 전담[52], 그리고 MI16 : 과학 정보였다.[53] 전쟁종료 후 MI5와 MI6이 주축이 되어 다른 부서의 기능을 흡수하여 영국 정보기구 체계의 중심으로 존속하고, 현재의 정부통신본부(GCHQ)는 MI1(암호해독), MI8(군사감청), MI13(정찰)의 업무를 흡수하여 신호정보기구로 창설되었다. 현재 영국 정보공동체는 합동테러분석센터(Joint Terrorism Analysis Centre : JTAC)를 비롯하여 비밀정보부(MI6), 정부통신본부(GIHQ), 보안부(MI5), 그리고 국방정보참모부(DIS)로 구성되어 있다. 영국 정보공동체는 여러 정보기구와 법집행기관에 대한 지원을 하고 각 정보기관 상호간의 협력적 업무수행을 강조한다.[54]

영국의 3대 정보기구인 국무부 소속의 비밀정보부(SIS)와 정부통신본부(GCHQ)는 후술하는 1994년의 정보서비스법(Intelligence Services Act 1994)에, 내무부 소속의 보안부(SS)는 보안서비스법(Security Service Acts 1989, 1996년 일부 개정)에 법적 근거를 두

52) 14부와 15부는 영국 국방부의 전신인 전쟁청 산하 정보기구였다. 그들은 특별히 독일제국에 대한 정보활동에 특화되어 2차 세계대전 수행을 위한 중요한 업무를 수행했다. 기능은 종전 후 비밀정보부(SIS, MI6)로 이관되었다.

53) 그 이외에도 MI1 : 암호해독부, MI2 : 러시아와 스칸디나비아, MI3 : 동유럽, MI4 : 항공정찰부, MI7 : 선전담당, MI8 : 군사통신 감청, MI9 : 전쟁포로 구출 등 비밀공작, MI10 : 무기분석, MI11 : 야전 보안경찰업무, MI12 : 군사 검열, MI13 : 정찰, MI17 : 군사정보 본부, MI18 : 업무내용이 알려지지 않고 있는 바 애당초 존재하지도 않았다고도 이야기되는 부서이다. 그리고 MI19 : 전쟁포로 심문으로 나뉘어 체계적으로 활동했다.

54) 영국의 정보공동체에 대하여 블레어 전 총리는, "정보기구 구성원들은 진정한 전문가들로, 국가에 헌신적인 남녀 직원들로 조직되어 있고 직원들은 영국을 위해 봉사한다. 우리는 그들의 알려지지 않는 일에 너무나 많은 신세를 지고 있다."라고 극찬하였다.

고 있다. 한편 정보공동체의 업무수행에 대한 법률로 "조사권한규제법(Regulation of Investigatory Powers Act 2000)"이 있다. 한편 정보기구들에 대한 예산은 단일예산으로 국회에 요청된다. 개별 정보기구들의 요청을 바탕으로 내각 총비서실이 총괄하여 정보예산을 편성하는데 내각 총비서실은 국가 정보예산의 적정하고 효율적인 사용에 대한 책임을 부담한다. 2002년과 2003년의 3대 정보기구 예산은 8억9,300만 파운드였다. 한편 비밀정보부(MI6), 보안부(MI5), 그리고 정부통신본부(GCHQ)의 3대 정보기구에 국방부의 국방정보참모부(DIS)를 더하여 영국의 4대 정보기구라고 한다.

II. 영국 정보공동체의 운영 및 책임과 감독

1. 영국 정보공동체에서의 내각의 역할

내각책임제를 국가 통치체제로 하고 있는 영국의 경우 대통령중심제 국가에 비해 해당 부처 장관의 업무수행에 대해 정치적 책임 소재를 명백히 하고 있음을 특징으로 한다. 각 정보기구의 책임자는 소속 장관에게 인적 책임을 부담하고, 장관은 관리책임을 부담한다. 물론 총리가 정보와 법집행 등 국가 및 사회안보에 대한 궁극적인 총책임을 부담하지만 총리는 직접 책임 하에 업무를 수행하는 내각 장관들에 의해 보좌를 받는다. 내무부장관은 보안부(SS, MI5)의 업무에 대하여, 국무부장관은 비밀정보부(SIS, MI6)와 정부통신정보본부(GCHQ)의 업무에 대하여, 그리고 국방부장관은 정보참모부(DIS)의 활동에 책임을 부담한다. 자치경찰제를 시행하는 영국의 경찰은 물론 주민에 대하여 직접 책임을 부담한다. 그러므로 이러한 행정 부처별로 책임을 부담하는 국가정보기구들의 활동을 종합하기 위한 기구가 필요하다. 그를 위해 영국은 내각에, "정보관계장관회의(Ministerial Committee on the Intelligence)"를 구성하여 정보업무에 대한 심사와 평가업무를 수행한다. 관계 장관회의는 총리가 의장이고, 부총리, 국방부장관, 내무부장관, 국무부장관, 재무부장관(Chancellor of the Exchequer)이 위원이다.

2. 정보공동체 운영체계

1) 개 관

영국 정보공동체 정보기구들은 집합명사인 '정보기관들(Agencies)'로 통칭된다. 비밀정보부(SIS, M16), 정부통신본부(GCHQ), 그리고 보안부(SS, M15)를 영국 3대 정보·보안기구라고 하고 이것에 국방정보참모부(DIS)를 더하여 4대 국가정보기구라고 한다. 이상의 주요한 4대 정보기구에 더하여 합동테러분석센터(JTAC)가 영국 정보체계(Intelligence machinery)를 형성한다. 이러한 중앙 정부의 정보공동체와는 별도로, 지방자치 경찰제를 실시하는 영국은 자치단체마다 경찰조직이나 보안조직을 운영하는데, 보통 테러문제에 대한 전담 기구로 자치 경찰마다 특별수사대(Special Branch)를 운영하고 있고, 정식으로 정보공동체의 멤버는 아니지만 내무부의 후원 하에 운용되는 중대조직범죄청(SOCA)도 정보와 법집행을 아우르는 중요한 국가안보 및 공공안보 수호기능을 수행한다. 정보를 생산하는 정보기구와 정보를 사용하는 정책기관들의 관계는 밀접하며 투명하다. 물론 4대 정보기관들의 관계도 공동 공작활동에 필요한 예산을 공유하며 인원과 장비를 포함하여 필요한 부서를 함께 이용하는 등 아주 긴밀하다. 그러한 업무를 유기적으로 조종하는 기관이 합동정보위원회이다.

2) 합동정보위원회

합동정보위원회(Joint Intelligence Committee : JIC)는 정보공동체의 중요한 연결고리로 영국 정보기구들에 대하여 업무와 전략에 대한 지시와 통제 업무를 담당한다. 정보공동체에 대한 조종기구로 1936년에 창설된 합동정보위원회의 중요한 임무는 수상과 고위 공무원들에게 정보기구들의 정보생산물을 평가하여 생산한 명료한 최고 수준의 국가정보를 제공하는 것이다. 합동정보위원회는 비밀정보부(MI6)와 정부통신본부(GCHQ)의 정보 수집활동에 대해 우선순위를 결정해 주고 정보활동 수준과 필요한 내용을 구체적으로 지시한다. 합동정보위원회는 영국 정보 체계의 중심에 서 있는 기획·조종기구로 공식적으로도 정보조율사(Intelligence Coordinator)라고 불린다. 합동정보위원회는 정보공동체에 대한 정보요구와 내각에의 정보생산물을 전달하는 업무 이외에, 정기적으로 각 정보기구의 업무수행 정도를 평가하는 사정(査定) 임무도 수행한다.

3) 정보공동체의 책임과 감독(Accountability and oversight)

풀뿌리 민주주의의 종주국으로서 민주주의 원칙에 투철한 영국은 법치행정, 민주행정의 원칙에 입각하여 정보기관들에게 있어서 비밀성이 매우 중요하다는 것은 인정하면서도, 또한 정보합동위원회에 의한 내부적인 자체 통제기능을 수행하는 장치가 있음에도 정보공동체 외부의 제3의 기구에 의해 객관적으로 업무를 감시·감독하는 유용한 장치가 필요함을 다시 한 번 강조한다.

가. 의회 정보·보안위원회(Intelligence and Security Committee : ISC)

정보·보안위원회는 정보공동체에 대한 영국 의회의 강력한 감독기구로, 비밀정보부

(SIS), 정부통신본부(GCHQ)와 보안부(SS)의 업무를 감독한다. 정보 · 보안위원회(ISC)는 3대 정보기구의 예산지출, 행정, 그리고 정보활동을 세밀하게 감사한다.

나. 정보업무 감독관과 특별법원

정보공동체 정보기구들은 정보 · 보안업무의 일환으로 통신감청 등을 하는 경우에 2000년 제정된 "조사권한규제법에 의해 동법상의 정보업무 감독관[55]에 의한 업무심사를 받는다. 조사권한규제법은 또한 통신의 불법 감청에 따른 일반인의 불만 등, 정보기구들이 정보업무를 수행함에 있어 발생할 수 있는 인권침해 문제에 대하여 전속관할권을 행사하는 특별법원(Tribunal)을 창설하였다. 정보업무 감독관은 정보업무와 관련한 각종 쟁점과 업무수행에 대한 적법한 권한 보유여부, 그리고 우편물과 통신검열 업무를 감사하고 특별법원의 사실확인 조사 업무를 지원한다.

□ 영국 정보공동체 조직도

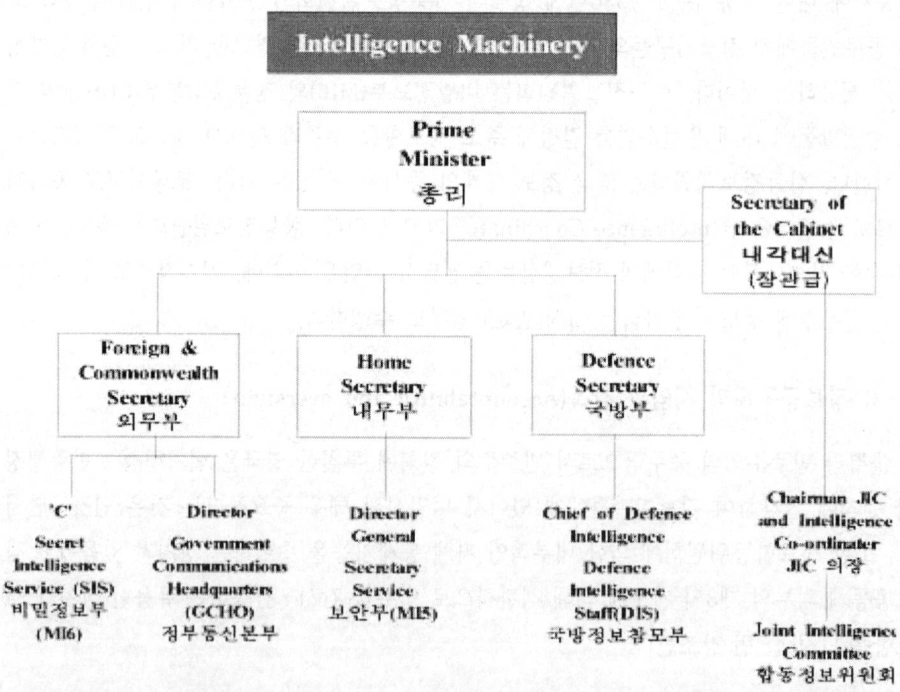

55) 법 제57조의 정식명칭은 "통신감청위원장(Interception of Communications Commissioner)"이다.

III. 영국 정보공동체

1. 비밀정보부(Secret Intelligence Service : SIS 또는 MI6)

비밀정보부(MI6)는 국무부 소속으로 대표적 해외정보기구이다. 합동정보위원회(JIC)의 지휘를 받으며 같은 국무부 소속의 정부통신본부(GCHQ)와 내무부 소속의 보안부(MI5), 그리고 국방부 정보참모부(DIS)와 유기적으로 일한다. 비밀정보부는 외국에서의 스파이 활동에 책임이 있다. 정보서비스법은 비밀정보부에 대한 기본법으로 비밀정보부의 기능과 책임, 그리고 통제와 감독체계를 규정하고 있다. 비밀정보부의 주요한 역할은 유관 장관들의 승인 아래 합동정보위원회의 요구에 따라 영국의 안전과 방위, 즉 국방과 외교·경제정책을 뒷받침할 유용한 해외 비밀정보를 생산하는 것이다. 정보서비스법은 해외정보부의 임무를 먼저 해외세력의 활동과 의도에 관한 정보의 획득과 제공이라고 하였다.[56]

한편 법은 그러한 임무 수행은 정보활동의 목적이 오로지 영국의 국방·외교정책과 관련하여 국가안보의 이익을 위한 것이거나, 영국의 경제 복지이익(interests of economic well-being)을 위한 것이거나, 중대한 범죄의 적발 또는 예방을 지원하기 위한 경우에 수행하는 것으로 선언하고 있다.[57] 한편 비밀정보부는 합동정보위원회의 요구에 의거하여 인간정보 수집기법, 기술정보 수집기법, 그리고 광범위한 세계 여러 나라 해외정보·보안기관들과의 연락관계 즉 리에종 관계 등 다양한 정보원(Intelligence Source)을 활용하여 정보수집 직무를 수행하도록 명시하고 있다.

2. 정부통신본부(Government Communications Headquarters: GCHQ)

정부통신본부(GCHQ)는 비밀정보부(SIS)와 함께 국무부장관 산하의 정보기구이다. 정부통신본부의 전신은 1919년 창설된 정부암호학교(Government Code and Cipher School)였다. 정부암호학교는 영국 신호정보 조직의 중추기관으로 제2차 세계대전 중 독일의 극비 암호체계인 에니그마(ENIGMA)를 해독하여 전쟁 상황을 결정적으로 연합국에 유리하게 이끄는 데에 지대한 공로를 세웠었다. 영국은 전쟁종료 후인 1946년 정부암호학교를 정부통신본부로 확대 개편했다. 정부통신본부는 내각과 군 지휘관들에게 국방과 외교, 그리고 경제정책과 관련된 광범위한 신호정보를 제공한다. 또한 정부통신본부는 영국 정부 이외에도 유럽의 안보방위 목적을 위해 북대서양조약기구(NATO)와 유럽연합(EU)

56) Intelligence Services Act 1994, 제1조.
57) Intelligence Services Act 1994, 제1조.

국가들도 지원한다. 정부통신본부는 영국 내와 해외에 기지국을 운용하면서 레이더 통신을 비롯한 다양한 통신을 감청하여 신호정보를 획득한다. 더불어 정부에 통신감청에 대비한 최신 장비와 통신보호 체계를 보급한다. 정부통신본부는 지구 감시공동체로 미국, 영국, 캐나다, 오스트레일리아, 그리고 뉴질랜드가 함께 운영하는 지구상 최대의 컴퓨터 네트워크 전자 감시장치인 애쉴론(ECHELON) 운용의 영국 책임 담당이다.

3. 보안부(Security Service : SS, 또는 MI5)

보안부의 업무는 총리의 승인을 전제로 한 합동정보위원회(JIC)의 지시에 의해 주어진다. 보안부는 비밀정보부처럼 스미스-커밍 경이 이끌었던 영국군의 비밀정보국 해외부에서 기원한다. 1931년에 이르러 보안부는 국제공산주의자들과 파시즘에 의한 정부 전복기도 등 국가안보에 대한 위협에 대처하는 광범위한 책임을 부여 받았다. 업무에 대한 내부지시 등을 담아 제정된 보안서비스법(Security Service Act 1989)이 근거법으로, 내무부장관 소속이다. 보안서비스법에도 보안부의 업무내용과 업무감독 내용이 명정되어 있지만 영국 정보공동체에 대한 통일 법률인 1994년 정보서비스법에도 다른 정보기구들과 함께 보안부의 임무가 규정되어 있다.[58)]

국내보안기구로서 보안부(MI5)는 대테러, 간첩, 정부전복 활동 등 국가안보에 대한 중대한 위협요소로부터 국가를 보호하는 책무를 담당하고 있다. 1996년 개정된 보안서비스법은 보안부의 역할을 조직범죄 분야에 있어 법집행기구들을 지원하도록 그 역할을 확대하였다. 법에 규정된 보안부의 임무는 중대범죄, 군사분리 운동, 테러리즘, 그리고 간첩활동에서 영국의 의회민주주의와 경제이익을 보호하는 것으로, 이처럼 주된 임무가 국내방첩활동이다. 임무를 구체적으로 나누면 국제 테러대응, 대량살상무기 확산과 간첩에의 대응을 포함하는 국가안보자문, 아일랜드 군과 국내 테러 대응, 그리고 감시활동 부문의 4대 분야이다. 그러나 해당 임무와 관련한 해외업무 활동도 전개한다. 보안부의 활동은 영국의 다른 정보기구들과 마찬가지로 합동정보위원회(JIC)의 지시와 감독을 받는다. 또한 국회 정보 · 안보위원회의 감독과 정보서비스위원회의 사법심사도 받는다.[59)]

---

58) 영국 3대정보기구인 MI5, MI6, 그리고 정부통신본부와 그들에 대한 조종기능을 수행하는 합동정보위원회 등 정보공동체에 대한 통일적 법률이 1994년 영국 정보서비스법(UK Intelligence Services Act of 1994)이다.

59) MI15 has secret dossiers on one in 160 adults - The Mail on Sunday, (2006. 7.9).

4. 합동테러분석센터

보안부(MI5) 산하에 국가기간시설에 대한 테러방지 임무를 수행하며 국가기관의 모든 테러관련 정보에 접근 가능한 합동테러분석센터(JTAC)가 있다. 그러나 합동테러분석센터는 보안부와 별도로 영국 정보공동체의 공식구성원으로 독립 정보기구라는 특성이 있다. 합동테러분석센터는 점점 대량화 조직화·은밀화되어 가는 국제테러 활동에 효과적으로 대응하여, 각 정보기구들의 테러 정보를 조율하고 생산한 정보를 신속히 배포하기 위해 2003년 창설되었다. 합동테러분석센터는 국제테러조직에 대한 적시의 객관적인 테러위협을 경고할 뿐만 아니라 테러의 추세와 국제테러조직의 변천과 연계성, 그리고 국제테러조직의 네트워크와 능력에 대한 심층적인 연구보고서를 작성한다. 합동테러분석센터의 장은 보안부의 소관 총국장(Director General of the Security Service)에게 직접 책임을 부담한다. 보안부 소관 총국장은 보고서를 합동정보위원회(JIC)에 제출한다.

5. 국방정보참모부(Defence Intelligence Staff : DIS)

국방정보참모부는 1964년도에 조직되어 영국 정보공동체의 공식 구성원이다. 국방부 소속으로 공개정보 또는 비밀원천을 통해 수집한 정보를 분석하고, 정보평가 결과물을 정보공동체에 배포하고, 합동정보위원회(JIC)와 국방부장관, 그리고 군 지휘관에의 조언과 전략적 경고기능을 수행하며 다른 유관 내각장관들을 지원한다. 국방정보참모부는 군 정보 또는 군 관련 정보 이외에도 지구상의 정치적 분쟁문제, 테러관련정보, 그리고 대량살상무기 관련정보를 수집한다. 생산한 정보를 바탕으로 국방부는 물론이고 비밀정보부와 정부통신본부가 있는 국무부와 내각의 유관부서, 북대서양방위기구(NATO), 그리고 유럽연합(EU) 및 영연방국가에도 조언한다.

6. 특별수사대(Special Branch)

특별수사대는 국가안보 확보를 임무로 하는 영국 경찰의 특별조직이다. 특별수사대의 주요 임무는 정부전복 세력과 극단주의 조직에 대한 감시활동, 테러와 정부 전복활동에 대한 조사, 요인경호, 금융거래 보호, 준 군사임무 수행, 중대범죄에 대한 증인보호 업무이다.[60] 한편 2005년 소위 스코틀랜드 야드(Scotland Yard)라고 불리는 런던경시청의 런던 특별수사대는 스코틀랜드 야드의 대테러조직을 흡수하여 '대테러사령부(Counter

60) 영국의회가 통과한 가장 최근의 테러관련법으로는 "Terrorism Act 2006"가 있다.

Terrorism Command)'로 확대 개편되어 재창설되었다. 재창설의 중요한 이유는 '요원의 현장화'로 요원들을 후방 지원 업무위주에서 전방으로 이동시키는 것이라고 하였다.

7. 중대조직범죄청(Serious Organised Crime Agency : SOCA)

영국은 2006년 특별 비경찰기구로 불법마약거래, 자금세탁, 그리고 밀입국범죄 등 소위 중대범죄에 대응하기 위해 중대조직범죄청 즉 소카(SOCA)를 창설하였다. 소카는 단순한 사후적 법집행만으로는 예방과 대처에 한계가 있는 범죄에 대처하기 위해 조직된 특별 정보 및 법집행기관으로 소위 영국판 FBI로 경찰, 세관 및 이민국의 전문가들로 조직되었다. 2006년 영국 BBC 방송은 미국 FBI를 모방한 새로운 형태의 수사정보조직이 탄생했다고 대대적으로 보도하였다.

소카는 위계질서에 따른 관료주의의 한계를 벗어나서 투자대비 효율을 극대화하기 위해서, 법집행 임무와 국가정보 업무 등 국가의 가장 중요한 임무 일부를 행정부의 특정한 부처에 소속시키지 않고 비행정부문 기구로, 그러면서도 집행기구화하여 비행정부문-집행기구(Executive Non-Departmental Public Body)의 위원회 조직으로 되어 있다. 위원 중 일부는 외부인사로 구성하여 비행정부문의 속성을 잘 보여 주고 있다. 예컨대 위원인 스테판 바렛(Stephen Barrett)은 144개국에 회원사를 둔 세계적인 종합 회계·재무·자문 그룹인 KPMG 의장 출신이고, 엘리자벳 프란스(Elizabeth France)는 통신회사 옴부즈만 출신이다. 비정부인사들은 다양한 경험을 바탕으로 조직 관리와 감독에 기여할 것으로 기대되고 있다. 한편 소카는 국익에 대한 손해를 예방 저감하기 위한 목적으로, 범죄자의 체포나 기소가 목적이 아니어서 법집행기구라기보다는 정보기구로 분류된다.

IV. 마무리와 평가

이상에서 알 수 있는 바와 같이 영국 정보공동체는 복잡한 다수의 국가정보 체계를 갖추고 있다. 그러나 그 정점에는 정보조율사로 합동정보위원회(JIC)가 존재하여 정보기구들 간의 선의의 경쟁을 유도하여 국가정보의 질적 향상을 도모하고 정보공유에 차질이 없도록 하고 있다. 그리고 무엇보다 정보 본연의 목적인 국가정책에의 차질 없는 기여가 이루어지도록 조직되고 운용된다는 점에 특징이 있음을 알 수 있다. 또한 영국은 민주주의의 완성국가로 법치주의의 모범을 보여, 필요한 모든 조치를 즉시의 입법조치로 마무리한다는 점이 돋보인다. 그러므로 정보기구에 대한 입법 근거가 미약한 다수의 국가들과 좋은 대비가 되고 있다. 또한 정보의 순수성과 비밀성은 유지하면서도 정보기구의 공개성과 민주성을 도모하고 있는 실질적인 노력은 국민의 정보기구가 될 수 있는 모범적인 방향을 제시하는 것이라 판단된다.

제3항 이스라엘 정보공동체

I. 이스라엘 정보공동체

이스라엘 정보・보안 체계의 기원은 영국의 팔레스타인 위임통치 하에서 형성된 유대민족 내부의 지하 군사조직에 기원을 둔다. 19세기 말부터 시작된 유대인들의 국가건설의 목적은 정보요원들의 헌신적 노력에 그 밑바탕을 가지고 있다. 국가건설 초기 정보요원들은 전 세계에 방랑생활을 하며 흩어져 있는 유대인들을 상대로 국력의 결집을 위해, 출발지 국가에서의 불법 이민문제를 솔선해서 해결해 주었다. 그리고 전 세계에 퍼져 있는 유대인들의 연락망을 구축하여 조국의 소식을 전하면서 애국심을 고양하였다.

이스라엘 정보기구의 이러한 전통은 일부 후진국가에서 정보기구가 통치의 억압적 수단으로 사용되어 국민적 지지를 얻지 못한 것과 달리, 결과적으로 국민들로부터 전폭적인 신뢰를 원천적으로 확보할 수 있게 된 뿌리가 되었다. 이는 이스라엘에서 정보기구가 국민들의 전폭적인 지지를 받으며 단기간 내에 최선진의 정보기구로 발전할 수 있게 된 대단히 중요한 인자 중의 하나이다. 실제로 이스라엘은 세계 최고 수준의 정보기구를 3개나 운용하는 나라라는 평가를 받아 왔다.

1. 모사드(The Institute for Intelligence and Special Tasks)

모사드(Mossad)는 히브리어로 '조직(Institute)'이라는 뜻이다. 이스라엘의 대표적인 해외정보전담기구로 샤박과 함께 총리 직속이다. 군 정보기관인 아만, 국내 보안기구인 샤박과 함께 이스라엘 정보공동체를 형성한다. 모사드는 인간정보에 의한 정보수집에 주 책임이 있으며 비밀공작활동과 방첩공작 활동을 모두 전개한다. 모사드는 "조언자가 없으면 멸망한다, 다수의 조언자가 있으면 안전하다." 라는 부훈(部訓) 하에 해외정보를 수집・분석하고 이스라엘 밖에서 특별한 비밀공작활동을 전개한다. 모사드의 기능은 미국 CIA, 영국의 MI6 등과 비견된다. 그러나 그에 더하여 종합 기획・조정기능이 있다.

2. 샤박 또는 신벳(Israel Security Service : Shabak, 또는 Shin Bet)

샤박은 방첩공작 임무를 수행하는 국내 보안기구로 이스라엘의 FBI로 알려져 있다. 샤박의 모토(Motto)는 "눈에 보이지 않는 수호자"이다. 외국 정보기구의 조직 및 활동에 대한 정보수집, 극우・극좌 등 내부세력과 외부세력에 의한 정부 전복활동과 사보타주, 그리고 대 테러활농을 담당한다. 샤박은 국내 극우 그룹과 극좌 그룹에 대한 감시활동도 전개한다. 이스라엘을 주기적으로 방문하는 요주의 방문객과, 그들과 접촉하는 내·외국인들은 지역과 국적을 불문하고 조사를 받을 수 있다. 임무를 구체적으로 보면 국내보안, 테러조직의 적발, 테러 용의자 심문, 웨스트 뱅크와 가자 지구에서의 방첩공작 활동, 행정부 고위 간부들에 대한 경호, 정부 시설과 중요 시설물에 대한 보호, 그리고 이스라엘 항공기와 해외 대사관에 대한 안전 확보를 주된 임무로 한다.

3. 아만(Military Intelligence : Aman)

아만(Aman)은 이스라엘 군 정보기관으로 총리와 내각에 국가정보에 대한 광범위한 예측보고서를 제출한다. 보고서는 일일상황보고서, 전쟁위험 예측보고서, 아랍 목표국가에 대한 연구보고서, 그리고 통신감청결과 보고서이다. 아만은 또한 국경 외에서의 군사정보 수집활동도 전개한다. 아만은 이스라엘 군 자체와 동격의 독립적인 군 정보기구로서 전쟁의 와중에서 존립한, 이스라엘에서 매우 중요한 역할을 수행하는 정보기구이다. 예하 정탐부대는 아만의 대테러 공작과 테러조직에 대한 정보수집에 1차 책임이 있다. 아만의 최대 정보실패는 1973년 10월 이집트와 시리아가 기습 공격한 소위 욤키프러스 전쟁을 예측하지 못한 것이었다.

4. 외무부 정치연구센터 (Center for Political Research of Ministry of Foreign Affairs)

이스라엘 외무부는 정부의 대외정책을 공식화하고 이를 실행하는 바, 자체 정보조직으로 정치연구센터를 운영한다. 정치연구센터는 10개 부서로 구성되어 국제 세계의 주요한 문제를 포함하여 주로 중동지방의 사건과 사고 정치전개 과정을 모니터링하고, 그에 대한 외국의 반응을 파악하는 업무를 수행한다. 정치연구센터는 또한 장관이 요구하는 각국의 정치정보를 수집·분석하고 평가하며 전 세계에 정기적으로 이스라엘의 미션에 대한 정치적 설명 및 안내, 그리고 중동문제에 대한 그들의 전문성을 바탕으로 한 견해를 이스라엘 정보와 정책공동체 내부에 전달한다. 이스라엘은 현재 전 세계 160여 개국과 외교관계를 가지고 있다. 외무부장관은 해외의 유대인 거주지인 '다이아스포라 공동체(Diaspora communities)'와 관계를 증진하며 해외 이스라엘 국민들의 권익보호에도 책임이 있다.

II. 이스라엘 정보공동체에 대한 개선노력

1. 서 언

이스라엘 정보공동체에 대해서는 많은 개혁과 개선 논의가 무성하다. 최근에 정부 위원회 권고안이 제기되어 있는 상황이다. 이스라엘 정보기관에 대한 의회 감독은 잘 알려져 있지 않은데 정보와 비밀업무에대한특별위원회와 외교·국방위원회의 2개의 국회소관위원회에서 감독된다. 이스라엘은 대등한 정보기구 서로 간에 선의의 경쟁 속에서 국가안보에 대한 최고의 국가정보가 탄생할 수 있다고 보고, 모사드에게 정보에 대한 조종권한은 두고 있지만 위 3인방 간에 서열은 두고 있지 않았다. 따라서 이스라엘에 대한 정보공동체에 적합한 조직형태, 아만과 샤박, 그리고 모사드 간의 책임과 관할 등 업무분장 문제와 총리와 각료에 대한 정보보고 체계의 문제는 수년간 제기된 이슈였다. 현재까지는 정보공동체 3대 기구 책임자들은 업무 중복처럼 민감한 문제에 대하여는 회합을 가져 '대헌장(Magna)'이라는 합의를 도출한다.

2. 개혁 방향

2003년 미국의 이라크 전쟁 후 이스라엘 정보공동체에 대한 개선 권고안이 "이라크 전에서의 정보네트워크 조사를 위한 위원회"(The Commission to Investigate the Intelligence Network following the War Iraq, 2004)에 의해 제시되었다. 동 보고서는 정보공동체를 조율할 국가정보위원회를 설치할 것과 함께 정보공동체를 5개의 정보기구로 재편성할 것을 권고했다. 권고내용은 다음과 같다.

기존 3인방 정보기구는 유지하되 각자의 임무를 법에 한정하여 명백히 설정함으로써 관할에 대한 다툼이 없도록 한다. 다음으로 집행기구가 아닌 회의체 의결기구로 정보공동체 조율기구인 국가정보위원회를 신설하여 정보공동체에 대한 기획 및 조종업무를 총괄하도록 한다. 그렇게 국가정보획득의 우선순위를 설정하고 기관별 목표달성을 점검하며 정보공동체간의 정보공유를 촉진한다. 또한 기관간의 업무중복 및 과당경쟁을 막도록 한다. 마지막으로 정보공동체를 일부 기능별로 분리하여 신호정보 획득부서를 독립된 정보기구로 창설하도록 한다. 내용을 정리하면 다음과 같다.

1) 국가정보위원회 신설

정보공동체를 기획·조종하고 이스라엘 전체적 정보를 통합하여 전 세계 현황을 평가

한다. 그리고 이스라엘의 대응책과 보안책을 준비한다.

2) 모사드(Mossad)의 개혁

해외정보전담 정보기구로 모사드는 체제의 안전 문제를 포함한 전략적 정치집약 정보와 산업과학 기술정보, 핵 관련 정보 및 세계 테러정보를 수집하도록 한다.

3) 샤박(Shabak)의 개혁

팔레스타인에 의한 이스라엘 국민에 대한 테러를 포함한 제반 테러 대처 및 정부전복 활동 등에서의 국가와 시민, 그리고 국가 기구들의 안전을 책임진다.

4) 아만(Aman)의 개혁

원칙적으로 군사정보 수집에 한정한다. 전쟁가능성과 예상되는 적국의 무력수단, 그리고 전면전이나 국지분쟁 시의 적국의 목표물에 대한 정보수집에 한정한다.

5) 신호정보 획득기구의 창설

미국의 국가안보국(NSA)과 유사한 조직으로, 신호정보 획득 전문기구로 획득한 신호정보를 다른 모든 정보기관에 제공한다.

제2편 대한민국 국가정보 체계의 혁신

제1장 대한민국의 정보환경

1. 국가 정보환경

세계화 · 개방화 · 정보화에 따른 정보환경의 변화는 당연히 대한민국에도 그 영향을 끼치고 있다. 그러나 대한민국은 그 지정학적 특수성 및 경제환경 등에 있어서 특유한 정보환경을 배경으로 하고 있는 나라이다. 부존자원이 부족하고 대외무역을 국가 경제발전의 전제 명제로 삼고 있는 우리로서는, 국제무역 환경의 변화에 매우 민감할 수밖에 없다. 오늘날 한국이 경제 강국으로 자부하는 것은 어떤 천연부존자원에 기초한 경제 생산물 때문은 결코 아니다. 기술력과 성실한 고급 산업인력에 바탕을 둔 고부가가치 생산물에 국가경제의 명운이 달려 있다고 하여도 과언이 아니다. 그러나 과학기술의 획기적인 발전에 따라서 첨단 장비로 무장한 정보선진국의 정보활동 역량은 아무리 철저한 보안 아래에 있는 일 국가의 산업 · 과학 기술도 마음만 먹으면 어렵지 않게 그리고 어떤 일이 있었는지 자체를 모르게 감쪽같이 그 비밀을 정탐할 수 있을 것으로 여겨지고 있다.

그러므로 천연부존자원 대신 첨단 과학기술을 국가경제발전의 원동력으로 삼고 있는 우리나라의 경우에는 세계화의 의미가 타국의 선진과학 기술에 대한 적극적인 정보활동을 요청함과 동시에, 타국의 우리나라에 대한 정보활동에 대하여 소극적인 보안의 수준을 넘어서서 주도면밀한 방첩공작 활동을 요구하고 있는 것이라고 평가할 수 있다. 사실 내부고용자 등에 의한 산업스파이(industrial espionage) 활동은 원시적인 산업스파이 범죄라고 할 것으로 그러한 산업스파이에 대하여는 국가정보기구의 역할과 법 집행기구의 공조 아래 적절히 방어해 왔다고 볼 수 있다. 그러나 우리나라의 첨단 과학 · 기술개발에 대한 각국 정보기구가 조직적으로 최첨단의 과학 장비를 동원하고 미인계, 회유, 협박 등 고도의 정보활동 수완(tradecraft)을 사용하여 개별 기업을 상대로 경제스파이 활동을 전개하는 것에 대한 방첩활동은, 변화한 정보환경에서 국가정보기구가 전향적으로 예방활동을 펼쳐나가야 할 부분인 것이다.

한편 우리나라는 변화된 세계 속의 정보환경에 있으면서도, 전 세계 막강한 재래식 군사력이 배치되어 있는 중국, 일본, 러시아 등 군사 열강들의 틈 속에 위치한 특별한 한반도 주변정세를 가지고 있음을 간과하여서는 안 된다. 아무리 평화·화해무드가 조성되었다고 해도 역사적인 경험상, 평화시에 갑자기 극적으로 전개됨으로써 소위 불측의 타격을 가하여 승기를 잡는 방향으로 전개되었던 것이 전쟁의 원리이기도 하였다. 그것은 평화시가 더 위태롭다는 평범한 진리를 깨닫게 해주는 것이다. 막강한 군사력이 지척을 사이에 두고 상호 대치하고 있는, 세계 유일의 화약고라는 한반도의 군사안보 환경은 우리의 국가정보기구들로 하여금 전통적인 군사정보 활동을 간과할 수 없게 만드는 중요한 요소라고 함을 정보·정책 관계자들은 주지해야 한다.

정보활동은 집권세력의 국가정책 방향과 더불어 가야 하는 경우가 적지 않고 정치적 고려를 최우선으로 하는 집권세력의 속성상, 화해무드의 조성과 유지를 위하여도 상대방에 대한 정보활동을 탐탁지 않게 생각할 수도 있다. 그러나 국가정보는 정권정보가 아니라 국민정보, 국가정보여야 함을 주지해야 한다. 국가정보기구는 정권을 초월하여 국민에 대한 무한 봉사를 다하며 국가와 함께 운명을 같이 할 영속적 존재인 까닭에, 현재의 국가안보 정책에 충실하면서도 객관적이고 장기적인 국가안보 정책을 위한 활동도 일상 업무로 게을리 해서는 안 되는 이유가 여기에 있다. 그러므로 정보선진국들은 정권과 무관한 10년 15년의 장기 국가정보 활동 계획과 우선순위를 확정하고 정권을 초월하여 중·장기적 국가정보 활동을 전개해 나아가고 있음을 잘 인식하여야 한다.

한편 대한민국은 사이버 역량에서 그리고 그 기반시설에서 이미 세계 최고의 수준에 있는 것으로 평가 받고 있다. 이것은 달리 말하면 사이버 테러나 사이버 전쟁이 우리나라에는 대단한 국가안보 위협요소로 작동할 수 있다는 것을 의미한다. 사이버 문제 대책에 대한 심도 있는 논의와 검토가 필요할 것이다. 그러나 한편으로는 우리의 최첨단 전자산업 발전 능력을 바탕으로 스마일 폭탄·고주파 폭탄 등 최첨단 사이버 무기 및 운용체계에 대한 기술개발 및 선진 운용체계 구축은, 우리의 역량으로 오히려 다른 나라보다 앞서 나갈 수 분야인 것으로 예측된다. 국가정책이 그러한 일이 가능하도록 계획되고 추진되어 민·관이 힘을 다하여 우리의 사이버 역량을 세계 최고의 수준으로 발전시켜야 할 것이고 전자전 사령부를 창설해야 할 것이다.

마지막으로 대한민국 정보공동체는 세계화. 개방화의 추세에 따른 정보 민주화의 요구에 귀 기울여야 한다. 가장 강한 정보는 국민들의 순수한 비판과 문제의식에서 제기되고, 정보기구의 발전은 건전한 비판이 없이는 결코 이루어 질 수 없다. 이것을 국민들의 기본권 신장의 측면에서만 찾을 것이 아니라 세계화·정보화에 따른 국가정보의 자연스러운 자유시장이 형성된 결과인 것으로 이해할 필요가 있다. 아무리 우리나라가 보안을 기치로 정보를 통제하려고 해도, 수시로 국가정보를 개방하고 국익을 위해 다른 나라의 정보활동을 공개하며 적극적으로 아국의 정보활동을 옹호하는 무한 경쟁의 시대에, 국가정보기구에 대한 유·불리를 따진 제반 사실에 대한 함구와 정보의 차단은 결코 바람직하지 않은 일이다. 전략정보의 기치 아래, 정보의 비밀성의 존재와 가치자체에 대해서 근본적인 문제가 제기되고 있는 것도, 정보공개와 공개를 통한 경쟁력 강화의 요청과 무관하지 않다. 정보에 대한 보안을 통해서 얻을 수 있는 국가적 이득보다, 보안을 위한 불필요한 정보자산의 낭비, 그리고 국가의 민주화에 대한 역행으로 결국 국가위신을 손상할 수 있는 무모하다 싶을 정도의 국가정보의 포괄적 비공개. 신비주의는 점점 더 변화하는 정보환경에서 설 자리를 찾기 어렵게 되었다고 할 것이다.

2. 한국의 국가정보 대상으로서의 국가안보 쟁점

한반도는 아직도 세계에서 유일하게 자본주의와 공산주의 이념이 직접 부딪치고 있는 지역으로서, 전통적인 군사안보가 여전히 국가안보의 최우선 고려요소로서, 국가정보활동의 당면과제가 되어야 함은 당연하다. 더 나아가 테러문제와 국제 조직범죄 이외에도, 대량살상무기확산에 대한 대처 문제, 한반도 영해 상에서의 환경오염 물질이나 핵폐기물 투기 등 국제적 환경오염 문제, 주변국들의 인권유린 사례를 파악하는 문제 등이 국가정보기구가 촉수를 기울여야할 국가안보 쟁점들이다.[61]

한편 영토에 대한 위협을 최우선의 국가안보의 문제 즉 결정적 이익의 문제로 파악하고 있음은 대다수 학설의 일치된 견해이다. 불안전한 영토 국가 상태는, 외국인들이 교류하거나 자본 투자를 하는 것을 꺼리게 하여, 경제적, 문화적, 그리고 과학적 발전의 저해요소가 될 것임은 물론이다. 우리의 경우에는 남・북한 간의 대치문제로 인한 영토분쟁만이 아니라 끊임없이 독도를 자국의 영토라고 주장하면서 대한민국 영토의 순수성에 대한 도전을 하고 있는 일본, 소위 동북공정[62]의 이론을 앞세우며 압록강을 중심으로 한 북측과의 국경 경계선을 무시하고 학문적 그리고 사실상의 영토적 도발행위를 지속적・체계적으로 감행하여 서해를 중심으로 한 해상과 해저에서의 주권침해를 다반사로 하고 있는 중국과 인접해 있다.

---

61) 더 구체적으로는 중국 북동부 지역에 거주하는, 많게는 30만 명에서 적게는 5만 여명으로 추산되는 탈북자들의 동향 및 탈북자들에 대한 중국정부와 북한의 대처문제들이 모두 대한민국 국가정보기구의 주요한 임무로 포괄될 수 있을 것이다. 상세는 졸고, Han, H. (2007) 'Newly arising issues on th limitation of intervention law and refugees under the North Korean Human Rights Act of 2004'. *Atoms for Peace: An International Journal,* Vol. 1, No. 4, pp. 355-422.

62) 중국 국경 안에서 전개된 모든 역사를 중국 역사로 만들기 위해 2002년부터 중국이 추진하고 있는 동북쪽 변경지역의 역사와 현상에 관한 연구 프로젝트를 말한다. 동북변강역사여현상계열연구공정 (東北邊疆歷史與現狀系列 硏究工程)의 줄임 말로 실질적인 목적은 중국의 전략지역인 동북지역, 특히 고구려・발해 등 한반도와 관련된 역사를 중국의 역사로 만들어 한반도가 통일되었을 때 일어날 가능성이 있는 영토분쟁을 미연에 방지하는 데 있다고 할 수 있다. 졸저. Ibid.

통일한국의 정보기구는 말할 것도 없고 현재의 대한민국 국가정보기구들은 최선을 다하여 중국과 러시아, 일본 그리고 미국을 비롯한 주변 국가들과 경제, 사회, 문화에서의 한국의 잠재적 경쟁국들에 대하여 그들이 한국 영토에 대하여 기본적으로 어떠한 국가안보 정책관을 가지고 있고, 어떠한 정치. 경제. 외교 전략을 가지고 있는지 그 의도와 능력의 가장 핵심적인 부분을 파악하여야 한다. 그렇게 파악된 국가정보를 바탕으로 국제상황에 적합하고 절대적으로 필요한 국방정책, 외교정책, 경제정책, 사회정책 그리고 문화정책이 수립되어 국가안보를 공고히 하고 국가이익을 극대화하여 대한민국의 융성을 도모할 수 있을 것이다.[63] 그러므로 대한민국 정보기구는 원래부터 해당 영역이 아닌 사회질서나 공공복리에 대한 정보에 더 이상의 집착을 하지 말고 주변국들 및 향후 미래 국제사회를 선도할 국가 및 우리와의 경제 경쟁국, 그리고 세계를 움직이는 중요한 국제기구의 정책활동방향 등에 대한 필요한 정보수집 활동을 다하여야 한다. 이처럼 현실에 바탕을 둔 명백한 국가안보의 개념을 구성한 연후에 국가정보가 담당할 국가안보 범위를 획정한다는 것도 중요하고 필요한 일이다. 그것은 궁극적으로 일국의 정치적 결단의 문제로서 최종적으로는 입법조치로 명확히 되는 것이 바람직 할 것이다.

제2장 대한민국 국가안보관련법에 대한 검토

국가정보원은 현재 국가정보원법, 국가정보원직원법 개정안, 비밀의보호및관리에관한 법률, 국가대테러활동에 대한 기본법, 국가사이버위기관리법, 그리고 통신비밀보호법의 6가지 소위 안보 관련법에 대한 제·개정안을 국회에 요구하고 있다. 이하에서는 이를 그룹화하여 ① 국가정보원직원법을 포함한 국가정보원법, ② 보안업무 근거법, ③ 테러·사이버 문제를 포함한 초국가적 안보위협세력 대처법, ④ 전자감시활동 관계법의 4가지 범주로 대분류하여 검토하도록 한다.

63) 한편 한국의 국가안보 문제는 남북한의 문제만이 아니다. 통일한국의 경우를 상정하여도 동일하다. 한반도의 주변정세는 물론이고 현재 세계를 주도하고 있는 서구 강국과 특히 향후 세계를 주도할 국가로 손꼽고 있는 중국, 러시아, 인도, 인도네시아, 브라질 그리고 남아프리카 공화국이 모두 국제사회에서 한국과 경쟁하게 될 것이다. 더 나아가 미래 2020년과 2030년에 국제무대에서 한국의 경쟁 상대국이 될 국가들에 대한 국방, 외교, 경제, 사회기간 시설 정보는 상시 파악하고 있어야 할 내용들이다. 일본이 제2차 세계대전 당시 한국과 중국에 대해서는 말할 것도 없고 동남아 각국에 대한 도발적인 무력 침공을 자신 있게 감행하고 단기간 내에 성공할 수 있었던 것은 항상 주변국들에 대한 정확한 정보파악이 되어 있었기에 가능한 것이었다. 졸저 Ibid.

Ⅰ. 국가정보원법 개정안

1. 서 언

현행 국가정보원법은 제3조에서 그 직무범위를 다음과 같이 규정하고 있다.

第3條 (職務) ① 國情院은 다음 各號의 職務를 수행한다.
1. 國外情報 및 國內保安情報(對共·對政府顚覆·防諜·對테러 및 國際犯罪組織)의 蒐集·작성 및 配布
2. 國家機密에 속하는 文書·資材·施設 및 地域에 대한 保安業務. 다만, 各級 機關에 대한 保安監査는 제외한다.
3. 刑法중 內亂의 罪, 外患의 罪, 軍刑法중 叛亂의 罪, 暗號不正使用罪, 軍事機密保護法에 規定된 罪, 國家保安法에 規定된 罪에 대한 搜査
4. 國情院職員의 職務와 관련된 犯罪에 대한 搜査
5. 情報 및 保安業務의 企劃·調整
② 第1項第1號 및 第2號의 職務수행을 위하여 필요한 사항과 第5號에 정하는 企劃·調整의 범위와 對象機關 및 節次 등에 관한 사항은 大統領令으로 정한다.

이 같은 국정원의 임무에 대하여는 두 가지 관점에서 다음과 같은 중요한 법률적 쟁점이 있다.

1) 국가정보원 임무 근거법에 대한 논의

국가정보원의 임무가 국가정보원법에 의하여서만 한정적으로 인정되는 것인지, 아니면 다른 법률의 규정에 의해서도 국가정보원의 임무가 부여될 수 있는 것인가에 대한 논의이다. 이에는 임무근거 한정설과 임무범위 확장가능설이 대립할 수 있다.

① 임무근거 한정설

국가정보원의 임무는 엄격하게 국가정보원법 제3조에 규정된 내용으로 한정되는 것으로 다른 법에서 국가정보기구의 임무를 추가하는 방식으로 업무를 확장해서는 안 된다는 견해이다. 논거는 헌법 가치적 기능을 수행하는 국가기관으로서의 국가정보원의 임무는 주권자인 국민이 대표성을 위임한 국회에서 제정한 모법인 근거법에 명정된 것에 한하여 그 합법성이 인정된다는 것이다.

② 임무범위 확장가능설

국가정보원의 임무는 국가정보원법 이외에도 국가 정보생산 직무를 규율하고 있는 정부조직법, 국가안전보장회의법 등 3개 법률로 대별되며 국정원법은 다만 대표적인 법일 뿐이라는 입장이다.[64] 그러므로 국가정보원의 직무는 국가정보원법 이외에도 다른 법에 규정된 바에 따라 확장될 수 있다는 결론에 이르게 된다.

③ 결 어

결론적으로 국가정보기구의 임무는 근거 기본법인 국가정보원법에 명시된 내용으로 한정하여야 한다. 다른 관련법에 의한 임무 신설도 가능하다는 확장설을 조금 더 확대하면 다른 법으로 국가정보기구의 임무를 모두 삭제하고 정보기구의 개·폐를 정할 수도 있게 된다는 오류에 빠지게 된다. 다만 기본법에 기초하여 임무를 구체적이고 명확하게 하는 것이라면 법의 하위규범인 대통령 명령 등 행정입법으로 임무범위를 재설정하는 것은 법단계론상 가능하고 필요하다고 할 것이다.[65] 그러므로 산업기술의유출방지및보호에관한 법률이 산업기밀 누설 등에 대한 조사에 있어서 조사라는 이름으로 동법으로 국가정보원에게 일정한 조사권한을 부여한 것도 심각한 검토가 필요한 부분이다.[66]

2) 국가정보원 직무범위에 대한 학설의 대립

다음으로 국가정보기구의 임무를 기본법인 국가정보원법에 의한 임무로 한정하는 경우에도 그러한 임무는 단순히 예시한 것에 지나지 않는가? 아니면 한정적으로 열거된 것으로 더 이상의 임무가 확대될 수는 없는가? 라는 쟁점이 있다.

① 대표적 예시설

국가정보원법 상의 임무는 일부를 특별히 나열한 것에 지나지 않은 것으로 임무가 법에 나열된 것에 한정되는 것은 아니라는 것이다. 이러한 견해는 특히 소위 "기타" 포괄조항이 없는 법 형식의 경우에 그 현실적인 필요성으로 인하여 제기되는 주장이기도 하다.

64) 국가정보포럼 *op. cit.*, pp 255-256.
65) 미국은 그리하여 CIA의 창설법인 1947년 이래의 국가안보법 이외에 아직까지도 대통령 명령 제12,333호가 국가정보공동체의 임무범위를 설정하는 중요한 규범으로 기능하고 있는 것이다.
66) 상세한 논의는 졸저. *op. cit.* pp. 813-823.

② 한정적 열거설

국가정보기구의 임무는 근거법에 열거된 내용으로 명백하게 국한된다는 주장이다. 그러므로 근거법에 열거되어 있지 않는 내용은 아무리 그 목적이 타당하고 필요하다고 해도 이미 국가정보기구의 임무는 아니라는 것이다.

③ 결 어

결론적으로 한정적 열거설이 온당하다. 그 이유는 법치행정의 원칙상 국민의 권리 및 의무와 직접 연결된 임무를 수행하는 국가정보기구의 경우에는, 임무는 법에 당연히 근거하여야 한다는 법치주의가 가장 기본적인 이념이기 때문이다.[67] 한정적 열거설의 당연한 귀결로서 국제관계와 시대상황의 변천에 따라 국가정보기구에 대한 새로운 임무가 필요하다면, 국민의 대표기관인 국회에서 법 제. 개정을 통하여 새롭게 임무가 부여되어야 하며, 그러하지 않은 임무 수행은 결국 법의 근거가 결여된 것으로서, 아무리 목적이 긍정적이라고 하더라도 불법적 업무수행이라고 하지 않을 수 없게 된다.

2. 개정안의 내용

각국 정보기구는 전선 없는 전쟁을 치루며 안보환경 변화에 따라 법에 명백하게 금지된 경우를 제외하고는 국가안보와 국익을 위해 정보활동 영역을 확장하는 추세라는 전제하에 크게 4가지 방향에서 현행 국가정보원법의 개정을 도모하였다.[68]

1) 정보활동 영역의 확대

정보활동 범위를 ① 국익 · 정책정보, ② 위기예방 정보, ③ 보안정보로 분류하고 보안정보에 산업기술유출방지업무를 포함한다.

2) 근거 법령의 확대

국가정보원법 이외에도 다른 법령에 국가정보원의 직무가 규정되어 있으면 해당 규정

67) 역사적으로 보면 국가정보기구는 포괄성과 추정성이라는 업무의 성격상 임무를 아무리 한정적으로 열거해도 의도적 또는 무의식적으로 슬금슬금 임무가 확대되어 나가는 소위 미션 크립(Mission creep) 현상이 벌어졌다. 정보기관 임무의 대 전제로서의 국가안보와 국가이익이라는 개념이 시대상황, 국제관계, 경제발전, 그리고 과학기술문명 발전과 맞물려 해석되는 가변성을 가진 가치개념이기 때문이다. 상세한 논의는 졸저, *op. cit.* pp. 1706-1711.

68) 2008. 12. 국가정보원 법률안 설명자료.

이 국가정보원법의 직무범위의 일부가 되도록 한다.

3) 직원관리강화

직원의 직무와 관련된 범죄수사대상에 '퇴직직원'을 포함하며 비공개 사항에 '직원의 인적사항'을 마련하여 직원 인원보안을 강화한다.

4) 보안업무의 강화

보안업무에 현재 업무 수행중인 신원조사와 국가정보통신망에 대한 사이버업무를 명시하여 법적 근거를 명시한다.

국가정보원이 제시한 안(案)에 따라 국가정보원법을 재구성하면 다음과 같이 된다.

第3條 (職務) ① 國情院은 **다음** 各號의 **職務를 수행한다.**

1. 정보의 수집. 작성 및 배포(신설 및 개정)

가. 국가안전보장 및 국익에 중대한 영향을 미치는 국가정책의 수립에 필요한 정보

나. 국가 또는 국민에 대한 중대한 재난과 위기를 예방 · 관리하는 데 필요한 정보

다. 대공, 대정부전복, 방첩, 대테러, 국제범죄조직, 산업기술유출방지에 대한 보안정보

2. 國家機密**에 속하는** 文書 · 資材 · **시설 · 지역 및 이를 취급 또는 출입하는 자에 대한 보안업무와 국가정보통신망에 대한 사이버안전업무. 다만,** 各級 機關**에 대한** 保安監査**는 제외한다(개정)**

3. 刑法**중** 內亂**의** 罪, 外患**의** 罪, 軍刑法**중** 叛亂**의** 罪, 暗號不正使用罪, 軍事機密保護法**에** 規定**된** 罪, 國家保安法**에** 規定**된** 罪**에 대한** 搜査

4. 국정원직원의 직무와 관련된 범죄(국정원에서 퇴직한 자의 재직 중 직무와 관련된 범죄 및 퇴직이후 재직 중 직무상 지득한 비밀을 누설하는 범죄를 포함한다)에 대한 搜査**(개정)**

5. 情報 **및** 保安業務**의** 企劃 · 調整

6. 다른 법령에 따라 국정원의 소관으로 규정된 사항(신설)

② 第1項第1號 **및** 第2號**의** 職務**수행을 위하여 필요한 사항과** 第5號**에 정하는** 企劃·調整**의 범위와** 對象機關 **및** 節次 **등에 관한 사항은** 大統領令**으로 정한다.**

3. 검토와 문제점

1) 정보활동 영역의 확대에 대한 검토

가. 국내 정책관련 정보의 제외

누누이 지적한 바와 같이 정보는 선호에 무관하게 정책에 반영됨으로써 빛을 발하는 것으로서 국가정보기구는 정책정보를 수집하는 것이 아니라, 그들이 수집한 정보가 정책공동체의 취사선택에 따라서 정책에 반영될 수 있을 뿐이다[69]. 또한 국가정보기구가 발굴하고 생산하는 국가정책에 필요한 정보는 거의 대부분이 해외정보에서 생산되어야 한다. 정책 수립에 필요한 국내에서의 정책정보는 정보기구가 아니라 경찰 검찰 같은 법집행기구와 지방자치단체를 포함한 정책담당부서 자체에 의해 이미 생산되는 것으로서, 정보기구가 자국민을 상대로 생산하는 정보가 많으면 그것은 벌써 온당한 정보기구가 아니다.[70]

나. (국내) 위기예방 정보의 제외

정보와 정책의 레드라인의 연장선에서 정보기구가 수집 생산하는 국가위기예방 정보는 그것이 전쟁이나 무력침공이든 테러나 국제조직범죄 아니면 사스(SARS), 에이즈 그리고 신종 전염병이나 기후변화에 따른 신종 동·식물로 인한 위협이든 초강력 허리케인으로 인한 위험성이든 모두 해외정보로 지향되어 있어야 한다. 국내 위기 예방 정보는 소방서, 경찰, 검찰, 군 그리고 일선 행정조직 등 정상적인 정책공동체가 본연의 임무로 수행할 당연한 임무이다.

다. 보안정보의 해외지향성의 명백화

동일한 논리의 연장선과 세계 유수 정보기구의 업무에 비추어 국내 보안정보 가운데에서, 대공. 대정부전복. 방첩은 물론이고, 대테러 및 국제조직범죄 이외에 산업간첩, 마약,

---

69) 그러므로 국제 외교관계나 국방관계를 고려하여 아무리 우수한 정보라고 하여도 그것을 배제하고 차 순위의 정보에 따른 대외정책이나 경제정책을 수립. 집행하게도 된다. 이것은 결코 정보공동체가 간여할 수 없다.

70) 예컨대 쇠고기 파동과 관련한 국내정보는 국가정보기구의 소관이 아니고, 국가정보기구는 미국 농림부의 우리와의 협상에서의 진짜 비밀정보 그리고 미국 농축산 협회나 세계 과학자회의에서 광우병에 대한 자료를 감추거나 속인 것이 있는지, 아니면 그 반대인지 등 정상적인 방법으로는 획득할 수 없는 비밀스러운 정보를 특유한 정보기법으로 획득하여 통치권자를 비롯한 정책공동체에 전달해 주는 것이 본래의 모습인 것이다.

사이버 정보, 대량살상무기와 해적범죄를 추가하되 이들은 모두 "해외세력과 연관된" 보안 방첩정보로 그 범위를 오늘날의 초국가적 안보위협세력에 맞추고 또한 명백하게 한정함으로써 국가정보기구가 실제로 해야 할 업무 영역을 확정해 주어야 한다.[71)]

2) 근거 법령의 확대에 대한 검토

전술한 논의의 당연한 결론으로, 역으로 국가정보원법 이외에 다른 법령에 규정된 국가정보원의 임무는 모두 재검토·정비하여 국가정보원 기본법에 임무를 명백히 한정하여 통합시켜야 한다.

3) 직원관리 강화에 대한 검토

직원의 직무와 관련된 범죄수사대상에 '퇴직직원'을 포함하며 비공개 사항에 '직원의 인적사항'을 마련하여 직원 인원보안을 강화하는 방안은 필요한 조치이다.[72)]

II. 보안업무 근거법 제정에 대한 검토

1. 보안업무의 확대에 대한 재검토

전술한 바와 같이 국가정보통신망에 대한 사이버 업무는 보안방첩정보에 추가하여 새롭게 법적근거를 확보하는 것은 온당하다. 그러나 보안업무의 확대는 지극히 경계해야 하고 세계적 추세에 따라서 반대로 가야 할 영역이다. 대한민국은 국가비밀에 대한 최종 보호책임을 국가정보원에 부여하고 있다. 국가정보원법과 보안업무규정에 의하면, 국가정보원은 비밀 구분 등 국가보안 방책의 수립, 신원조사업무와 보안조사 업무를 총괄하고 각급기관의 보안업무를 기획·조정하게 된다. 한편 국가정보원은 국가보안 업무의 정당한 일환으로 직권 또는 관계기관의 장의 요청에 의하여 국가에 대한 충성심·성실성 및 신뢰성을 조사하기 위하여 신원조사를 할 권한과 책임이 있다(보안업무규정 제32조, 제31조 제1항).[73)]

---

71) 상세한 논의는 졸저, *op. cit.* pp. 1534-1548.
72) 졸저. *op. cit.* pp. 1730-1732,540
73) 신원조사의 대상자는 공무원 임용예정자, 비밀취급인가 예정자, 입국하는 교포를 포함하여 해외여행을 하고자 하는 자, 국가 중요시설. 장비 및 자재 등의 관리자와 기타 각급기관의 장이 국가보안상 필요하다고 인정하는 자, 공공단체의 직원과 임원의 임명에 있어서 정부의 승인이나 동의를 요하는 법인의 임원 및 직원 그리고 기타 법령이 정하는 자 등이다(규정 제31조 제2항).

이러한 신원조사의 목적이 대상자의 보직, 담당 업무조정 등 대상자를 효과적으로 관리하기 위한 신원정보를 수집하는 데 있다[74]는 견해도 있으나 신원조사의 가장 큰 이유는 대상자에 대한 계속 관리가 목적이 아니라 임용 당시나 업무 수임 등 필요한 일정한 시점을 기준으로 하여 대상자의 국가에 대한 충성심 · 성실성 및 신뢰성을 조사하기 위한 것에 한정해야 할 것이다.[75] 그러나 이 같은 보안 업무는 별도의 제 3의 기구나 일상 경찰 업무에 포함시켜야 할 것이다.

2. 보안업무의 개선

보안업무는 방첩활동의 일환이다. 그러나 오늘날 정보기구의 방첩업무 가운데 수동적인 부분인 보안업무는 그 중요성이 높게 평가되지 않는다. 비밀은 없다는 전술한 정보의 신(新) 이론에 의하면, 하물며 무엇인가를 지켜서 정보의 순수성을 확보한다는 것은 허무한 것이 된다. 유능한 국가정보기구는 적극적 방첩공작 활동이 최선의 국가기밀 수호 방책이 되는 것이다. 더욱이 과학기술과 기술혁명이 수반된 현재의 정보환경에서 수동적인 보안업무의 수행으로 국가의 전체적 능력 등에 대한 기밀의 순수성이 지켜진다고 보기는 더욱 어렵게 되었다. 그리하여 미국을 비롯한 선진국에서는 이미 보안업무의 효율성, 즉 투자하는 인원 · 시간 · 비용에 대비한 효과를 산출하여 볼 경우에 그 효용을 높게 보지 않는다. 따라서 보안업무를 국가정보기구의 주된 임무 중에서 배제하고 제3의 기관에 일임하자는 방향으로 논의가 전개되고 있다.[76]

따라서 국가보안 업무는 외형적으로는 매우 열심히 정보업무를 수행하는 것처럼 보이지만 방첩으로서의 효율은 크지 않으므로 정보기관의 노력과 역량을 기망과 역기망을 포함한 적극적 방첩활동과 방첩분석을 포함한 다른 유용한 정보활동에 투입해야 한다는 것이 주된 논의의 핵심이 되었다. 예컨대 1998년 7월 22일 제안된 미국 상원 행정위원회

---

74) 국가정보포럼, *op. cit*, pp 138-139.

75) 현실적으로 신원조사는 조사결과에 따라서는 공직자 또는 해당 직위에 임용이 되지 않거나 비밀취급인가나 해외여행 등이 거부될 수도 있는 법률행위적 행정행위로서 국민에게 특정한 권리, 능력, 포괄적 법률관계, 기타 법률상의 힘을 발생 · 변경 · 소멸시키는 형성적 행정행위라고 할 수 있다. 그러므로 이러한 법률행위 창설적 내용은 하위규범이 아닌 정식 입법사항이라고 할 것이다. 졸저, *op. cit.* pp. 1722-1723.

76) 즉 보안업무는 국가정보기구의 역량을 비밀을 활용하기 위하여서가 아니라 오히려 "비밀로 지키기 위하여 비밀을 생산한다."는 비판에 직면하였고 어떠한 형식이든 보안업무는 각급 기관에 대한 부당한 간섭으로 남용되고 있다는 지적과 엄청난 노력을 다go 지킨다는 비밀의 내용을 엄밀히 따져 보면 과연 적국이나 적대세력의 기준으로 하여 볼 때 그들이 비용과 노력을 들여 즉 정보활동으로 파악하려고 할 만한 가치가 있는 것일까 하는 등의 관점에서 여러 가지 비판이 제기되었던 것이다. 졸저, *op. cit.* pp. 539-560, 1725-1726.

(U.S. Senate Committee on Governmental Affairs)의 "국가안보를 위한 정보분류와 비밀분류된 정보를 해제하는 새로운 시스템 구축을 위한 제안서"[77]에서는 위와 같은 보안업무의 비능률성 이외에도 민주사회의 개방화에 부응하기 위해서, 그리고 비밀에 대한 새로운 실질적인 접근 방법에 따른 분석결과를 적용하여, 비밀이란 다름 아닌 "규제의 한 형태(a form of regulation)"라는 결론에 도달했고, 결국 보안업무를 규제개혁의 차원에서 접근하는 개선안의 도출 문제로 결론지었다.[78] 원래 비밀을 생산하는 국가정보기관이 비밀분류와 비밀 해제의 권한을 동시에 갖는 경우 방첩임무를 담당하는 책임감과 더불어 관료주의의 속성인 책임회피와 편의성의 당연한 귀결로 모든 것을 비밀화하려는 본능이 있다. 그러므로 신원조사는 정책담당부서인 경찰의 업무로 돌리고 정보 보안업무에 대해서는 최고 비밀에 대한 최소한만 국가정보기구의 업무로 한정하거나 아예 미국의 정보보안감독청(Information Security Oversight Office: ISOO)처럼 제3의 보안업무 전담기구를 창설할 필요가 있다.[79]

III. (신설) 초국가적 안보위협세력대처 관련법(關聯法)

국가정보원은 급변하는 국제안보환경의 변화에 맞추어 안보. 국익 중추기관으로 제 역할을 할 수 있도록 법적 토대 마련을 위해 국가대테러활동에 대한 기본법과 국가사이버위기 관리법의 제정을 추진하고 있다. 개별적으로 검토한다.

1. 국가대테러활동에 대한 기본법

1) 테러에 대한 개념 정의

77) Senate Report 105-258 - GOVERNMENT SECRECY ACT OF 1997, Title: A bill to provide for a system to classify information in the interests of national security and a system to declassify such information.

78) 그리하여 동 위원회는 비밀해제 절차를 개선하고 더 이상 비밀분류가 필요 없는 정보를 일반 대중이 적극적으로 활용할 수 있도록 "국가 비밀해제 센터"를 설치할 것과, 비밀분류와 분류비밀 해제에 대하여 적극적으로 조정할 권한과 책임이 있고 비밀분류 해제의 업무 미진에 대하여는 법적 책임을 부담할 독립된 보안업무 수행기관 설립을 권고하였다. 그러나 한국의 경우는 오히려 행정규제기본법 (일부 개정 2005.12.29 법률 제7797호)에 의하여 "국가정보원법에 의한 정보·보안업무에 관한 사항"은 행정규제 논의에서 아예 제외하고 있다(법 제3조 제2항 제3호 참조). 졸저, *op. cit.* pp. 1725-1726

79) 졸저, *op. cit.* p. 540. *See,* http://www.archives.gov/isoo/

테러를 국제적으로 승인된 국제협약 및 국내 관련법에서 범죄로 규정한 행위(안 제2조)로 한다고 하고, 국가·지방자치단체 또는 외국정부, 항공기, 선박, 핵물질, 방사선 물질, 원자력시설을 상대로 하고 또한 특정한 수법의 범죄를 테러라고 정의한다.

2) 대 테러활동에 대한 주요 내용

정부는 국가 대테러 기본계획을 매 5년마다 수립. 시행하고 국정원장은 대테러업무 수행실태를 점검. 평가하고 중요사항은 국회 정보위원회에 보고한다. 대통령 소속하에 대테러활동 관련정책 심의·의결을 위한 국가테러대책회의(의장 국무총리 부의장 국정원장) 및 대책회의 소속 상임위원회를 구성하고, 국가정보원에 국가대테러센터를 설치하여 국내외 테러관련 정보수집·분석·작성 및 배포, 대테러활동 기획조정업무를 수행하고, 경찰만으로 부족한 경우에는 군 병력·향토예비군을 동원할 수 있도록 하고, 국가 또는 지방자치단체는 테러로 인하여 신체 또는 재산의 피해를 입은 국민에 대해서는 치료·복구에 필요한 비용을 지원한다. 테러센터의 장은 테러를 자행한 해외의 집단 또는 결사에 대하여 대책회의에 테러단체 지정·해제를 건의할 수 있다(제14조).

2. 문제점과 검토

1) 테러 개념에 대한 비판적 검토

법안을 정밀하게 검토하면 먼저 테러에 대한 개념정의는, 결국 특정한 대상에 대한 특별한 방식의 중대한 행위를 테러라고 순환론적으로 정의한 것임을 알 수 있다. 그러므로 중대한 형사범죄 모두를 테러 행위화하여 테러현상을 갖춘 중대한 범죄 모두에 대하여 국가정보원이 일반 수사권을 확보하려고 한다는 오해와 비판을 받을 위험성을 가지고 있다. 원래 테러의 개념정의는 현재 UN도 정의하지 못하고 있는 것으로, 국제법 그리고 국제정치학적으로 매우 어려운 문제이다. 단적으로 일방이 주장하는 테러리스트는 타방의 입장에서는 수호천사가 된다. 결국 현재까지 테러에 대한 개념정의는 그 많은 노력에도 불구하고 제이슨 부르케(Jason Burke)의 주장처럼 결국 모두 주관적인 것이라는 비판을 받고 있다.[80] 오늘날까지 테러에 대한 규범적 개념은 수백 가지가 넘고 다만 성립요소를 근거

---

80) 1998년 4월 22일 아랍국가들은 카이로에서 테러금지를 위한 아랍국제회의(Arab Convention on the Suppression of Terrorism)를 개최하였다. 동 회의에 참석한 아랍국가들은 테러 그 자체는 비난하면서도,"아랍 국가의 이익에 반하는 행위가 바로 테러행위이고, 아랍지역 이외, 그리고 아랍인들 이외의 사람들에 대한 것은 테러가 아니다."라는 견해를 피력했다. 더 나아가 아랍국가의 영토의 순수성을 보존하려는 노력이면 무장투쟁을 포함한 어떤 행위라도 테러행위가 아니라고도 선언했다. 그러므로 이러한 아

로 하여 테러는 통상 일반적으로 인정되는 테러의 구성인자로는 5개 요소가 있다.[81)]

① **피해자(victims)**

테러의 피해자는 민간인이나 비전투원이다. 일반적 범죄는 피해자 그 자체가 목적이지만 테러의 경우에는 무고한 일반시민들은 그들이 테러조직에 대한 위해가 되기 때문에서가 아니라, 단지 상징물, 수단 또는 소위 말하는 '더러운 존재(corrupt being)'로 테러조직의 목적달성을 위해 정조준된 것에 지나지 않는다. 이처럼 테러는 고귀한 인간 그 자체를 수단으로 삼는다는 점에서 전 인류의 공통된 이념인 세계인권선언의 정신을 무색하게 하는 용납될 수 없는 범죄라는 비판을 받게 된다.

② **목표물(target)**

형식적인 직접 목표물은 피해자들이지만 테러에 있어서 무고한 피해자들은 단지 위협적 메시지를 전달하기 위한 통로에 불과하고, 궁극적인 목표물은 정부 지도자들이다.

③ **의도(intent)**

테러는 어떤 명백한 의도를 가지고 있다. 그 의도는 1차적으로 일반시민들을 협박하거나 위협하여 엄청난 공포를 확산시키는 것이다.

④ **수단(means)**

테러는 공포를 최대한으로 조장하고 자신들의 행위를 가급적 널리 알리려 한다. 그리하여 그들은 폭발물, 독가스, 인간 자살폭탄 등 상상을 초월한 비전통적 군사무기를 사용한다. 테러 조직은 가장 극적인 효과를 달성하기 위하여 공중 비행기 납치, 차량돌진 폭파, 자살테러 공격, 폭발물 우편송부, 유도된 비행기 미사일, 기차 폭탄, 유도된 쾌속정 돌진 등의 다양한 방법을 동원한다.

⑤ **동기(motivation)**

테러는 테러조직의 정치적 목적을 관철하기 위한 행위로 고도의 정치적 전략이다. 테러는 일반적인 폭력과 달리 분명한 어떤 동기를 요소로 한다. 그 동기가 이념적, 종교적, 그

랍 국가들의 견해에 따르면 약 3,000명의 목숨을 앗아간 2001년 9월 11일의 미국에 대한 알카에다의 공격도 미국과 이스라엘이 원인을 제공하고 있는 팔레스타인의 영토정책에 저항하여 행한 것으로서 테러행위는 아니라는 결론에 도달할 수 있게 된다. 졸저. *op. cit.* p. 843.

81) 상세는 졸저 *op. cit.* pp. 846-848.

리고 민족적 이유를 내포한 정치적 동기인 것이다.

2) 대테러활동 주요 내용에 대한 검토

국가정보원이 준비한 대테러기본법은 국가테러대책회의, 테러대책상임위원회, 국가대테러센터, 대테러실무회의, 대테러보안협의회, 테러사건대책본부, 관계기관 대책 기구, 합동조사반, 대테러 특공대 그리고 합동수사본부 등 모두 10여개의 유관조직을 창설하고, 5년 단위의 국가대테러기본계획을 수립하며, 실태조사, 교육연구의 진흥(28조), 외국 및 국제단체와 협력증진을 위한 국제협력(29조) 업무를 하도록 규정하고 있다.

또한 중심적 실무기관인 국가대테러센터를 중심으로 한 실천적인 임무로는 제10조에서 상술하여, 국내외 테러정보수집 및 생산. 배포(1호), 대응대책 강구(2호), 대테러활동의 기획 및 조정(3호), 테러징후의 탐지 및 경보발령 건의(4호), 테러위험 인물에 대한 정보수집(5호), 테러단체 지정 및 해제건의(6호), 각종 대책회의의 운영에 필요한 사무의 처리(7호) 등으로 정하였다. 그러나 이들 활동은 테러 기본법이 없는 경우에도, 대한민국 모든 정보기구들의 당연한 임무로서 거의 모두 테러정보수집활동과 관련된 중첩되는 업무의 반복 나열에 지나지 않는다. 신설할 테러 기본법에 설정한 임무를 정리하여 대별해 보면, ① 테러정보활동, ② 테러단체 지정 및 해제건의, ③ 대책회의 관련 행정업무를 하겠다는 것이 법안의 중요한 내용이 된다.

그러한 법안 내용은 거의 모두 정책공동체의 정책업무로 앞서 검토한 바와 같이 순수한 정보기구의 업무는 거의 아니다. 예컨대 미국의 경우를 보면, 테러단체 지정 및 해제는 국무부의 고유한 업무로 그것은 외교 문제가 개입되는 미묘한 문제로 적지 않은 소송이 제기되는 것이 현실이다.[82)]

국가정보기구가 일반 소송에 매달릴 수는 없을 것이다. 또한 30개의 조문으로 된 테러기본법은 모두 어떤 임무를 만들어 놓고 다른 유관 행정기관들이 그에 맞게 업무를 잘 하는지 다시 체크해야 하는 즉 보안 점검하는 일을 위한 “일거리 창출”에 지나지 않는 것이 대부분이다. 이것은 후술한 사이버 관계법에서도 똑같이 발생하는 현상이다.

3) 국가쟁점의 안보쟁점화 - 국가쟁점의 계량화

오늘날 테러의 위험성과 잔혹성을 모르는 사람은 거의 없다. 그러나 우리나라의 경우에 진정으로 테러문제가 국가정보기구가 담당할 국가안보 쟁점이 되었는지를 파악하기 위해서는, 그 동안 해외세력과 연관된 테러사건은 몇 건으로 피해는 얼마였고, 국가정보원을 포함한 우리의 국가정보기구가 생산한 테러정보의 양과 질에 대한 계량적 분석이 뒤따라야 할 것이다. 초국가적 안보위협은 개별국가에 모두 수준이 다른 위협을 제시하고 있는

82) 상세는 졸저, *op. cit.* pp. 855-858.

것이기 때문이다. 따라서 국가정보원은 준비한 법으로 초국가적 안보위협세력인 국제 테러조직을 상대로, 과연 무엇을 하겠다는 것인지와 할 수 있는지를 냉정히 성찰해야 한다.

오늘날 국제사회에서 문제되는 테러조직은 대개 이슬람 종교를 바탕으로 한 조직이다. 그러나 이슬람교는 사랑과 인류애를 존중하는 매우 훌륭한 종교로, 그들도 전 세계 모든 국가와 대척되기를 바라는 것은 절대로 아니다. 오사마 빈 라덴이 2001, 9/11, 공격 시 발령한 칙령인 파트와(fatwa)에서 알 수 있는 바와 같이 그들은 아랍 반도에 대한 미국의 군사적 점령과 편향된 이스라엘 일방적 지지 대외정책을 테러의 이유로 삼고 있다.[83] 그러므로 물론 전통적으로 미국의 우방인 한국은 이슬람 테러 단체의 간접 대상이 될 수 있다. 그러나 섣부른 테러정책은 우리 국민을 해외에서의 주요한 납치 목표물이 되는 것을 비롯하여 이슬람 단체와 진짜 테러와의 전면전을 초래할 위험성을 초래할 수 있음도 간과해서는 안 된다. 더불어 미국 국가정보위원회(NIC)가 발간한 Global Trends 2025년 미래예측 보고서처럼 이슬람 테러 조직의 약화 예상도 염두에 두어야 할 것이다. 그것은 우리의 테러 위협 수준에 맞는 실질화된 테러정보 필요성을 말하는 것이다.

한편 테러 단체 지정. 해제는 기본적으로 국가 정책이고 정책과 정보의 레드 라인(Red Line)을 인식한다면 법안에 있는 요청, 건의 조항은 모두 정책에 대한 것으로 제외하여야 한다. 또한 대부분은 정책공동체가 마땅히 해야 할 일로 정보기구는 다만 테러에 대한 충실하고 객관적인 사실적 정보를 제공하는 것에 그쳐야 한다는 점을 명백히 인식해야 한다. 미국의 2004년 정보개혁및테러방지법이 규정한 기초적으로 필요하고 중요한 테러 대책은 수사 · 정보조직의 밀접한 유대관계 확보, 포괄적 전자감시활동을 포함한 정보 · 수사절차의 편의확보, 테러행위자 재판에 대한 특별절차, 출입국관리법상의 입국규제 및 본국강제송환 제도, 특단의 신문방법의 허용 문제, 일반 형사범과는 별도의 구금절차 그리고 자생조직으로 편무적 테러범 Lone Wolf의 처리문제였음을 이해하여야 한다.[84]

그러므로 어디까지나 국가정보기구들의 핵심 관건은 진정으로 필요한 테러정보[85]를 해당 분야에서 경쟁적으로 생산하고, 정보공동체 모두의 테러정보를 신속하게, 거의 자동적으로 취합하여 가장 신뢰성 있는 테러정보를 생산하여 바로 법집행공동체와 함께 테러범에 대한 검거 · 제압작전을 수행하는 것에 있다. 정보와 수사가 이루어지지 않아 테러가 이미 발생하였다면 테러범들도 이미 죽어 없어졌거나, 목표물은 폭발하여 소실되었을 것이므로, 제압을 위한 군 병력 동원은 테러 자체에 관한한 뒤늦은 무의미한 내용으로 군을 동원할 수 있는 체제가 갖추었다고 하여 테러범들이 테러를 작심한 이상 멈추지는 않을

83) Ibid.

84) 상세는 졸저, *op. cit.* 테러와 정보 편 참조.

85) 테러 주체, 수단과 방법, 이념과 주의, 활동자금의 조성 및 거래, 구성원 수, 리더, 연계 조직과 국가, 훈련기지, 지원 단체 그리고 가장 중요한 것은 현 테러공격의 대상은 어디인가? 에 대한 것일 것이다.

것임은 테러 역사가 잘 보여 준다.[86)]

테러 대처에 대한 미국의 경험은 국가정보국장 산하의 국가대테러센터(NCTC)의 창설로 나타났다고 함은 이미 살펴본 바 있다. NCTC는 일반 정보기구와는 별도의 테러정보가 모두 집합되는 용광로로 테러 첩보와 테러정보를 모두 수합하여 최고의 테러 정보를 생산하고, 배포하여 신속하게 법집행기구의 대테러 현장 활동을 가능하게 하는 체제이다. 물론 다수의 개별 정보기구들은 모두 필요한 대테러 조직을 갖추고 각 분야에서 열심히 테러 정보 수집활동을 전개하는 것이다.[87)]

3. 국가사이버위기 관리법

1) 사이버위기 관리법의 내용

(1) 제정 필요성과 개념 정의

국가정보원은 사이버 공격이 全국가·사회적 위험으로 급속히 대두되고 국가안보에도 직접적 위협요소로 작용하고, 더욱이 세계 각국은 사이버 공간을 이용하여 상대국 기밀을 절취하거나 국가기능을 마비시키기 위해 사이버 정보전을 전개하는 상황으로, 사이버위기를 국가차원에서 체계적이고 효율적으로 관리할 수 있는 제도가 마련되어 있지 않아 종합적인 국가대응체계 구축이 시급하다고 신설법 제정 필요성을 설명한다. 한편 법안은 사이버 공격은 해킹·컴퓨터 바이러스·서비스 방해·전자기파 등 전자적 수단에 의하여 정보통신시설을 침입·교란·마비·파괴하거나 정보를 누출·훼손·왜곡 전파하는 모든 공격행위를 말한다(안 제2조 제1호)고 하고, '사이버위기'란 사이버 공격으로 인하여 국가·사회 기능에 심각한 지장을 초래하거나 피해가 전국적으로 확산될 가능성이 있는 경우를 말한다(제2호)고 정의하였다.

(2) 사이버위기관리 활동을 위한 법안의 주요 내용

86) 상세는 졸저. *op. cit.* 테러와 정보 편 참조.

87) 국가정책위주의 잘못된 테러정보활동은 다수의 법적 분쟁 즉 소송을 예상할 수도 있다. 대표적으로 2008년 11월의 인도 뭄바이를 무대로 활동 중인 경제인들이 최악의 테러를 막지 못한 정부를 상대로 소송을 제기한 사실은 이를 웅변으로 말해 준다. 그러므로 국가정보기구는 결코 소송에 휩싸일 정책문제에 깊이 간여해서는 안 된다. 뭄바이 경제인들, '테러 방치' 정부 상대 소송, [매일경제] 2008년 12월 08일, *available at*, http://kr.news.yahoo.com/service/news/shellview.htm?linkid=4&articleid=2008120801290075498&newssetid=1352(last visited, Dec, 8).

가. 조직과 협의체 신설과 계획수립

사이버공격에 대한 대응과 사이버위기관리를 위하여 국가정보원장 소속으로 국가사이버안전센터를 창설하고(안 제4조), 사이버공격관련 정보를 상호 공유하기 위하여 민·관 협의체를 도입하고(안 제5조), 국가정보원장은 사이버위기관리종합계획을 수립하고 위기관리기본지침을 작성하여 책임기관의 장에게 배포하여 실천하도록 한다. 정부는 심각단계의 사이버위기경보가 발령된 경우 관계기관 및 전문인력이 참여하는 사이버위기대책본부를 운영할 수 있고(안 제13조), 궁극적으로 국가정보원 사이버안전센터의 기획·조정을 받을 보안관제센터를 설치하고(안 제8조), 헌법과 정부조직법 그 밖의 법령에 따라 설치된 대한민국 모든 국가기관과 지방자치단체 및 공공기관은 위기관리책임기관(약칭하여 책임기관)이 되고, 그들 책임기관의 장은 법으로 규정된 위기관리지원기관의 도움을 받아서, 사이버위험에 대한 신속한 대응조치와 사고조사를 실시할 의무가 있고 그리고 국가정보원장에 대한 사건 전모에 대한 통지의무를 가진다(안 제9조, 10조).

나. 연구. 조사. 협력 포상 등

사이버위기관리에 필요한 기술개발과 기술수준의 향상을 위해 필요한 시책을 추진할 수 있고 연구소를 설립할 수도 있고, 다른 법령에 의하여 설립된 기관을 전문기관으로 지정할 수 있도록 하고(안 제14조), 사이버위기관리에 대하여 국제기구·단체 및 외국과의 협력을 증진하기 위하여 교류, 교육파견을 하며(안 제16조), 사이버위기관리 유공자에 대한 포상도 한다(안 제18조)는 내용을 담고 있다.

다. 구체적 대책활동과 정보활동

사이버위기에 대한 1차적인 대응활동과 사고조사는 책임기관 스스로 하고(안 제9조), 정보는 사이버위기 훈련을 실시하고(안 제11조), 국가사이버안전센터는 책임기관으로부터 인력을 파견 받고 장비를 지원받을 수 있도록 하고(안 제4조), 구체적 활동으로는 국가사이버위기관리종합계획과 그에 기초한 위기관리지침을 작성하여 책임기관에 배포하고, 책임기관에 대해서 그 이행을 점검하고, 사이버위기경보를 발령할 수 있도록 하였다(안 제12조). 정책수립, 경보발령이외에 공격정보의 수집. 분석의 대상과 범위에 대하여는 법에 별도로 규정하지 않고 있다.

2) 검 토

결국 국가정보원은 오늘날 사이버공격이 전국가·사회적 위험으로 급속히 대두되고 국가안보에도 직접적 위협요소로 작용하고, 더욱이 세계 각국은 사이버 공간을 이용하여 상대국 기밀을 절취하거나 국가기능을 마비시키기 위해 사이버정보전을 전개하는 상황이라고 잘 설명하고도, 그에 대한 준비는 산업보안 문제나 앞서 본 테러문제에 대한 대책과 똑같이 주로 협의체와 국가정보원에 특정한 센터를 설치하고, 대책 계획을 공공기관에 시달하여 이행하게 하고, 보안조사를 포함하여 그 이행을 점검하고, 연구와 교육 그리고 대외협력하는 것들에 대한 근거법으로 준비하였음을 알 수 있다.

그러나 대부분은 국가안보 문제에 이미 연관되어 있는 정책공동체의 정책에 대한 내용으로, 오늘날 국가정보원이 고유한 정보활동 분야 이외인 정책정보수집을 한다고 하는 경우의 정책에 간여할 때의 모습을 반복하고 있음을 쉽게 알 수 있다. 그러나 오늘날 사이버안보는 국가정보원이 법 제정 필요성에서 제기하는 그러한 심각한 위험수준을 훨씬 뛰어넘고 있다.[88] 사이버 공간을 통한 일상적인 정보획득은 말할 것도 없고 CNE(컴퓨터 착취)나 CNA(컴퓨터 공격)활동은 상상을 초월한 수준에 도달되어 있다. 또한 이미 개발된 전자기장무기(electromagnetic pulses: EMP)는 원자력 발전소 10여개의 전력생산량에 해당하는 100억 볼트의 에너지를 한꺼번에 발생시켜 국가기반 시설을 포함한 제반 전자기기 전자장치의 전자회로를 파괴할 수 있는 수준으로서, 미국은 그것은 최후에 사용할 무기(last resort)로서 만약 어느 나라가 전자기장 무기를 사용한다면 핵무기에 의한 반격을 감수해야 한다고 경고하는 실정이다.[89] 이 같은 수준에 이른 사이버안보환경에 대한 각국의 정보적 대응은 실천적으로 세계 최고 수준의 사이버 전투를 위한 전자전 부대 또는 사이버 사령부대 창설에 집중되어 있음을 인식해야 한다. 결코 한가하게 국가 5개년기본계획이나 대책본부나 사고조사 본부를 구성하고 연구·조사하고 계획을 잘 지키는지 보안감독하고 국제 협력을 하는 수준으로 우리의 사이버 국가안보를 확보할 수는 없다.

88) 2001년 9/11 테러공격이후 미국과 NATO가 아프가니스탄을 상대로 전쟁을 선포하자 아랍권 저항세력은 사이버 지하드(cyber jihad)를 조직하여 미국에 대해 사이버 테러공격을 선포하였고, 이에 미국은 미국에 대해 사이버 공격을 가해올 경우 실제의 선전포고를 간주하여 군사적으로 보복할 수 있다고 경고한 바가 있다. *See*, Roberts Lemos, *'Electtonic Jihad' failed to threaten again'*, 2007. 11.12. 상세는 졸저, *op. cit.* 국가정보와 사이버 안보 참조 pp. 897- 938.

89) 졸저. *op, cit*, p. 929.

IV. 개정 전자감시활동 관계법

1. 통신비밀보호법의 내용

첨단 통신수단 증가로 합법적인 영장을 받았다고 하는 경우에도 감청불가능 영역이 확대되어 정보·수사 활동에 막대한 지장이 초래되는 현실을 감안하여, 첨단통신에 대한 합법적인 감청을 위해 통신업체가 투명성이 공인된 기술표준에 따라서 감청협조설비를 구축하도록 강제하는 내용(안 제15조의2, 제17조 제1항 제7호)이 골간이다. 또한 통신사실확인자료에 위치정보를 추가하고(안 제2조 제11조 아목 신설), 범죄수사 또는 국가안전보장 목적 외의 감청을 금지하는 등 불법감청 예방규정을 강화하여, 통신업체를 통해서만 감청하도록 하고(안 제3조제2항. 제3항 및 제16조 제1항 제3호.4호 신설), 업체의 협조설비에 대한 보호조치 의무를 명시하고, 불법감청 신고 포상금 제도를 도입함과 더불어서, 감청대상 범죄 중 활용빈도가 적은 형법 상 국교에 관한 죄 등 34개를 삭제하는 대신에 산업기술유출, 그리고 영업비밀누설 등 국익침해범죄를 추가하는 내용을 담고 있다(안 제5조 제1항).

2. 검 토

오늘날 신호정보의 발전은 상상을 초월한다. 미국과 영국 등 영연방 5개 국가에 의해 운용되어, 전 세계에 광범위하게 구축된 신호정보 획득을 위한 지구 정보망인 애쉴론(ECHELON) 감청망의 역량은 산업스파이를 위해서도 그리고 국가간 교차 감청에서도 영역 없이 할 수 있는 것으로 알려져 있다. 애쉴론은 전 세계의 모든 라디오와 위성통신, 전화, 팩스 그리고 이메일을 광범위하게 감청할 수 있고, 획득된 정보는 초고성능의 컴퓨터로 자동 분류되는 데이터 마이닝 시스템을 구축하고 있다. 프랑스는 애쉴론이 일반 군사안보정보뿐만 아니라 자국을 비롯한 전 세계 주요 경제정보 획득 수단으로 이용되고 있다고 비난하면서, 유럽연합(EU)에 제기하여 진상조사가 진행 중이다.

프랑스 또한 애쉴론에 맞선 초고도의 신호감청능력을 가진 것으로 알려져 있다. 프렌체론(Frenchelon) 감청망이 그것이다. 프렌체론은 프랑스가 앵글로-색슨의 위 애쉴론 체계에 대한 대응으로 운용하는, 프랑스 독자적인 신호정보(French Signal Intelligence) 감시체계이다. 프렌체론은 애쉴론 체계처럼 외교적, 군사적 그리고 산업통신을 광범위하게 감청하여 자동적으로 데이터베이스를 구축한다고 한다. 이처럼 세계 선진 정보기구의 신호감청 능력은 상상을 초월한다. 우리의 신호정보관련 정보능력은 이러한 세계 경쟁력을 확보하는 방향으로 지향되어야 한다. 이러한 정보환경에서 우리의 신호정보 능력을 체계적으로 확충하는 것은 국가안보와 국가이익 도모를 위해서 매우 중요한 일이다.

개정 법안이 마련한 첨단통신에 대한 합법감청을 위해 통신업체가 투명성이 공인된 기술표준에 따라서 감청협조 설비를 구축하도록 하는 내용과 통신사실 확인자료를 확보하는 내용은 뒤의 외국 입법례에서 알 수 있듯이 전 세계적인 추세이다. 미국의 경우는 국가안보국(NSA)이 테러정보인식프로그램(Terrorism Information Awarness)에 의해 AT&T, 버라이전(Verision)사 등 유수의 전기통신사업자의 협조를 받아 행한 전자감시활동이 2005년 뉴욕 타임스에 폭로되면서 불법감청 문제로 비화하여, 다수의 소송이 제기되어 약 1년간 신호정보활동에 차질을 가져온 바가 있었다.[90] 이에 대해 법무부와 국가정보국(DNI) 주도로 2008년 7월 1일 전자감시활동규제법을 개정하면서 개정안 자체에 대한 사생활 침해 우려를 비롯한 우려는 물론이고 통신 사업자에 대한 소급적 배상책임을 포함한 면책조항을 논란 끝에 신설하였다.[91]

영국의 조사권한규제법은 더욱 상세한 협조의무와 정보・수사 기구의 권한을 규정하고 있다. 물론 통제와 감독 장치도 함께 규정되어 있음은 물론이다. 우리의 경우에도 통신사업자들의 감청을 위한 최신 설비의 의무화 조치는 필요하다. 다만 민간영역에 대한 불필요한 다수의 의무조항은 모두 삭제하고, 국가에 협조한 통신 사업자에 대한 민・형사상의 면책조항을 규정해야 할 것이다.

한편 기본적으로 우리 국가정보기구는 일정한 경우 수사권을 가지고 있고, 따라서 통신비밀보호법에 의한 감청은 수사・정보기구가 모두 활용하는 것이 현실인 바, 급변하는 전자안보환경의 변화에 따라서 기본적으로 순수 해외세력, 해외세력과 연결된 국내세력, 그리고 해외세력을 흠모하며 해외세력을 지향하는 자생적 국내세력(미국은 이를 외로운 늑대 ; lone wolf라고 하여 2004년 정보개혁법에 명확히 했다)에 대한 감청을 포함한 전자감시활동을 체계적으로 감독하고 또한 효율성을 확보하기 위한 별도의 가칭 전자감시활동감독법과 전자감시업무만을 전담하는 특별법원의 창설을 고려하여 신속성과 비밀성, 그러나 민주성이 담보되는 특별입법을 제정해야 할 것이다. 그 전형은 미국의 1978년 해외정보감독법(Foreign Intelligence Surveillance Act: FISA)이 이미 잘 보여 주고 있는 것으로, 중대 형사범죄는 물론이고 대테러, 대 사이버, 마약, 국제조직범죄, 대량살상무기조직, 공해상에의 환경오염물질 무단투기 거대세력 등 소위 새로운 안보환경에서의 초국가적 안보위협세력에 대한 전자감시활동에 사용될 수 있을 것이다.[92]

---

90) 졸저, *op. cit.* pp. 1602-1609.

91) Ibid. 현 대통령 당선자인 당시 버락 오바마 상원의원은 소급적 면책은 위헌이라 하고 그 조항을 제외한 다른 개정안에 대해서는 찬성하였다.

92) FISA 법에 대한 상세는 졸저, *op. cit.* pp. 1465-1483.

V. 소결론

이상으로 국가정보원이 지향하는 6개 국가안보관련법에 대한 일단의 검토를 정보와 수사, 정보와 국가정책, 그리고 1991년 냉전시대 종식이후 새롭게 전개된 초국가적 안보위협세력 문제와의 연계에서 살펴보았다. 한편 유능한 국가정보기구의 4대 임무는 정보수집·정보분석·(해외에서의) 비밀공작 그리고 방첩공작활동임도 살펴보았다. 그러므로 국가정보원을 비롯한 대한민국 전체의 국가정보요소를 포괄한 국가정보체계의 재구축이 아니라 국가정보원법의 개정에 머무르는 경우에도 현재의 개정안은 매우 잘못된 부분이 많음을 알 수 있다.

또한 지나치게 방대한 규제 내용을 담은 비밀의보호및관리에관한법률은 개방된 민주국가에서 보안(security)은 규제의 또 다른 이름에 지나지 않는다는 실천적 연구결과를 인정하고, 후술하는 바와 같이 정보기구 이외의 제3의 기구가 담당하는 것이 온당하지만, 일단 법으로는 목적과 대상 그리고 방법을 포함한 10여 조문 이하의 기본법을 제정하고 기술적인 내용은 모두 대통령 명령 등의 행정명령으로 전환해야 할 것이다.

또한 대테러 기본법과 사이버위기관리법은 그 법명(法名)이 주는 대단한 필요성에도 불구하고, 그러한 활동은 심지어 외교통상부를 포함한 정책공동체 경찰·검찰, 소방서, 항공안전본부 등의 법집행공동체 그리고 군의 해당 요소는 말할 것도 없고 지방자치단체도 모두 미세한 점을 획득하기 위하여 모두 필요한 정보획득 노력인 것으로, 대표적이기는 하지만 국가 여러 정보요소 중의 하나인 국가정보원은 국가정보원법의 임무 규정으로 이미 충분한 것으로, 신설하는 센터조직은 정보예산 범위 내에서 자체 인원재배치와 부서전환의 문제로 충분히 도모할 수 있는 내용들임을 법을 정사해 보면 어렵지 않게 파악할 수 있다.

사실 대테러와 사이버 대책에 대한 현재의 방식은 2006년 국가정보원이 주도하여 입법한 산업기술의유출방지및보호에관한법률 형식을 그대로 모방하여, 대책회의, 연구조사, 보안, 해외연수와 협조 등 감시 감독을 위한 일을 만들어 놓고, 감독하는 입법 방식에 따른 것으로서, 오늘날 초국가적 안보위협세력의 대표인 국제테러조직은 우리에게 테러 진압 부대나 5개년 국가대책이 있다고 하여 무서워서 계획한 테러를 안 하는 것이 아니고, 국가 사이버 대책이나 센터가 있다고 하여 북한이나 해외세력이 사이버 공격을 안 할 것도 아님을 직시하여야 한다. 적대세력보다 한발 앞선 예상 테러 정보획득과 사전 분쇄, 사이버 공격에 맞대응할 실전적인 사이버 부대의 역량 구축이 결여된 대책은 모두 공허한 것이다.

결국 기본은 하나도 둘도 해당 분야의 "정보" 생산이고 두 번째는 생산한 정보의 취합과 정밀한 분석이고, 세 번째는 이들 초국가적안보위협은 대부분 즉각 실행될 중대한 범죄혐의와 연결되는 것이므로 정보기구의 신속한 정보수집과 전파 그리고 책임 기구의 저지활동과 법집행기구에 의한 치밀한 수사와 처벌로 연결되도록 통로를 구축하는 것이다. 다시 한 번 국가정보기구는 국가안보와 국가이익 수호를 위한 여러 국가기구 중 하나인 것으로 결코 국가안보 모든 일을 할 수도 없고 능력도 안 됨을 인식하여야 한다. 해외와 국내 모든 정보와 수사권, 국경수비업무, 요인경호업무, 특수시설 경비업무 등 모든 국가안보업무를 가졌던 구 소비에트 공화국의 KGB는 결국 국가안보를 빙자한 쿠데타를 도모하였다가 역사 속으로 사라진 정보경험이 있다.[93]

오늘날 민주 개방사회에서 안보 관련법이 개정되었다고 하여 물론 그럴 수는 없지만, 극단적으로 예전의 중앙정보부를 한국의 CIA, 즉 K- CIA로 약칭한 것에 대해, 해외에서의 평가는 한국의 중앙정보부장은 검찰총장, 감사원장 임무를 모두 수행한 것으로 오히려 K- KGB라는 악평이 있었음도 인식해야 한다. 개정안은 그럴 능력이나 의도도 전혀 없으면서 형식적인 조문 때문에 자칫 해외에서 한국에서 또 다른 오늘날 러시아의 연방보안부(FSB)나 구동독의 스타쉬(STASI)[94] 탄생이라는 오명의 찬사를 받아서는 안 될 것이다.

국가안보와 국토안보 플레이어에는 국회, 국방부, 외교통상부, 법무부, 국토안전부, 경찰, 검찰, 군 그리고 지방자치단체도 있는 것으로 이들 모두의 힘을 효율적으로 결집하는 것이 최선의 국가안보대책임을 직시하여야 한다. 국정원을 비롯한 전문 국가정보기구는 이들 정책공동체 요소들이 도저히 획득할 수 없는 약 4-5%의 비밀정보를, 그것도 주로 해외에서 특유한 방법으로 획득하여 최고의 지식을 제공하는 것이 정보조직의 세련된 역량으로 필요한 요체라고 할 것이다.

어느 경우에도 국가정보기구가 대책마련이나 회의체 참석이나 운영과 같은 정책에 집착하면, 불가피하게 선호하는 정책에 한정된 정보활동을 하게 되고, 따라서 정보의 정치화와 정보남용의 위험성이 뒤따르게 된다. 이것은 아무리 적정한 감독과 통제 장치를 구비한 경우에도 불가피한 경험이었고, 따라서 국가정보기구가 할 일을 제대로 할 수 있게 입법 조치하는 것이 요체이다. 국가정보기구에 의한 진정한 국가정책수립 징보는 경쟁상대국이 산재한 해외의 무한정한 영역에서 생산한 정보이고, 국내정보는 기본적으로 보안방첩정보활동에 한정되어야 한다는 국가정보의 기본을 되돌아보아야 한다.

93) 졸저, *op. cit.* pp.1103-1105.

94) Ibid. pp.1171-1174 참조.

제3장 대한민국 정보공동체의 올바른 개혁방향

국가안보와 국가이익을 수호하는 국가정보의 그 헌법 지향적 가치의 중요성을 명백히 이해하는 바탕 위에서, 통일한국에 대비하고 정보화·개방화·세계화에 따른 무한경쟁의 국제무대에서, 대한민국의 국가정보 체계가 당당히 선진정보 역량을 구축하여 변화하는 정보환경에서, 한 치의 차질 없이 대한민국의 발전을 위하여 지속적으로 봉사할 수 있도록 해야 함은 국가의 당연한 의무이다. 그것은 대명제로 국가정보기구가 정권의 정보기구가 아닌 국가의 정보기구, 그리고 국민의 정보기구가 되는 것을 의미하는 것이고, 구체적으로는 법치주의와 민주주의의 이념 하에 국가안보의 확립을 위하여 효율적이고 민주적으로 기능하는 국가정보기구로의 혁신을 도모하는 것이라고 할 수 있다. 달리 말하면 국가정보기구의 객관화·민주화·효율화라고 요약할 수 있다.

국가정보기구의 객관화는 정보기구의 탈정치화 그리고 사병화의 방지를 의미하는 것이고, 국가정보기구의 민주화는 국가정보기구를 국가와 국민의 정보기구로 기능하게 하여 신뢰를 확보하며 국가안보에 대한 충실한 임무수행을 다하게 함을 의미한다. 그리고 국가정보기구의 효율화는 한정된 인적·물적 정보자산의 범위 내에서 정보활동의 우선순위에 따라 그 임무를 특정하고 집약함으로써 국가안보를 위한 최고의 효율을 창출하는 것을 의미하는 것이다. 이를 위해서는 다음과 같은 국가 정보기구에 대한 인식의 개혁 및 그에 기반을 둔 객관적인 제도적 개혁이 뒷받침되어야 할 것이다. 초국가적 안보위협세력의 대두라는 소위 신 국가안보환경에서 1961년 창설되어 근 50년 가까이 구체적인 집행 정보기구인 오늘날의 국가정보원을 다른 모든 정보공동체의 통솔권자로 운영하는 국가정보지휘체계에 대한 진지한 재검토는 통일한국을 대비하는 경우에도 반드시 필요불가결한 일이라 생각된다.[95)]

I. 국가정보에 대한 올바른 인식의 정립

국가정보기구의 개혁과 발전을 논의함에 있어서는 최소한 세 가지 점에 유념해야 하리라고 판단된다. 먼저 국가정보기구의 개혁에 대한 논의가 필요한 경우에도 극단적인 정보

---

95) 대한민국 정보기구의 변천에 대해서는 졸저, *op. cit.* pp.1656-1702. 제8편 한국의 정보기구 참조.

기구의 존폐문제로 치닫는 것은 소모적이고 무의미한 논의임을 인식해야 한다. 오늘날 국가정보의 역할 없는 국가 운영은 상상할 수 없는 일로서 정상적인 국가정보 활동은 헌법 유가치적 · 헌법 내재적 요청인 것으로서, 그 중요성은 아무리 강조해도 지나치지 않다. 두 번째로 국가정보기구의 개혁과 발전이 거론되는 전제로서의 국가정보기구의 잘못에 대한 인식의 전환이다. 통상 국가정보기구의 개혁과 발전을 논의함에 있어서는 모든 잘못은 국가정보기구에 있는 것으로 전제하고 논의되는 것이 상례이다. 그러나 이것은 대단히 잘못된 것으로 국가정보기구의 권한남용과 월권 등 잘못의 대부분은 오히려 정책담당자들이나 국민의 대표자들인 국회의원들의 정보에 대한 이해부족 등 원천적 잘못에 기인함을 알아야 한다는 점이다.

한편 국가정보기구에 대한 발전과 개혁의 일환이라는 취지로 정보기구의 수장에 대한 인사청문회 제도를 도입하여 그것으로 정보기구의 병폐를 막을 수 있다고 생각한다면 순진한 생각이라고 하지 않을 수 없다는 점이다. 오늘날 자체동력을 가지고 있는 국가정보기구를 객관적인 제도의 틀이 아닌 정보기구의 수장 1인의 역할로 제자리를 찾아 가도록 기대하기는 어려운 일이라 하지 않을 수 없다. 정보수장에 대한 인사청문회는 많은 경우 오히려 적대국 등 상대세력 등에 대하여 그들이 마땅히 했어야 할 비밀정보 활동의 노력을 덜어주며, 정보수장의 개인적 신상정보는 물론이고 정보기구의 운영방안 및 지향점 등 국가정보기구에 대한 많은 정보를 알려 주어 정보역량을 노출시킬 위험성이 더 많음을 인식해야 한다.

1. 정책 담당자들의 인식전환

국가정보기구의 잘못에 대한 대부분의 책임은 많은 경우 정보의 최종 수요자인 정책담당자에게 있다. 사실 최고 정책결정권자인 대통령이 요구하면 국가정보기구는 어떠한 영역의 정보라고 하더라도 국가안보라는 이름하에 생산할 수 있고 그것을 그 정권 하에서는 자신의 정당한 역할로 인식하게 되는 것이 정보역사의 경험이었다. 그러므로 정책담당자는 국가정보기구가 사실상 자신이 바라고 요구하는 모든 일을 할 수 있다고 하는 경우에도, 국가정보기구는 법정 임무범위 내의 임무에 한정된 역할을 하도록 오히려 통제와 감독을 해야 하고, 다른 부분에 대해서는 별도의 정책기구와 법집행기구 등이 제 역할을 충실히 할 수 있도록 영역을 잘 지켜 주어야 한다.

사실 국가정보기구는 비밀스러운 정보활동을 할 수 있고 적절한 장비를 보유하고 숙달된 정보수집 기술, 그리고 비교적 평준화된 질적으로 우수한 인력을 갖추고 있기 때문에, 국가 운영의 어떤 영역에 대하여도 매우 신속하고 만족스럽게 다른 어떤 국가기구와도 비견될 수 없을 만큼 최고 정책결정권자의 구미에 맞는 정보를 생산해 낼 수 있다고 할 수 있다. 그러나 이것은 명백히 권한남용과 월권에 대한 사주(使做)이고 불법 활동에 대한 특별지시라고 하지 않을 수 없다. 법치주의의 행정부에 대한 요청인 법치행정의 원칙상, 국가정보기구는 중대한 국가안보 문제에 한정하여 그것도 법에 규정된 범위내의 국가안보 문제에 대해서만 기능할 수 있는 것임을 정책담당자들은 명백히 인식해야 한다.

이것은 달리 말하면 국가정보기구를 제자리에 올려놓을 수 있는 가장 영향력이 큰 역할을 정책담당자들이 할 수 있음을 의미한다. 국가정보기구가 아무리 통치에 유용한 정보를 생산하여 가져 온 경우라도, 법정된 범위내의 것이 아니라고 판단되어 그것을 수용하지 않고 거절하면, 국가정보기구는 정책담당자들이 사용하지 않는 정보를 더 이상 생산하려 하지 않을 것임은 자명한 것이다. 최고 정책결정권자의 국가정보의 의의 및 기능에 대한 명백한 인식은 국가정보기구의 정상화에 대한 최고의 나침반으로 국가 정보기구의 정치화를 예방하며 주어진 권한을 남용하지 않게 하고 또한 월권하지도 않게 하는 가장 큰 독립변수라고 할 수 있다.[96)]

2. 입법부의 인식전환

오늘날 미국 등 정보선진국도 국가정보기구의 제 역할과 제 기능에 대한 최후의 보루는 국민의 대표자인 국회의 역할로 간주하고 있다. 국민의 대표자인 국회는 입법권과 소위 지갑에 대한 관리권인 예산에 대한 권한을 가지고 있기 때문에 마음만 먹으면 어떠한 방법도 동원하여, 때로는 입법으로 때로는 예산배정 거부와 예산 사용에 대한 보고 요구 등으로, 국가정보기구의 역할과 임무를 직접적이고 구체적으로 통제할 수 있는 위치에 있기 때문이다. 그러므로 민주주의가 확립된 국가에서 국가정보기구의 병폐가 불거지는 것은 극단적으로 말하면, 국회가 제 기능을 전혀 다하지 못하고 있고 또한 무엇을 어떻게 해야 하는지 자체를 모르고 있는 반증이라고 할 수 있다.

---

96) 미국 정보 역사상 클린턴 대통령은 DCI의 일일 면담보고도 서면보고로 대체하며 분기별 국가정보 평가회의도 주재하지 않는 등, 비전통적인 방식으로 국가정보 체계를 운용한 것으로 유명하다. 그러함에도 클린턴 대통령은 미국의 국가이익을 위하여 정보공동체로 하여금 경제정보 활동분야에 신기원을 개척하게 함으로써 역설적으로 가장 잘 정보기구를 활용하였던 대통령 중의 한 사람으로 꼽히고 있다. 1994년 클린턴 대통령은 미국의 국가안보에 대한 경제의 중요성을 무엇보다 강조하면서 자신의 행정부가 미국의 경제이익을 위하여 정보공동체로부터 무엇을 기대하는지를 백악관 서신으로 공표하였다. 클린턴 대통령은 민주주의와 미국의 경제 복지(economic well-being)에 대한 위협을 적절히 예고하기 위하여 정보공동체는 미국의 국가이익이 걸려 있는 분야 중에서 공개정보자료로는 파악할 수 없는 세계 여러 나라의 정치적 · 경제적 · 사회적 그리고 군사적 발전과정을 추적하여 제시하여야 할 것이라고 지시했던 것이다 Sean Gregory, Economic Intelligence in the Post-Cold War Era: Issues for Reform (1997. 2.10), p. 7.

미국 정보공동체 관계자들은 오늘날 미국 의회가 대통령을 비롯한 행정부 정책담당자들보다 훨씬 더 정보업무를 소상히 파악하고 있는 것으로 평가하고, 의회의 지적과 간섭을 당연한 것으로 받아들이며, 그러한 제약 아래에서 그들의 임무를 수행하고 있다. 미국 의회의 정보공동체에 대한 통제는 개별적인 모든 정보활동에 대한 즉각 통보제도 및 주기적 법정 보고제도, 의회 파견공무원이라고 할 수 있는 감찰감 제도, 그리고 정보위원회에 포진하고 있는 막강한 상설 일반직 스태프진을 기반으로 하여 이루어지고 있다. 또한 국가정보 체계에 대한 제도적 개혁의 완결은 민주주의 국가에서 결국 상당부분 입법조치로써 마무리되게 된다. 결국 국가정보기구의 개혁에 대한 거의 대부분의 책임은 정보기구 자체에 있는 것이 아니라 제도적 개혁을 완수하여야 할 국회에 있음을 알 수 있다.

3. 국민들의 인식전환

우리나라의 정보역사는 삼국시대 이후 현실적인 전쟁 속에서 이루어진 비밀공작과 방첩공작 활동 등과 같은 비밀과 때로는 협잡과 간계와 기망이 어우러진 소위 더티 비즈니스(dirty business)의 문제였던 이유로, 국민들의 일반 감정 속에 그 절실한 필요성이 요청되는 긍정적인 부분으로 자리 잡지는 못하였다. 그러나 정보기구 종사자들을 포함한 일반국민들은 오늘날 무한 국제경쟁의 현실에서, 본연의 국가정보는 적대국 그리고 잠재적 적대세력 등의 의도와 능력을 파악하여 불측의 국가적 위기상황을 미연에 방지하기 위한 것에 그 참뜻이 있음을 잘 이해하여야 한다. 그것은 국가정보기구란 결국 국민의 정보기구 그리고 국가의 정보기구임을 의미하는 것이다. 일반 국민들의 국가정보에 대한 건전성과 당위성에 대한 새로운 인식은 장기적으로 국가정보의 체계적 발전에 커다란 동인이 될 것이다.

II. 올바른 국가정보활동 방향에 대한 인식

1. 전통적 군사안보에 대한 정보활동의 지속

다양한 국가안보 문제 중에서 체제와 이념을 달리하는 북한과 직접적으로 대척되어 있고 또 현재는 직접적인 대척국가는 아니지만 공산주의 이념과 중화주의 사상을 버리지 않는 중국을 주변국가로 두고 있으며, 더불어 막강한 자체 군사력을 가지고 있는 일본과도 직접적인 경계를 함께 하고 있는 우리나라의 경우에, 국가정보기구의 군사안보 분야에 대한 역할은 매우 중요하다고 하지 않을 수 없다. 중국과 일본이 한반도와 직접적인 연관이 있는 국경문제에 대한 그들의 독창적인 주장을 접지 않고 있고, 더 나아가서는 한반도 주변 해역에 대해 바다 밑 주소까지 부여하며 지리탐구 활동을 한다고 하는 현실에서, 중국과 일본국의 활동에 대한 정보파악과 판단은 국가정보 활동의 전통적인 기초적 정보활동이라고 하지 않을 수 없다. 그러므로 국가정보기구는 우리나라가 북한과의 무력경쟁을 지양하고, 한반도에 평화체제가 정착되었다고 하더라도 한반도의 주변 환경은 군사안보 분야에 대한 국가정보 활동의 지속적 전개를 요망하고 있음을 잘 인식하고, 국가정보목표우선순위(priorities of national intelligence objectives: PNIO)를 온당하게 설정하고 정보목표의 달성 여부를 매번 점검하는 방식으로 우리나라의 국가안보 확립에 노력을 다하여야 할 것이다.

2. 정보 신 영역에 대한 국가정보 활동의 강화

탈냉전 이후 경제, 환경, 보건, 국제조직범죄, 국제테러조직, 마약문제 등 국가안보 목표의 다변화로 우리나라의 국가정보기구에게도 그 새로운 역할이 기대되고 있음은 누누이 지적하고 강조한 바와 같다. 테러문제에 대하여 보더라도 지금까지 한국은 국제 테러에 관한 한 테러 청정지역으로 간주되어 왔다. 그러나 한반도의 불가피한 상황으로 미국의 군사안보 우산에 있고 그러므로 부득불 미국 편향의 외교·국방정책이 전개된다는 이유만으로는 국제테러조직이 우리나라에 대한 테러공격을 마다할 사유가 되지 않는 것이다. 더 나아가 대한민국은 국제사회의 경쟁력 있는 구성원으로서, 소극적으로 테러를 당하지 않는다는 것에 만족해서는 안 되는 입장이다. 세계평화와 안정에의 이바지는 대한민국의 역량에 비추어 한국의 국제사회에 대한 임무 중의 하나가 되었다고 할 수 있다. 그러므로 한국의 정보기구들은 지구상에 국제테러가 발붙일 곳이 없도록 만드는 국제적인 노력에 기여하는 적극적인 기능을 수행하여야 할 것이다.

이러한 관점에서 보면 우리의 테러대책은 협의와 논의, 그리고 보안위주의 탁상공론적 발상에 치우친 것이라는 비판을 받아서는 안 된다. 대책회의와 같은 논의는 적게, 그러나 실행은 진지하고 단호하며 지속될 수 있는 국가위기관리 체제가 구축되어야 할 것이다. 또한 사이버 정보역량 강화는 오늘날 국가안보 문제 중에서도 가장 위험한 분야 중의 하나로 인식되고 있다. 국제테러와 국제조직 범죄 그리고 마약문제 등도 모두 국가안보에 대한 위협요소로서 국가의 건전성을 해칠 수 있는 국익 저해요소임에는 틀림이 없지만, 테러와 국제조직 그리고 마약문제로 어느 한 국가가 멸망이 될 것으로 까지는 예측되지 않고 있다. 그러나 사이버 안보문제는 그것이 역기능으로 작동하는 순간, 국가 기간시설망에 총체적으로 손상을 가져올 뿐 만 아니라 국가의 전 기능을 마비시킬 수도 있는 엄청난 위력을 가지고 있음을 잘 인식하고, 만연한 정책개발 등 회의체 기구가 아니라 실천적인 대응기구가 구축되어 방첩공작 전담 역할을 할 수 있는 국가정보 체계가 구축되어야 할 것이다.

한편 경제정보는 오늘날 한 국가를 멸망에까지 이르게 할 수 있는 가장 중요한 국가안보 위협요소로 지적된다. 1991년 소비에트 공화국(Soviet Union)의 붕괴는 경제와 국가안보 문제의 좋은 예로 회자된다. 소비에트 공화국은 군사력이 허약하여 또는 외부의 군사력 압박에 의해 멸망한 것이 결코 아니었다. 소비에트 공화국은 막강한 군사력에도 불구하고, 내부의 경제적 어려움이 촉진제가 되어 결국 멸망의 길로 접어들었던 것이다. 그러므로 꾸준한 과학기술 정보, 경제지표 정보, 원유수급 부존량과 생산량 등에 대한 사전파악 활동은 현대의 국가 간 무한경쟁 시대에 국가안보의 새로운 지향점이라고 할 것이다. 그러기에 정보 선진국들은 국제경제회의, 무역박람회 등의 경우에 수단과 방법을 가리지 않고 경제스파이활동과 첨단기술 획득 정보활동을 다하고 있는 것이다. 그러므로 오늘날 미국·중국·프랑스·일본·영국, 프랑스, 러시아, 인도, 독일, 이스라엘, 대만 등은 우리의 영내에서 우리나라의 경쟁력 있는 첨단 산업기술에 대하여 적극적인 경제정보 수집 활동을 다 할 것임은 쉽게 예상할 수 있다. 그러한 외국 정보기구의 활동에 대한 방책에 우리 정보기구들은 대비하고, 최일선에서 이를 방지하여야 한다.

미국이 CIA나 애쉴론으로, 프랑스가 프렌체론으로, 일본이나 중국이나 러시아가 고급 인간정보(HUMINT) 요원으로 삼성의 선진기술, 현대의 첨단 자동차 기술, SK의 기업조직관리 기술 및 무선통신기술 등을 본격적으로 탐지하는 것에 대하여 개별기업 차원의 대응은 한계가 있을 수밖에 없다. 오늘날 세계 첨단을 자랑하는 한국 기업에 대한 세계 유수의 각국 정보기관들의 정보 탐지 활동이 없다고 본다면 그것은 순진하고 어리석은 생각일 것이다. 우리 국가정보기관들에 의한 여러 나라 정보기구의 산업 스파이 또는 경제 스파이 활동에 대한 적발과 처벌은 우리의 정보역량을 보여주는 경고적 의미도 지닐 것이다.

우리의 정보기관이 관심을 가져야 할 또 다른 중요한 부분은 바로 영해, 우주, 인류의 마지막 공동유산으로 간주되는 남극과 북극 등에 대한 체계적인 정보수집 활동이다. 우리나라의 국력이 더 신장되어 한반도를 벗어난 지역에서의 국력활동을 한다고 할 때, 개별단위 주무부처의 준비와 대응도 예상되지만 그를 총체적으로 준비하는 것은 정책담당자에 대한 정책 서비스가 주된 임무인 정보기관의 역할일 수밖에 없다.

한편 한반도 주변에서의 환경오염 문제 즉 산업폐기물 투하와 동해와 연결된 러시아 핵발전소 등에서의 핵 물질의 누출 및 투기에 대해서도 면밀한 감시와 함께 유사시 국제사회에의 호소 등이 필요한 문제가 될 수도 있다. 이러한 문제들은 이념을 초월한 한반도의 존립과 건전함을 달성할 문제로, 통일한국 전이라도, 오히려 북한의 정보기구들과도 자연스럽게 정보공유를 할 수 있는 문제라고 할 수 있다. 오늘날 미국이 제일의 군사위협 국가로 중국을 고려하면서도 중국과의 활발한 정보공유와 교류를 이루는 것은, 더 이상 이념이 초국가적 위협에서의 국가안보 확보노력에 대한 장애가 되지 않음을 잘 보여 주는 것이라고 할 수 있다.

한편 우리나라의 경우 우주개발에 대한 국가정보기구의 관여는 국가이익을 위한 정보기구의 새로운 역할과 방향을 잘 보여 주는 것이라고 할 수 있다.[97] 그러나 그 경우 정보기구의 역할은 보안이나 정보유출시의 처리 등 지엽적인 문제에 그쳐서는 실질적인 커다란 기여가 없다고 할 것이다. 우주에 대한 선진기술도 없고 즉, 내용도 없는데 그를 보호하는 방책에 치중한다는 것은 본말이 전도된 것이라고 할 것이기 때문이다. 우주문제와 같은 정보의 신 영역에 대한 국가정보기구의 가장 큰 기여와, 실제로 국민들이 정보기구에 기대하는 바는, 우주과학 기술 및 정책에 대한 선진 정보의 획득 및 그를 활용한 우리나라의 첨단 우주과학기술 확보 및 발전체계 구축일 것이다. 단순한 보안문제 때문이 아니라 국가 정보기구는 이처럼 적극적인 정보활동에 의한 필요한 정보의 획득과 보급으로 국가와 국민에 실천적으로 그리고 실질적인 기여를 하는 방향으로 운영되어야 할 것이다.

III. 국가정보기구의 혁신적 운용

1. 임무의 기능별 분산 - 기술정보수집기구의 전문화

오늘날 선진 국가정보기구들의 기술정보수집 소위 테킨트(TECHINT) 능력은 상상을 초월하는 수준으로 전개되고 있다. 이것은 단순한 통화감청의 수준을 훨씬 초월하는 수준으로, 슈퍼컴퓨터에 의한 자동 데이터베이스가 구축된다. 그러므로 국가적 차원에서 북한은 물론이고 장기적으로 중국, 일본, 러시아 그리고 동남아를 커버할 고유의 신호정보 체계 구축은 매우 필요하다. 그러나 한편 국가정보기구의 전자적 감시활동을 백지위임으로 남겨둘 수는 없다. 이러한 현실적인 전자감시활동 문제에 대한 미국 국가정보기구의 반성이 소위 스파이 법 또는 정보법으로 호칭되는 해외정보감독법(Foreign Intelligence Surveillance Act of 1978)의 제정으로 나타났고, 그 임무 수행 역시 스파이 법원 또는 정보법원이라고 일컬어지는 해외정보감독법원의 창설이었다.

또한 국제테러조직을 비롯한 초국가적 안보위협세력에 대한 장기 일괄 전자감시활동을 용이하게 하고, 협조하는 통신업체에게는 민·형사상의 면책을 부여하며, 국가적 전자감

97) 우주개발진흥법 (2005.5.31 법률 7538호)은 우주개발의 진흥과 우주물체의 이용·관리 등을 위하여 우주개발 진흥기본 계획을 수립하도록 하고(1조) 그를 위해 국가정보원장을 포함하여 국가우주위원회를 구성하도록 하고 있다(7조). 그러나 국가정보원의 역할은 21조 이하의 보안문제 때문에 그 역할이 주로 기대되는 것으로 보인다.

시활동에의 협조를 더욱 포괄한 내용의 법안이 2008년 7월 10일 제정된 FISA Amendment of 2008 이었다. 우리의 경우에도 기본적으로 군을 포함한 국가정보기구의 전자감시활동은 그 임무만을 전담하는 특별법원 창설을 전제로 한 가칭 '전자정보감독법'의 제정을 통하여 위헌의 소지를 없애고, 더불어서 전자감시 국가정보 활동에 대한 민주적 감독과 통제의 끈을 확보하는 방향으로 개선되어야 할 것이다.

현재의 국가정보원 집중체계에서 국가정보원은 정보활동의 모든 기능적 임무를 두루 갖춘 종합형 정보기구라고 할 수 있다. 즉 국가정보원은 어떤 형태로든지 대한민국의 인간정보 활동이나 기술적 정보활동을 모두 수행하는 비대한 종합형 국가정보기구인 것이다. 그러나 분명한 것은 임무의 기능별 분리는 국내기능과 해외기능으로 구별하는 것보다는 훨씬 기술적으로나 임무적으로 수월하고 효율적이라는 것이다. 왜냐하면 정보활동 방식이나 정보분석 업무의 내용이 상이하기 때문에 쉽게 분리가 가능하고 이후 경쟁적인 종합 분석을 할 수 있기 때문이다. 물론 그러한 기능별 정보생산물도 다시 취합되어 최종적인 종합적 분석과정을 거쳐 국가정보로 생산되는 과정은 필수적인 것이라 할 것이다. 종합형 정보기구는 일면 신속성의 측면에서는 유리할 것 같지만, 일단 오류에 빠지기 시작하면 정보실패로 귀결될 때까지 그 잘못을 시정할 제어장치가 없다는 점에서, 오히려 문제의 심각성이 있을 수 있는 것이다.

2. 분석업무의 대폭적 강화 - 최고의 실천적 국책 연구기관

첨단 과학기술이 획기적으로 발전하고 있는 오늘날, 정보수집은 오히려 문제가 되지 않고 차고 넘친다고 간주된다. 한편 정보는 수집이 아니라 가공되고 분석되어 최종적으로 정보생산물로 나타나야 그 효용을 발휘할 수 있는 것이다. 자료나 첩보는 현상으로서는 가치가 있지만, 그를 바탕으로 구체적인 정책을 수립하고 집행을 하기에는 많은 변수가 있고, 따라서 위험부담이 있기 때문이다. 그러므로 오늘날 선진 정보기구들은 정보수집 활동보다 분석업무에 역량을 집중하고 전문성을 확보하려고 노력하고 있다.

비근한 예로 CIA는 정보국 산하의 경제정보 전담부서에는, 경제정보 분석관만 1970년 이래 250-270명을 두고 있었다고 한다. 최고 정예 수학자만 1만 명이 넘게 포진하고 있다는 국가정보국(NSA)은 말할 것도 없고, 정확한 숫자는 알려져 있지 않지만 미국의 3대 종합 분석기능기구인 CIA와 국방정보국(DIA) 그리고 국무부 정보조사국(INR)의 정보분석관의 규모와 수준은 상상을 초월할 것으로 여겨지고 있다. 아무튼 현대 국가정보기구는 최고의 실천적 국책연구기관(think tank)을 지향한다는 점에서 정보분석 업무의 강화와 전문성을 갖춘 정보분석관의 확보는 국가정보기구의 성패를 좌우하는 요체라고 할 수 있다.

3. 정보업무의 혁신

1) 정보요구와 정보공유 체계의 구축

어느 나라건 복수이상의 정보기구가 존재하는 경우에, 각 정보기구가 생산하는 정보의 공유는 말할 것도 없고, 수집한 첩보의 공유는 최고의 국가정보를 생산하기 위한 매우 중요한 과제이다. 첩보공유를 포함한 정보공유는 정보공유의 필요성을 절감하고 형성된 의지적 이해의 바탕 위에서, 구체성 있고 치밀한 기반시설 구축이 제도적으로 이루어져야 가능한 것이다. 오늘날 세계에서 가장 안전하다고 평가받는 비밀의 자동 정보공유 체제로 미국은 실전형인 인텔링크(Intelink) 체제를 구축하였다.[98] 인텔링크에 대한 면밀한 연구는 우리에게 필요한 좋은 정보공유 체제 방안을 창출할 수 있게 해 줄 것으로 사료된다. 한편 정보공유의 확실성을 담보하기 위하여 대통령 명령이외에 근거법을 제정할 필요도 있다. 더불어서 정책공동체의 정보공동체에 대한 필요한 정보에 대한 요구채널 구축과 그를 담보하는 체제의 구축은 실제로 국가운용에 필요한 정보를 생산하는 것에 국가정보기구의 역량을 지향하게 한다는 점에서 매우 중요하다. [99]

---

98) Fredrick Thomas Martin, *op. cit.*인텔링크는 최고의 안전도를 갖춘 정보와 정책공동체의 내부 인트라넷이다. 정보망 연결(INTELligence Link)의 철자약어로 비밀분류되어 있다. 인터넷 시스템을 활용하여 컴퓨터상으로 구성한 프레임 워크로 정보생산자와 정보수요자를 직접 연결하여 정보기구가 생산한 정보를 배포하고 필요한 정보를 교환하는 통합 정보보급망이라고 할 수 있다.1999년 마틴(Fredrick Thomas Martin)은 전 세계에서 가장 방대하고 가장 안전한 네트워크라는 부제를 가진 "1급 비밀 인트라넷: 어떻게 미국 정보공동체는 INTELINK를 구축하였는가?" 라는 책을 출판하여 인트라넷에 대해 알 수 없었던 비밀 정보를 소개하였다. 그에 따르면 ① Intelink-U (Intelink-Unclassified Net): 주로 공개정보를 다루는 인텔링크.② Intelink-S (Intelink-Secret Net): 비밀정보를 취급하는 인텔링크. ③ Intelink-TS (Intelink-SCI): 최고의 극비 비밀정보를 취급하는 인텔링크. ④ Intelink-P (Intelink-Policy Net): 정보공동체중 CIA가 별도로 운용하는 것으로 백악관과 몇몇 최고위층의 정보수요자와 연결된 인텔링크. ⑤ Intelink-C (Intelink-Commonwealth): 영국, 캐나다, 호주와 연결된 인텔링크가 있다.

99) 9/11 위원회 최종보고서도 비록 미국 정부가 방대한 양의 정보를 가지고 있지만 그 방대한 양의 정보를 제대로 활용하기에 필요한 정보접근 시스템이 제대로 갖추어지지 않았고 결과적으로 확보한 정보를 활용하지 못한 것에 대하여 비판하고 있다. 그러면서 "정보를 알 수 있는 시스템(need to know)"이 아니라 "정보를 활용할 수 있는 실질적인 공유 시스템(need to share)"이 더욱 필요하다고 강조하였다. 상세는 졸저, *op. cit.* pp. 191-195.

2) 국내정보와 해외정보에 대한 인식의 전환

해외정보채널의 재구축 - 외교라인 정보는 외교라인의 독립적 정보물

자국민을 상대로 생산되는 정보가 많은 정보기구는 정상적인 정보기구가 아니다. 그러므로 국가정책에 필요한 정보는 기본적으로 해외 경쟁세력을 상대로 생산되어야 한다. 그러나 사실 국가정보기구의 그 동안 해외정보는 주재 대사관에서 어테쉬 또는 타국 정보기구가 주는 정보나 받는 리에종 수준이라고 평가되는데, 전문적인 국가정보기구가 생산하는 해외정보는 이런 수준을 벗어나서 비공직 가장이나 거점 확보를 통해서, 실질적으로 중요한 다양한 내용의 해외정보 수집역량을 도모하도록 하는 것에 있다고 할 것이다.

냉전시대의 맹장들과 달리 요즘의 선진정보기구 요원들도 혈혈단신으로 해외에 떨어지면 스스로 어떻게 해야 할지 모른다는 비판이 제기되는 것이 사실이다. 여하튼 공식적인 외교 루트를 통해 들어오는 해외정보는 외교통상부의 정보라인으로 충분하다. 국가정보기구가 그것을 중간에서 가로채어 취합하는 수준의 해외정보가 아니라 그것과는 별개의 정보 기구 특유의 능력과 기법에 의한 정보를 생산하여 비교 평가를 받게 함으로써 한 차원 높은 해외정보, 그리고 차원을 달리하는 노력이 깃든 국가정책 수립의 요체인 해외정보를 생산하도록 하는 데에 정보역량이 집중되도록 해야 할 것이다.

3) 군 정보기구의 참모형 아닌 실전 전투부대형

- 국군기무사령부의 국방정보국화(분석 부서화)와 육 · 해 · 공 실전 정보부대 분산 -

오늘날 국군 기무사령부처럼 육 · 해 · 공군을 모두 통합한 일사불란한 모습의 통합형 정보체제가 군에서도 바람직한지도 재검토 되어야 할 것이다. 더 이상 군 정보기구가 방첩전문기구로 소위 지휘관의 충성심을 체크하고, 군내의 보안 분야에 대한 수사나 보안점검을 주된 임무로 하는 기구가 되어서는 안 된다. 물론 지휘관의 충성심 확보나 보안 점검이 중요한 것이 아닌 것은 아니지만, 우리의 군 정보기구는 수십 년 동안 동일하게 그러한 일에 안주하였던 것으로 판단되나, 더 이상 그러한 보안 방첩정보기구 수준에서 머물러서는 안 되고, 미국의 군 정보기구처럼 지휘관에 대한 현장 전투지원형이 되어야 될 것이다. 즉 지휘관의 충성심을 체크하는 수동적인 모습이 아니라 적극적 능동적으로 북한은 말할 것도 없고 중국이나 일본, 러시아 군의 동태파악, 그리고 해외에서 최신 군수무기 기술력 확보 같은 활동으로 진정으로 국익에 보탬이 되는 국가정보를 다량으로 그리고 지속적으로 생산하도록 해야 할 것이다.

4. 정보와 정책의 관계 정립

1) 정보요구의 제도화

국가정보는 은밀하게 개인에 대한 비리 및 약점을 파악할 수도 있다는 특성으로 인하여, 정권의 권위가 취약한 정치 후진국에서는 통치의 적절한 수단으로 사용되어 왔고, 또한 상당히 유용한 통치방법이자 때로는 정책 그 자체로 활용되어 왔던 것도 사실이다. 그러나 정보는 정책기관 자체의 선례 자료와 정책수요의 정도 그리고 한정된 국가예산의 한계, 국책 사업의 우선순위 등 다양한 다른 요소와 경쟁하여 그리고 때로는 참고자료가 되는 방식으로 정책에 간접적으로 반영되어 그 빛을 발휘하게 되는 것이 가장 바람직한 것이다. 그러므로 정책담당자들이 필요로 하고 국가정책이 요구하는 정책을 생산해야 하는 것이 국가정보기구의 내재적 임무인 것이다.

이것은 바꾸어 말하면 각종 정보의 소요가 있는 정보수요자가 국가 정보기구에 그 요구사항을 전달하고 전달받을 구체적인 통로가 개설되어 있는 것이 매우 긴요하다는 것을 의미한다. 또한 그것은 국가정보기구가 자체판단으로 정책정보를 생산하여 호의를 베풀듯이 정책부서에 정보를 제공하는, 비정형적이고 부적절한 양자의 관계를 객관화한다는 의미도 있다. 정책공동체가 국가정보기구에 필요한 정보소요를 직접 제기할 수 있고 정보를 주기적으로 자동 공급받는 객관적인 장치가 마련되는 것은 매우 긴요한 일이다.

2) 창출 정보배포의 확대

국가정보의 활동 실적은 창출한 정보생산물로서 평가 받게 되는 것이다. 수집한 첩보를 가공하여 체계적으로 분석하여 정보생산물을 만들어 내는 정보 순환의 체계를 거치는 것은 정보의 기본적인 속성이다. 그리하여 정보기구의 활동 결과물인 정보배포물을 생산한다는 것은, 전문성을 고양시키면서 업무를 완결한다는 의미 이외에도 업무의 중복을 방지하고, 그리고 어디서 무엇이 부족했는지를 파악하게 해주어서, 향후에 더 필요한 부분을 인식하게도 해준다. 그리고 무엇보다도 처음의 계획에 대비하여 업무가 잘 이루어졌는지를 한눈에 알게 해주는 업무활동의 동기이자 자극제이면서 촉진제로도 작용하게 된다. 정보생산물은 또한 객관적인 역사적 기록으로 후세에 전달될 사료(史料)가 될 수도 있다. 어떠한 경우에도 국가정보 활동이 산출물로의 기록이 아닌, 흔적을 남기지 않는 단순한 사실상의 보고행위로 그치게 하는 것은, 그러한 사실적 활동에 비례하는 비율만큼의 월권과 권한남용이 초래될 수 있다는 것을 잘 인식하여야 할 것이다.

5. 보안의 혁신 - 비밀분류 해제의 제도화

정보를 생산하는 조직이 보안(security) 업무까지 함께 가지게 된다면, 아무리 개방적인 마인드를 가졌다고 하는 경우에도 정보의 민주성과 개방성은 결코 확보될 수 없다. 오늘날 유능한 국가정보기구의 경우 정보보안은 그렇게 높게 평가 받지 못한다. 특히 미국 정보공동체는 냉전시대부터 이미 경쟁 정보기구가 우리의 비밀을 빼앗아 가는 속도보다 훨씬 더 빠른 속도로 또 다른 비밀을 확보할 수 있다는 자신감에서 다른 나라 같으면 1급 비밀(Top Secret)에 속할 내용도 공개를 서슴지 않는 것이다.

사실 국가정보가 어떤 두려움으로서의 권위를 갖는 커다란 이유 중의 하나는, 어느 국가기관보다 탁월하게 개인의 신상첩보나 비리첩보를 파악할 수 있고, 또한 그러한 내용이 해명되지 않고 일방적인 첩보 그 자체로 개인의 운명을 바꿀 수도 있다는 점에 있다. 더불어서 비밀분류 조치를 하여 일반적인 접근은 불가능하다는 일종의 신비성을 나타내는 것도, 국가정보기구를 소위 두려움을 주는 권력기관화하는 이유라고 할 수 있다.

그러나 보안은 방첩영역의 극히 일부분으로 과학기술의 획기적 발전을 이루어 상상을 초월하는 방법으로, 자료 복원과 확인을 할 수 있는 첨단 기법이 계속 나타나는 현대에 있어서는, 어떠한 정보를 지킨다는 수준으로 국가정보의 순수성을 유지할 수 있다고 보는 것은 순진한 생각이라고 하지 않을 수 없다. 또한 전술한 바와 같이 "비밀"은 상대방의 행동양상이 나타나기까지는 결코 존재하지 않는다는 비밀 부재론의 입장이 아니라고 해도, 현재 비밀로 간직하는 내용은 지나고 보면 당시 외교적으로 문제가 될 소지는 있었을지 몰라도, 국가안보 자체를 뒤흔들 내용의 초 특급비밀은 많지 않았음을 정보역사는 보여주고 있다.[100)]

오늘날 각국은 보안에 들어가는 막대한 비용과 인원에 비하여 그 효율이 적다는 것을 잘 인식하고, 비밀분류를 국가정보기구의 역할이 아닌 제3의 기관의 객관적인 시각에서 이루어지게 함과 더불어 비밀분류자료들의 공개에 대하여도 일정한 기간이 지나면 비밀 재분류가 되지 않는 이상, 자동적으로 공개되도록 하는 정보공개 일몰제도를 도입하는 추세이다. 더불어 일반국민들로부터도 적극적으로 비밀공개 해제 청원을 접수하여, 그를 심사 후 비밀자료를 공개하는 적극적 공개보안 활동을 하고 있음을 직시할 필요가 있다. 오

---

100) CIA가 근 30년 동안 비밀로 보존하고 있다가, 2007년 6월 공식적으로 비밀해제를 하여 필자가 입수하여 살펴 본, 1960년대 북한 상황과 김정일에 대한 CIA 보고서는 북한의 정치·경제·군사, 그리고 김일성을 포함한 지휘부의 성향과 경쟁관계 및 김일성의 쿠바 지도자 카스트로와의 교분, 월남전을 활용한 비무장지대에서의 부분적 도발행위 등을 일반적으로 묘사하는 약 70여 페이지 분량의 서술적인 보고서로, 기대했던 만큼의 신비스러운 비밀은 결코 존재하지 않았었다. CIA Releases Two Collections of Historical Documents, June 26, 2007, www.foia.cia.gov.

늘날 나날이 발전하는 인터넷은 통신과 자료 확인에 관한 한, 세계를 한 가족으로 만들어 정보의 자유시장을 개척하고 있음은 주지의 사실이다.

이것은 비록 대한민국이 각종 보안규정으로 정보를 공개하지 않는다고 하더라도, 미국 등 외국에 의해 사실이 알려지고, 관련 자료가 공개되는 경우가 허다하여, 보안의 의미를 무색하게 만들 뿐만이 아니라, 오히려 불필요한 억측만 야기할 수 있다는 것을 말한다. 그러므로 우리의 국가보안 체계는, 그러한 내용들을 감안하여 최고 중요한 시설에 대하여는 제한구역 통제 등의 조치로 보안 목적을 달성하고 일반적인 비밀분류 정보에 대하여는 각급 기관의 자체 책임아래 수행되도록 하고, 비밀분류의 절대량을 줄이고 관리에 있어서도 투자대비 효율이 극대화될 수 있는 방향으로 보안업무의 혁신을 기해야 할 것이다. 그럼으로써 남는 정보 자산의 여력을 상대세력에 대한 적극적인 정보수집 활동과 정보 신(新)환경 분야에 집중함으로써, 월등히 강건한 상대적 우월의 보안체계를 구축하는 전략을 가져야 할 것으로 생각된다.

6. 기 타

1) 획기적 직원복지

정보관계자를 포함한 모든 국가공무원들은 국가에의 헌신과 봉사가 기본적 의무라고 할 수 있지만, 사기의 진작은 업무의 능률을 고양하는 가장 중요한 요체라고 할 수 있다. 특히 국가안보와 국가이익을 위해 생명을 걸고 일해야 하는 정보담당자들에게는 퇴직 이후를 걱정하지 않고 임기 중에 최선을 다하여 국가를 위하여 헌신하도록 하는 것은 매우 중요한 일이다. 잘못에 대한 과감한 책임추궁을 위해서라도 국익을 위해 헌신하고 가치를 따질 수 없는 국부를 창출한다고 평가할 수 있는 정보관계자들에 대한 복지정책은, 아무리 최첨단 과학화의 세계라고 해도 세계 최고의 국가정보기구가 되기 위한 필수사항이라고 할 것이다.

2) 민간 정보 영역의 발전 도모

국가의 어떠한 분야이건 경쟁체계가 갖추어지지 않은 곳에서 실질적인 업무혁신을 기대하기는 어렵다. 국가정보 체계의 민주성과 효율성을 겸비한 발전을 도모하기 위해서는 정보학계는 물론이거니와 실무적인 민간 정보영역의 발전은 필수적이라고 할 것이다. 그리하여 미국은 전직 정보분석 전문가나 의회 상임 정보위원회 전문 스태프진을 중심으로 조직된 민간 정보연구 단체들의 정보분석과 정보정책 개발, 심지어는 공개정보를 중심으로 한 것이기는 하지만 정보수집 활동에 이르기까지 그 기능은 국가정보기구의 역할을 능가하는 것으로 평가 받고 있다. 비근한 예로 미국 국방부 정보기구들은 2007년 현재, 민간 정보부문의 약 30개의 사업자에게 총 10억불($1B)규모의 정보용역 사업을 발주하고 있다. 그 내용을 보면 정보자료에 대한 분석업무는 말할 것도 없고, 특정 분야에 대한 정보수집 활동, 외국 정보자료에 대한 번역 업무, 사진과 전자정보에 대한 해독업무 등 다양한 분야에 이른다.[101] 2005년 미국 16개 정보공동체의 총 예산이 $44B이었던 것임을 감안한다면 민간 정보영역의 규모 및 전문성을 너끈히 짐작하고도 남음이 있다고 할 수 있다. 이들 민간 정보영역에는 전직 정보기구 및 의회 정보위원회에서 활동한 정보업무 전문가들이 다수 포진하고, 또한 최고 수준의 전문 영역별 학자 등 전문가들이 있다고 한다.

민간정보 영역의 적정한 발전은 국가정보기구에게도 좋은 촉진제가 될 수 있고 또한 국가적 자산의 사장을 방지할 수도 있으며, 직원복지로도 연결될 수 있다는 등의 긍정적인 측면을 이해하고, 더불어서 국가정보의 민주화를 도모할 수도 있다는 점을 고려하여 재정지원을 위한 입법조치를 포함하여 발전 방안이 적극적으로 모색되어야 할 것으로 여겨진다. 특히 오늘날 IT 분야에서의 정보발전은 해외 유수의 정보기구들과의 경쟁을 전제할 때에, 결코 국가정보기구의 독점적 사고와 활동으로는 도모될 수 없다. 국가정보는 더 이상 비밀이 아니라는 유연한 마인드를 형성하고 건전한 경쟁체제를 도모하여야 한다.

IV. 정보기구에 대한 감독과 민주적 통제

민주국가에서의 정보공동체의 업무수행은 법치행정의 당연한 연장선상에 있어야 한다는 점에서는 이론이 있을 수 없다. 정보기관의 설립과 조직 내용 그리고 업무범위의 명확한 설정은 부당한 책임추궁을 방어할 수 있다는 측면도 있다. 또한 법치행정의 원칙에 따른 정보기구에 대한 감독과 민주적 통제는 살아있는, 그리고 긴장감을 늦추지 않는 정보기구가 되게 함으로써 정보실패를 막을 수 있는 커다란 지주로 작용할 수 있다. 이처럼 민주적 통제와 감독의 이념은 단선적 책임추궁의 목적이 아니라 주어진 권한 범위에서 최선을 다한 노력에 대해서는 책임을 지울 수 없다는 보호적 기능도 있다. 이러한 감독체제와 민주적 통제장치가 제대로 구비되어 사후 객관적인 책임추궁이 가능한 시스템에서는 정보공유의 문제와 정보의 정치화 문제, 그리고 관료주의의 폐해 등 조직 자체진단이나 행정부처 자체 평가에서는 발견하거나 지적하기 어려운 문제도 어렵지 않게 지적될 수 있는 가능성을 열어줌으로써, 그러한 실패요인에서 비롯될 정보실패를 예방하는 데 크게 기여할 수 있을 것이다. 9/11 위원회 보고서는 곳곳에서 의회가 감독과 통제를 제대로 하지 못

101) *See,* Richard Willing, *Defense Department pays $1B to outside analysts*, USA TODAY, 2007. 8.30.

한 것을 지적하고 있다.[102]

1. 정보위원회의 상설 전문화

대의 민주주의의 원칙상 국민의 대표기관인 국회 전문전담부서에 의한 의회통제는 헌법적 요청인 것으로 이를 거부할 수는 없는 일이다. 여기서 명백히 하여야 할 점은 국회 전담부서에 의한 국가정보기구에 대한 통제의 본질은 정보활동에 대한 민주적 정당성 확보라는 측면과 함께 신속한 입법·예산조치 등으로 국가정보 활동이 차질 없이 원활하게 수행될 수 있도록 도와주며 대외적으로 다른 나라와의 외교문제 발생 시 국가정보기구를 대신하여 국회가 방패막이로 기능함을 의미하는 것이기도 하다는 점이다. 전제로서 국회는 국가정보기구들의 업무를 실질적으로 지원하고 통제할 고도의 정보 전문성을 갖추어야 할 것이다.

미국의 상·하원 정보위원회 스태프진에는 정보공동체에서 파견 나온 고위 관료들도 포진하고 아예 소속을 의회로 바꾼 정보담당자들로 구성되어 전문성과 국가안보에 대한 확고한 이해를 하고 있는 국회 상설 사무처 소속 스태프진들은 정기적으로 정보공동체의 사전 활동 계획과 사후 활동내용 및 정보예산 사용내역, 그리고 정보기구 자체 감찰내용, 대통령 지시사항 등을 일상 업무로 파악하고 있음은 좋은 사례이다.

2. 청문회 및 보고서 제출 제도의 확립

미국이 외교·국방·정보문제를 포함한 행정부 업무에 대한 전반적 통제에 성공한 가장 커다란 요인 중의 하나는 문제가 발생할 때마다 적절하게 이루어지는 사실조사 청문회 등 국회차원의 진상조사활동과 정례적이고 의무적인 의회에의 보고서 제출제도이다. 그러나 물론 이러한 청문회 제도와 보고서 제도는 별도의 의회 권리를 창설하고 행정부처의 의무를 부담 지우는 것으로 입법사항이라고 할 것이다.

3. 정보기구의 독립 감찰감 제도

미국 의회가 정보공동체에 대한 의회 통제에 있어서 국민들로부터 비교적 성공적이라

102) 9/11 Commission Report, pp. 419-423. 그리하여 국가정보와 국토안보 문제에 대한 의회 감독강화를 권고하면서 정보기구들을 감독하고 지원할 강력하고 안정되며 능력을 갖춘 새로운 "의회 감독위원회"의 구성을 권고하고 있다. 그러한 새 위원회는 국가정보기구들의 활동을 계속하여 연구하고 정보사용과 활동의 문제점을 끊임없이 제기해야 할 것이라고 말하고 있다.

는 평가를 받는 이유 중의 하나가 국민의 대표인 의회 파견관 제도 즉 정보기관 내의 국민 대표라고 할 수 있는 실질적인 감찰감 제도 때문이라고 할 수 있다. 아무리 행정부 자체 통제 그리고 의회제출 보고서 제도나 전문적인 의회상설위원회가 있는 경우에도 그러한 장치들은 일단 정보공동체 외적인 것들로 정보공동체의 현실적이고 직접적인 사정에 실시간적으로 문제점을 인식하기에는 한계가 있는 것이다. 이러한 연유 등으로 중요한 국가기관의 내부 암행어사로 법정 임기를 보장하고 대통령과 의회에 그 활동상황에 대한 보고서를 소속 기관의 장을 거치지 아니하고 직접 제출하게 하고 임명에는 전문성을 갖춘 사람 중에서 의회의 동의를 거치도록 하는 독립적인 감찰감 제도가 매우 유용한 자체 통제장치로 작동하는 것이다.

제4장 대한민국 정보공동체의 제도적 개혁

민주화와 효율화로 대별되는 국가정보기구의 궁극적인 발전과 혁신을 위해서는 인식의 개혁만으로는 부족하다. 여러 가지 문제점에 대한 심각한 인식 아래에 제도적으로 조치하고 방비할 수 있는 부분에 대하여는 시스템을 구축하여 놓음으로써, 인적 요소의 변동에도 불구하고 그리고 정권의 변동과 무관하게 조직 자체가 시스템적으로 작동되도록 제도적 장치를 갖추어 주는 것은 무엇보다 필요하고 중요하다.

1. 국가정보활동 근거규범의 체계적 정리 및 미비점 보완

국가정보기구의 발전과 개혁을 위하여 시급한 제도적 개혁은 국가정보기구 활동 근거규범의 체계적 정비 및 명확화라고 하지 않을 수 없다. 그것이 책임행정을 이룰 수 있는 바탕이고 업무의 권위도 확립하며 문제 발생 시 책임소재도 규명할 수 있으며, 평시에도 업무가 준거의 틀에 맞추어 제대로 이루어지는지를 확인할 수 있도록 해주는 법치주의의 요체인 것이다. 근거규범이 불명확하다는 것은 업무자체의 권위와 투명성에도 영향을 미치지만 헌법에 규정된 국민적 통제를 무의미하게 만든다는 의미도 있다.

그러므로 대한민국 국가정보기구와 유관기구를 창설하는 국가정보기구에 대한 대장전으로서의 "국가안전보장법(안)"을 제정하고 절차 및 시행규정에 대해서도 법규정에 맞추어 용어와 내용을 대폭 정비한 국가정보 활동에 대한 대통령 명령을 재정립하여야 할 것이다. 21세기 선진국가정보기구로의 발전을 위해 환경문제와 보건문제를 포함한 신 정보환경에 맞추고, 해외에서의 비밀공작에 대한 근거 규정을 구비하고 개념정의 및 용어를 재정리하여 국가정보기구의 임무 및 역할을 명백히 한 근거규범의 재정비는 제도개혁의 출발점이고 정보 민주화의 시발점이라고 할 수 있다.

2. 국가정보 시스템의 재구축

현재 우리나라는 실무 정보기구 중의 하나인 국가정보원이 부문정보기관인 군, 검찰, 경찰, 그리고 행정부처의 정보관련 부서를 기획·조정하는 방식으로 국가정보 체계를 운용하고 있다. 즉 과거 미국의 DCI체제인 것이다. 그러나 이러한 실무·집행 국가정보기구에 의한 전체적인 국가정보 지휘·감독 시스템은 적지 않은 문제가 있었음을 미국이 이미 잘 보여 주었다. 결국 미국은 실무·집행기구를 갖지 않고 실무 정보기구의 책임자 겸직도 금지하는 국가정보국장(DNI) 직위를 신설하여 국가정보국장이 정보공동체 전체를 지휘하고 총괄 감독하도록 국가정보 체계를 전면 개편하였음은 앞서 살펴본 바와 같다. 그러한 제도는 즉흥적으로 채택된 것이 아니고 다년간의 연구 결과에 따랐던 것임은 물론이다. 이러한 인식에 기초하면 국가정보시스템 구축은 아래의 모습을 가질 수 있을 것이다.

1) (청와대) 국가정보위원회 신설

다양한 국정 현안이 산재한 오늘날 국정 최고책임자인 대통령이 국가정보 문제에만 전념할 수는 없고, 또한 전문성 등의 문제로 제대로 문제점을 파악하고 적정한 업무지시와 감독을 할 수 없다는 점은 이해되어야 한다. 이에 반하여 국가정보 활동은 때로는 대외관계나 국내 정치적인 문제에 직접적이고 큰 부담으로 작용될 경우가 적지 않기 때문에, 매우 신중하게 결정되고 추진되어야 하는 것 또한 사실이다. 이러한 이유 등으로 미국 등 적지 않은 나라가 정보문제에 대한 유경험자와 전문가들로 구성된 대통령 자문위원회를 구성하여 대통령의 정보 판단과 수요를 보좌하고 대통령으로부터 직접 위임 받은 정보관련 업무를 대행하고 있음을 잘 이해할 필요가 있다. 물론 국가정보의 비밀한 속성상 위원회 구조에 친하지 아니하고, 오히려 거부감이 있을 수 있으며 신속한 추진에 장애가 될 수 있다는 비판은 얼마든지 제기될 수 있으나, 정보역사는 전직 정보수장 등 정보문제 전문가들로 구성된 외부 정보위원회의 판단과 조언을 거치는 것이, 국가정보기구의 민주성과 효율성을 도모하는 데 훨씬 유익하다는 경험을 얻었던 것이다.[103] 이러한 가칭 민간 전문가

103) 그리하여 미국은 현재 해외정보에 대한 대통령 자문기구로 정보공동체의 정보수집, 분석, 방첩공작 활동 등의 적정성 여부와 정보의 질과 양에 대한 종합적 평가를 하는 정보공동체 감독기구 역할을 하는 대통령 해외정보자문위원회 (PFIAB), 정보기구들의 감찰업무가 제대로 수행되는 지를 집중 감독하는 대통령 정보 감독위원회(IOB), 대통령 직속의 인력 및 예산 담당 기관으로 대통령의 지시에 따라 정보예산이 집행되고 있는 지를 감사하는 관리. 예산실(OMB), 그리고 가장 최근에 신설된 사생활과 시민의 자유

를 주축으로 한 국가정보위원회 신설 등은 입법조치로도 가능하겠지만 대통령의 임무 일부를 민주성과 전문성 및 효율성을 확보화기 위하여 대행시키는 것으로 미국의 경우처럼 대통령의 위임명령으로도 가능하다.

2) 국가정보공동체 지휘 통솔 체계의 구축 - 한국형 DNI 체제

오늘날 다수의 정보객체를 상대하여야 하는 변모된 안보환경에서 우리나라도 집행 부담이 없고 모든 정보요소 기구들이 최선을 다해 정보를 생산하여 이를 신속히 정보 공유하는 정보공동체의 통솔체제를 구축하는 것은 매우 바람직한 해결방책으로 생각된다. 일각에서는 청와대 내의 정보수석 신설을 말하기도 하지만[104] 그러한 주장은 정보공동체 지휘통솔권자의 창안을 제안하였다는 점에서 바람직하기는 하지만, 기본적으로 청와대 수석이나 청와대 내 국가안보위원회(NSC)를 비롯한 청와대 내의 조직은 해당 정권의 한시적인 조직이다. 그러나 국가정보의 경우 특히 장기 미래예측정보는 결코 특정한 정권의 정보가 아닌, 국민의 정보기구 그리고 국가의 정보기구로 지향되어 있어야 한다. 여기에 최고 통수권자 집무실을 중심으로 한 국가정보 기구 시스템 구축의 한계가 있다.

결국 이러한 현실적인 경험에 대한 충분한 논의와 연구의 결과가, 미국의 경우에 하부에 특정한 집행 정보기구를 갖지 않는 국가정보국장 즉 DNI 체제의 출현으로 나타났던 것이다. 국가정보원의 경우는 말할 것도 없고, 경찰, 검찰, 외무부, 그리고 기무사령부를 비롯한 다수의 정보요소를 가지고 있는 국방부의 정보역량을 총체적으로 규합하여, 필요하다면 첩보단계에서부터의 생생한 정보공유를 통해 대한민국 최고의 정보를 생산할 컨트롤타워의 창설은 시급한 과제가 되었다고 보인다. 대한민국 정보공동체의 객관적인 통솔권자로 가칭 국가정보총국(General Directorate of National Intelligence)을 창설하고, 책임자인 국가정보총장(國家情報總長, Director-General of National Intelligence: DGNI) 직위를 신설하여 정보공동체의 지휘자로 역할하도록 하는 것이 필요할 것이다.

과거 미국에서 CIA 국장이 정보공동체의 통솔자로 기능한 DCI 체제의 경우, 9/11 위원회의 조사결과 국가중앙정보국장인 DCI의 명령과 지휘는 자신의 하부 집행기구인 CIA 내부에만 메아리쳤고, FBI에는 말할 것도 없고 특히 국방부 8개 정보기구에는 전혀 명령이 먹히지 않았던 솔직한 사례는, 아직도 국가정보원이 기획·조정권한을 근거로 군을 포함한 모든 정보기구를 통솔하게 하는 미국 DCI 유사의 체제를 가지고 있는 우리 정보공동체에게 시사하는 바가 매우 크다.

역사적으로 DCI 체제는 초국가적 안보위협세력이 새롭게 대두된 오늘날 글로벌 경쟁질서 속에서 이미 실패한 체제로 종료된 경험을 우리도 하루 빨리 받아들여 산하에 실제 집

감독위원회가 조직되어 기능하고 있다고 하였음은 앞서 본 바 있다.
104) 발제자 최평길 교수님의 의견이다.

행기구를 가지지 않고 미국과 달리 국방부 산하 정보조직을 포함한 모든 국가 정보요소에 확고한 예산권과 임무 배정권, 그리고 기관의 장에 대한 임명 추천권을 비롯한 임무 수행 역량에 비례한 조직재편권을 가진 대한민국 정보공동체의 진정한 통솔권자이자 최고통수권자에 대한 최고의 안보보좌관 직(職)의 신설은 한국형 국가정보국장(DNI), 가칭 국가정보총장(DGNI)의 탄생인 것으로서 매우 긴요한 시대적 요청으로 여겨진다.

3. 제도 개혁에 따른 업무 전개 모습

전술한 대한민국 정보공동체 조정자의 탄생을 전제하고 업무혁신을 가정할 때 이루어지는 대한민국 정보공동체의 정보생산에 대한 대체적인 업무는 아래와 같이 전개될 것이며, 그것은 국가 정보요소의 건전한 경쟁 가운데에서 균형적 발전을 도모하는 첩경이 될 것이다. 정보기구는 더 이상 국내정보의 대부분을 지방자치단체나 일부 행정부처에서 가져다 보는 정보에서 획득하는 방식의 업무 수행을 지양하고, 전문 국가정보기구는 평범한 방법으로는 도저히 획득할 수 없는 나머지 4-5%의 영역에서 고도의 전문성을 발휘하여, 정책공동체의 미진한 부분을 채워 주는 모습이 될 것이다. 불필요하게 기획 · 조정이라는 이름으로 행정부처의 정책정보나 그에 대한 첩보를 수집하고 그를 책상에서 끼워 맞추는 방식으로 새로운 국가정보라고 생산하는 데스크-웍(desk work)은 지양되어야 할 것이다. 그러한 정보는 경찰이나 검찰 그리고 지방자치단체를 비롯한 정책 공동체가 대한민국 모든 정보의 집합처인 국가정보총국에 일상의 업무로 제공할 것이다.

최고 중앙 집행기구인 국가정보원과 기무사령부 등은 현장을 누비면서 고도의 기법으로 자체 수집한 첩보와 생산된 정보를 국가정보총국에 실시간적으로 전달할 것이다. 국가정보총국은 정책공동체의 정보요소와 군을 포함한 순수 정보기구의 첩보와 정보를 모두 비교 평가하면서 최고의 국가정보를 생산할 것이고, 각 정보요소가 생산해 내는 능력을 비교 평가하며 능력을 고양하도록 독려하는 모습이 될 것이다. 이처럼 국가정보총장 체제와 같은 새로운 정보 통솔권자가 탄생하면, 미국의 경우처럼 산하에 집행기구가 없는 지휘 · 조정자는 정책공동체의 정책 정보도 모두 수합하게 될 것으로서, 정책공동체와 정보공동체를 망라한 대한민국 모든 국가정보와 해당 자료를 각각의 전문영역별로 수합하여 최고의 국가정보를 생산해 내게 될 것이다.

1) 첩보의 수합(收合)

공식적인 해외정보는 외교통상부 외교 라인을 통해 외교통상부 본부와 국가정보총국에 전달될 것이다. 경찰 · 검찰, 그리고 행정부처와 지방자치단체의 국가정책수립에 관련된 정보와 일정한 국가안보정보 또한 국가정보총국에 동시에 전달될 것이다. 군 정보기구도 동일하게 군내 보안정보와 그리고 해외 무관을 통한 정보와 자체 인간정보는 동시에 군정보본부와 국가정보총국에 전달된다. 그러므로 국가정보기구는 오늘날처럼 경찰이나 검찰 그리고 행정부처 즉 정책공동체 정보를 가져다가 거기에서 국가정보를 창출하는 형태의 정보생산 활동은 기대할 수 없다. 정책공동체의 힘만으로는 도저히 획득할 수 없는 정보기구 특유의 기법(tradecraft)을 동원한 방법으로 획득한 정보만이 국가정보기구의 정보가 될 것이다.

2) 국가정보의 수합

국가정보총국은 정책공동체의 정보요소와 정보공동체로부터 수합한 첩보를 모두 자체 역량으로 정치하게 분석하여 국가정보를 생산하게 된다. 한편 중앙 집행 정보기구인 국가정보원을 비롯한 중추적인 실무 집행기구들도 모두 자체적인 정보분석기법을 통해 자신들이 수합한 첩보를 중심으로 정보물을 생산한다. 그렇게 생산된 정보생산물 또한 바로 국가정보총국에 전달될 것이다. 이러한 중앙 정보생산과 별개로 개별 정보기구 정보생산이 이루어질 때에, 진정한 경쟁분석과 대안분석이 이루어지는 것이다. 그러므로 이것은 결코 중복과 낭비가 아니고, 현재 미국도 채택하는, 최고의 국가정보를 생산하기 위한 경쟁적 대안분석인 것으로서, 정보활동에서 가장 중요하고 업무의 마무리를 의미하는 정치한 정보분석능력을 각 정보기구로 하여금 고양하게 하는 첩경이 될 것이다.

3) 국가정보의 생산

국가정보총국은 이러한 경쟁분석과 대안분석을 통해 최종적으로 활용 가능한 다양한 내용의 국가정보를 생산하고, 그렇게 생산한 정보를 최고통수권자와 국회 정보위원회는 물론이고 첩보를 제공하는 법집행기구 그리고 지방자치단체와 정책공동체 그리고 정보공동체에 피드백 해주어 향후의 정보활동에 대처하게 할 것이다.

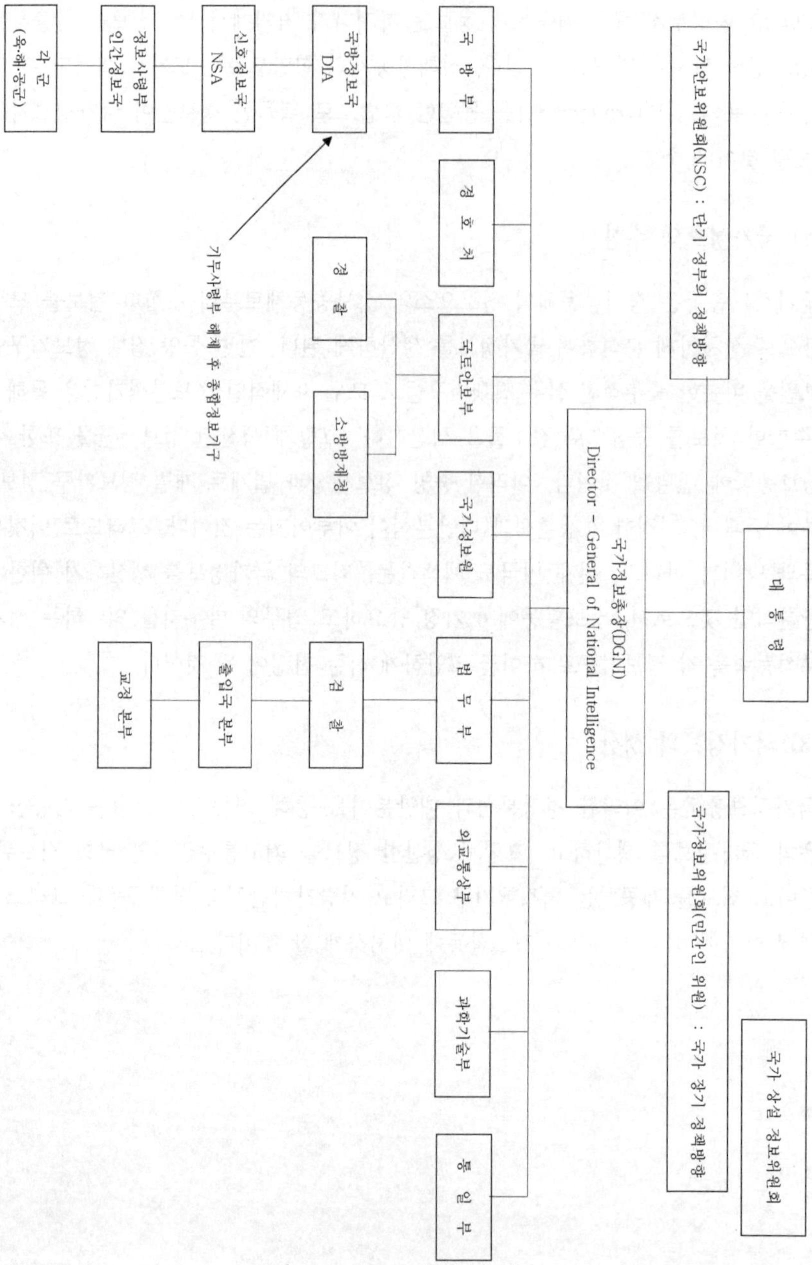
국가안보위원회(NSC) : 단기 정부의 정책방향
대 통 령
국가정보위원회(민간인 위원) : 국가 장기 정책방향
국가 상설 정보위원회
국가정보총장(DGNI)
Director – General of National Intelligence
국 방 부
경 호 처
국토안보부
국가정보원
법 무 부
외교통상부
과학기술부
통 일 부
국방정보국
DIA
신호정보국
NSA
정보사령부
인간정보국
각 군
(육·해·공군)
기무사령부 해체 후 종합정보기구
경 찰
소방방재청
검 찰
출입국 본부
교정 본부

제5장 마무리

오늘날 상상을 불허할 안보위협을 제기할 수 있는 초국가적 안보위협세력에 대한 가장 중요한 대처는 한발 앞선 정보 생산이다. 그를 위해 국가 중추 신경조직인 우리의 정보공동체를 재구성하는 것은 그 중요성을 아무리 강조하여도 지나치지 않다. 그러므로 거국적으로 여·야를 초월한 국가안보체계 정비(구축)위원회를 창설하여 국가정보활동 근거 규범의 체계적 정리 및 필요한 입법적 지원을 하여야 할 것이다. 그렇지 않은 경우에도 청와대가 중심이 되어 국가정보체계 혁신을 위한 태스크 포스를 구성해서, 진정으로 바람직한 정보공동체 혁신을 이루도록 해야 할 것이다. 이러한 일은 성격상 어느 개별정보기구가 독자적으로 할 수는 없는 업무이다.

국가정보활동과 관련한 대장전(Magna Carta)으로 2004년 정보개혁 및 테러방지법을 포괄한 미국의 국가안보법(National Security Law)과 같은 대한민국의 모든 정보요소를 망라한 (가칭)국가안전보장법을 제정하고, 위임입법으로 레이건 대통령 명령 12333호와 같은 정치한 국가정보활동에 대한 행정명령을 제정해야 할 것이다. 더불어 정보활동에 대한 감독 및 통제입법이면서도 실질적으로는 정보활동을 지원을 하기 위해 FISA(해외정보감독법) 유사의 (가칭)전자감시활동감독법의 제정도 필요하다. 한편 정보공동체의 재편과 관련해서는 솔직히 문화와 역량이 다른 국내정보, 해외정보의 분리를 고려해볼 필요가 있고,[105]

정보임무를 기능별로 분산하여 국가정보원은 인간정보(HUMINT) 전문기구, 국방정보본부의 신호정보업무를 포괄하여 미국의 국가안보국(NSA)이나 영국의 정부통신본부(GCHQ) 같은 국가신호정보 전문기구 창설, 그리고 정보 총괄 통솔자가 담당할 수 있는 공개출처정보기구(OSINT)[106] 등으로 재편하는 방안도 유용할 것이다. 또한 냉전시대의 안보정보에 대한 분석경험의 미진함을 솔직히 인정하고, 수학자, 역사학자, 법률가, 정치학자, 과학자를 채용·교육하여 분석업무를 대폭 강화하고 정보기구가 최고의 실천적 국책연구기관으로 지향되도록 지원입법을 마련하는 방안과, 클린턴 대통령이 창설한 정보보안감독청(ISOO)과 같은 비밀해제 및 정보기구의 비밀분류프로그램 감독 보안 전담기구를 창설하는 방안, 국내정보와 해외정보를 포괄하는 경우에는 수사권은 포기하는 방안 등 다

105) 원래 국내정보는 해외세력과의 창과 방패의 대결로서 적극적인 보안 방첩활동이 대전제이고, 해외정보는 법칙이 없는 밀림에서의 생존경쟁으로 진정한 국가 경쟁력 있는 정책수립 정보가 도출되는 영역이다.

106) 미국의 경우 집행 부담이 없는 국가정보국장실이 오신트(OSINT) 전문기구를 부설하였다.

각적인 관점에서 다른 나라의 사례, 특히 실천적으로 정보실패를 경험하여 초국가적 안보위협환경에서 최선의 대책을 강구한 것으로 평가되는 미국의 정보공동체 변혁노력에 대한 합리적인 연구와 이해를 바탕으로, 최고통수권자나 임시적인 정권의 정보기구가 아닌 국민의 정보기구, 국가정보기구가 되어, 미래장기예측 정보 생산하는 국가 두뇌의 산실을 창설하도록 해야 할 것이다.

결국 정보공동체에 대한 향후 개편의 종합적 방향은, 기능론적으로는 초국가적 안보위협세력에 대해 한발 앞선 대처가 가능한 국가정보를 생산하도록 하는 경량화·기동화된 정보기구의 창설, 통제론적으로는 정보공동체에 대한 합리적이고 실질적인 감독과 통제체제 구축, 능률과 사명적 관점에서는 직원 사기 진작책과 민간 정보 분야 활성화를 도모할 수 있는 방향으로 현대적 정보추세를 뒤따라야 할 것이다.

제3편 외국 정보활동 법 규범

제1장 서 문

오늘날 대표적인 선진민주 정보기구들은 대부분 정보공동체에 대한 정치(精緻)한 내용의 법을 가지고 있다. 그것은 조직 탄생의 근거인 임무에 대한 것은 물론이고 정형이 없을 것 같은 정보활동에 대해서도 마찬가지이다. 그러므로 초국가적 안보위협세력의 대두와 함께 변모된 안보환경 변화에 따라 법에 명백하게 금지된 경우를 제외하고는 국가안보와 국익을 위해 정보활동 영역을 확장하는 추세라는 인식은 매우 잘못된 것이다. 오히려 정보법치(情報法治)의 원칙이 각국에 확산되는 추세라고 할 것이다. 특히 미국과 영국의 정보활동에 대한 세세한 규제입법은 혀를 내두를 정도이다. 그러한 제한 아래에서 어떻게 국가안보와 국가이익을 도모하기 위한 정보활동을 할 수 있을까? 하는 의문을 제기하기 때문이다.

그러나 여기에서 유념할 것은 정보활동에 대한 대부분의 규제입법은 국내에서의 정보활동(일부 내국인의 해외활동은 포함한다)에 대한 것임을 직시하여야 한다. 더욱이 국가정보활동이 형사처벌과 연결되는 경우에는, 즉 정보공동체와 법집행공동체의 중첩영역에 대해서는 매우 치밀한 통제장치를 구비한다. 반면에 정글에서의 총성 없는 무한경쟁 영역인 해외정보활동의 경우에는 임무에 대한 근거 이외의 활동에 대해서는 주로 의회가 예산과 보고서 제도에 의해 감독과 통제를 한다. 물론 행정부 자체통제가 있음도 물론이다. 미국의 경우에는 국가정보국장(DNI)이 정보공동체 통솔권자이면서 조정자의 역할로 기능하고 영국의 합동정보위원회(JIC) 또한 행정부 자체 통제로 기능한다. 더하여 모사드에 일부 기획 · 조정기능을 부여는 하였지만 정보기구 사이에 우열을 두지 않는 이스라엘도 정보공동체에 대한 조율사의 필요성을 절감하고 그것을 정보공동체의 개혁방향으로 설정하고 있다고 함은 제1편에서 살펴본 바와 같다.

아래에서는 정보공동체에 대한 미국과 영국 그리고 캐나다의 근거 법규범을 통괄적으로 살펴봄으로써 우리의 안보 관련법에 대한 입법 자료로 활용할 수 있도록 하고자 한다. 다만 방대한 법규범에 대해서 세세한 검토를 다할 수는 없고 그 의의와 주요조문에 대한 대체적인 검토로 만족하고자 한다. 한편 다음 장(章)에서 살펴볼 미국의 정보활동에 대한 근거법 이외에 정보활동에 대한 기념비적인 통제입법으로는 다음과 같은 것들이 있다.

1) 휴-라이언 개정안(Hughes-Ryan Amendment)

미국 의회가 승인한 비밀공작 활동과 관련한 정보기구의 예산은, 대통령이 명백하게 해당 비밀공작이 국가안보를 위해 필요한 것임을 확인하고 의회의 관련 위원회에 비밀공작에 대한 설명과 범위를 적절한 시기에 보고한 연후에 사용하도록 명시한 법이다. 정보활동에 대한 의회의 구체적인 예산 통제 조치를 확보하고, 정보기구의 비밀공작에 대한 최종 책임자는 대통령이라는 것이 명백히 되도록 하였다. 이처럼 휴-라이언법이 정보기구의 비밀공작에 대하여 최초로 입법적 근거를 제시해 준 것으로, 홀cm만(Holtzman)은 그러므로 휴-라이언법은 오히려 CIA로 하여금 합법적인 외국정부를 전복할 수 있는 활동에 대해 면죄부를 주었다고 비판하기도 하였다.[107)]

2) 정보감독법(Intelligence Oversight Act of 1980)

정보감독법은 의회의 감독과 통제의 수위가 높아지면서 정보공동체의 정보실패 사례가 잇따랐다는 비판에 따라 의회의 감독과 통제의 수위를 재조종한 법이다. 휴-라이언법 일부를 개정하여 비밀공작은 상원과 하원의 2군데 정보위원회에만 보고토록 하였다. 다만 통보는 비밀공작을 포함한 정보기구 활동에 대하여 계획 및 현재의 진행상황 그리고 향후 예상되는 중요한 활동 모두에 대하여 "충분히 그리고 제때에(fully and currently)" 통지하도록 하였다.

3) 정보자유법(Freedom of Information Act: FOIA)

정보기구의 비밀문서를 포함하여 상당히 상세한 내용의 정부보관 문서에 대한 일반인들의 정보접근권을 보장하였다.

4) 1999년도 개정 정보권한법[108)]

정보기구 비리에 대한 내부 고발제도를 활성화하여 정보기관의 일반 직원은 감찰감을 통하여 의회 정보감독위원회에 정보기구 내부의 문제점에 대해 고발을 하는 절차를 규정하고 내부고발자를 보호하는 법안이다. 이 법안은 의회가 미국 정보공동체 내부에 직접 들어가기 위한 현관문(front door)이라는 호칭을 받고 있다. 오늘날 행정부보다는 덜 바쁘고 각 정보기구들로부터 개별 보고를 받을 수 있다는 등의 이유로 의회는 대통령을 포함한 행정부처 누구보다 더 많은 정보를 획득하고 국가정보에 정통하다는 평가를 받는다.

---

107) Americo R. Cinquegrana., Dancing in the Dark: Accepting the Invitation to Struggle in the Context of "Covert Action."

108) PL105-272.

워터게이트 사건 이후 유행한 "돈을 추적하라(follow the money)."는 격언은 정보활동 전모를 파악하기 위한 가장 효율적이고 빠른 길로서, 의회도 예산 감독을 통하여 정보공동체에 대한 통제의 길을 다져 나갔고 현재에도 그러한 관행은 계속된다. 이것은 일반 개인의 법적 활동에 힘입은 바 크다. 미국 시민권자로 납세자인 리처드슨(William B. Richardson)이 CIA의 예산지출 서류의 공개를 요구하고 재무부가 불가능하다는 민원회신을 하자 정보기관 예산 공개 소송을 법원에 제소한 것과, 1997년 5월 19일 미국과학자연맹(FAS)이 정보자유법(FOIA)을 근거로 1997년도의 정보공동체의 예산 공개 소송을 제기한 사건은 역사적인 일들로 결국 법원의 최종 판단 전에 CIA는 1997년 10월 15일 정보관련 예산 총액은 약 266억 달러라고 공개하였고 1998년도 예산총액은 전년도에 비해 1억 달러 증액된 약 267억 달러라고 공개하였다.

1998년 이후에도 미국 과학자연맹은 예산공개 청구 소송을 제기하였다. 그러나 테넷(Tenet) 국장은 추가 예산공개는 너무나 많은 추세(趨勢)정보를 공개하는 것이고 적들에게 비교와 분석을 가능하게 하여 정보원과 활동의 노출 우려가 염려된다는 등의 이유로 공개를 거부했다. 법원도 CIA의 공개거부 주장을 받아들였다. 한편 제2차 세계대전 이후 미국 정부가 최초로 정보예산을 개괄적이지만 기관별로 공개한 것으로 그것 자체가 냉전시대 이후 가장 중요한 정보개혁 조치의 하나로 평가되었다.

단일 기관으로는 국가안보국(NSA)과 국가정찰실(NRO)이 가장 많은 각 75억 달러를 사용하고 이어서 공군이 약 70억 달러를 사용하고 있음을 보여주어 기술정보 활동의 높은 예산 사용 수준을 잘 보여준다. 또한 육군 정보기구와 CIA가 동일한 약 50억 달러의 예산을 사용하고 있음을 알 수 있다.[109)]

---

109) Dycus, *op. cit.*, p 389. 소송 및 예산 내역 상세는 졸저, *op, cit.* pp.1648-1654.

제2장 대표적 국가의 정보활동 관련법

제1절 미국 정보공동체 관련법

제1항 국가안보법(National Security Act of 1947)[110)]

I. 개 관

국가안보법(현행 미국 연방법전 50 U.S.C.)은 트루먼(Harry S. Truman)대통령이 서명한 법으로 제2차 세계대전 후 미국의 국방체계와 대외정책 그리고 정보공동체 조직을 총체적으로 재구축한 법이다. 전쟁부(Department of War)와 해군부(Department of the Navy)를 통합하여 국방부장관(Secretary of Defense)이 수장으로 오늘날 국방부의 전신인 국립군사당국(National Military Establishment: NME, 1949년 명칭을 오늘날의 국방부,Department of Defense로 변경하였다)을 창설하였다. 또한 공군의 창설 근거도 제시하였다.

국가안보법은 제2차 세계대전 후 미국 국방조직의 재구축 이외에 행정부 내의 국가안보 조정기구로 국가안보위원회(National Security Council: NSC)를 창설하였고, 평화시의 국가정보기구인 중앙정보국(Central Intelligence Agency)을 창설하였다. 동법은 오늘날 대통령 전용기인 Air Force One의 전신인 트루먼 대통령 전용기였던 C-54 "성스러운 암소(Sacred Cow)"의 기내에서 서명한 것으로 유명하다. 1947년 국가안보법은 국가안보위원회(NSC)와 CIA, 그리고 정보공동체 운용의 기틀인 중앙정보국장(DCI) 체제를 창설한 최초의 정보기구 탄생 근거법으로 통상 CIA 창설입법으로 일컬어진다.

국가안보법은 여러 차례의 개정을 거쳤다. 특히 2001년 9/11 테러공격과 2003년 이라크 전쟁의 여파로, 2004년 정보개혁및테러방지법(Intelligence Reform and Terrorism Prevention Act of 2004)의 제정으로 내용에 획기적인 변화를 맞게 되었다. 가장 대표적인 변화가 국가안보법에 근거한 정보공동체 조율 통솔자였던 중앙정보국장(DCI)을 대체하여 국가정보국장(Director of National Intelligence : DNI)직위를 신설한 것이다. 따라서 현행 국가안보법은 2001년 9월 11일 테러공격 사태 이후 최근에 창설된 정보공동체의 수장인 국가정보국장(DNI)과 CIA에 대해서 규정하고 있다.

---

110) Pub. L. No. 235, 80 Cong., 61 Stat. 496 (July 26, 1947).

II. 국가안보법 내용

1. 내용 일반

오늘날 개정된 국가안보법에 규정을 간략히 개관하면 새롭게 창설된 국가정보국장(DNI)에 대해서는 50 U.S.C. §403-31조에, CIA에 대해서는 §403-34 a조항에 규정하고 있다. 정보활동에 대한 다양한 내용과 방식으로 분류한 형식에 의한 의회에의 보고서 제출제도, 비밀공작에 대한 대통령의 서명에 의한 확인제도, 비밀분류와 접근에 대한 근거규정, CIA 공작 파일의 특별한 보호와 해제 제도, 명예퇴직, 복지제도, 퇴직자를 포함한 정보요원의 비밀누설 금지의무와 보호 제도, 인종과 소수민족, 여성, 장애인을 포함한 소수자 고용문제, 유능한 요원확보를 위한 장학제도와 지원 국제연합에의 정보제공 같은 국가정보활동에 대한 다양한 내용을 상세한 절차와 함께 규정하고 있다.

2. 국가정보국장(DNI)의 권한과 임무

국가안보법 제 §403-31에 규정된 정보공동체의 수장인 국가정보국장(DNI)의 임무는 다음과 같다. 국가안보법상의 DCI는 2004년 정보개혁및테러방지법에 의해 모두 DNI로 대체되었다.

1) 모든 국가 정보접근권

국가정보국장(DNI)은 법과 예산조치에 의하여 달리 규정되어 있지 않거나 대통령에 의해 특별히 지시되지 않는 한 다른 정부부처나, 정부기관, 그리고 단체에 의해 수집된 국가안보와 연관된 모든 자료와 정보에 대한 접근권을 가진다.

2) 국가안보법상의 임무

① 정보공동체의 효율적인 국가 정보수집, 업무진행절차, 정보분석, 그리고 정보 배포 및 정보 접근의 절차에 대하여 지침을 수립한다.

② 정보공동체 구성원들의 요구와 우선권을 결정하고, 정보기구 상호간에 업무를 배분하며, 정보수집 · 분석 · 배포에 대한 구체적 지시를 하달하고 정보수집과 분석업무에 대한

개별 정보기관의 요청에 대해 승인권을 가진다.

③ 일상지시권한으로 국가정보계획에 포함되지 않은 업무에 대하여도 정보공동체 구성원들에게 권고적 임무를 부여할 수 있는 권한을 가진다.

④ 정보공동체 구성원들이 업무수행 중 헌법과 관련법을 준수할 것을 책임진다.

⑤ 해외정보 수집에서의 우선권과 정보요구를 결정하며 해외정보감독법(FISA)에 의한 전자감시, 압수 · 수색을 통해 획득한 정보가 국가정보 목적을 위해 효율적이고 효과적으로 사용될 수 있도록 할 권한과 책임이 있다.

⑥ 정보 분석업무의 정책과 절차를 실정에 맞게 수정 · 보완하고, 건실한 분석기법과 정보획득 활동에 필요한 지식습득을 격려하며, 정보분석은 가용한 모든 자료들에 기초하여 이루어지도록 감독하고, 정기적으로 정보 생성물에 대한 경쟁적 분석을 실시하며, 비합법적인 노출로부터 정보원천과 방법을 보호할 권한과 책무가 있다.

3. 중앙정보국장(CIA)의 임무

중앙정보국장은 상원의 조언과 동의를 받아 대통령이 임명한다. 법은 먼저, CIA는 국내정보와 수사권 등 법집행권이 없음을 명백히 하고 있다. 법에 규정된 중앙정보국장의 임무는 다음과 같다(50 U.S.C § 403-34a).

① CIA의 활동상황에 대하여 국가정보국장(DNI)에게 보고한다.

② 인적 자원 또는 적절한 수단을 통하여 국가안보에 대한 정보를 수집하고, 국가 안보에 관련된 정보의 상호 연관성을 분석평가하고, 그러한 정보를 적절히 배포하며, 인적정보활동에 대한 총책임자로 인간정보활동(HUMINT)을 통하여 해외정보를 수집하는 모든 정보기구와 다른 국가 기관의 정보수집 및 조정업무에 대한 지침을 시달한다. CIA는 모든 정보를 활용한 종합적인 정보분석기구라는 것과, 특히 인간정보활동의 주무 책임자임을 명시한 것이다.

③ 대통령 또는 국가정보국장(DNI)이 시달하는 국가안보문제와 관련된 기타 정보업무를 수행한다.

III. 1947년 국가안보법 원문

NATIONAL SECURITY ACT OF 1947 ACT OF JULY 26, 1947 (As Amended)

AN ACT To promote the national security by providing for a Secretary of Defense; for a National Military Establishment; for a Department of the Army, a Department of the Navy, and a Department of the Air Force; and for the coordination of the activities of the National Military Establishment with other departments and agencies of the Government concerned with the national security.

Be it enacted by the Senate and House of Representatives of the United States of America in Congress assembled,

SHORT TITLE

This Act may be cited as the "National Security Act of 1947".

TABLE OF CONTENTS
목차

TITLE I - COORDINATION FOR NATIONAL SECURITY
국가안보의 조율

criminal investigations of foreign intelligence sources. - 해외정보의 법집행에의 공여
Sec. 105C. Protection of operational files of the National Imagery and Mapping Agency
국가영상지도국(현재의 지구공간정보국) 활동의 보호
Sec. 105D. Protection of operational files of the National Reconnaissance Office.
국가정찰실 활동의 보호
Sec. 106. Appointment of officials responsible for intelligence-related activities.
정보관련 활동 보호관의 임명
Sec. 107. National Security Resources Board.- 국가안보자산 위원회
Sec. 108. Annual National Security Strategy Report. - 연간국가안보전략 보고서
Sec. 104. Annual national security strategy report.- 전항으로 대체
Sec. 109. Annual report on intelligence.- 연간 정보보고서
Sec. 110. National mission of National Imagery and Mapping Agency
국가영상지도국의 국가적 임무
Sec. 111. Collection tasking authority. -정보수집 임무 근거
Sec. 112. Restrictions on intelligence sharing with the United Nations.
국제연합(UN)과의 정보 공유제한
Sec. 113. Detail of intelligence community personnel-intelligence community assignment program. -정보공동체 임무 상세
Sec. 114. Additional annual reports from the Director of Central Intelligence.
중앙정보국장의 부가 연간보고서
Sec. 114A. Annual report on improvement of financial statements for auditing purposes.
감사 목적으로 재무제표 개선에 대한 연간 보고서
Sec. 115. Limitation on establishment or operation of diplomatic intelligence support centers. -외교정보지원 센터의 설립과 운영 제한
Sec. 116. Travel on any common carrier for certain intelligence collection personel.
정보수집을 위한 운송수단 이용
Sec. 117. POW/MIA analytic capability.
Sec. 118. Semiannual report on financial intelligence on terrorist assets.
테러리스트 자산에 대한 금융정보 반기 보고서

TITLE II - THE DEPARTMENT OF DEFENSE 국방부

Sec. 201. Department of Defense. 국방부
Sec. 202. Secretary of Defense. 폐지(Section repealed without amending table of contents)
Sec. 203. Military Assistants to the Secretary. 폐지
Sec. 204. Civilian personnel. 폐지
Sec. 205. Department of the Army. 육군
Sec. 206. Department of the Navy. 해군
Sec. 207. Department of the Air Force. 공군

Sec. 208. United States Air Force. - 폐지
Sec. 209. Effective date of transfers. - 폐지
Sec. 210. War Council. - 폐지
Sec. 211. Joint Chiefs of Staff. - 폐지
Sec. 212. Joint Staff. - 폐지
Sec. 213. Munitions Board. - 폐지
Sec. 214. Research and Development Board. - 폐지

TITLE III - MISCELLANEOUS 기타 조항

Sec. 301. National Security Agency voluntary separation. 명예퇴직
Sec. 302. Under Secretaries and Assistant Secretaries. 폐지
Sec. 303. Advisory committees and personnel. 자문위원회와 인사
Sec. 304. Status of transferred civilian personnel. 폐지
Sec. 305. Saving provisions. 폐지
Sec. 306. Transfer of funds. 폐지
Sec. 307. Authorization for appropriations. 세출권한
Sec. 308. Definitions. 정의
Sec. 309. Separability. 독립예산
Sec. 310. Effective date.발효일
Sec. 311. Succession to the Presidency. 대통령직에의 인계
Sec. 411. Repealing and saving provisions. 폐지

TITLE V - ACCOUNTABILITY FOR INTELLIGENCE ACTIVITIES 국가정보활동에 대한 책임

Sec. 501. General congressional oversight provisions. 의회감독 일반
Sec. 502. Reporting of intelligence activities other than covert actions.
비밀공작에 대한 특별보고
Sec. 503. Presidential approval and reporting of covert actions.
대통령 승인과 비밀공작 보고서
Sec. 504. Funding of intelligence activities.정보활동 재원
Sec. 505. Notice to Congress of certain transfers of defense articles and defense services.
특정한 국방물품과 국방서비스의 전용에 대한 의회에의 통지
Sec. 506. Specificity of National Foreign Intelligence Program budget amounts for counterterrorism, counterproliferation, counternarcotics, and counterintelligence.
대(對)테러 · 대(對)대량살상무기확산 · 대(對)마약과 방첩공작활동 예산 총액의 특정
Sec. 507. Dates for submittal of various annual and semiannual reports to the congressional intelligence committees. 보고서 제출 일정

TITLE VI - PROTECTION OF CERTAIN NATIONAL SECURITY INFORMATION
특정한 국가안보 정보의 보호

Sec. 601. Protection of identities of certain United States undercover intelligence officers, agents informants, and sources. 정보요원, 정보제공자와 정보원천의 보호
Sec. 602. Defenses and exceptions. 항변과 (공개) 예외
Sec. 603. Report. 보고서
Sec. 604. Extraterritorial jurisdiction. - 치외법권 관할
Sec. 605. Providing information to Congress. 의회 제공 정보
Sec. 606. Definitions. 정의

TITLE VII - PROTECTION OF OPERATIONAL FILES OF THE CENTRAL INTELLIGENCE AGENCY- CIA의 공작활동 파일의 보호

Sec. 701. Exemption of certain operational files from search, review, publication, or disclosure. -조사, 검토, 공개 또는 비밀해제에서의 특정한 공작 파일의 면제.
Sec. 702. Decennial review of exempted operational files. 면제파일에 대한 10년마다의 점검

TITLE VIII - ACCESS TO CLASSIFIED INFORMATION
비밀에 대한 접근

Sec. 801. Procedures. 절차
Sec. 802. Requests by authorized investigative agencies. 권한 있는 조사당국의 요구
Sec. 803. Exceptions. 예외
Sec. 804. Definitions. 정의

TITLE IX - APPLICATION OF SANCTIONS LAWS TO INTELLIGENCE ACTIVITIES
정보활동에 대한 처벌법규의 적용

Sec. 901. Stay of sanctions. 제재유보(留保)
Sec. 902. Extension of stay. 유보의 확장
Sec. 903. Reports. 보고서
Sec. 904. Laws subject to stay. 유보되는 법률
Sec. 905. Application. 적용

TITLE X - EDUCATION IN SUPPORT OF NATIONAL INTELLIGENCE
국가정보 지원 교육

Sec. 1001. Scholarships and work-study for pursuit of graduate degrees in science and technology. 과학. 기술 분야에 대한 석사학위 학습에 대한 장학금

TITLE XI - OTHER PROVISIONS 기타 조항

Sec. 1101. Applicability to United States intelligence activities of Federal laws implementing international treaties and agreements. 국제조약과 국제합의 이행을 위한 연방법의 미국 정보활동에 대한 적용

DECLARATION OF POLICY
(미국의 미래 국가안보에 대한) 정책 선언

SEC. 2. [50 U.S.C. 401] In enacting this legislation, it is the intent of Congress to provide a comprehensive program for the future security of the United States; to provide for the establishment of integrated policies and procedures for the departments, agencies, and functions of the Government relating to the national security; to provide a Department of Defense, including the three military Departments of the Army, the Navy (including naval aviation and the United States Marine Corps), and the Air Force under the direction, authority, and control of the Secretary of Defense; to provide that each military department shall be separately organized under its own Secretary and shall function under the direction, authority, and control of the Secretary of Defense; to provide for their unified direction under civilian control of the Secretary of Defense but not to merge these departments or services; to provide for the establishment of unified or specified combatant commands, and a clear and direct line of command to such commands; to eliminate unnecessary duplication in the Department of Defense, and particularly in the field of research and engineering by vesting its overall direction and control in the Secretary of Defense; to provide more effective, efficient, and economical administration in the Department of Defense; to provide for the unified strategic direction of the combatant forces, for their operation under unified command, and for their integration into an efficient team of land, naval, and air forces but not to establish a single Chief of Staff over the armed forces nor an overall armed forces general staff.

DEFINITIONS - 용어의 정의

SEC. 3. [50 U.S.C. 401a] As used in this Act:

(1) The term "intelligence" includes foreign intelligence and counterintelligence. 정보 개념

(2) The term "foreign intelligence" means information relating to the capabilities, intentions, or activities of foreign governments or elements thereof, foreign organizations, or foreign persons, or international terrorist activities. 해외정보 개념

(3) The term "counterintelligence" means information gathered, and activities conducted to protect against espionage, other intelligence activities, sabotage, or assassinations conducted by or on behalf of foreign governments or elements thereof, foreign organizations, or foreign persons, or inter national terrorist activities. 방첩정보 개념

(4) The term "intelligence community" includes 정보공동체

(A) the Office of the Director of Central Intelligence, ... 중앙정보국장(DCI)

(B) the Central Intelligence Agency; 중앙정보국

(C) the National Security Agency; 국가안보국

(D) the Defense Intelligence Agency; 국방정보국

(F) the National Reconnaissance Office; 국가정찰실

(G) other offices within the Department of Defense for the collection of specialized national intelligence through reconnaissance programs; 국방부 내 정찰임무 기타 부서

(H) the intelligence elements of the Army, the Navy, the Air Force, the Marine Corps, the Federal Bureau of Investigation, the Department of the Treasury, the Department of Energy, and the Coast Guard; 육군 · 해군 · 공군 · 해병대 · FBI(연방수사국), 재무부, 에너지부, 해안경비대.

(I) the Bureau of Intelligence and Research of the Department of State;국무부 정보조사국

(J) the elements of the Department of Homeland Security concerned with the analyses of foreign intelligence information; and 국토안보부

(K) such other elements of any other department or agency as may be designated by the President, or designated jointly by the Director of Central Intelligence and the head of the department or agency concerned, as an element of the intelligence community. 대통령 등에 의해 지명되는 기타 부서

(5) The terms "national intelligence" and "intelligence-related to the national security" - 국가정보와 국가안보 관련 정보의 정의

(A) each refer to intelligence which pertains to the interests of more than one department or agency of the Government; and - 행정부의 일개 부서 이상의 이해관계와 관련된 정보

(B) do not refer to counterintelligence or law enforcement activities conducted by the Federal Bureau of Investigation except to the extent provided for in procedures agreed to by the Director of Central Intelligence and the Attorney General, or otherwise as expressly provided for in this title. 다만 방첩정보와 법집행 활동은 포함하지 않는다.

(6) The term "National Foreign Intelligence Program" refers to all programs, projects, and activities of the intelligence community, as well as any other programs of the intelligence community designated jointly by the Director of Central Intelligence and the head of a United States department or agency or by the President. Such term does not include programs, projects, or activities of the military departments to acquire intelligence solely for the planning and conduct of tactical military operations by United States Armed Forces. 국가해외정보 프로그램

(7) The term `congressional intelligence committees' means-- 의회 정보위원회

(A) the Select Committee on Intelligence of the Senate; and 상원정보위원회

(B) the Permanent Select Committee on Intelligence of the House of Representatives 하원상설정보위원회

TITLE I - COORDINATION FOR NATIONAL SECURITY
국가안보의 조율

NATIONAL SECURITY COUNCIL 국가안보위원회

Sec. 101. [U.S.C. 402]

(a) There is hereby established a council to be known as the National Security Council (thereinafter in this section referred to as the "Council"). The President of the United States shall preside over meetings of the Council: Provided, That in his absence he may designate a member of the Council to preside in his place. The function of the Council shall be to advise the President with respect to the integration of domestic, foreign, and military policies relating to the national security so as to enable the military services and the other departments and agencies of the Government to cooperate more effectively in matters involving the national security. 의장은 대통령, 국가안보와 관련된 국내. 해외정보의 통합과 국방 정책에 대한 대통령에 대한 국가안보 자문

The Council shall be composed of··· - 국가안보위원회 구성

(1) the President; 대통령

(2) the Vice President; 부통령

(3) the Secretary of State; 국무부장관

(4) the Secretary of Defense; 국방부장관

....

(h)

(1) There is established within the National Security Council a committee to be known as the Committee on Foreign Intelligence (in this subsection referred to as the "Committee"). 산하 해외정보위원회의 설립

(2) The Committee shall be composed of the following: 구성

(A) The Director of Central Intelligence. 중앙정보국장

(B) The Secretary of State. 국무부장관

(C) The Secretary of Defense. 국방부장관

(D) 위원장: 대통령 국가안보 보좌관The Assistant to the President for National Security Affairs,

(E) Such other members as the President may designate. 대통령 지명 기타위원

(3) The function of the Committee shall be to assist the Council in its activities by -

(A) identifying the intelligence required to address the national security interests of the United States as specified by the President;

(B) establishing priorities (including funding priorities) among the programs, projects, and activities that address such interests and requirements; and

(C) establishing policies relating to the conduct of intelligence activities of the United States, including appropriate roles and missions for the elements of the intelligence community and appropriate targets of intelligence collection activities.

(4) 임무수행 절차

(5) 보고서 제출

(i)

(1) There is established within the National Security Council a committee to be known as the Committee on Transnational Threats (in this subsection referred to as the "Committee"). - 국가안보위원회 산하의 초국가적안보위협 위원회 설립

(2) The Committee shall include the following members: 위원

(A) The Director of Central Intelligence. 중앙정보국장

(B) The Secretary of State. 국무부장관

(C) The Secretary of Defense. 국방부장관

(D) The Attorney General. 법무부장관

(E) 위원장: 대통령 국가안보보좌관 The Assistant to the President for National Security Affairs,

(F) Such other members as the President may designate.대통령 지명 기타 위원

(3) The function of the Committee shall be to coordinate and direct the activities of the United States Government relating to combating transnational threats.

(4) 임무 수행 절차

(5) 초국가적 위협(transnational threat)의 정의

(A) Any transnational activity (including international terrorism, narcotics trafficking, the proliferation of weapons of mass destruction and the delivery systems for such weapons, and organized crime) that threatens the national security of the United States.

(B) Any individual or group that engages in an activity referred to in subparagraph (A).

OFFICE OF THE DIRECTOR OF CENTRAL INTELLIGENCE
중앙정보국장 실(室)

SEC. 102. [50 U.S.C. 403]

(a) DIRECTOR of CENTRAL INTELLIGENCE. - There is a Director of Central Intelligence who shall be appointed by the President, by and with the advice and consent of the Senate. The Director shall - 중앙정보국장은 상원 동의 조건부 대통령 임명

(1) serve as head of the United States intelligence community; 정보공동체 수장

(2) act as the principal adviser to the President for intelligence matters related to the national security; and 국가안보에 대한 대통령의 최고 보좌관

(3) serve as head of the Central Intelligence Agency. 중앙정보국(CIA) 국장 겸직

(b) DEPUTY DIRECTORS OF CENTRAL INTELLIGENCE. 2명의 부국장

(c) MILITARY STATUS OF DIRECTOR AND DEPUTY DIRECTORS. - (1)(A) Not more than one of the individuals serving in the positions specified in subparagraph (B)may be a commissioned officer of the Armed Forces, whether in active or retired status. 군인 겸직 가능

(3)항 (4)항 (5)항: 군인 겸직시의 규율 내용

(d) DUTIES OF DEPUTY DIRECTORS. 부국장의 임무

(e) OFFICE OF THE DIRECTOR OF CENTRAL INTELLIGENCE. - (1) There is an Office of the Director of Central Intelligence. The function of the Office is to assist the Director of Central Intelligence in carrying out the duties and responsibilities of the Director under this Act and to carry out such other duties as may be prescribed by law. 중앙정보국장 실(室)

(2) The Office of the Director of Central Intelligence is composed of the following: 구성

(A) The Director of Central Intelligence. 중앙정보국장

(B) The Deputy Director of Central Intelligence. 중앙정보부국장

(C) The Deputy Director of Central Intelligence for Community Management.

(D) The National Intelligence Council.국가안보위원회

(E) The Assistant Director of Central Intelligence for Collection.

(F) The Assistant Director of Central Intelligence for Analysis and Production.

(G) The Assistant Director of Central Intelligence for Administration.

(H) Such other offices and officials as may be established by law or the Director of Central Intelligence may establish or designate in the Office.

(3)항 (4)항 활동과 사무실 위치(CIA 내에 위치)

(f)항, (g)항, (h) 항: 지원 국장(Assistant Director) 들의 임무 등

CENTRAL INTELLIGENCE AGENCY
중앙정보국

SEC. 102A.. [50 U.S.C. 403-1] There is a Central Intelligence Agency. The function of the Agency shall be to assist the Director of Central Intelligence in carrying out the responsibilities referred to in paragraphs (1) through (5) of section 103(d) of this Act. - 법 제103(d)의 임무 수행을 통한 중앙정보국장의 지원

RESPONSIBILITIES OF THE DIRECTOR OF CENTRAL INTELLIGENCE
중앙정보국장의 책무

SEC. 103. (50 U.S.C. 403-3]

(a) PROVISION OF INTELLIGENCE.

(1) Under the direction of the National Security Council, the Director of Central Intelligence shall be responsible for providing national intelligence - 피(被) 정보제공자: 정보 수요자

(A) to the President; 대통령

(B) to the heads of departments and agencies of the executive branch; 행정부

(C) to the Chairman of the Joint Chiefs of Staff and senior military commanders; and 합참의장과 고급 군 지휘관

(D) where appropriate, to the Senate and House of Representatives and the committees thereof. 상원 하원의 유관 위원회

(2) Such national intelligence should be timely, objective, independent of political considerations, and based upon all sources available to the intelligence community. 제공하는 정보는 정보공동체의 모든 정보에 기초한 적시. 객관적, 그리고 정치적 고려를 배제한 정보.

(b) NATIONAL INTELLIGENCE COUNCIL. 국가정보위원회(NIC)

(1)

(A) There is established within the Office of the Director of Central Intelligence the National Intelligence Council (hereafter in this section referred to as the Council"). The Council shall be composed of senior analysts within the intelligence community and substantive experts from the public and private sector, who shall be appointed by, report to, and serve at the pleasure of, the Director of Central Intelligence. 국가정보위원회(상위 분석전문가로 구성)

(B) The Director shall prescribe appropriate security requirements for personnel appointed from the private sector as a condition of service on the Council, or as contractors of the Council or employees of such contractors, to ensure the protection of intelligence sources and methods while avoiding, wherever possible, unduly intrusive requirements which the Director considers to be unnecessary for this purpose.

(2) The Council shall - 임무

(A) produce national intelligence estimates for the Government, including, whenever the Council considers appropriate, alternative views held by elements of the intelligence community; 생산

(B) evaluate community-wide collection and production of intelligence by the intelligence community and the requirements and resources of such collection and production; and 평가

(C) assist the Director in carrying out the responsibilities described in subsection(a).

(3)항, (4)항 (5)항, (6)항: 임무 수행 절차 규정

(c) HEAD OF THE INTELLIGENCE COMMUNITY. - In the Director's capacity as head of the intelligence community, the Director shall - 정보공동체 수장(首長)의 책무

(1) facilitate the development of an annual budget for intelligence and intelligence-related activities of the United States by (A) developing and presenting to the President an annual budget for the National Foreign Intelligence Program; and (B) participating in the development by the Secretary of Defense of the annual budgets for the Joint Military Intelligence Program and the Tactical Intelligence and Related Activities Program;

(2) establish the requirements and priorities to govern the collection of national intelligence by elements of the intelligence community;

(3) approve collection requirements, determine collection priorities, and resolve conflicts in collection

priorities levied on national collection assets, except as otherwise agreed with the Secretary of Defense pursuant to the direction of the President;

(4) promote and evaluate the utility of national intelligence to consumers within the Government;

(5) eliminate waste and unnecessary duplication within the intelligence community; 불필요한 중복 배제

(6) establish requirements and priorities for foreign intelligence information to be collected under the Foreign Intelligence Surveillance Act of 1978 (50 U.S.C.. 1801 et seq.), and provide assistance to the Attorney General to ensure that information derived from electronic surveillance or physical searches under that Act is disseminated so it may be used efficiently and effectively for foreign intelligence purposes, ...

(7) protect intelligence sources and methods from unauthorized disclosure; and

(8) perform such other functions as the President or the National Security Council may direct.

(d) HEAD OF THE CENTRAL INTELLIGENCE AGENCY. - In the Director's capacity as head of the Central Intelligence Agency, the Director shall - 중앙정보국 책임자의 책무

(1) collect intelligence through human sources and by other appropriate means, except

that the Agency shall have no police, subpoena, or law enforcement powers or internal security functions;

(2) provide overall direction for the collection of national intelligence through human sources by elements of the intelligence community authorized to undertake such collection and, in coordination with other agencies of the Government which are authorized to undertake such collection, ensure that the most effective use is made of resources and that the risks to the United States and those involved in such collection are minimized;

(3) correlate and evaluate intelligence-related to the national security and provide appropriate dissemination of such intelligence;

(4) perform such additional services as are of common concern to the elements of the intelligence community, which services the Director of Central Intelligence determines can be more efficiently accomplished centrally; and

(5) perform such other functions and duties related to intelligence affecting the national security as the President or the National Security Council may direct.

AUTHORITIES OF THE DIRECTOR OF CENTRAL INTELLIGENCE
중앙정보국장(DCI -현재 DNI로 변경)의 권한

SEC. 104. [50 U.S.C. 403-4]

(a) ACCESS TO INTELLIGENCE. - To the extent recommended by the National Security Council and approved by the President, the Director of Central Intelligence shall have access to all intelligence-related to the national security which is collected by any department, agency, or other entity of the United States. 정보 접근권

(b) APPROVAL OF BUDGETS. - The Director of Central Intelligence shall provide guidance to elements of the intelligence community for the preparation of their annual budgets and shall approve such budgets before their incorporation in the National Foreign Intelligence Program. 예산 승인권

(c) ROLE OF DCI IN REPROGRAMMING. - No funds made available under the National Foreign Intelligence Program may be reprogrammed by any element of the intelligence community without the prior approval of the Director of Central Intelligence except in accordance with procedures issued by the Director. The Secretary of Defense shall consult with the Director of Central Intelligence before reprogramming funds made available under the Joint Military Intelligence Program. 업무 재조종 권한

(d) TRANSFER OF FUNDS OR PERSONNEL WITHIN THE NATIONAL FOREIGN INTELLIGENCE PROGRAM. (1)(A) In addition to any other authorities available under law for such purposes, the Director of Central Intelligence, with the approval of the Director of the Office of Management and Budget, may transfer funds appropriated for a program within the National Foreign Intelligence Program to another such program and, in accordance with procedures to be developed by the Director and the heads of affected departments and agencies, may transfer personnel authorized for an element of the intelligence community to another such element for periods up to a year. 정보자산과 인력배치

(e) COORDINATION WITH FOREIGN GOVERNMENTS. - Under direction of the National Security Council and in a manner consistent with section 207 of the Foreign Service Act of 1980 (22 U.S.C. 3927), the Director shall coordinate the relationships between elements of the intelligence community and the intelligence or security services of foreign governments on all matters involving intelligence-related to the national security or involving intelligence acquired through clandestine means. 외국정부와의 협조

(f) USE OF PERSONNEL. - The Director shall, in coordination with the heads of departments and agencies with elements in intelligence community, institute policies and programs within the intelligence community - 인력의 사용

(g) STANDARDS AND QUALIFICATIONS FOR PERFORMANCE OF INTELLIGENCE ACTIVITIES- The Director, acting as the head of the intelligence community, shall, in consultation with the heads of effected agencies, develop standards and qualifications for persons engaged in the performance of intelligence activities within the intelligence community. 정보지침

(h) TERMINATION OF EMPLOYMENT OF CIA EMPLOYEES. - Notwithstanding THE PROVISIONS OF ANY OTHER LAW, THE director may, in the Director's discretion, terminate employment of any officer or employee of the Central Intelligence Agency whenever the Director shall deem such termination necessary or advisable in the interests of the United States. Any such termination shall not affect the right of the officer or employee terminated to seek or accept employment in any other department or agency of the Government if declared eligible for such employment by the Office of Personnel Management. - CIA 피용자의 계약종료

RESPONSIBILITIES OF THE SECRETARY OF DEFENSE PERTAINING TO THE NATIONAL FOREIGN INTELLIGENCE PROGRAM
국가해외정보계획에 대한 국방부장관의 책무

Sec. 105. [50 U.S.C. 403-5]

(a) IN GENERAL. - The Secretary of Defense, in consultation with the Director of Central Intelligence, shall - 국방부 장관의 임무

(1) ensure that the budgets of the elements on the intelligence community within the Department of Defense are adequate to satisfy the overall intelligence needs of the Department of Defense, including the needs of the chairman of the Joint Chiefs of Staff and the commanders of the unified and specified commands and, wherever such elements are performing governmentwide functions, the needs of other departments and agencies;

(2) ensure appropriate implementation of the policies and resource decisions of the Director of Central Intelligence by elements of the Department of Defense within the National Foreign Intelligence Program;

(3) ensure that the tactical intelligence activities of the Department of Defense complement and are compatible with intelligence activities under the National Foreign

Intelligence Program;
(4) ensure that the elements of the intelligence community within the Department of Defense are responsive and timely with respect to satisfying the needs of operational military forces;
(5) eliminate waste and unnecessary duplication among the intelligence activities of the Department of Defense; and
(6) ensure that intelligence activities of the Department of Defense are conducted jointly where appropriate.

(b) RESPONSIBILITY FOR THE PERFORMANCE OF SPECIFIC FUNCTIONS. - Consistent with sections 103 and 104 of this Act, the Secretary of Defense shall ensure - 기관별 특수임무

(1) through the National Security Agency (except as otherwise directed by the President or the National Security Council), the continued operation of an effective unified organization for the conduct of signals intelligence activities and shall ensure that the product is disseminated in a timely manner to authorized recipients;
(2) through the National Imagery and Mapping Agency (except as otherwise directed by the President or the National Security Council), with appropriate representation from the intelligence community, the continued operation of an effective unified organization within the Department of Defense -
(3) through the National Reconnaissance Office (except as otherwise directed by the President or the National Security Council), the continued operation of an effective unified organization for the research and development, acquisition, and operation of overhead reconnaissance systems necessary to satisfy the requirements of all elements of the intelligence community;
(4) through the Defense Intelligence Agency (except as otherwise directed by the President or the National Security Council), the continued operation of an effective unified system within the Department of Defense for the production of timely, objective military and military-related intelligence, based upon all sources available to the intelligence community, and shall ensure the appropriate dissemination of such intelligence to authorized recipients;
(5) through the Defense Intelligence Agency (except as otherwise directed by the President or the National Security Council), effective management of Department of Defense human intelligence activities, including defense attaches; and
(6) that the military departments maintain sufficient capabilities to collect and produce intelligence to meet, (A) the requirements of the Director of Central Intelligence;
(B) the requirements of the Secretary of Defense or the Chairman of the Joint Chiefs of Staff; (C) the requirements of the unified and specified combatant commands and of joint operations; (D) the specialized requirements of the military departments for intelligence necessary to support tactical commanders, military planners, the research and development process, the acquisition of military equipment, and training and doctrine.

(c) USE OF ELEMENTS OF DEPARTMENT OF DEFENSE. - The Secretary of Defense, in carrying out the functions described in this section, may use such elements of the Department of

Defense as may be appropriate for the execution of those functions, in addition to, or in lieu of, the elements identified in this section.

(d) ANNUAL EVALUATION OF PERFORMANCE AND RESPONSIVENESS OF CERTAIN ELEMENTS OF INTELLIGENCE COMMUNITY- (1) Not later each year than the date provided in section 507, the Director shall submit to the congressional intelligence committees the evaluation described in paragraph (3).

ASSISTANCE TO UNITED STATES LAW ENFORCEMENT AGENCIES
법집행 기관의 지원

SEC. 105A.. [50 U.S.C. 403-5a]

(a) AUTHORITY TO PROVIDE ASSISTANCE. - Subject to subsection (b), elements of the intelligence community may, upon the request of a United States law enforcement agency, collect information outside the United States about individuals who are not United States persons. Such elements may collect such information notwithstanding that the law enforcement agency intends to use the information collected for purposes of a law enforcement investigation or counterintelligence investigation.

(b) LIMITATION ON ASSISTANCE BY ELEMENTS OF DEPARTMENT OF DEFENSE. - (1) With respect to elements within the Department of Defense, the authority in subsection (a) applies only to the following: (A) The National Security Agency, (B) The National Reconnaissance Office, (C) The National Imagery and Mapping Agency, (D) The Defense Intelligence Agency, (2), (3), (4) 항: 절차 규정

(c) DEFINITIONS. - For purposes of subsection (a): 용어의 정의

DISCLOSURE OF FOREIGN INTELLIGENCE ACQUIRED IN CRIMINAL INVESTIGATIONS; NOTICE OF CRIMINAL INVESTIGATIONS OF FOREIGN SOURCES
범죄수사에서 획득한 해외정보의 공개와 해외 정보원에 대한 범죄수사의 통지

Sec. 105B. [50 USC 403-5b]

(a) Disclosure of Foreign Intelligence.--

(1) Except as otherwise provided by law and subject to paragraph (2), the Attorney General, or the head of any other department or agency of the Federal Government with law enforcement responsibilities, shall expeditiously disclose to the Director of Central Intelligence, pursuant to guidelines developed by the Attorney General in consultation with the Director, foreign intelligence acquired by an element of the Department of Justice or an element of such department or agency, as the case may be, in the course of a criminal investigation.

이하 (c)항까지 절차규정

....

PROTECTION OF OPERATIONAL FILES OF THE NATIONAL IMAGERY AND MAPPING AGENCY 국가영상지도국 정보활동 파일의 보호

SEC. 105C. [50 U.S.C. 403-5c]

(a) Exemption of Certain Operational Files From Search, Review, Publication, or Disclosure.--(1) The Director of the National Imagery and Mapping Agency, with the coordination of the Director of Central Intelligence, may exempt operational files of the National Imagery and Mapping Agency from the provisions of section 552 of title 5, United States Code, which require publication, disclosure, search, or review in connection therewith.

....

(b) Decennial Review of Exempted Operational Files - 단 10년 주기의 재점검

....

PROTECTION OF OPERATIONAL FILES OF THE NATIONAL RECONNAISSANCE OFFICE

국가정찰실 정보활동 파일의 보호

SEC. 105D.

(a) EXEMPTION OF CERTAIN OPERATIONAL FILES FROM SEARCH, REVIEW, PUBLICATION, OR DISCLOSURE- (1) The Director of the National Reconnaissance Office, with the coordination of the Director of Central Intelligence, may exempt operational files of the National Reconnaissance Office from the provisions of section 552 of title 5, United States Code, which require publication, disclosure, search, or review in connection therewith.

....

(b) DECENNIAL REVIEW OF EXEMPTED OPERATIONAL FILES - 10년 주기 재점검.

....

APPOINTMENT OF OFFICIALS RESPONSIBLE FOR INTELLIGENCE-RELATED ACTIVITIES 정보활동에 대한 책임자의 임명

SEC. 106. [50 U.S.C. 403-6]

(a) CONCURRENCE OF DCI IN CERTAIN APPOINTMENTS. 국가정보국장의 임명 동의권

(1) In the event of a vacancy in a position referred to in paragraph (2), the Secretary of

Defense shall obtain the concurrence of the Director of Central Intelligence before recommending to the President an individual for appointment to the position. If the Director does not concur in the recommendation, the Secretary may make the recommendation to the President without the Director's concurrence, but shall include in the recommendation a statement that the Director does not concur in the recommendation.

(2) Paragraph (1) applies to the following positions:

(A) The Director of the National Security Agency.

(B) The Director of the National Reconnaissance Office.

(C) The Director of the National Imagery and Mapping Agency.

b) CONSULTATION WITH DCI IN CERTAIN APPOINTMENTS. - 국가정보국장(DNI)과 임명전 상의

(1) In the event of a vacancy in a position referred to in paragraph (2), the head of the department or agency having jurisdiction over the position shall consult with the Director of Central Intelligence before appointing an individual to fill the vacancy or recommending to the President an individual to be nominated to fill the vacancy.

(2) Paragraph (1) applies to the following positions:

(A) The Director of the Defense Intelligence Agency.국방정보국장

(B) The Assistant Secretary of State for Intelligence and Research. 국무부 정보국장

(C) The Director of Intelligence and the Director of the Office of Counterintelligence of the Department of Energy. 에너지부 정보국장

(3) In the event of a vacancy in the position .... 공석시의 문제

NATIONAL SECURITY RESOURCES BOARD[8] 국가안보자산위원회

SEC. 107. [50 U.S.C. 404]

(a) The Director of the Office of Defense Mobilization,[9] subject to the direction of the President, is authorized, subject to the civil-service laws and the Classification Act of 1949,[10] to appoint and fix the compensation of such personnel as may be necessary to assist the Director in carrying out his functions.

(b) It shall be the function of the Director of the Office of Defense Mobilization to advise the President concerning the coordination of military, industrial, and civilian mobilization, including 임무

(1) policies concerning industrial and civilian mobilization in order to assure the most effective mobilization and maximum utilization of the Nation's manpower in the event of war.

(2) programs for the effective use in time of war of the Nation's natural and industrial resources for military and civilian needs, for the maintenance and stabilization of the civilian economy in time of war, and for the adjustment of such economy to war

needs and conditions;

....

(c) In performing his functions, the Director of the Office of Defense Mobilization shall utilize to the maximum extent the facilities and resources of the departments and agencies of the Government.

ANNUAL NATIONAL SECURITY STRATEGY REPORT
연례국가안보전략 보고서

SEC. 108. [50 U.S.C. 404a]

(a)(1) The President shall transmit to Congress each year a comprehensive report on the national security strategy of the United States (hereinafter in this section referred to as a national security strategy report").

(2) The national security strategy report for any year shall be transmitted on the date on which the President submits to Congress the budget for the next fiscal year under section 1105 of title 31, United States Code.

(3) Not later than 150 days after the date on which a new President takes office, the President shall transmit to Congress a national security strategy report under this section.. That report shall be in addition to the report for that year transmitted at the time specified in paragraph (2).

(b) Each national security strategy report: 포함될 내용

(1) The worldwide interests, goals, and objectives of the United States that are vital to the national security of the United States.

(2) The foreign policy, worldwide commitments, and national defense capabilities of the United States necessary to deter aggression and to implement the national security strategy of the United States.

(3) The proposed short-term and long-term uses of the political, economic, military, and other elements of the national power of the United States to protect or promote the interests and achieve the goals and objectives referred to in paragraph (1).

(4) The adequacy of the capabilities of the United States to carry out the national security strategy of the United States, including an evaluation of the balance among the capabilities of all elements of the national power of the United States to support the implementation of the national security strategy.

(5) Such other information as may be necessary to help inform Congress on matters relating to the national security strategy of the United States.

(c) Each national security strategy report shall be transmitted in both a classified and an unclassified form.

ANNUAL REPORT ON INTELLIGENCE
연례 정보보고서

SEC. 109.

(a) IN GENERAL. - (1) Not later than January 31 each year, the President shall submit to the appropriate congressional committees a report on the requirements of the United States for intelligence and the activities of the intelligence community.

....

(b) MATTERS COVERED 포함 내용. - (1) Each report under subsection (a) shall

(A) specify the intelligence required to meet the national security interests of the United States, and set forth an order of priority for the collection and analysis of intelligence required to meet such interests, for the fiscal year beginning in the year in which the report is submitted; and

(B) evaluate the performance of the intelligence community in collecting and analyzing intelligence required to meet such interests during the fiscal year ending in the year preceding the year in which the report is submitted, including a description of the significant successes and significant failures of the intelligence community in such collection and analysis during that fiscal year. 정보실패도 분석하여 수록

....

NATIONAL MISSION OF NATIONAL IMAGERY AND MAPPING AGENCY
국가영상지도국의 임무

SEC. 110. [50 U.S.C. 404e]

(a) IN GENERAL - In addition to the Department of Defense missions set forth in section 442 of title 10, United States Code, the National Imagery and Mapping Agency shall support the imagery requirements of the Department of State and other departments and agencies of the United States outside the Department of Defense.

(b) REQUIREMENTS AND PRIORITIES. - The Director of Central Intelligence shall establish requirements and priorities governing the collection of national intelligence by the National Imagery and Mapping Agency under subsection (a).

(c) CORRECTION OF DEFICIENCIES(하자 또는 결함의 시정) - The Director of Central Intelligence shall develop and implement such programs and policies as the Director and the Secretary of Defense jointly determine necessary to review and correct deficiencies identified in the capabilities of the National Imagery and Mapping Agency to accomplish assigned national missions, including support to the all-source analysis and production process. The Director shall consult with the Secretary of Defense on the development and implementation of such programs and policies. The Secretary shall obtain the advice of the Chairman of the Joint Chiefs of Staff regarding the matters on which the Director and the Secretary are to consult under the preceding sentence.

COLLECTION TASKING AUTHORITY 정보수집 활동 권한

SEC. 111. [50 U.S.C. 404f] Unless otherwise directed by the President, the Director of Central Intelligence shall have authority (except as otherwise agreed by the Director and the Secretary of Defense) to -

(1) approve collection requirements levied on national imagery collection assets;

(2) determine priorities for such requirements; and

(3) resolve conflicts in such priorities.

RESTRICTIONS ON INTELLIGENCE SHARING WITH THE UNITED NATIONS 국제연합과의 정보공유에 대한 제한

SEC. 112. [50 U.S.C. 404g]

(a) PROVISION OF INTELLIGENCE INFORMATION TO THE UNITED NATIONS. - (1) No United States intelligence information may be provided to the United Nations or any organization affiliated with the United Nations, or to any officials or employees thereof, unless the President certifies to the appropriate committees of Congress that the Director of Central Intelligence, in consultation with the Secretary of State and the Secretary of Defense, has established and implemented procedures, and has worked with the United Nations to ensure implementation of procedures, for protecting from unauthorized disclosure United States intelligence sources and methods connected to such information.... ....

(b) PERIODIC AND SPECIAL REPORTS. - 정례 보고서

....

DETAIL OF INTELLIGENCE COMMUNITY PERSONNEL - INTELLIGENCE COMMUNITY ASSIGNMENT PROGRAM 정보공동체 요원에 대한 편의 등 - 정보공동체 임무할당 프로그램

SEC. 113. [50 U.S.C. 404h]

(a) DETAIL. - (1) Notwithstanding any other provision of law, the head of a department with an element in the intelligence community or the head of an intelligence community agency or element may detail any employee within that department, agency, or element to serve in any position in the Intelligence Community Assignment Program on a reimbursable or nonreimbursable basis. (2) Nonreimbursable details may be for such periods as agreed to between the heads of the parent and host agencies, to a maximum of three years, except that such details may be extended for a period not to exceed one year when the heads of the parent and host agencies determine that such extension is in the public interest.

(b) BENEFITS, ALLOWANCES, TRAVEL, INCENTIVES. -

(1) An employee detailed under subsection (a) may be authorized any benefit, allowance, travel, or incentive otherwise provided to enhance staffing by the organization from which the employee is detailed. (2) The head of an agency of an employee detailed under subsection (a) may pay a lodging allowance for the employee subject to the following conditions:

(A) The allowance shall be the lesser of the cost of the lodging or a maximum amount payable for the lodging as established jointly by the Director of Central Intelligence and --

(i) with respect to detailed employees of the Department of Defense, the Secretary of Defense; and

(ii) with respect to detailed employees of other agencies and departments, the head of such agency or department.

(B) The detailed employee maintains a primary residence for the employee's immediate family in the local commuting area of the parent agency duty station before the detail.

(C) The lodging is within a reasonable proximity of the host agency duty station.

(D) The distance between the detailed employee's parent agency duty station and host agency duty station is greater than 20 miles.

(E) The distance between the detailed employee's primary residence and the host agency duty station is 10 miles greater than the distance between such primary residence and the employee's parent duty station.

(F) The rate of pay applicable to the detailed employee does not exceed the rate of basic pay for grade GS-15 of the General Schedule.

ADDITIONAL ANNUAL REPORTS FROM THE DIRECTOR OF CENTRAL INTELLIGENCE 중앙정보국장의 추가 연간 보고서

SEC. 114. [50 U.S.C. 404i]

(a) REPORT ON INTELLIGENCE COMMUNITY COOPERATION WITH FEDERAL LAW ENFORCEMENT AGENCIES- 특히 통제물질(마약)에 대한 정보제공 내역

(1) Not later than December 31 of each year, the Director of Central Intelligence shall submit to the congressional intelligence committees and the congressional leadership a report describing ....

(2) Each such report shall include a discussion of the following: 포함될 내용

(A) Illegal importation of such controlled substances through transit zones such as the Caribbean Sea and across the Southwest and northern borders of the United States.

(B) Methodologies used for such illegal importation.

(C) Additional routes used for such illegal importation.

(D) Quantities of such controlled substances transported through each route..

(3) Each such report may be prepared in classified form, unclassified form, or unclassified form with a classified annex.

(b) ANNUAL REPORT ON THE SAFETY AND SECURITY OF RUSSIAN NUCLEAR FACILITIES AND NUCLEAR MILITARY FORCES - 러시아 핵무기의 안전성에 대한 보고서

....

(c) ANNUAL REPORT ON HIRING AND RETENTION OF MINORITY EMPLOYEES - 소수자 고용과 보유에 대한 보고서(인종과 소수민족, 여성, 장애인 포함)

....

(d) ANNUAL REPORT ON THREAT OF ATTACK ON THE UNITED STATES USING WEAPONS OF MASS DESTRUCTION - 미국에 대한 대량살상무기 위협에 대한 보고서

....

(e) ANNUAL REPORT ON COVERT LEASES - 비밀정보자산에 대한 보고서(임차료, 임대기간, 목적, 담당부서 명시)

....

ANNUAL REPORT ON IMPROVEMENT OF FINANCIAL STATEMENTS FOR AUDITING PURPOSES 감사 목적 재무제표 개선에 대한 연간 보고서

SEC. 114A. Not later each year than the date provided in section 507, the Director of Central Intelligence, the Director of the National Security Agency, the Director of the Defense Intelligence Agency, and the Director of the National Imagery and Mapping Agency shall each submit to the congressional intelligence committees a report describing the activities being undertaken by such official to ensure that the financial statements of such agency can be audited in accordance with applicable law and requirements of the Office of Management and Budget.

LIMITATION ON ESTABLISHMENT OR OPERATION OF DIPLOMATIC INTELLIGENCE SUPPORT CENTERS
외교정보지원 센터의 설립과 운영 제한

SEC. 115. [50 U.S.C. 404j] (a) IN GENERAL- (1) A diplomatic intelligence support center may not be established, operated, or maintained without the prior approval of the Director of Central Intelligence.

....

TRAVEL ON ANY COMMON CARRIER FOR CERTAIN INTELLIGENCE COLLECTION PERSONNEL
정보수집을 위한 운송수단 이용

SEC. 116.
(a) IN GENERAL - Notwithstanding any other provision of law, the Director of Central Intelligence may authorize travel on any common carrier when such travel, in the discretion of the Director--(1) is consistent with intelligence community mission requirements, or (2) is required for cover purposes, operational needs, or other exceptional circumstances necessary for the successful performance of an intelligence community mission.
(b) AUTHORIZED DELEGATION OF DUTY - The Director may only delegate the authority granted by this section to the Deputy Director of Central Intelligence, or with respect to employees of the Central Intelligence Agency the Director may delegate such authority to the Deputy Director for Operations.

POW/MIA ANALYTIC CAPABILITY
전쟁포로(Prison of war) 와 실종자(Missing Personnel) 정보

SEC. 117.
(a) REQUIREMENT - (1) The Director of Central Intelligence shall, in consultation with the Secretary of Defense, establish and maintain in the intelligence community an analytic capability with responsibility for intelligence in support of the activities of the United States relating to individuals who, after December 31, 1990, are unaccounted for United States personnel. (2) The analytic capability maintained under paragraph (1) shall be known as the 'POW/MIA analytic capabiltity of the intelligence community'.
(b) UNACCOUNTED FOR UNITED STATES PERSONNEL - In this section, the term 'unaccounted for United States personnel' means the following: (1) Any missing person (as that term is defined in section 1513(1) of title 10, United States Code). (2) Any United States national who was killed while engaged in activities on behalf of the United states and whose remains have not been repatriated to the United States.

SEMIANNUAL REPORT ON FINANCIAL INTELLIGENCE ON TERRORIST ASSETS
테러리스트 자산에 대한 금융정보 반기 보고서

SEC. 118. (a) SEMIANNUAL REPORT- On a semiannual basis, the Secretary of the Treasury (acting through the head of the Office of Intelligence Support) shall submit a report to the appropriate congressional committees that fully informs the committees concerning operations against terrorist financial networks. Each such report shall include with respect to the preceding six-month

period--
(b), (c), (d) 항: 기타 내용

TITLE II - THE DEPARTMENT OF DEFENSE 국방부

SEC;. 204. Public Law 87-651 (Act of September 7, 1962, 76 Stat. 526 Subsection (c) 에 의한 일부 수정

....

DEPARTMENT OF THE ARMY 육군

SEC;. 205. [titles 10 and 32, United States Code (Act of August 10, 1956, 70A Stat. 676)]에 의한 수정

DEPARTMENT OF THE NAVY 해군

SEC. 206. (a) [50 U.S.C. 409(b)] The term "Department of the Navy" as used in this Act shall be construed to mean the Department of the Navy at the seat of government; the headquarters, United States Marine Corps; the entire operating forces of the United States Navy, including naval aviation, and of the United States Marine Corps, including the reserve components of such forces all field activities, headquarters, forces, bases, installations, activities and functions under the control or supervision of the Department of the Navy; and the United States Coast Guard when operating as a part of the Navy pursuant to law.

DEPARTMENT OF THE AIR FORCE 공군

SEC 207. [titles 10 and 32, United States Code (Act of August 10, 1956, 70A stat. 676)]에 의한 수정

....

TITLE III - MISCELLANEOUS 잡칙

NATIONAL SECURITY AGENCY VOLUNTARY SEPARATION 명예퇴직

SEC.. 301.

(a) SHORT TITLE- This section may be cited as the 'National Security Agency Voluntary Separation Act'.

....

(d) EARLY RETIREMENT- An employee who-- 조기퇴직

(1) is at least 50 years of age and has completed 20 years of service; or

(2) has at least 25 years of service, may, pursuant to regulations promulgated under this section, apply and be retired from the National Security Agency and receive benefits in accordance with chapter 83 or 84 of title 5, United States Code, if the employee has not less than 10 years of service with the National Security Agency.

(e) AMOUNT OF SEPARATION PAY AND TREATMENT FOR OTHER PURPOSES- 퇴직 수당

....

(f) REEMPLOYMENT RESTRICTIONS - 재고용의 제한

....

(k) REMITTANCE OF FUNDS - 재원의 확보

ADVISORY COMMITTEES AND PERSONNEL
자문위원회와 (특수 고용)직원

SEC. 303. [50 U.S.C. 405] (a) The Director of the Office of Defense Mobilization, the Director of Central Intelligence, and the National Security Council, acting through its Executive Secretary, are authorized to appoint such advisory committees and to employ, consistent with other provisions of this Act, such part-time advisory personnel as they may deem necessary in carrying out their respective functions and the functions of agencies under their control. Persons holding other offices or positions under the United States for which they receive compensation, while serving as members of such committees, shall receive no additional compensation for such service. Retired members of the uniformed services employed by the Director of Central Intelligence who hold no other office or position under the United States for which they receive compensation, other members of such committees and other part-time advisory personnel so employed may serve without compensation or may receive compensation at a daily rate not to exceed the daily equivalent of the rate of pay in effect for grade GS-18 of the General Schedule established by section 5332 of title 5, United States Code as determined by the appointing authority.

....

[Sections 304-306 were repealed by the law enacting title 5, United States Code (Public Law 89-544, September 6, 1966, 80 Stat. 654).]

AUTHORIZATION FOR APPROPRIATIONS 세출 승인

SEC. 307. [50 U.S.C. 411] There are hereby authorized to be appropriated such sums as may be necessary and appropriate to carry out the provisions and purposes of this Act (other than the provisions and purposes of sections 102, 103, 104, 105 and titles V, VI, and VII).

DEFINITIONS 용어의 정의

SEC. 308. [50 U.S.C. 410] (a)[13] As used in this Act, the term "function" includes functions, powers, and duties. (b) As used in this Act, the term, "Department of Defense" shall be deemed to include the military departments of the Army, the Navy, and the Air Force, and all agencies created under title II of this Act.

SEPARABILITY 분리 적용

SEC. 309. [50 U.S.C. 401 note] If any provision of this Act or the application thereof to any person or circumstances is held invalid, the validity of the remainder of the Act and of the application of such provision to other persons and circumstances shall not be affected thereby.

EFFECTIVE DATE 유효일

SEC. 310. [50 U.S.C. 401 note] (a) The first sentence of section 202 (a) and sections 1, 2, 307, 308, 309, and 310 shall take effect immediately upon the enactment of this Act. (b) Except as provided in subsection (a), the provisions of this Act shall take effect on whichever of the following days is the earlier: The day after the day upon which the Secretary of Defense first appointed takes office, or the sixtieth day after the date of the enactment of this Act.

SUCCESSION TO THE PRESIDENCY 대통령직위 승계시의 대처

SEC. 311. [Section 311 consisted of an amendment to the Act entitled "An Act to provide for the performance of the duties of the office of President in case of the removal, resignation, death, or inability both of the President and Vice President".]

REPEALING AND SAVING PROVISIONS 폐지와 존치 조항

....

TITLE V - ACCOUNTABILITY FOR INTELLIGENCE ACTIVITIES 정보활동에 대한 책임

GENERAL CONGRESSIONAL OVERSIGHT PROVISIONS
의회통제 일반

SEC. 501. [50 U.S.C. 413]

(a)

(1) The President shall ensure that the congressional intelligence committees are kept fully and currently informed of the intelligence activities of the United States, including any significant anticipated intelligence activity as required by this title. 충분하고 실시간적인 통지의무

(2) Nothing in this title shall be construed as requiring the approval of the congressional intelligence committees as a condition precedent to the initiation of any significant anticipated intelligence activity.

(b) The President shall ensure that any illegal intelligence activity is reported promptly to the congressional intelligence committees, as well as any corrective action that has been taken or is planned in connection with such illegal activity. 불법적 정보활동의 신속한 의회통지

(c) The President and the congressional intelligence committees shall each establish such procedures as may be necessary to carry out the provisions of this title.

(d) The House of Representatives and the Senate shall each establish, by rule or resolution of such House, procedures to protect from unauthorized disclosure all classified information, and all information relating to intelligence sources and methods, that is furnished to the congressional intelligence committees or to Members of Congress under this title. Such procedures shall be established in consultation with the Director of Central Intelligence. In accordance with such procedures, each of the congressional intelligence committees shall promptly call to the attention of its respective House, or to any appropriate committee or committees of its respective House, any matter relating to intelligence activities requiring the attention of such House or such committee or committees. 의회의 비밀보호를 위한 절차 제정

REPORTING OF INTELLIGENCE ACTIVITIES OTHER THAN COVERT ACTIONS
비밀공작에 대한 특별보고

SEC. 502. [50 U.S.C. 413a] To the extent consistent with due regard for the protection from unauthorized disclosure of classified information relating to sensitive intelligence sources and methods or other exceptionally sensitive matters, the Director of Central Intelligence and the heads of all departments, agencies, and other entities of the United States Government involved in intelligence activities shall -

(1) keep the congressional intelligence committees fully and currently informed of all intelligence activities, other than a covert action (as defined in section 503(e)), which are the responsibility of, are engaged in by, or are carried out for or on behalf of, any department, agency, or entity of the United States Government, including any significant anticipated intelligence activity and any significant intelligence failure; and 의회 유관 위원회에의 충분하고 실시간적 통보

(2) furnish the congressional intelligence committees any information or material concerning intelligence activities, other than covert actions, which is within their custody or control, and which is requested by either of the congressional intelligence committees in order to carry out its authorized responsibilities.

PRESIDENTIAL APPROVAL AND REPORTING OF COVERT ACTIONS
비밀공작에 대한 대통령의 승인과 보고

SEC. 503. [50 U.S.C. 413b]

(a) The President may not authorize the conduct of a covert action by departments, agencies, or entities of the United States Government unless the President determines such an action is necessary to support identifiable foreign policy objectives of the United States and is important to the national security of the United States, which determination shall be set forth in a finding that shall meet each of the following conditions:

(1) Each finding shall be in writing, unless immediate action by the United States is required and time does not permit the preparation of a written finding, in which case a written record of the President's decision shall be contemporaneously made and shall be reduced to a written finding as soon as possible but in no event more than 48 hours after the decision is made. 대통령의 서면확인 의무

(2) Except as permitted by paragraph (1), a finding may not authorize or sanction a covert action, or any aspect of any such action, which already has occurred.

(3) Each finding shall specify each department, agency, or entity of the United States Government authorized to fund or otherwise participate in any significant way in such action. Any employee, contractor, or contract agent of a department, agency, or entity of the United States Government other than the Central Intelligence Agency directed to participate in any way in a covert action shall be subject either to the policies and regulations of the Central Intelligence Agency, or to written policies or regulations adopted by such department, agency, or entity, to govern such participation..

(4) Each finding shall specify whether it is contemplated that any third party which is not an element of, or a contractor or contract agent of, the United States Government, or is not otherwise subject to United States Government policies and regulations, will be used to fund or otherwise participate in any significant way in the covert action concerned, or be used to undertake the covert action concerned on behalf of the United States.

(5) A finding may not authorize any action that would violate the Constitution or any statute of the United States.

(b) To the extent consistent with due regard for the protection from unauthorized disclosure of classified information relating to sensitive intelligence sources and methods or other exceptionally sensitive matters, the Director of Central Intelligence and the heads of all departments, agencies, and entities of the United States Government involved in a covert action -

(1) shall keep the congressional intelligence committees fully and currently informed of all covert

actions which are the responsibility of, are engaged in by, or are carried out for or on behalf of, any department, agency, or entity of the United States Government, including significant failures; and

(2) shall furnish to the congressional intelligence committees any information or material concerning covert actions which is in the possession custody, or control of any department, agency, or entity of the United States Government and which is requested by either of the congressional intelligence committees in order to carry out its authorized responsibilities.

(c)

(1) The President shall ensure that any finding approved pursuant to subsection (a) shall be reported to the congressional intelligence committees as soon as possible after such approval and before the initiation of the covert action authorized by the finding, except as otherwise provided in paragraph(2) and paragraph (3).

(2) if the President determines that it is essential to limit access to the finding to meet extraordinary circumstances affecting vital interests of the United States, the finding may be reported to the chairmen and ranking minority members of the congressional intelligence committees, the Speaker and minority leader of the House of Representatives, the majority and minority leaders of the Senate, and such other member or members of the congressional leadership as may be included by the President.

(3) Whenever a finding is not reported pursuant to paragraph (1) or (2) of this section, the President shall fully inform the congressional intelligence committees in a timely fashion and shall provide a statement of the reasons for not giving prior notice.

(4) In a case under paragraph (1), (2), or (3), a copy of the finding, signed by the President, shall be provided to the chairman of each congressional intelligence committee. When access to a finding is limited to the Members of Congress specified in paragraph (2), a statement of the reasons for limiting such access shall also be provided.

(d) The President shall ensure that the congressional intelligence committees, or, if applicable, the Members of Congress specified in subsection (c)(2), are notified of any significant change in a previously approved covert action, or any significant undertaking pursuant to a previously approved finding, in the same manner as findings are reported pursuant to subsection (c).

(e) As used in this title, the term "covert action" means an activity or activities of the United States Government to influence political, economic, or military conditions abroad, where it is intended that the role of the United States Government will not be apparent or acknowledged publicly, but does not include - 비밀공작의 정의

(1) activities the primary purpose of which is to acquire intelligence, traditional counterintelligence activities, traditional activities to improve or maintain the operational security of United States Government programs, or administrative activities;

(2) traditional diplomatic or military activities or routine support to such activities;

(3) traditional law enforcement activities conducted by United States Government law enforcement agencies or routine support to such activities; or

(4) activities to provide routine support to the overt activities (other than activities described in paragraph (1), (2), or (3)) of other United States Government agencies abroad.

(f) No covert action may be conducted which is intended to influence United States political processes, public opinion, policies, or media.정치절차나 여론에 영향을 미치기 위한 비밀공작의 금지

FUNDING OF INTELLIGENCE ACTIVITIES 정보활동 재원(財源)

SEC. 504. [50 U.S.C. 414]

(a) Appropriated funds available to an intelligence agency may be obligated or expended for an intelligence or intelligence-related activity only if -

(1) those funds were specifically authorized by the Congress for use for such activities; or

(2) in the case of funds from the Reserve for Contingencies of the Central Intelligence Agency and consistent with the provisions of section 503 of this Act concerning any significant anticipated intelligence activity, the Director of Central Intelligence has notified the appropriate congressional committees of the intent to make such funds available for such activity; or

(3) in the case of funds specifically authorized by the Congress for a different activity -

....

(4) nothing in this subsection prohibits obligation or expenditure of funds available to an intelligence agency in accordance with sections 1535 and 1536 of title 31, United States Code.

....

NOTICE TO CONGRESS OF CERTAIN TRANSFERS OF DEFENSE ARTICLES AND DEFENSE SERVICES 국방물품과 용역의 특별전용에 대한 의회에의 통지

SEC. 505. [50 U.S.C. 415] (a)(1) The transfer of a defense article or defense service, or the anticipated transfer in any fiscal year of any aggregation of defense articles or defense services, exceeding $1,000,000 in value by an intelligence agency to a recipient outside that agency shall be considered a significant anticipated intelligence activity for the purpose of this title.

....

SPECIFICITY OF NATIONAL FOREIGN INTELLIGENCE PROGRAM BUDGET AMOUNTS FOR COUNTERTERRORISM, COUNTERPROLIFERATION, COUNTERNARCOTICS, AND COUNTERINTELLIGENCE
대(對)테러 · 대(對)대량살상무기확산 · 대(對)마약과 방첩공작활동 예산 총액의 특정

SEC. 506.
(a) IN GENERAL- The budget justification materials submitted to Congress in support of the budget of the President for a fiscal year that is submitted to Congress under section 1105(a) of title 31, United States Code, shall set forth separately the aggregate amount requested for that fiscal year for the National Foreign Intelligence Program for each of the following: (1) Counterterrorism, (2) Counterproliferation, (3) Counternarcotics, (4) Counterintelligence.
(b) ELECTION OF CLASSIFIED OR UNCLASSIFIED FORM- Amounts set forth under subsection (a) may be set forth in unclassified form or classified form, at the election of the Director of Central Intelligence.

DATES FOR SUBMITTAL OF VARIOUS ANNUAL AND SEMIANNUAL REPORTS TO THE CONGRESSIONAL INTELLIGENCE COMMITTEES
의회 정보위원회에의 각종 보고서 제출일

SEC. 507.
(a) ANNUAL REPORTS: 총 21개의 연례보고서 대상
(b) SEMIANNUAL REPORTS: 총 8개의 반기(매 6개월) 보고서 대상
(c) SUBMITTAL DATES FOR REPORTS: 각종 보고서의 제출 데드라인

TITLE VI - PROTECTION OF CERTAIN NATIONAL SECURITY INFORMATION
특정한 국가안보 정보의 보호

PROTECTION OF IDENTITIES OF CERTAIN UNITED STATES UNDERCOVER INTELLIGENCE OFFICERS, AGENTS, INFORMANTS, AND SOURCES
정보요원 · 정보제공자와 정보원천의 보호

SEC. 601. [50 U.S.C. 421] (a) Whoever, having or having had authorized access to classified information that identifies a covert agent, intentionally discloses any information identifying such covert agent to any individual not authorized to receive classified information, knowing that the information disclosed so identifies such covert agent and that the United States is taking affirmative measures to conceal such covert agent's intelligence relationship to the United States, shall be fined under title 18, United States Code, or imprisoned not more than ten years, or both.

....

DEFENSES AND EXCEPTIONS
항변과 (공개) 예외

SEC. 602. [50 U.S.C. 422] (a) It is a defense to a prosecution under section 601 that before the commission of the offense with which the defendant is charged, the United States had publicly acknowledged or revealed the intelligence relationship to the United States of the individual the disclosure of whose intelligence relationship to the United States is the basis for the prosecution.
(d)항까지 각종 상황에서의 예외 규정

....

REPORT - 보고서

SEC. 603. [50 U.S.C. 423) (a) The President, after receiving in formation from the Director of Central Intelligence, shall submit to the congressional intelligence committees an annual report on measures to protect the identities of covert agents, and on any other matter relevant to the protection of the identities of covert agents. (b) The report described in subsection (a) shall be exempt from any requirement for publication or disclosure. The first such report shall be submitted no later than February 1, 1983.

EXTRATERRITORIAL JURISDICTION 치외법권 관할

SEC. 604. [50 U.S.C. 424] There is jurisdiction over an offense under section 601 committed outside the United States if the individual committing the offense is a citizen of the united States or: an alien lawfully admitted to the United States for permanent residence (as defined in section 101(a)(20) of the Immigration and Nationality Act). (미국 시민이) 해외에서 공개한 경우에도 관할권 확보

PROVIDING INFORMATION TO CONGRESS
의회에의 정보제공

SEC. 605. [50 U.S.C. 425] Nothing in this title may be construed as authority to withhold information from the Congress or from a committee of either House of Congress.

DEFINITIONS 정의

SEC. 606. [50 U.S.C. 426] For the purposes of this title:
(1) The term "classified information" means information or material designated and clearly marked or clearly represented, pursuant to the provisions of a statute or Executive order (or a regulation or order issued pursuant to a statute or Executive order), as requiring a specific degree of protection against unauthorized disclosure for reasons of national security. 비밀분류 정보의 정의

....

(4) The term "covert agent" means - 비밀 요원의 정의

(A) a present or retired officer or employee of an intelligence agency or a present or retired member of the Armed Forces assigned to duty with an intelligence agency - 퇴직요원 포함

....

TITLE VII - PROTECTION OF OPERATIONAL FILES OF THE CENTRAL INTELLIGENCE AGENCY
CIA 공작활동 파일의 보호

EXEMPTION OF CERTAIN OPERATIONAL FILES FROM SEARCH, REVIEW, PUBLICATION, OR DISCLOSURE
조사, 검토, 공개 또는 비밀해제에서의 특정한 공작 파일의 면제

SEC. 701. [50 U.S.C.431]

(a) Operational files of the Central Intelligence Agency may be exempted by the Director of Central Intelligence from the provisions of section 552 of title 5, United States Code (Freedom of Information Act), which require publication or disclosure, or search or review in connection therewith.

(b) For the purposes of this title the term "operational files" means - 특정 공작 파일의 정의

(1) files of the Directorate of Operations which document the conduct of foreign intelligence or counterintelligence operations or intelligence or security liaison arrangements or information exchanges with foreign governments or their intelligence or security services;

(2) files of the Directorate for Science and Technology which document the means by which foreign intelligence or counterintelligence is collected through scientific and technical systems; and

(3) files of the Office of Personnel Security which document investigations conducted to determine the suitability of potential foreign intelligence or counterintelligence sources; except that files which are the sole repository of disseminated intelligence are not operational files.

(c) Notwithstanding subsection (a) of this section, exempted operational files shall continue to be subject to search and review for information concerning - (공개 또는 누설 금지의) 예외

(1) United States citizens or aliens lawfully admitted for permanent residence who have requested information on themselves pursuant to the provisions of section 552 of title 5, United States Code (Freedom of Information Act), or section 552a of title 5, United States Code (Privacy Act of 1974);

(2) any special activity the existence of which is not exempt from disclosure under the provisions of section 552 of title 5, United States Code (Freedom of Information Act); or

(3) the specific subject matter of an investigation by the congressional intelligence committees, the Intelligence Oversight Board, the Department of Justice, the Office of General Counsel of the Central Intelligence Agency, the Office of Inspector General of the Central

Intelligence Agency, or the Office of the Director of Central Intelligence for any impropriety, or violation of law, Executive order, or Presidential directive, in the conduct of an intelligence activity. .... (d), (e), (f) 항 (이하) 공개할 경우의 절차 규정 등

DECENNIAL REVIEW OF EXEMPTED OPERATIONAL FILES
면제 파일에 대한 10년 주기 점검

SEC. 702. [50 U.S.C. 432]

(a) Not less than once every ten years, the Director of Central Intelligence shall review the exemptions in force under subsection (a) of section 701 of this Act to determine whether such exemptions may be removed from any category of exempted files or any portion thereof.

....

(c) A complainant who alleges that the Central Intelligence Agency has improperly withheld records because of failure to comply with this section may seek judicial review .... 비공개에 대한 이의신청

TITLE VIII - ACCESS TO CLASSIFIED INFORMATION
비밀에의 접근

PROCEDURES - 절차

SEC. 801. [50 U.S.C 435] (a) Not later than 180 days after the date of enactment of this title, the President shall, by Executive order or regulation, establish procedures to govern access to classified information which shall be binding upon all departments, agencies, and offices of the executive branch of Government. Such procedures shall, at a minimum

- 본 법 발효 후 180일 이내에 정보접근에 대한 대통령명령 또는 행정규제의 제정

....

(2) Upon the exercise of such responsibility, the agency head shall submit a report to the congressional intelligence committees. 의회 (정보) 위원회에의 보고서 제출

REQUESTS BY AUTHORIZED INVESTIGATIVE AGENCIES
권한 있는 조사 당국의 요구

SEC. 802 [50 U.S.C. 436] (a)(1) Any authorized investigative agency may, request from any financial agency, financial institution, or holding company, or from any consumer reporting agency, such financial records, other financial information, and consumer reports as may be necessary in order to conduct any authorized law enforcement investigation, counterintelligence inquiry, or security determination. Any authorized investigative agency may also request records maintained by any

commercial entity within the United States pertaining to travel by an employee in the executive branch of Government outside the United States.
이하 (f)항까지 조사당국에의 자료 제공시의 제한과 각종 절차 규정
....

EXCEPTIONS - 예외

Sec. 803. [50 U.S.C. 437] Except as otherwise specifically provided, the provisions of this title shall not apply to the President and Vice President, Members of the Congress, Justices of the Supreme Court, and Federal judges appointed by the President.대통령, 부통령, 의회 의원, 연방대법관 그리고 대통령이 지명한 연방 판사에 대한 예외(즉 이들은 정보 접근제한의 예외)

DEFINITIONS - 정의

Sec. 804. [50 U.S.C. 438] For purposes of this title - (1) the term "authorized investigative agency" means an agency authorized by law or regulation to conduct a counterintelligence investigation or investigations of persons who are proposed for access to classified information to ascertain whether such persons satisfy the criteria for obtaining and retaining access to such information; 권한 있는 조사당국
이하 8항까지 용어의 정의

TITLE IX - APPLICATION OF SANCTIONS LAWS TO INTELLIGENCE ACTIVITIES 정보활동에 대한 처벌법규의 적용 문제

STAY OF SANCTIONS - 제재 유보(留保)

SEC. 901. [50 U.S.C. 441] Notwithstanding any provision of law identified in section 904, the President may stay the imposition of an economic, cultural, diplomatic, or other sanction or related action by the United States Government concerning a foreign country, organization, or person when the President determines ....

EXTENSION OF STAY - 유보의 확대

SEC. 902. [50 U.S.C. 441a] Whenever the President determines and reports to Congress in accordance with section 903 that a stay of sanctions or related actions pursuant to section 901 has not afforded sufficient time to obviate the risk to an ongoing criminal investigation or to an intelligence source or method that gave rise to the stay, he may extend such stay for a period of time specified by the President, which period may not exceed 120 days. The authority of this section may be used to extend the period of a stay pursuant to section 901 for successive periods of not more than 120 days each.

REPORTS 보고서

SEC. 903. [50 U.S.C. 441b] Reports to Congress pursuant to sections 901 and 902 shall be submitted promptly upon determinations under this title. Such reports shall be submitted to the Committee on International Relations of the House of Representatives and the Committee on Foreign Relations of the Senate. ....

LAWS SUBJECT TO STAY 유보되는 법률

SEC. 904. [50 U.S.C. 441c] The President may use the authority of sections 901 and 902 to stay the imposition of an economic, cultural, diplomatic, or other sanction or related action by the United States Government related to the proliferation of weapons of mass destruction, ...

APPLICATION 적용

SEC. 905. [50 U.S.C. 441d] This title shall cease to be effective on January 6, 2000.

TITLE X--EDUCATION IN SUPPORT OF NATIONAL INTELLIGENCE
정보 지원 교육

SCHOLARSHIPS AND WORK-STUDY FOR PURSUIT OF GRADUATE DEGREES IN SCIENCE AND TECHNOLOGY
장학제도

SEC. 1001. (a) PROGRAM AUTHORIZED- The Director of Central Intelligence may carry out a program to provide scholarships and work-study for individuals who are pursuing graduate degrees in fields of study in science and technology that are identified by the Director as appropriate to meet the future needs of the intelligence community for qualified scientists and engineers.
이하 (e)항까지 자격요건, 행정절차 규정

TITLE XI - ADDITIONAL MISCELLANEOUS PROVISIONS
기타 부가 조항

APPLICABILITY TO UNITED STATES INTELLIGENCE ACTIVITIES OF FEDERAL LAWS IMPLEMENTING INTERNATIONAL TREATIES AND AGREEMENTS
국제조약과 국제합의 이행을 위한 연방법의 미국 정보활동에 대한 적용

(주석)

[1] Item editorially inserted.

[2] This section was redesignated as section 108 by section 705(a)(2) of P.L. 102-496, but this entry in the table of contents was not repealed.

[3] Section repealed without amending table of contents.

[4] The positions of Director for Mutual Security, Chairman of the National Security Resources Board, Chairman of the Munitions Board, and Chairman of the Research and Development Board have been abolished by various Reorganization Plans. The statutory members of the National Security Council are the President, Vice President, Secretary of State, and Secretary of Defense.

[5] The specification of the salary of the head of the National Security Council staff is obsolete and has been superseded.

[6] The Classification Act of 1923 was repealed by the Classification Act of 1949, The Classification Act of 1999 was repealed by the law enacting title 5, United Stales Code (Public Law 89`,14, Sept. 6 1966, 80 Stat. 378), and its provisions were codified as chapter 51 and subchapter 3 of title 5. Section 7(b) of that Act (80 Stat.. 631) provided: "A reference to a law replaced by sections 1-6 of this Act, including a reference in a regulation, order, or other law, is deemed to refer to the corresponding provision enacted by this Act."

[7] The amendment made by ?003(a)(3) of P.L. 100-690 (102 Stat. 4182), redesignating subsection (f) as (g) and adding a new (f) is repealed by section 1009 of P.L. 100-690 (102 Stat. 4188), effective September 30, 1997, as amended by section 90208 of P.L. 103-322 (108 Stat. 1995).

[8] Section 107 deals with emergency preparedness. Section 50 of the Act of September 3, 1954 (68 Stat. 1244), eliminated former subsection (a), relating to the establishment of the National Security Resources Board, and redesignated former subsections (b)-(d) as subsections (a)-(c). The section heading was not amended accordingly.

[9] The functions of the Director of the Office of Defense Mobilization under this section which previously were transferred to the President, were delegated to the Director of the Federal Emergency Management Agency by section 4-102 of Executive Order No. 12148 (July 20, 1979, 44 F.R. 43239, 50 U.S.C. App 2251 note).

[10] The Classification Act of 1949 was repealed by the law enacting title 5, United States Code (Public Law 89-544 Sept. 6, 1966, 80 Stat. 378), and its provisions were codified as chapter 51 and subchapter 53 of that title.

[11] Two subsections (c) exist. Section 803(a) of P.L. 104-293 struck subsections (a) and (b) and added new subsections (a), (b), and (c). The subsection (c) relating to time for submission probably should have been repealed.

[12] Title IV of the Revised Statutes consisted of sections 158-198 of the Revised Statutes. Sections 176 and 193 are codified as sections 492-1 and 492-2 of title 31, United States Code. The remainder of those sections have been repealed or replaced by provisions of title 5, United States Code as enacted. See the "Tables" volume of the United States Code for the distribution of specific sections.

[13] Section ;107 of Public law 8751 (Act of September 7, 1962, 76 Stat. 526) repealed section 308(a) less its applicability to scctions 2, 101-103, and 303.

제2항 2004년 정보개혁및테러방지법
(Intelligence Reform and Terrorism Prevention Act of 2004: IRTPA)

I. 개 관

9/11 테러공격에 대한 향후 대책으로 마련된 정보개혁및테러방지법(이하 "정보개혁법")은 미국 상원에서 찬성 89, 반대 2의 압도적인 지지로 통과하였고 부시(George W. Bush) 대통령이 2004년 12월 17일 서명함으로서 발효되었다. 정보개혁법에 따라서 1947년 CIA가 창설된 이후 정보공동체에 대한 가장 큰 변혁이 초래되었다. 국가정보국장(DNI) 직위가 신설되었고, 정보공동체 내의 테러문제 모두를 아우르는 국가대테러센터(NCTC)가 창설되었다. 법무부 이민국을 흡수하는 등으로 국토안보 문제를 총괄적으로 전담할 새로운 행정부서인 국토안보부(DOH)도 창설되었다.

국가정보국장 신설은 정보공동체 내부 운영에 커다란 변화를 초래하여 그 동안 CIA 중심으로 운용되는 데 핵심적 제도였던 중앙정보국장(DCI) 제도를 폐지하고 신설된 국가정보국장(DNI)이 대통령에 대한 최고의 국가안보보좌관 겸 대통령 일일 정보 브리핑을 담당하게 되었고 정보공동체의 수장이 되도록 하였다. 국가정보국장은 정보공동체의 수장으로 국가안보와 관련된 모든 정보를 감독, 조정하고 정보공동체 전체의 정보예산을 편성하게 되었다. 하부에 직접적으로 정보업무를 수행하는 실무 정보기구를 거느리지는 못하지만, 국가정보국(ODNI) 산하에는 최고 권위의 국가정보위원회(NIC)가 배치되었고 정보공동체 업무를 조율하는 각종 부서와 정보예측보고서를 작성하는 부서를 배치하여 정보공유와 조율 업무를 직접 담당하고 있다.

국가정보국장 직위 신설은 미국 정보공동체에서 60년만의 대변혁이라고 말해진다. 수전 콜린스 상원의원은 1947년 CIA의 창설이 제2의 진주만 기습사건을 막기 위한 것이었다면 정보개혁법에 의한 국가정보국장 직위 신설은 제2의 9/11 테러를 방지하기 위한 것"이라고 비유하였다. 국가정보국 신설로 정보공동체에는 정보적 문화 혁명이 일어나고 있다고 한다. 첫째는 정보기관 사이의 벽 허물기고, 두 번째는 정보에 대한 보안통제의 완화이다. 9/11 사건 정보활동에서 국가안보국(NSA)의 경고부착 정보를 제공하였다가 노심초사하는 제인의 사례에서 볼 수 있듯이 그동안은 어느 한 정보기관이 생산한 보고서에 비밀생산자 즉 "오콘(Originator Controlled: ORCON)" 직인이 날인되면 비밀이 해제되거나 원 정보생산자의 허락이 있기 전에는 다른 정보기관의 열람에는 많은 제약이 따랐다. 보안이 기관별로 통제되기 때문이다.

다른 하나는 해외동맹국들간의 정보공유의 원활화이다. 또한 정보기관 특유의 집단 사고 오류를 막기 위해 외부 전문가에게 문턱을 낮추고 외부 전문가들에게 실질적 역할을 분담하였다. 그 결과 신설된 부서가 공개정보원센터이다. 동 센터는 기업과 학계의 전문가를 불러 정보분석관들로 하여금 자문을 받게 하여 정보오류의 가능성을 점검하고 있다고 한다. 정보 생산물 데이터베이스 구축 작업도 활발하다. 한해에 미국 16개 정보기관이 생산하는 분석 보고서는 약 5만 건이지만 모두 활용되는 것은 아니다. 생산된 정보의 체계적인 분류와 활용을 위하여 국가디지털 정보 도서관을 설립하였다. 또한 정보가 정치적으로 조작되는 것을 막기 위해 정보개혁법에 정보 옴부즈맨 제도를 도입하였다. 정보개혁법 제정으로 가장 큰 변화를 맞은 CIA는 국가정보국장에 정보보고하고 인간정보(HUMINT) 수집의 핵심기구로 위상을 재정립하도록 하였다.

II. 2004년 정보개혁법의 편제

2004년 정보개혁법은 다음과 같이 총 8장으로 구성되어 있는 매우 방대한 법이다. 우리의 테러기본법을 포함한 각종 안보관련법 제정 시 좋은 참고가 될 입법이다.

제1장: 정보공동체 개혁,
제2장: 연방수사국(Federal Bureau of Investigation),
제3장: 비밀취급인가(Security clearances),
제4장: 운송보안(Transportation security),
제5장: 국경수비, 이민과 비자(Border protection, immigration, & visa matters),
제6장: 테러예방(Terrorism prevention),
제7장: 9/11위원회권고안 이행(Implementation of 9/11 Commission recommendations),
제8장: 기타(Other matters)

총 236페이지에 달하는 법조문 가운데 특히 우리에게 교훈을 주는 정보공동체 관련 조문을 선별하여 적시하도록 한다. 단순한 대책이나 연구 조사가 아닌 실전적인 현장 활용 규범적 내용은 테러에 대한 대처기 어떠해야 함을 잘 보여 준다.

III. 정보개혁법에 따른 정보공동체 조직개편

1. 국가정보국장(DNI) 직위 창설

정보공유의 실패가 9/11 테러공격의 주요한 원인 중의 하나이고 여러 가지 비효율을 보이는 정보공동체의 획기적인 개혁이 필요하다는 9/11 위원회의 권고에 따라 그동안 CIA 국장이 겸직하던 중앙정보국장(DCI)을 대체한 국가정보국장(DNI) 직위를 창설하였다.

2. 국가대테러센터(National Counterterrorism Center) 창설

9/11 테러공격 후 부시대통령은 2003년 5월 1일자로 대통령 명령 제13,354호를 발령하여 CIA에 테러위협종합센터(Terrorist Threat Integration Center: TTIC)을 창설하였었다. 이것을 2004년 정보개혁및테러방지법으로 정식으로 법적근거를 마련하여 국가대테러센터로 명칭을 변경하고 국가정보국장(DNI) 산하기관으로 배치한 것이다. 국가대테러쎈터를 직접 정보활동을 실행하는 부서에 배치하지 않고 다만 국가정보를 총괄하는 국가정보국장(DNI) 산하에 배치한 것은 주목할 만하다.

3. 국토안보부(Department of Homeland Security) 창설

여러 부처에 산재되어 있는 국토안보관련 문제를 종합적으로 전담하기 위하여 위 정보개혁법에 터 잡아 2002년 11월 25일 제정된 국토안보법(Homeland Security Act of 2002)[111]에 의하여 국토안보부를 창설하여 2003년 1월 24일부터 업무를 개시하였다. 국토안보부는 2007년 기준으로 약 21만 명의 직원이 근무하는 행정부처로 국방부와 재향군인부(VA)에 이어 3번째로 커다란 공룡부서이다. 국토안보부의 창설은 국방부 창설 이후 50년 이래 가장 큰 정부조직 개편이었다.

IV. 2004 정보개혁 및 테러방지법 원문

PUBLIC LAW 108-458-DEC. 17. 2004

Intelligence Reform and Terrorism Prevention Act of 2004

An Act

To reform the intelligence community and the intelligence and intelligence-related activities of the United States Government, and for other purposes.

111) Pub. L. No. 107-296, 116 Stat. 2135 (Nov. 25, 2002).

Be it enacted by the Senate and House of Representatives of the United States of America in Congress assembled,

SECTION 1. SHORT TITLE; TABLE OF CONTENTS. 목차

(a) SHORT TITLE- This Act may be cited as the `Intelligence Reform and Terrorism Prevention Act of 2004'.

(b) TABLE OF CONTENTS- The table of contents for this Act is as follows:

TITLE I--REFORM OF THE INTELLIGENCE COMMUNITY
제1장 - 정보공동체 개혁

Subtitle F - Privacy and Civil Liberties. 사생활과 시민의 자유

Sec. 1061. Privacy and Civil Liberties Oversight Board.

Sec. 1062. Sense of Congress on designation of privacy and civil liberties officers.

Subtitle G - Conforming and Other Amendments.

Sec. 1071. Conforming amendments relating to roles of Director of National Intelligence and Director of the Central Intelligence Agency.

Sec. 1072. Other conforming amendments.

Sec. 1073. Elements of intelligence community under National Security Act of 1947.

Sec. 1074. Redesignation of National Foreign Intelligence Program as National Intelligence Program.

Sec. 1075. Repeal of superseded authority.

Sec. 1076. Clerical amendments to National Security Act of 1947.

Sec. 1077. Conforming amendments relating to prohibiting dual service of the Director of the Central Intelligence Agency.

Sec. 1078. Authority to establish inspector general for the Office of the Director of National Intelligence.

Sec. 1079. Ethics matters

Sec. 1080. Construction of authority of Director of National Intelligence to acquire and manage property and services.

Sec. 1081. General references.

Subtitle H - Transfer, Termination, Transition, and Other Provisions.

Sec. 1091. Transfer of Community Management Staff.

Sec. 1092. Transfer of Terrorist Threat Integration Center.

Sec. 1093. Termination of positions of Assistant Directors of Central Intelligence.

Sec. 1094. Implementation plan.

Sec. 1095. Director of National Intelligence report on implementation of intelligence community reform.

Sec. 1096. Transitional authorities.

Sec. 1097. Effective dates.

Subtitle I - Other Matters

Sec. 1101. Study of promotion and professional military education school selection rates for military intelligence officers.

Sec. 1102. Extension and improvement of authorities of Public Interest Declassification Board.

Sec. 1103. Severability.

TITLE II - FEDERAL BUREAU OF INVESTIGATION - 연방수사국(FBI)

Sec. 2001. Improvement of intelligence capabilities of the Federal Bureau of Investigation.

Sec. 2002. Directorate of Intelligence of the Federal Bureau of Investigation.

Sec. 2003. Federal Bureau of Investigation intelligence career service.

Sec. 2004. Federal Bureau of Investigation Reserve Service.

Sec. 2005. Federal Bureau of Investigation mandatory separation age.

Sec. 2006. Federal Bureau of Investigation use of translators.

TITLE III - SECURITY CLEARANCES - 보안취급인가

Sec. 3001. Security clearances.

TITLE IV--TRANSPORTATION SECURITY -운송 보안

Subtitle A--National Strategy for Transportation Security

Sec. 4001. National Strategy for Transportation Security.

Subtitle B--Aviation Security

Sec. 4011. Provision for the use of biometric or other technology.

Sec. 4012. Advanced airline passenger prescreening.승객사전검색

Sec. 4013. Deployment and use of detection equipment at airport screening checkpoints.

Sec. 4014. Advanced airport checkpoint screening devices. 공항 사전검문검색장치

Sec. 4015. Improvement of screener job performance.

Sec. 4016. Federal air marshals.연방항공보안관

Sec. 4017. International agreements to allow maximum deployment of Federal air marshals.

Sec. 4018. Foreign air marshal training.

Sec. 4019. In-line checked baggage screening. - 선 수하물 검사

Sec. 4020. Checked baggage screening area monitoring.

Sec. 4021. Wireless communication.

Sec. 4022. Improved pilot licenses.

Sec. 4023. Aviation security staffing.

Sec. 4024. Improved explosive detection systems.

Sec. 4025. Prohibited items list.(탑재) 금지품목 리스트

Sec. 4026. Man-Portable Air Defense Systems (MANPADs).

Sec. 4027. Technical corrections.

Sec. 4028. Report on secondary flight deck barriers.

Sec. 4029. Extension of authorization of aviation security funding.

Subtitle C--Air Cargo Security 항공화물 보안

Sec. 4051. Pilot program to evaluate use of blast resistant cargo and baggage containers.

Sec. 4052. Air cargo security.

Sec. 4053. Air cargo security regulations.

Sec. 4054. Report on international air cargo threats.

Subtitle D--Maritime Security -해상보안

Sec. 4071. Watch lists for passengers aboard vessels.

Sec. 4072. Deadlines for completion of certain plans, reports, and assessments.

Subtitle E--General Provisions

Sec. 4081. Definitions.

Sec. 4082. Effective date.

TITLE V--BORDER PROTECTION, IMMIGRATION, AND VISA MATTERS
국경경비, 이민과 비자

Subtitle A--Advanced Technology Northern Border Security Pilot Program

Sec. 5101. Establishment.

Sec. 5102. Program requirements.

Sec. 5103. Administrative provisions.

Sec. 5104. Report.

Sec. 5105. Authorization of appropriations.

Subtitle B--Border and Immigration Enforcement 국경과 이민업무의 집행

Sec. 5201. Border surveillance.국경 감시

Sec. 5202. Increase in full-time Border Patrol agents.국경경비 강화

Sec. 5203. Increase in full-time immigration and customs enforcement investigators.

Sec. 5204. Increase in detention bed space.

Subtitle C--Visa Requirements 비자 요구

Sec. 5301. In person interviews of visa applicants. 개별 인터뷰

Sec. 5302. Visa application requirements. 비자 신청시 요구물

Sec. 5303. Effective date.

Sec. 5304. Revocation of visas and other travel documentation.

Subtitle D--Immigration Reform 이민문제 개혁

Sec. 5401. Bringing in and harboring certain aliens.

Sec. 5402. Deportation of aliens who have received military-type training from terrorist organizations.

Sec. 5403. Study and report on terrorists in the asylum system.

Subtitle E--Treatment of Aliens Who Commit Acts of Torture, Extrajudicial Killings, or Other Atrocities Abroad - 고문, 살인, 해외 마약 외국인의 취급

Sec. 5501. Inadmissibility and deportability of aliens who have committed acts of torture or extrajudicial killings abroad.

Sec. 5502. Inadmissibility and deportability of foreign government officials who have committed particularly severe violations of religious freedom.

Sec. 5503. Waiver of inadmissibility.

Sec. 5504. Bar to good moral character for aliens who have committed acts of torture, extrajudicial killings, or severe violations of religious freedom.

Sec. 5505. Establishment of the Office of Special Investigations.

Sec. 5506. Report on implementation.

TITLE VI--TERRORISM PREVENTION

테러예방

Subtitle A--Individual Terrorists as Agents of Foreign Powers

해외세력 대리인으로서의 개인 테러리스트

Sec. 6001. Individual terrorists as agents of foreign powers.

Sec. 6002. Additional semiannual reporting requirements under the Foreign Intelligence Surveillance Act of 1978.

Subtitle B--Money Laundering and Terrorist Financing 자금세척과 테러자금

Sec. 6101. Additional authorization for finCEN.

Sec. 6102. Money laundering and financial crimes strategy reauthorization.

Subtitle C--Money Laundering Abatement and Financial Antiterrorism Technical Corrections

Sec. 6201. Short title.

Sec. 6202. Technical corrections to Public Law 107-56.

Sec. 6203. Technical corrections to other provisions of law.

Sec. 6204. Repeal of review.

Sec. 6205. Effective date.

Subtitle D--Additional Enforcement Tools 기타 강제 수단

Sec. 6301. Bureau of Engraving and Printing security printing.

Sec. 6302. Reporting of certain cross-border transmittal of funds.

Sec. 6303. Terrorism financing.

Subtitle E--Criminal History Background Checks -전과조회

Sec. 6401. Protect Act.

Sec. 6402. Reviews of criminal records of applicants for private security officer employment.

Sec. 6403. Criminal history background checks.

Subtitle F--Grand Jury Information Sharing 대배심의 정보공유

Sec. 6501. Grand jury information sharing.

Subtitle G--Providing Material Support to Terrorism 테러조직에 대한 물적 지원 문제

Sec. 6601. Short title.

Sec. 6602. Receiving military-type training from a foreign terrorist organization.

Sec. 6603. Additions to offense of providing material support to terrorism.

Sec. 6604. Financing of terrorism.

Subtitle H--Stop Terrorist and Military Hoaxes Act of 2004

Sec. 6701. Short title.

Sec. 6702. Hoaxes and recovery costs.

Sec. 6703. Obstruction of justice and false statements in terrorism cases.

Sec. 6704. Clarification of definition.

Subtitle I -- Weapons of Mass Destruction Prohibition Improvement Act of 2004

Sec. 6801. Short title.

Sec. 6802. Weapons of mass destruction.

Sec. 6803. Participation in nuclear and weapons of mass destruction threats to the United States.

Subtitle J--Prevention of Terrorist Access to Destructive Weapons Act of 2004

Sec. 6901. Short title.

Sec. 6902. Findings and purpose.

Sec. 6903. Missile systems designed to destroy aircraft.

Sec. 6904. Atomic weapons.

Sec. 6905. Radiological dispersal devices.

Sec. 6906. Variola virus.

Sec. 6907. Interception of communications.

Sec. 6908. Amendments to section 2332b(g)(5)(b) of title 18, United States Code.

Sec. 6909. Amendments to section 1956(c)(7)(d) of title 18, United States Code.

Sec. 6910. Export licensing process.

Sec. 6911. Clerical amendments.

Subtitle K--Pretrial Detention of Terrorists 테러리스트의 사전 구금

Sec. 6951. Short title.

Sec. 6952. Presumption for pretrial detention in cases involving terrorism.

TITLE VII--IMPLEMENTATION OF 9/11 COMMISSION RECOMMENDATIONS 9/11위원회 권고안의 실행

Sec. 7001. Short title.

Subtitle A--Diplomacy, Foreign Aid, and the Military in the War on Terrorism
테러와의 전쟁에서의 외교와 해외원조 그리고 군사력의 사용 문제

Sec. 7101. Findings.

Sec. 7102. Terrorist sanctuaries.

Sec. 7103. United States commitment to the future of Pakistan.

Sec. 7104. Assistance for Afghanistan.

Sec. 7105. The relationship between the United States and Saudi Arabia.

Sec. 7106. Efforts to combat Islamist terrorism.

Sec. 7107. United States policy toward dictatorships.독재자에 대한 미국의 정책

Sec. 7108. Promotion of free media and other American values.

Sec. 7109. Public diplomacy responsibilities of the Department of State.

Sec. 7110. Public diplomacy training.

Sec. 7111. Promoting democracy and human rights at international organizations. 국제기구에서의 민주주의와 인권의 증진

Sec. 7112. Expansion of United States scholarship and exchange programs in the Islamic world. 이슬람국가에 대한 교환 프로그램과 장학금의 확대

Sec. 7113. Pilot program to provide grants to American-sponsored schools in predominantly Muslim countries to provide scholarships.

Sec. 7114. International Youth Opportunity Fund.

Sec. 7115. The use of economic policies to combat terrorism. 테러와의 전쟁에의 경제적책 사용

Sec. 7116. Middle East partnership initiative.

Sec. 7117. Comprehensive coalition strategy for fighting terrorism.

Sec. 7118. Financing of terrorism.

Sec. 7119. Designation of foreign terrorist organizations. 해외테러조직의 지정

Sec. 7120. Report to Congress.

Sec. 7121. Case-Zablocki Act requirements.

Sec. 7122. Effective date.

Subtitle B--Terrorist Travel and Effective Screening

Sec. 7201. Counterterrorist travel intelligence.

Sec. 7202. Establishment of human smuggling and trafficking center.

Sec. 7203. Responsibilities and functions of consular officers.영사관의 기능

Sec. 7204. International agreements to track and curtail terrorist travel through the use of fraudulently obtained documents.

Sec. 7205. International standards for transliteration of names into the Roman alphabet for international travel documents and name-based watchlist systems. 해외여행시의 로마자 이름표기의 통일

Sec. 7206. Immigration security initiative.

Sec. 7207. Certification regarding technology for visa waiver participants.

Sec. 7208. Biometric entry and exit data system.

Sec. 7209. Travel documents. 여행(시 필요한) 서류

Sec. 7210. Exchange of terrorist information and increased preinspection at foreign airports.

Sec. 7211. Minimum standards for birth certificates.

Sec. 7212. Driver's licenses and personal identification cards.

Sec. 7213. Social security cards and numbers.

Sec. 7214. Prohibition of the display of social security account numbers on driver's licenses or motor vehicle registrations.

Sec. 7215. Terrorist travel program.

Sec. 7216. Increase in penalties for fraud and related activity.

Sec. 7217. Study on allegedly lost or stolen passports.

Sec. 7218. Establishment of visa and passport security program in the Department of State.

Sec. 7219. Effective date.

Sec. 7220. Identification standards.

Subtitle C--National Preparedness 국가예방대책

Sec. 7301. The incident command system. 사건지휘체계

Sec. 7302. National capital region mutual aid.

Sec. 7303. Enhancement of public safety communications interoperability.

Sec. 7304. Regional model strategic plan pilot projects.

Sec. 7305. Private sector preparedness.

Sec. 7306. Critical infrastructure and readiness assessments.

Sec. 7307. Northern command and defense of the United States homeland.

Sec. 7308. Effective date.

Subtitle D--Homeland Security 국토안보

Sec. 7401. Sense of Congress on first responder funding.

Sec. 7402. Coordination of industry efforts.

Sec. 7403. Study regarding nationwide emergency notification system.

Sec. 7404. Pilot study to move warning systems into the modern digital age.

Sec. 7405. Required coordination.

Sec. 7406. Emergency preparedness compacts.

Sec. 7407. Responsibilities of counternarcotics office.

Sec. 7408. Use of counternarcotics enforcement activities in certain employee performance appraisals.

Subtitle E--Public Safety Spectrum 공공안전의 범위

Sec. 7501. Digital television conversion deadline.

Sec. 7502. Studies on telecommunications capabilities and requirements.

Subtitle F--Presidential Transition

Sec. 7601. Presidential transition.

Subtitle G--Improving International Standards and Cooperation to Fight Terrorist Financing

Sec. 7701. Improving international standards and cooperation to fight terrorist financing.

Sec. 7702. Definitions.

Sec. 7703. Expanded reporting and testimony requirements for the Secretary of the Treasury.

Sec. 7704. Coordination of United States Government efforts.

Subtitle H--Emergency Financial Preparedness

Sec. 7801. Delegation authority of the Secretary of the Treasury.

Sec. 7802. Treasury support for financial services industry preparedness and response and consumer education.

Sec. 7803. Emergency Securities Response Act of 2004.

Sec. 7804. Private sector preparedness.

TITLE VIII--OTHER MATTERS 기타문제

Subtitle A--Intelligence Matters 정보문제

Sec. 8101. Intelligence community use of National Infrastructure Simulation and Analysis Center.

Subtitle B--Department of Homeland Security Matters 국토안보부 문제

Sec. 8201. Homeland security geospatial information.

Subtitle C--Homeland Security Civil Rights and Civil Liberties Protection

Sec. 8301. Short title.

Sec. 8302. Mission of Department of Homeland Security.

Sec. 8303. Officer for Civil Rights and Civil Liberties.

Sec. 8304. Protection of civil rights and civil liberties by Office of Inspector General.

Sec. 8305. Privacy officer.

Sec. 8306. Protections for human research subjects of the Department of Homeland Security.

Subtitle D--Other Matters

Sec. 8401. Amendments to Clinger-Cohen Act provisions to enhance agency planning for information security needs.

Sec. 8402. Enterprise architecture.

Sec. 8403. Financial disclosure and records.

Sec. 8404. Extension of requirement for air carriers to honor tickets for suspended air passenger service.

TITLE I--REFORM OF THE INTELLIGENCE COMMUNITY
정보공동체 개혁

SEC. 1001. SHORT TITLE.

This title may be cited as the `National Security Intelligence Reform Act of 2004'.

Subtitle A--Establishment of Director of National Intelligence

국가정보국장 직위의 창설

SEC. 1011. REORGANIZATION AND IMPROVEMENT OF MANAGEMENT OF INTELLIGENCE COMMUNITY. 정보공동체의 재구축과 통솔 혁신

....

`DIRECTOR OF NATIONAL INTELLIGENCE 국가정보국장(DNI)

`SEC. 102.

(a) DIRECTOR OF NATIONAL INTELLIGENCE- (1) There is a Director of National Intelligence who shall be appointed by the President, by and with the advice and consent of the Senate. Any individual nominated for appointment as Director of National Intelligence shall have extensive national security expertise. `(2) The Director of National Intelligence shall not be located within the Executive Office of the President.

(b) PRINCIPAL RESPONSIBILITY(주요 책임) - Subject to the authority, direction, and control of the President, the Director of National Intelligence shall-- `(1) serve as head of the intelligence community; `(2) act as the principal adviser to the President, to the National Security Council, and the Homeland Security Council for intelligence matters related to the national security; and `(3) consistent with section 1018 of the National Security Intelligence Reform Act of 2004, oversee and direct the implementation of the National Intelligence Program.

`(c) PROHIBITION ON DUAL SERVICE(겸직 금지) - The individual serving in the position of Director of National Intelligence shall not, while so serving, also serve as the Director of the Central Intelligence Agency or as the head of any other element of the intelligence community.

`RESPONSIBILITIES AND AUTHORITIES OF THE DIRECTOR OF NATIONAL INTELLIGENCE

`SEC. 102A. (a) PROVISION OF INTELLIGENCE- (1) The Director of National Intelligence shall be responsible for ensuring that national intelligence is provided-- 주요한 정보수요자

`(A) to the President;

`(B) to the heads of departments and agencies of the executive branch;

`(C) to the Chairman of the Joint Chiefs of Staff and senior military commanders;

`(D) to the Senate and House of Representatives and the committees thereof; and

`(E) to such other persons as the Director of National Intelligence determines to be appropriate.

`(2) Such national intelligence should be timely, objective, independent of political considerations, and based upon all sources available to the intelligence community and other appropriate entities.

`(b) ACCESS TO INTELLIGENCE(정보접근권)

`(c) BUDGET AUTHORITIES(예산에 대한 권한)

(1) With respect to budget requests and appropriations for the National Intelligence Program, the Director of National Intelligence shall-- `(A) based on intelligence priorities set by the President, provide to the heads of departments containing agencies or organizations within the intelligence community, and to the heads of such agencies and organizations, guidance for developing the National Intelligence Program budget pertaining to such agencies and organizations;

....

`(4) The Director of National Intelligence shall ensure the effective execution of the annual budget for intelligence and intelligence-related activities.

....

`(7) 대통령과 의회에의 예산사용에 대한 보고서 제출(A) The Director of National Intelligence shall provide a semi-annual report, beginning April 1, 2005, and ending April 1, 2007, to the President and the Congress regarding implementation of this section.

....

`(d) ROLE OF DIRECTOR OF NATIONAL INTELLIGENCE IN TRANSFER AND REPROGRAMMING OF FUNDS(정보공동체 정보예산 전용에 대한 권한(

`(e) TRANSFER OF PERSONNEL(100명 미만 정보 인력 재배치)- (1)(A) In addition to any other authorities available under law for such purposes, in the first twelve months after establishment of a new national intelligence center, the Director of National Intelligence, ... may transfer not more than 100 personnel authorized for elements of the intelligence community to such center.

....

`(f) TASKING AND OTHER AUTHORITIES(임무와 기타 권한) - (1)(A) The Director of National Intelligence shall--

`(i) establish objectives, priorities, and guidance for the intelligence community to ensure timely and effective collection, processing, analysis, and dissemination (including access by users to collected data consistent with applicable law and, as appropriate, the guidelines referred to in subsection (b) and analytic products generated by or within the intelligence community) of national intelligence;

`(ii) determine requirements and priorities for, and manage and direct the tasking of, collection, analysis, production, and dissemination of national intelligence by elements of the intelligence community, including--

`(I) approving requirements (including those requirements responding to needs provided by consumers) for collection and analysis; and

`(II) resolving conflicts in collection requirements and in the tasking of national collection assets of the elements of the intelligence community; and

`(iii) provide advisory tasking to intelligence elements of those agencies and departments not within the National Intelligence Program.

....

`(g) INTELLIGENCE INFORMATION SHARING(정보공유)- (1) The Director of National Intelligence shall have principal authority to ensure maximum availability of and access to intelligence information within the intelligence community consistent with national security requirements. The Director of National Intelligence shall--

`(A) establish uniform security standards and procedures;

`(B) establish common information technology standards, protocols, and interfaces;

`(C) ensure development of information technology systems that include multi-level security and intelligence integration capabilities;

`(D) establish policies and procedures to resolve conflicts between the need to share intelligence information and the need to protect intelligence sources and methods;

`(E) develop an enterprise architecture for the intelligence community and ensure that elements of the intelligence community comply with such architecture; and

`(F) have procurement approval authority over all enterprise architecture-related information technology items funded in the National Intelligence Program.

....

`(h) ANALYSIS(정보분석)- To ensure the most accurate analysis of intelligence is derived from all sources to support national security needs, the Director of National Intelligence shall--

`(1) implement policies and procedures--

`(A) to encourage sound analytic methods and tradecraft throughout the elements of the intelligence community;

`(B) to ensure that analysis is based upon all sources available; and

`(C) to ensure that the elements of the intelligence community regularly conduct competitive analysis of analytic products, whether such products are produced by or disseminated to such elements;

`(2) ensure that resource allocation for intelligence analysis is appropriately proportional to resource allocation for intelligence collection systems and operations in order to maximize analysis of all collected data;

`(3) ensure that differences in analytic judgment are fully considered and brought to the attention of policymakers; and

`(4) ensure that sufficient relationships are established between intelligence collectors and analysts to facilitate greater understanding of the needs of analysts.

`(i) PROTECTION OF INTELLIGENCE SOURCES AND METHODS(정보원천과 기법의 보호)

`(j) UNIFORM PROCEDURES FOR SENSITIVE COMPARTMENTED INFORMATION (민감한 정보접근에 대한 통일 규칙의 제정)

`(k) COORDINATION WITH FOREIGN GOVERNMENTS(외국 정부와의 협조)

`(l) ENHANCED PERSONNEL MANAGEMENT(효율적 인력관리)

`(m) ADDITIONAL AUTHORITY WITH RESPECT TO PERSONNEL(인력에 대한 기타 권한)

`(n) ACQUISITION AUTHORITIES (정보 자산 획득권한)

`(o) CONSIDERATION OF VIEWS OF ELEMENTS OF INTELLIGENCE COMMUNITY
`(p) RESPONSIBILITY OF DIRECTOR OF NATIONAL INTELLIGENCE REGARDING NATIONAL INTELLIGENCE PROGRAM BUDGET CONCERNING THE DEPARTMENT OF DEFENSE
`(q) ACQUISITIONS OF MAJOR SYSTEMS
`(r) PERFORMANCE OF COMMON SERVICES(통상 업무)

`OFFICE OF THE DIRECTOR OF NATIONAL INTELLIGENCE 국가정보국장실

`SEC. 103. (a) OFFICE OF DIRECTOR OF NATIONAL INTELLIGENCE- There is an Office of the Director of National Intelligence.
`(b) FUNCTION- The function of the Office of the Director of National Intelligence is to assist the Director of National Intelligence in carrying out the duties and responsibilities of the Director under this Act, the National Security Act of 1947 (50 U.S.C. 401 et seq.), and other applicable provisions of law, and to carry out such other duties as may be prescribed by the President or by law.
`(c) COMPOSITION- The Office of the Director of National Intelligence is composed of the following:
`(1) The Director of National Intelligence. 국가정보국장
`(2) The Principal Deputy Director of National Intelligence.주요 부국장
`(3) Any Deputy Director of National Intelligence appointed under section 103A. 부국장
`(4) The National Intelligence Council.국가정보위원회
`(5) The General Counsel.감찰감
`(6) The Civil Liberties Protection Officer.시민의자유보호실
`(7) The Director of Science and Technology.과학기술국장
`(8) The National Counterintelligence Executive (including the Office of the National Counterintelligence Executive).국가방첩집행관
`(9) Such other offices and officials as may be established by law or the Director may establish or designate in the Office, including national intelligence centers.
`(d) STAFF(스태프진)
....

`DEPUTY DIRECTORS OF NATIONAL INTELLIGENCE 부국장
`SEC. 103A.
(a) PRINCIPAL DEPUTY DIRECTOR OF NATIONAL INTELLIGENCE- (1) There is a Principal Deputy Director of National Intelligence who shall be appointed by the President, by and with the advice and consent of the Senate.
....
`(b) DEPUTY DIRECTORS OF NATIONAL INTELLIGENCE-
`(c) MILITARY STATUS OF DIRECTOR OF NATIONAL INTELLIGENCE AND PRINCIPAL

DEPUTY DIRECTOR OF NATIONAL INTELLIGENCE-

`NATIONAL INTELLIGENCE COUNCIL 국가정보위원회

`SEC. 103B. (a) NATIONAL INTELLIGENCE COUNCIL- There is a National Intelligence Council.

`(b) COMPOSITION- (1) The National Intelligence Council shall be composed of senior analysts within the intelligence community and substantive experts from the public and private sector, who shall be appointed by, report to, and serve at the pleasure of, the Director of National Intelligence.

`(2) The Director shall prescribe appropriate security requirements for personnel appointed from the private sector as a condition of service on the Council, or as contractors of the Council or employees of such contractors, to ensure the protection of intelligence sources and methods while avoiding, wherever possible, unduly intrusive requirements which the Director considers to be unnecessary for this purpose.

`(c) DUTIES AND RESPONSIBILITIES(의무와 책임) - (1) The National Intelligence Council shall--

`(A) produce national intelligence estimates for the United States Government, including alternative views held by elements of the intelligence community and other information as specified in paragraph (2);

`(B) evaluate community-wide collection and production of intelligence by the intelligence community and the requirements and resources of such collection and production; and

`(C) otherwise assist the Director of National Intelligence in carrying out the responsibilities of the Director under section 102A.

`(2) The Director of National Intelligence shall ensure that the Council satisfies the needs of policymakers and other consumers of intelligence.

`(d) SERVICE AS SENIOR INTELLIGENCE ADVISERS- Within their respective areas of expertise and under the direction of the Director of National Intelligence, the members of the National Intelligence Council shall constitute the senior intelligence advisers of the intelligence community for purposes of representing the views of the intelligence community within the United States Government.

`(e) AUTHORITY TO CONTRACT- Subject to the direction and control of the Director of National Intelligence, the National Intelligence Council may carry out its responsibilities under this section by contract, including contracts for substantive experts necessary to assist the Council with particular assessments under this section.

`(f) STAFF- The Director of National Intelligence shall make available to the National Intelligence Council such staff as may be necessary to permit the Council to carry out its responsibilities under this section.

`(g) AVAILABILITY OF COUNCIL AND STAFF- (1) The Director of National Intelligence shall take appropriate measures to ensure that the National Intelligence Council and its staff satisfy the needs of policymaking officials and other consumers of intelligence.

`(2) The Council shall be readily accessible to policymaking officials and other appropriate individuals not otherwise associated with the intelligence community.
`(h) SUPPORT- The heads of the elements of the intelligence community shall, as appropriate, furnish such support to the National Intelligence Council, including the preparation of intelligence analyses, as may be required by the Director of National Intelligence.
`(i) NATIONAL INTELLIGENCE COUNCIL PRODUCT- For purposes of this section, the term `National Intelligence Council product' includes a National Intelligence Estimate and any other intelligence community assessment that sets forth the judgment of the intelligence community as a whole on a matter covered by such product. NIC의 미래장기예측보고서

`GENERAL COUNSEL 감찰감

`SEC. 103C. (a) GENERAL COUNSEL- There is a General Counsel of the Office of the Director of National Intelligence who shall be appointed by the President, by and with the advice and consent of the Senate.
`(b) PROHIBITION ON DUAL SERVICE AS GENERAL COUNSEL OF ANOTHER AGENCY
`(c) SCOPE OF POSITION- The General Counsel is the chief legal officer of the Office of the Director of National Intelligence.
`(d) FUNCTIONS- The General Counsel shall perform such functions as the Director of National Intelligence may prescribe.

`CIVIL LIBERTIES PROTECTION OFFICER 시민의 자유보호 감독관

`SEC. 103D. (a) CIVIL LIBERTIES PROTECTION OFFICER- (1) Within the Office of the Director of National Intelligence, there is a Civil Liberties Protection Officer who shall be appointed by the Director of National Intelligence.`(2) The Civil Liberties Protection Officer shall report directly to the Director of National Intelligence.
`(b) Duties(책무)
`(c) USE OF AGENCY INSPECTORS GENERAL(감찰감의 활용)

`DIRECTOR OF SCIENCE AND TECHNOLOGY 과학기술 국장

`SEC. 103E. (a) DIRECTOR OF SCIENCE AND TECHNOLOGY- There is a Director of Science and Technology within the Office of the Director of National Intelligence who shall be appointed by the Director of National Intelligence.
`(b) REQUIREMENT RELATING TO APPOINTMENT(임명 자격조건)- An individual appointed as Director of Science and Technology shall have a professional background and experience appropriate for the duties of the Director of Science and Technology.
`(c) DUTIES(의무)- The Director of Science and Technology shall--

`(1) act as the chief representative of the Director of National Intelligence for science and technology;
`(2) chair the Director of National Intelligence Science and Technology Committee under subsection (d);
`(3) assist the Director in formulating a long-term strategy for scientific advances in the field of intelligence;
`(4) assist the Director on the science and technology elements of the budget of the Office of the Director of National Intelligence; and
`(5) perform other such duties as may be prescribed by the Director of National Intelligence or specified by law.

....

`NATIONAL COUNTERINTELLIGENCE EXECUTIVE 국가방첩집행관

`SEC. 103F. (a) NATIONAL COUNTERINTELLIGENCE EXECUTIVE- The National Counterintelligence Executive under section 902 of the Counterintelligence Enhancement Act of 2002 (title IX of Public Law 107-306; 50 U.S.C. 402b et seq.) is a component of the Office of the Director of National Intelligence.
`(b) Duties(의무) - The National Counterintelligence Executive shall perform the duties provided in the Counterintelligence Enhancement Act of 2002 and such other duties as may be prescribed by the Director of National Intelligence or specified by law.

`CENTRAL INTELLIGENCE AGENCY 중앙정보국

`SEC. 104. (a) CENTRAL INTELLIGENCE AGENCY- There is a Central Intelligence Agency.
`(b) FUNCTION(기능)- The function of the Central Intelligence Agency is to assist the Director of the Central Intelligence Agency in carrying out the responsibilities specified in section 104A(c).

`DIRECTOR OF THE CENTRAL INTELLIGENCE AGENCY 중앙정보국장

`SEC. 104A.
(a) DIRECTOR OF CENTRAL INTELLIGENCE AGENCY- There is a Director of the Central Intelligence Agency who shall be appointed by the President, by and with the advice and consent of the Senate.

`(b) SUPERVISION(감독) 국가정보국장에의 보고서 제출

`(c) DUTIES(의무)- The Director of the Central Intelligence Agency shall--

`(1) serve as the head of the Central Intelligence Agency; and

`(2) carry out the responsibilities specified in subsection (d).

`(d) RESPONSIBILITIES(책임)- The Director of the Central Intelligence Agency shall--

`(1) collect intelligence through human sources and by other appropriate means, except that the Director of the Central Intelligence Agency shall have no police, subpoena, or law enforcement powers or internal security functions;

`(2) correlate and evaluate intelligence related to the national security and provide appropriate dissemination of such intelligence;

`(3) provide overall direction for and coordination of the collection of national intelligence outside the United States through human sources by elements of the intelligence community authorized to undertake such collection and, in coordination with other departments, agencies, or elements of the United States Government which are authorized to undertake such collection, ensure that the most effective use is made of resources and that appropriate account is taken of the risks to the United States and those involved in such collection; and

`(4) perform such other functions and duties related to intelligence affecting the national security as the President or the Director of National Intelligence may direct.

`(e) TERMINATION OF EMPLOYMENT OF CIA EMPLOYEES

(CIA 피용자의 고용 종료)

`(f) COORDINATION WITH FOREIGN GOVERNMENTS(외국정부와의 협조)

(b) SENSE OF CONGRESS(CIA 인간정보활동에 대한 의회의 고양된 인식) - It is the sense of Congress

that-- (1) the human intelligence officers of the intelligence community have performed admirably and honorably in the face of great personal dangers; (2) during an extended period of unprecedented investment and improvements in technical collection means, the human intelligence capabilities of the United States have not received the necessary and commensurate priorities; (3) human intelligence is becoming an increasingly important capability to provide information on the asymmetric threats to the national security of the United States; (4) the continued development and improvement of a robust and empowered and flexible human intelligence work force is critical to identifying, understanding, and countering the plans and intentions of the adversaries of the United States; and (5) an increased emphasis on, and resources applied to, enhancing the depth and breadth of human intelligence capabilities of the United States intelligence community must be among the top priorities of the Director of National Intelligence.

(c) TRANSFORMATION OF CENTRAL INTELLIGENCE AGENCY

(d) REPORT(보고서) - (1) Not later than 180 days after the date of the enactment of this Act, the Director of the Central Intelligence Agency shall submit to the Director of National Intelligence and the congressional intelligence committees a report setting forth the following:

....

보고서에 포함될 내용

(i) identify the number and types of personnel required to implement that strategy;

(ii) include a plan for the recruitment, training, equipping, and deployment of such personnel; and

(iii) set forth an estimate of the costs of such activities.

SEC. 1013. JOINT PROCEDURES FOR OPERATIONAL COORDINATION BETWEEN

DEPARTMENT OF DEFENSE AND CENTRAL INTELLIGENCE AGENCY.

SEC. 1014. ROLE OF DIRECTOR OF NATIONAL INTELLIGENCE IN APPOINTMENT OF CERTAIN OFFICIALS RESPONSIBLE FOR INTELLIGENCE-RELATED ACTIVITIES.

SEC. 1015. EXECUTIVE SCHEDULE MATTERS.

SEC. 1016. INFORMATION SHARING(첩보의 공유)

(a) DEFINITIONS- In this section:

(1) INFORMATION SHARING COUNCIL(첩보공유 위원회) -

(2) INFORMATION SHARING ENVIRONMENT; ISE

(3) PROGRAM MANAGER

(4) TERRORISM INFORMATION -

(b) INFORMATION SHARING ENVIRONMENT-

(c) PRELIMINARY REPORT

(d) GUIDELINES AND REQUIREMENTS

(e) IMPLEMENTATION PLAN REPORT

(f) PROGRAM MANAGER-

(1) DESIGNATION- Not later than 120 days after the date of the enactment of this Act, with notification to Congress, the President shall designate an individual as the program manager responsible for information sharing across the Federal Government. The individual designated as the program manager shall serve as program manager during the two-year period beginning on the date of designation under this paragraph unless sooner removed from service and replaced by the President (at the President's sole discretion). The program manager shall have and exercise government wide authority.

(2) DUTIES AND RESPONSIBILITIES(의무와 책임)

(g) INFORMATION SHARING COUNCIL(첩보공유 위원회)-

(1) ESTABLISHMENT(설치)

(2) SPECIFIC DUTIES(특별한 임무)- In assisting the President and the program manager in their duties under this section, the Information Sharing Council shall--

(A) advise the President and the program manager in developing policies, procedures, guidelines, roles, and standards necessary to establish, implement, and maintain the ISE;

(B) work to ensure coordination among the Federal departments and agencies participating in the ISE in the establishment, implementation, and maintenance of the ISE;

(C) identify and, as appropriate, recommend the consolidation and elimination of current programs, systems, and processes used by Federal departments and agencies to share information, and recommend, as appropriate, the redirection of existing resources to support the ISE;

(D) identify gaps, if any, between existing technologies, programs and systems used by Federal departments and agencies to share information and the parameters of the proposed information sharing environment;

(E) recommend solutions to address any gaps identified under subparagraph (D);

....

(h) PERFORMANCE MANAGEMENT REPORTS-

(i) AGENCY RESPONSIBILITIES

(j) AUTHORIZATION OF APPROPRIATIONS- There is authorized to be appropriated to carry out this section $20,000,000 for each of fiscal years 2005 and 2006. 예산 배정

SEC. 1017. ALTERNATIVE ANALYSIS OF INTELLIGENCE BY THE INTELLIGENCE COMMUNITY. 대안분석

SEC. 1018. PRESIDENTIAL GUIDELINES ON IMPLEMENTATION AND PRESERVATION OF AUTHORITIES.

SEC. 1019. ASSIGNMENT OF RESPONSIBILITIES RELATING TO ANALYTIC INTEGRITY.

SEC. 1020. SAFEGUARD OF OBJECTIVITY IN INTELLIGENCE ANALYSIS.

Subtitle B--National Counterterrorism Center, National Counter Proliferation Center, and National Intelligence Centers

SEC. 1021. NATIONAL COUNTERTERRORISM CENTER. 국가대테러센터(NCTC)

Title I of the National Security Act of 1947 (50 U.S.C. 402 et seq.) is amended by adding at the end the following new section: `NATIONAL COUNTERTERRORISM CENTER

`SEC. 119.

(a) ESTABLISHMENT OF CENTER

(b) DIRECTOR OF NATIONAL COUNTERTERRORISM CENTER- 겸직금지

(c) REPORTING(대통령과 DNI에게 보고서 제출)

(d) PRIMARY MISSIONS(주요 임무) -

`(1) To serve as the primary organization in the United States Government for analyzing and integrating all intelligence possessed or acquired by the United States Government pertaining to terrorism and counterterrorism, excepting intelligence pertaining exclusively to domestic terrorists and domestic counterterrorism.

`(2) To conduct strategic operational planning for counterterrorism activities, integrating all instruments of national power, including diplomatic, financial, military, intelligence, homeland security, and law enforcement activities within and among agencies.

`(3) To assign roles and responsibilities as part of its strategic operational planning duties to lead Departments or agencies, as appropriate, for counterterrorism activities that are consistent with applicable law and that support counterterrorism strategic operational plans, but shall not direct the execution of any resulting operations.

`(4) To ensure that agencies, as appropriate, have access to and receive all-source intelligence support needed to execute their counterterrorism plans or perform independent, alternative analysis.

`(5) To ensure that such agencies have access to and receive intelligence needed to accomplish their assigned activities.

`(6) To serve as the central and shared knowledge bank on known and suspected terrorists and international terror groups, as well as their goals, strategies, capabilities, and networks of contacts and support.

(e) Domestic Counterterrorism Intelligence(국내 대 테러 정보)

(1) The Center may, consistent with applicable law, the direction of the President, and the guidelines referred to in section 102A(b), receive intelligence pertaining exclusively to domestic counterterrorism from any Federal, State, or local government or other source necessary to fulfill its responsibilities and retain and disseminate such intelligence.

`(2) Any agency authorized to conduct counterterrorism activities may request information from the Center to assist it in its responsibilities, consistent with applicable law and the guidelines referred to in section 102A(b).

(f) DUTIES AND RESPONSIBILITIES OF DIRECTOR(테러센터 국장의 의무와 책임)

(g) LIMITATION(테러 공작의 직접 실행 금지) - The Director of the National Counterterrorism Center may not direct the execution of counterterrorism operations.

(h) RESOLUTION OF DISPUTES(다른 기관과의 분쟁의 해결) - The Director of National Intelligence shall resolve disagreements between the National Counterterrorism Center and the head of a department, agency, or element of the United States Government on designations, assignments, plans, or responsibilities under this section. The head of such a department, agency, or element may appeal the resolution of the disagreement by the Director of National Intelligence to the President.

....

SEC. 1022. NATIONAL COUNTER PROLIFERATION CENTER.

Title I of the National Security Act of 1947, as amended by section 1021 of this Act, is further amended by adding at the end the following new section: `NATIONAL COUNTER PROLIFERATION CENTER

`SEC. 119A.

(a) ESTABLISHMENT- Not later than 18 months after the date of the enactment of the National Security Intelligence Reform Act of 2004, the President shall establish a National Counter Proliferation Center, taking into account all appropriate government tools to prevent and halt the proliferation of weapons of mass destruction, their delivery systems, and related materials and technologies.

(b) MISSIONS AND OBJECTIVES(임무와 목적)

....

SEC. 1023. NATIONAL INTELLIGENCE CENTERS. 국가정보센터

Title I of the National Security Act of 1947, as amended by section 1022 of this Act, is further amended by adding at the end the following new section: `NATIONAL INTELLIGENCE CENTERS

`SEC. 119B.

(a) AUTHORITY TO ESTABLISH(설립)

(b) RESOURCES OF DIRECTORS OF CENTERS

(c) INFORMATION SHARING(첩보의 공유) - The DNI shall, to the extent appropriate and practicable, ensure that each national intelligence center under subsection (a) and the other elements of the intelligence community share information in order to facilitate the mission of such center.

(d) MISSION OF CENTERS(임무) - Pursuant to the direction of the DNI, each national intelligence center under subsection (a) may, in the area of intelligence responsibility assigned to such center--

`(1) have primary responsibility for providing all-source analysis of intelligence based upon intelligence gathered both domestically and abroad;

`(2) have primary responsibility for identifying and proposing to the Director of National Intelligence intelligence collection and analysis and production requirements; and

`(3) perform such other duties as the Director of National Intelligence shall specify.

(e) REVIEW AND MODIFICATION OF CENTERS DNI의 센터 운영의 주기적 점검

....

Subtitle C--Joint Intelligence Community Council 정보공동체 합동위원회

SEC. 1031. JOINT INTELLIGENCE COMMUNITY COUNCIL.

Title I of the National Security Act of 1947 (50 U.S.C. 402 et seq.) is amended by inserting after section 101 the following new section: `JOINT INTELLIGENCE COMMUNITY COUNCIL

`SEC. 101A.

(a) JOINT INTELLIGENCE COMMUNITY COUNCIL- There is a Joint Intelligence Community Council.

(b) MEMBERSHIP(멤버)

`(1) The Director of National Intelligence, who shall chair the Council. 위원장: DNI

`(2) The Secretary of State.국무부장관

`(3) The Secretary of the Treasury. 재무부장관

`(4) The Secretary of Defense. 국방부장관

`(5) The Attorney General.법무부장관

`(6) The Secretary of Energy. 에너지부장관

`(7) The Secretary of Homeland Security.국토안보부장관

`(8) 대통령이 지명하는 기타 위원

(c) FUNCTIONS(기능) - The Joint Intelligence Community Council shall assist the Director of National

Intelligence in developing and implementing a joint, unified national intelligence effort to protect national security by-- `(1) advising the Director on establishing requirements, developing budgets, financial management, and monitoring and evaluating the performance of the intelligence community, and on such other matters as the Director may request; and `(2) ensuring the timely execution of programs, policies, and directives established or developed by the Director.

(d) MEETINGS(정기회의)

....

Subtitle D--Improvement of Education for the Intelligence Community 지속적 교육 훈련

SEC. 1041. ADDITIONAL EDUCATION AND TRAINING REQUIREMENTS.

SEC. 1042. CROSS-DISCIPLINARY EDUCATION AND TRAINING.

국가안보법(National Security Act of 1947 (50 U.S.C. 441g)의 일부 수정

SEC. 1042. Intelligence Community Scholarship Program

Subtitle E--Additional Improvements of Intelligence Activities

SEC. 1051. SERVICE AND NATIONAL LABORATORIES AND THE INTELLIGENCE COMMUNITY.

SEC. 1052. OPEN-SOURCE INTELLIGENCE. 공개출처 정보(중요성 강조)

(a) Sense of Congress- It is the sense of Congress that--

(1) the Director of National Intelligence should establish an intelligence center for the purpose of coordinating the collection, analysis, production, and dissemination of open-source intelligence to elements of the intelligence community;

(2) open-source intelligence is a valuable source that must be integrated into the intelligence cycle to ensure that United States policymakers are fully and completely informed; and

(3) the intelligence center should ensure that each element of the intelligence community uses open-source intelligence consistent with the mission of such element.

(b) REQUIREMENT FOR EFFICIENT USE BY INTELLIGENCE COMMUNITY OF OPEN-SOURCE

INTELLIGENCE- The Director of National Intelligence shall ensure that the intelligence community makes efficient and effective use of open-source information and analysis.

(c) Report(의회에의 보고서 제출)

....

SEC. 1053. NATIONAL INTELLIGENCE RESERVE CORPS. (전직 정보요원들) 국가정보예비군

(a) ESTABLISHMENT - The Director of National Intelligence may provide for the establishment and training of a National Intelligence Reserve Corps (in this section referred to as `National Intelligence Reserve Corps') for the temporary reemployment on a voluntary basis of former employees of elements of the intelligence community during periods of emergency, as determined by the Director.

(b) ELIGIBLE INDIVIDUALS(지원자격) - An individual may participate in the National Intelligence Reserve Corps only if the individual previously served as a full time employee of an element of the intelligence community.

(c) TERMS OF PARTICIPATION(종사 기간)

(d) EXPENSES(비용의 지급)

....

Subtitle F--Privacy and Civil Liberties

SEC. 1061. PRIVACY AND CIVIL LIBERTIES OVERSIGHT BOARD. 프라이버시와시민권감독위원회

(a) FINDINGS(개관)

(b) ESTABLISHMENT OF BOARD(백악관 내에 위원회 설치) - There is established within the Executive Office of the President a Privacy and Civil Liberties Oversight Board.

(c) FUNCTIONS(기능)-

(1) ADVICE AND COUNSEL ON DEVELOPMENT AND IMPLEMENTATION OF POLICY

(2) OVERSIGHT(감독) - The Board shall continually review--

(3) SCOPE(임무 범위)

(4) REPORTS TO CONGRESS(의회에의 보고서 제출)

(d) ACCESS TO INFORMATION(정보 접근권)

(e) MEMBERSHIP - 의장, 부의장, 대통령 임명의 위원 3인.

....

Sec. 1062. Sense of Congress on designation of privacy and civil liberties officers.

Subtitle G--Conforming and Other Amendments

SEC. 1071. CONFORMING AMENDMENTS RELATING TO ROLES OF DIRECTOR OF NATIONAL INTELLIGENCE AND DIRECTOR OF THE CENTRAL INTELLIGENCE AGENCY. 국가안보법(NATIONAL SECURITY ACT OF 1947)을 비롯한 다른 관련법의 수정과 조종

SEC. 1072. OTHER CONFORMING AMENDMENTS

....

SEC. 1073. Elements of Intelligence Community under National Security Act of 1947.

정보공동체 멤버의 수정 Paragraph (4) of section 3 of the National Security Act of 1947 (50 U.S.C. 401a) is amended to read as follows:

`(A) The Office of the Director of National Intelligence. 국가정보국장 실

`(B) The Central Intelligence Agency.중앙정보국

`(C) The National Security Agency.국가안보국

`(D) The Defense Intelligence Agency. 국방정보국

`(E) The National Geospatial-Intelligence Agency. 국가지구공간정보국

`(F) The National Reconnaissance Office.국가정찰실

`(G) Other offices within the Department of Defense for the collection of specialized national intelligence through reconnaissance programs. 국방부내 기타 정찰요소

`(H) The intelligence elements of the Army, the Navy, the Air Force, the Marine Corps, the Federal Bureau of Investigation, and the Department of Energy. 육 · 해 · 공군과 해병대, 연방수사국, 에너지부

`(I) The Bureau of Intelligence and Research of the Department of State. 국무부 정보조사국

`(J) The Office of Intelligence and Analysis of the Department of the Treasury. 재무부

`(K) The elements of the Department of Homeland Security..

해안경비대 포함한 국토안보부 요소

`(L) 기타 대통령 등이 지명하는 기관

SEC. 1074. REDESIGNATION OF NATIONAL FOREIGN INTELLIGENCE PROGRAM AS NATIONAL INTELLIGENCE PROGRAM. 국가해외정보의 국가정보프로그램에의 재지정

SEC. 1075. REPEAL OF SUPERSEDED AUTHORITY.

Section 111 of the National Security Act of 1947 (50 U.S.C. 404f) is repealed.

SEC. 1076. CLERICAL AMENDMENTS TO NATIONAL SECURITY ACT OF 1947.

SEC. 1077. CONFORMING AMENDMENTS RELATING TO PROHIBITING DUAL SERVICE OF THE DIRECTOR OF THE CENTRAL INTELLIGENCE AGENCY.

SEC. 1078. AUTHORITY TO ESTABLISH INSPECTOR GENERAL FOR THE OFFICE OF THE DIRECTOR OF NATIONAL INTELLIGENCE.

SEC. 1079. ETHICS MATTERS.

SEC. 1080. CONSTRUCTION OF AUTHORITY OF DIRECTOR OF NATIONAL INTELLIGENCE TO ACQUIRE AND MANAGE PROPERTY AND SERVICES.

SEC. 1081. GENERAL REFERENCES.

Subtitle H--Transfer, Termination, Transition, and Other Provisions

SEC. 1091. TRANSFER OF COMMUNITY MANAGEMENT STAFF.

SEC. 1092. TRANSFER OF TERRORIST THREAT INTEGRATION CENTER.

기존 CIA 내의 테러위협종합센터(Terrorist Threat Integration Center: TTIC)의 이관 등

SEC. 1093. TERMINATION OF POSITIONS OF ASSISTANT DIRECTORS OF CENTRAL INTELLIGENCE.

SEC. 1094. IMPLEMENTATION PLAN.

SEC. 1095. DIRECTOR OF NATIONAL INTELLIGENCE REPORT ON IMPLEMENTATION OF INTELLIGENCE COMMUNITY REFORM.

SEC. 1096. TRANSITIONAL AUTHORITIES.

SEC. 1097. EFFECTIVE DATES.

Subtitle I--Other Matters

SEC. 1101. STUDY OF PROMOTION AND PROFESSIONAL MILITARY EDUCATION SCHOOL SELECTION RATES FOR MILITARY INTELLIGENCE OFFICERS.

SEC. 1102. EXTENSION AND IMPROVEMENT OF AUTHORITIES OF PUBLIC INTEREST DECLASSIFICATION BOARD.

SEC. 1103. SEVERABILITY. - 본 법의 일부 조항이 타법과 충돌되는 경우에도 다른 조항은 유효

TITLE II--FEDERAL BUREAU OF INVESTIGATION - 연방수사국(FBI)

SEC. 2001. IMPROVEMENT OF INTELLIGENCE CAPABILITIES OF THE FEDERAL BUREAU

OF INVESTIGATION. - 연방수사국(FBI)의 정보능력 고양

(a) FINDINGS - 9/11 위원회 조사결과 연방수사국의 수사와 정보능력 높이 평가하고, 더 나아가 선제적 테러예방 조직으로 구축필요하다고 의회는 인식.

(b) IMPROVEMENT OF INTELLIGENCE CAPABILITIES-정보능력의 고양

(c) NATIONAL INTELLIGENCE WORKFORCE 신설

....

(4) The Director shall-- (A) establish career positions in national intelligence matters for agents, analysts, and related personnel of the Bureau; and (B) in furtherance of the requirement under subparagraph (A) and to the maximum extent practicable, afford agents, analysts, and related personnel of the Bureau the opportunity to work in the career specialty selected by such agents, analysts, and related personnel over their entire career with the Bureau.

....

(d) FIELD OFFICE MATTERS - 정보의 신속전파 (1) In improving the intelligence capabilities of the Federal Bureau of Investigation under subsection (b), the Director of the Federal Bureau of Investigation shall ensure that each Field Intelligence Group reports directly to a field office senior manager responsible for intelligence matters.

....

(e) DISCHARGE OF IMPROVEMENTS

(f) BUDGET MATTERS 예산의 신규 배정- The Director of the Federal Bureau of Investigation shall, establish a budget structure of the Federal Bureau of Investigation to reflect the four principal missions of the Bureau as follows: (1) Intelligence, (2) Counterterrorism and counterintelligence, (3) Criminal Enterprises/Federal Crimes, (4) Criminal justice services.

(g) REPORTS (의회 제출) 보고서

SEC. 2002. DIRECTORATE OF INTELLIGENCE OF THE FEDERAL BUREAU OF INVESTIGATION. 연방수사국(FBI) 정보국장

(a) DIRECTORATE OF INTELLIGENCE OF FEDERAL BUREAU OF INVESTIGATION

(b) HEAD OF DIRECTORATE - 연방수사국 부국장이 책임자

(c) RESPONSIBILITIES(책무) - The Directorate of Intelligence shall be responsible for the following:

(1) Supervision of all national intelligence programs, projects, and activities of the Bureau. (2) The discharge by the Bureau of the requirements in section 105B of the National Security Act of 1947 (50 U.S.C. 403-5b). (3) The oversight of Bureau field intelligence operations. (4) Coordinating human source development and management by the Bureau. (5) Coordinating collection by the Bureau against nationally-determined intelligence requirements. (6) Strategic analysis. (7) Intelligence program and budget management. (8) The intelligence workforce. (9) 기타 연방수사국장 하명 임무와 다른 법에 규정된 임무

(d) STAFF

SEC. 2003. FEDERAL BUREAU OF INVESTIGATION INTELLIGENCE CAREER SERVICE.

SEC. 2004. FEDERAL BUREAU OF INVESTIGATION RESERVE SERVICE.

SEC. 2005. FEDERAL BUREAU OF INVESTIGATION MANDATORY SEPARATION AGE.

정년 60세

SEC. 2006. FEDERAL BUREAU OF INVESTIGATION USE OF TRANSLATORS.

TITLE III--SECURITY CLEARANCES - 비밀취급 인가

SEC. 3001. SECURITY CLEARANCES.

(a) DEFINITIONS- In this section:

....

(4) The term `highly sensitive program' means-- (A) a government program designated as a Special Access Program (as that term is defined in section 4.1(h) of Executive Order 12958 or any successor Executive order); or (B) a government program that applies restrictions required for-- (i) restricted data (as that term is defined in section 11 y. of the Atomic Energy Act of 1954 (42 U.S.C. 2014(y)); or (ii) other information commonly referred to as `sensitive compartmented information'.

....

(6) The term `personnel security investigation' means any investigation required for the purpose of determining the eligibility of any military, civilian, or government contractor personnel to access classified information.

(b) SELECTION OF ENTITY 책임기관 지정 - Not later than 90 days after the date of the enactment of this Act, the President shall select a single department, agency, or element of the executive branch to be responsible for--

(1) directing day-to-day oversight of investigations and adjudications for personnel security clearances, including for highly sensitive programs, throughout the United States Government;

(2) developing and implementing uniform and consistent policies and procedures to ensure the effective, efficient, and timely completion of security clearances and determinations for access to highly sensitive programs, including the standardization of security questionnaires, financial disclosure requirements for security clearance applicants, and polygraph policies and procedures;

(3) serving as the final authority to designate an authorized investigative agency or authorized adjudicative agency;

....

TITLE IV--TRANSPORTATION SECURITY

운송보안

Subtitle A--National Strategy for Transportation Security 운송보안에 대한 국가 전략

SEC. 4001. NATIONAL STRATEGY FOR TRANSPORTATION SECURITY.

....

`(3) CONTENTS OF NATIONAL STRATEGY FOR TRANSPORTATION SECURITY(운송보안에 대한 국가전략 내용) -

`(4) SUBMISSIONS OF PLANS TO CONGRESS - 계획의 의회 보고

Subtitle B--Aviation Security 항공보안

SEC. 4011. PROVISION FOR THE USE OF BIOMETRIC OR OTHER TECHNOLOGY. 생체인식을 포함한 다른 신기술 사용

SEC. 4012. ADVANCED AIRLINE PASSENGER PRESCREENING. 탑승전 스크린 검색

SEC. 4013. DEPLOYMENT AND USE OF DETECTION EQUIPMENT AT AIRPORT SCREENING CHECKPOINTS. 검색장비 사용

SEC. 4014. ADVANCED AIRPORT CHECKPOINT SCREENING DEVICES. 항공 검문검색소

SEC. 4015. IMPROVEMENT OF SCREENER JOB PERFORMANCE. 업무 개선

SEC. 4016. FEDERAL AIR MARSHALS. 연방 항공보안관

SEC. 4017. INTERNATIONAL AGREEMENTS TO ALLOW MAXIMUM DEPLOYMENT OF FEDERAL AIR MARSHALS. 연방항공보안관 탑승자에 대한 국제협약

SEC. 4018. FOREIGN AIR MARSHAL TRAINING. 해외항공보안관 훈련

SEC. 4019. IN-LINE CHECKED BAGGAGE SCREENING. 위탁 수하물의 선검사

SEC. 4020. CHECKED BAGGAGE SCREENING AREA MONITORING.

SEC. 4021. WIRELESS COMMUNICATION. 조종사들의 비밀 통신장비 사용

SEC. 4022. IMPROVED PILOT LICENSES. 항공조종 요건 강화

SEC. 4023. AVIATION SECURITY STAFFING.

SEC. 4024. IMPROVED EXPLOSIVE DETECTION SYSTEMS. 개선된 폭발물 탐지 체계

SEC. 4025. PROHIBITED ITEMS LIST. 금지 품목

SEC. 4026. MAN-PORTABLE AIR DEFENSE SYSTEMS (MANPADS).

SEC. 4027. TECHNICAL CORRECTIONS.

SEC. 4028. REPORT ON SECONDARY FLIGHT DECK BARRIERS.

SEC. 4029. EXTENSION OF AUTHORIZATION OF AVIATION SECURITY FUNDING.

Subtitle C--Air Cargo Security 항공화물 보안

SEC. 4051. PILOT PROGRAM TO EVALUATE USE OF BLAST RESISTANT CARGO AND BAGGAGE CONTAINERS.

SEC. 4052. AIR CARGO SECURITY.

SEC. 4053. AIR CARGO SECURITY REGULATIONS.

SEC. 4054. REPORT ON INTERNATIONAL AIR CARGO THREATS.

Subtitle D--Maritime Security 해상 보안

SEC. 4071. WATCH LISTS FOR PASSENGERS ABOARD VESSELS.

SEC. 4072. DEADLINES FOR COMPLETION OF CERTAIN PLANS, REPORTS, AND ASSESSMENTS.

Subtitle E--General Provisions

SEC. 4081. DEFINITIONS.

SEC. 4082. EFFECTIVE DATE. This title shall take effect on the date of enactment of this Act.

TITLE V--BORDER PROTECTION, IMMIGRATION, AND VISA MATTERS
국경경비, 이민과 비자 문제

Subtitle A--Advanced Technology Northern Border Security Pilot Program

SEC. 5101. ESTABLISHMENT.

SEC. 5102. PROGRAM REQUIREMENTS.

SEC. 5103. ADMINISTRATIVE PROVISIONS.

SEC. 5104. REPORT.

SEC. 5105. Authorization of appropriations. 세출 승인

Subtitle B--Border and Immigration Enforcement

SEC. 5201. BORDER SURVEILLANCE. 국경감시

SEC. 5202. INCREASE IN FULL-TIME BORDER PATROL AGENTS.

SEC. 5203. INCREASE IN FULL-TIME IMMIGRATION AND CUSTOMS ENFORCEMENT INVESTIGATORS.

SEC. 5204. INCREASE IN DETENTION BED SPACE. 이민구금시설의 확충

Subtitle C--Visa Requirements

SEC. 5301. IN PERSON INTERVIEWS OF VISA APPLICANTS. 비자 신청자의 대인 인터뷰

SEC. 5302. VISA APPLICATION REQUIREMENTS. 비자신청 요구조건

SEC. 5303. EFFECTIVE DATE.

SEC. 5304. REVOCATION OF VISAS AND OTHER TRAVEL DOCUMENTATION.
비자와 기타 여행 서류의 철회

Subtitle D--Immigration Reform

SEC. 5401. BRINGING IN AND HARBORING CERTAIN ALIENS.

SEC. 5402. DEPORTATION OF ALIENS WHO HAVE RECEIVED MILITARY-TYPE TRAINING FROM TERRORIST ORGANIZATIONS. 군사형태의 테러훈련 받은 사람의 강제추방

SEC. 5403. STUDY AND REPORT ON TERRORISTS IN THE ASYLUM SYSTEM.

Subtitle E -- Treatment of Aliens Who Commit Acts of Torture, Extrajudicial Killings, or Other Atrocities Abroad

SEC. 5501. INADMISSIBILITY AND DEPORTABILITY OF ALIENS WHO HAVE COMMITTED ACTS OF TORTURE OR EXTRAJUDICIAL KILLINGS ABROAD.
해외에서의 고문, 살인자의 입금금지와 추방

SEC. 5502. INADMISSIBILITY AND DEPORTABILITY OF FOREIGN GOVERNMENT OFFICIALS WHO HAVE COMMITTED PARTICULARLY SEVERE VIOLATIONS OF RELIGIOUS FREEDOM. 종교자유를 심각히 위배한 외국 공무원의 입국금지와 강제송환

SEC. 5503. WAIVER OF INADMISSIBILITY.

SEC. 5504. BAR TO GOOD MORAL CHARACTER FOR ALIENS WHO HAVE COMMITTED ACTS OF TORTURE, EXTRAJUDICIAL KILLINGS, OR SEVERE VIOLATIONS OF RELIGIOUS FREEDOM. 일정 행위 외국인의 (입국) 금지

SEC. 5505. ESTABLISHMENT OF THE OFFICE OF SPECIAL INVESTIGATIONS.

SEC. 5506. REPORT ON IMPLEMENTATION. 법무부장관의 상원 법사위원회에의 보고서 제출

TITLE VI--TERRORISM PREVENTION 테러 예방

Subtitle A--Individual Terrorists as Agents of Foreign Powers

SEC. 6001. INDIVIDUAL TERRORISTS AS AGENTS OF FOREIGN POWERS.

SEC. 6002. ADDITIONAL SEMIANNUAL REPORTING REQUIREMENTS UNDER THE FOREIGN INTELLIGENCE SURVEILLANCE ACT OF 1978.

Subtitle B--Money Laundering and Terrorist Financing 자금 세탁과 테러 자금

SEC. 6101. ADDITIONAL AUTHORIZATION FOR FINCEN.

SEC. 6102. MONEY LAUNDERING AND FINANCIAL CRIMES STRATEGY REAUTHORIZATION.

Subtitle C--Money Laundering Abatement and Financial Antiterrorism Technical Corrections

SEC. 6201. SHORT TITLE. - 법의 다른 이름

This subtitle may be cited as the `International Money Laundering Abatement and Financial Antiterrorism Technical Corrections Act of 2004'.

SEC. 6202. TECHNICAL CORRECTIONS TO PUBLIC LAW 107-56.

SEC. 6203. TECHNICAL CORRECTIONS TO OTHER PROVISIONS OF LAW.

SEC. 6204. REPEAL OF REVIEW.

SEC. 6205. EFFECTIVE DATE.

Subtitle D--Additional Enforcement Tools

SEC. 6301. BUREAU OF ENGRAVING AND PRINTING SECURITY PRINTING.

SEC. 6302. REPORTING OF CERTAIN CROSS-BORDER TRANSMITTAL OF FUNDS.

SEC. 6303. TERRORISM FINANCING.

Subtitle E--Criminal History Background Checks

SEC. 6401. PROTECT ACT.

SEC. 6402. REVIEWS OF CRIMINAL RECORDS OF APPLICANTS FOR PRIVATE SECURITY OFFICER EMPLOYMENT.

SEC. 6403. CRIMINAL HISTORY BACKGROUND CHECKS.

Subtitle F--Grand Jury Information Sharing

SEC. 6501. GRAND JURY INFORMATION SHARING.

Subtitle G--Providing Material Support to Terrorism

SEC. 6601. SHORT TITLE.- This subtitle may be cited as the `Material Support to Terrorism Prohibition Enhancement Act of 2004'.

SEC. 6602. RECEIVING MILITARY-TYPE TRAINING FROM A FOREIGN TERRORIST ORGANIZATION. 해외 테러 조직으로부터의 군사훈련 형태의 교습

SEC. 6603. ADDITIONS TO OFFENSE OF PROVIDING MATERIAL SUPPORT TO TERRORISM.

SEC. 6604. FINANCING OF TERRORISM.

Subtitle H--Stop Terrorist and Military Hoaxes Act of 2004

SEC. 6701. SHORT TITLE. - This subtitle may be cited as the `Stop Terrorist and Military Hoaxes Act of 2004'.

SEC. 6702. HOAXES AND RECOVERY COSTS.

SEC. 6703. OBSTRUCTION OF JUSTICE AND FALSE STATEMENTS IN TERRORISM CASES.

SEC. 6704. CLARIFICATION OF DEFINITION.

Subtitle I--Weapons of Mass Destruction Prohibition Improvement Act of 2004

SEC. 6801. SHORT TITLE. - This subtitle may be cited as the `Weapons of Mass Destruction Prohibition Improvement Act of 2004'.

SEC. 6802. WEAPONS OF MASS DESTRUCTION. 대량살상무기

SEC. 6803. PARTICIPATION IN NUCLEAR AND WEAPONS OF MASS DESTRUCTION THREATS TO THE UNITED STATES.

Subtitle J--Prevention of Terrorist Access to Destructive Weapons Act of 2004

SEC. 6901. SHORT TITLE. - This subtitle may be cited as the `Prevention of Terrorist Access to Destructive Weapons Act of 2004'.

SEC. 6902. FINDINGS AND PURPOSE.

SEC. 6903. MISSILE SYSTEMS DESIGNED TO DESTROY AIRCRAFT.

SEC. 6904. ATOMIC WEAPONS. 핵무기

SEC. 6905. RADIOLOGICAL DISPERSAL DEVICES. 방사능 분산장치

SEC. 6906. VARIOLA VIRUS. 천연두 바이러스

SEC. 6907. INTERCEPTION OF COMMUNICATIONS. 통신 감청

Section 2516(1) of title 18, United States Code, is amended--- (1) in paragraph (a), by inserting `2122 and' after `sections'; (2) in paragraph (c), by inserting `section 175c (relating to variola virus),' after `section 175 (relating to biological weapons),'; and (3) in paragraph (q), by inserting `2332g, 2332h,' after `2332f,'.

SEC. 6908. AMENDMENTS TO SECTION 2332b(g)(5)(B) OF TITLE 18, UNITED STATES CODE.

SEC. 6909. AMENDMENTS TO SECTION 1956(c)(7)(D) OF TITLE 18, UNITED STATES CODE.

SEC. 6910. EXPORT LICENSING PROCESS. 수출면허 절차

SEC. 6911. CLERICAL AMENDMENTS.

Subtitle K--Pretrial Detention of Terrorists 테러리스트의 사전 구금

SEC. 6951. SHORT TITLE. - This subtitle may be cited as the `Pretrial Detention of Terrorists Act of 2004'.

SEC. 6952. PRESUMPTION FOR PRETRIAL DETENTION IN CASES INVOLVING TERRORISM.

TITLE VII--IMPLEMENTATION OF 9/11 COMMISSION RECOMMENDATIONS
9/11 진상조사위원회 권고안의 이행

SEC. 7001. SHORT TITLE.- This title may be cited as the `9/11 Commission Implementation Act of 2004'.

Subtitle A--Diplomacy, Foreign Aid, and the Military in the War on Terrorism

SEC. 7101. FINDINGS.

SEC. 7102. TERRORIST SANCTUARIES. 테러리스트 은신처

(a) FINDINGS- Consistent with the report of the National Commission on Terrorist Attacks Upon the United States, Congress makes the following findings: (1) Complex terrorist operations require locations that provide such operations sanctuary from interference by Government or law enforcement personnel. (2) A terrorist sanctuary existed in Afghanistan before September 11, 2001. (3) The terrorist sanctuary in Afghanistan provided direct and indirect value to members of al Qaeda who participated in the terrorist attacks on the United States on September 11, 2001, and in other terrorist operations. (4) Terrorist organizations have fled to some of the least governed and most lawless places in the world to find sanctuary. (5) During the 21st century, terrorists are often focusing on remote regions and failing states as locations to seek sanctuary.

....

SEC. 7103. UNITED STATES COMMITMENT TO THE FUTURE OF PAKISTAN. 파키스탄 미래에 대한 약속

(a) FINDINGS: ..... (1) The Government of Pakistan has a critical role to perform in the struggle against terrorism. (2) Due to its location, topography, social conditions, and other factors, Pakistan can be attractive to extremists seeking refuge or opportunities to recruit or train, or a place from which to operate against Coalition Forces in Afghanistan. (3) A stable Pakistan, with a moderate, responsible government that serves as a voice of tolerance in the Muslim world, is critical to stability in the region.

(b) SENSE OF CONGRESS- It is the sense of Congress that the United States should-- (1) help to ensure a promising, stable, and secure future for Pakistan over the long term; (2) provide a comprehensive program of assistance to encourage and enable Pakistan--

....

SEC. 7104. ASSISTANCE FOR AFGHANISTAN. 아프가니스탄 원조

(a) SHORT TITLE- This section may be cited as the `Afghanistan Freedom Support Act Amendments of 2004'.

....

SEC. 7105. THE RELATIONSHIP BETWEEN THE UNITED STATES AND SAUDI ARABIA. 사우디 아라비아와의 관계

SEC. 7106. EFFORTS TO COMBAT ISLAMIST TERRORISM. 이슬람 테러분자와의 전쟁 노력

(a) FINDINGS- Consistent with the report of the National Commission on Terrorist Attacks Upon the United States, Congress makes the following findings: (1) While support for the United States has plummeted in the Islamic world, many negative views are uninformed, at best, and, at worst, are informed by coarse stereotypes and caricatures. (2) Local newspapers in countries with predominantly Muslim populations and influential broadcasters who reach Muslim audiences through satellite television often reinforce the idea that the people and Government of the United

States are anti-Muslim.

(b) SENSE OF CONGRESS- It is the sense of Congress that--

(1) the Government of the United States should offer an example of moral leadership in the world that includes a commitment to treat all people humanely, abide by the rule of law, and be generous to the people and governments of other countries; .... (4) the United States should work to defeat extremism in all its form, especially in nations with predominantly Muslim populations by providing assistance to governments, non-governmental organizations, and individuals who promote modernization.

SEC. 7107. UNITED STATES POLICY TOWARD DICTATORSHIPS. 독재자에 대한 미국의 정책

SEC. 7108. PROMOTION OF FREE MEDIA AND OTHER AMERICAN VALUES.

SEC. 7109. PUBLIC DIPLOMACY RESPONSIBILITIES OF THE DEPARTMENT OF STATE.

SEC. 7110. PUBLIC DIPLOMACY TRAINING.

SEC. 7111. PROMOTING DEMOCRACY AND HUMAN RIGHTS AT INTERNATIONAL ORGANIZATIONS.

SEC. 7112. EXPANSION OF UNITED STATES SCHOLARSHIP AND EXCHANGE PROGRAMS IN THE ISLAMIC WORLD. 이슬람세계에 대한 장학금과 교환 프로그램의 확대

SEC. 7113. PILOT PROGRAM TO PROVIDE GRANTS TO AMERICAN-SPONSORED SCHOOLS IN PREDOMINANTLY MUSLIM COUNTRIES TO PROVIDE SCHOLARSHIPS.

SEC. 7114. INTERNATIONAL YOUTH OPPORTUNITY FUND. 국제청소년기금

SEC. 7115. THE USE OF ECONOMIC POLICIES TO COMBAT TERRORISM.

SEC. 7116. MIDDLE EAST PARTNERSHIP INITIATIVE.

SEC. 7117. COMPREHENSIVE COALITION STRATEGY FOR FIGHTING TERRORISM.

SEC. 7118. FINANCING OF TERRORISM.

SEC. 7119. DESIGNATION OF FOREIGN TERRORIST ORGANIZATIONS. 테러 단체 지정(국무부장관)

(a) PERIOD OF DESIGNATION - Section 219(a)(4) of the Immigration and Nationality Act (8 U.S.C. 1189(a)(4)) is amended--

(1) in subparagraph (A)--

(2) by striking subparagraph (B) and inserting the following: `(B) REVIEW OF DESIGNATION UPON PETITION- 청원에 의한 심사

....

`(3) ADMINISTRATIVE RECORD(기록의 정정)

`(4) CLASSIFIED INFORMATION(지정시 비밀 정보의 사용)

SEC. 7120. REPORT TO CONGRESS.

SEC. 7121. CASE-ZABLOCKI ACT REQUIREMENTS. 자료의 인터넷 공표

....

SEC. 7122. EFFECTIVE DATE.

Subtitle B--Terrorist Travel and Effective Screening

SEC. 7201. COUNTERTERRORIST TRAVEL INTELLIGENCE.

SEC. 7202. ESTABLISHMENT OF HUMAN SMUGGLING AND TRAFFICKING CENTER.

SEC. 7203. RESPONSIBILITIES AND FUNCTIONS OF CONSULAR OFFICERS. 영사 책무

SEC. 7204. INTERNATIONAL AGREEMENTS TO TRACK AND CURTAIL TERRORIST TRAVEL THROUGH THE USE OF FRAUDULENTLY OBTAINED DOCUMENTS.

SEC. 7205. INTERNATIONAL STANDARDS FOR TRANSLITERATION OF NAMES INTO THE ROMAN ALPHABET FOR INTERNATIONAL TRAVEL DOCUMENTS AND NAME-BASED WATCHLIST SYSTEMS.

SEC. 7206. IMMIGRATION SECURITY INITIATIVE.

SEC. 7207. CERTIFICATION REGARDING TECHNOLOGY FOR VISA WAIVER PARTICIPANTS.

SEC. 7208. BIOMETRIC ENTRY AND EXIT DATA SYSTEM.

SEC. 7209. TRAVEL DOCUMENTS.

SEC. 7210. EXCHANGE OF TERRORIST INFORMATION AND INCREASED PREINSPECTION AT FOREIGN AIRPORTS.

SEC. 7211. MINIMUM STANDARDS FOR BIRTH CERTIFICATES. 출생에 대한 최소 증명

SEC. 7212. DRIVER'S LICENSES AND PERSONAL IDENTIFICATION CARDS. 운전면허증

....

(2) MINIMUM STANDARDS(최소 기준의 설정) - Not later than 18 months after the date of enactment of this Act, the Secretary of Transportation, in consultation with the Secretary of Homeland Security, shall by regulation, establish minimum standards for driver's licenses or personal identification cards .... that shall include-- (A) standards for documentation required as proof of identity of an applicant for a driver's license or personal identification card; .... including--

(i) the person's full legal name; 법률상의 전체이름

(ii) the person's date of birth; 생년월일

(iii) the person's gender; 성별

(iv) the person's driver's license or personal identification card number;
운전면허 또는 신분증 번호

(v) a digital photograph of the person; 디지털 사진

(vi) the person's address of principal residence; and 주거지 주소

(vii) the person's signature; 서명

....

SEC. 7213. SOCIAL SECURITY CARDS AND NUMBERS. 사회보장카드 번호

SEC. 7214. PROHIBITION OF THE DISPLAY OF SOCIAL SECURITY ACCOUNT NUMBERS ON DRIVER'S LICENSES OR MOTOR VEHICLE REGISTRATIONS.

SEC. 7215. TERRORIST TRAVEL PROGRAM. 테러분자 여행계획 조사

SEC. 7216. INCREASE IN PENALTIES FOR FRAUD AND RELATED ACTIVITY.

SEC. 7217. STUDY ON ALLEGEDLY LOST OR STOLEN PASSPORTS.

분실 여권 등에 대한 조사

SEC. 7218. ESTABLISHMENT OF VISA AND PASSPORT SECURITY PROGRAM IN THE DEPARTMENT OF STATE. 국무부 비자 프로그램

SEC. 7219. EFFECTIVE DATE.

SEC. 7220. IDENTIFICATION STANDARDS. 동일인 확인 서류 기준

....

The Secretary of Homeland Security-- (A) shall propose minimum standards for identification documents required of domestic commercial airline passengers for boarding an aircraft; and (B) may, from time to time, propose minimum standards amending or replacing standards previously proposed and transmitted to Congress and approved under this section.

....

Subtitle C--National Preparedness

SEC. 7301. THE INCIDENT COMMAND SYSTEM. 테러 사건 지휘 사령부(국토안보부 장관)

(a) FINDINGS- Consistent with the report of the National Commission on Terrorist Attacks Upon the United States, Congress makes the following finding; (1) The attacks on September 11, 2001, demonstrated that even the most robust emergency response capabilities can be overwhelmed if an attack is large enough. (2) Teamwork, collaboration, and cooperation at an incident site are critical to a successful response to a terrorist attack. (3) Key decision makers who are represented at the incident command level help to ensure an effective response, the efficient use of resources, and responder safety. (4) The incident command system also enables emergency managers and first responders to manage, generate, receive, evaluate, share, and use information. (5) Regular joint training at all levels is essential to ensuring close coordination during an actual incident. (6) In Homeland Security Presidential Directive 5, the President directed the **Secretary of Homeland Security** to develop an incident command system, to be known as the **National Incident Management System (NIMS)**, and directed all Federal agencies to make the adoption of NIMS a condition for the receipt of Federal emergency preparedness assistance by States, territories, tribes, and local governments beginning in fiscal year 2005.

(b) SENSE OF CONGRESS- It is the sense of Congress that-- (1) .... (2) the unified incident command system should enable emergency managers and first responders to manage, generate, receive, evaluate, share, and use information in the event of a terrorist attack or a significant national disaster; (3) emergency response agencies nationwide should adopt the Incident Command System known as NIMS; (4) when multiple agencies or multiple jurisdictions are involved, they should follow a unified command system based on NIMS;

National Incident Management System (NIMS)의 창설........................

SEC. 7302. NATIONAL CAPITAL REGION MUTUAL AID.

SEC. 7303. ENHANCEMENT OF PUBLIC SAFETY COMMUNICATIONS INTEROPERABILITY.

SEC. 7304. REGIONAL MODEL STRATEGIC PLAN PILOT PROJECTS.

SEC. 7305. PRIVATE SECTOR PREPAREDNESS. 민간영역의 대비

SEC. 7306. CRITICAL INFRASTRUCTURE AND READINESS ASSESSMENTS. 국가기간시설망

(a) FINDINGS- Congress makes the following findings:

....

(b) REPORTS ON RISK ASSESSMENT AND READINESS (의회에 보고서 제출)

SEC. 7307. NORTHERN COMMAND AND DEFENSE OF THE UNITED STATES HOMELAND. 국방부장관에 의한 대비 태세 평가

SEC. 7308. EFFECTIVE DATE.

Subtitle D--Homeland Security 국토안보(국가안보와의 구분)

SEC. 7401. SENSE OF CONGRESS ON FIRST RESPONDER FUNDING.

It is the sense of Congress that Congress must pass legislation in the first session of the 109th Congress to reform the system for distributing grants to enhance State and local government prevention of, preparedness for, and response to acts of terrorism.

SEC. 7402. COORDINATION OF INDUSTRY EFFORTS.

SEC. 7403. STUDY REGARDING NATIONWIDE EMERGENCY NOTIFICATION SYSTEM. 전국토 비상경보체제에 대한 검토

SEC. 7405. REQUIRED COORDINATION. 국토안보부장관의 임무

The Secretary of Homeland Security shall ensure that there is effective and ongoing coordination of Federal efforts to prevent, prepare for, and respond to acts of terrorism and other major disasters and emergencies among the divisions of the Department of Homeland Security, including the Directorate of Emergency Preparedness and Response and the Office for State and Local Government Coordination and Preparedness.

SEC. 7406. EMERGENCY PREPAREDNESS COMPACTS.

SEC. 7407. RESPONSIBILITIES OF COUNTERNARCOTICS OFFICE.

SEC. 7408. USE OF COUNTERNARCOTICS ENFORCEMENT ACTIVITIES IN CERTAIN EMPLOYEE PERFORMANCE APPRAISALS.

Subtitle E--Public Safety Spectrum

SEC. 7501. DIGITAL TELEVISION CONVERSION DEADLINE.

SEC. 7502. STUDIES ON TELECOMMUNICATIONS CAPABILITIES AND REQUIREMENTS.

Subtitle F--Presidential Transition

SEC. 7601. PRESIDENTIAL TRANSITION. 대통령직 인계인수시의 대비

....

Subtitle G--Improving International Standards and Cooperation to Fight Terrorist Financing

SEC. 7701. IMPROVING INTERNATIONAL STANDARDS AND COOPERATION TO FIGHT TERRORIST FINANCING. 국제기준의 충족

SEC. 7702. DEFINITIONS.

SEC. 7703. EXPANDED REPORTING AND TESTIMONY REQUIREMENTS FOR THE SECRETARY OF THE TREASURY. - 국제통화기금(IMF)와의 협조 문제 등

SEC. 7704. COORDINATION OF UNITED STATES GOVERNMENT EFFORTS.

초국가적 국제정보기구인 금융활동 특별조사단(Financial Action Task Force (FATF)과의 협조

Subtitle H--Emergency Financial Preparedness

SEC. 7801. DELEGATION AUTHORITY OF THE SECRETARY OF THE TREASURY.

SEC. 7802. TREASURY SUPPORT FOR FINANCIAL SERVICES INDUSTRY PREPAREDNESS AND RESPONSE AND CONSUMER EDUCATION.

SEC. 7803. EMERGENCY SECURITIES RESPONSE ACT OF 2004.

SEC. 7804. PRIVATE SECTOR PREPAREDNESS.

TITLE VIII--OTHER MATTERS 기타 문제

Subtitle A--Intelligence Matters

SEC. 8101. INTELLIGENCE COMMUNITY USE OF NATIONAL INFRASTRUCTURE SIMULATION AND ANALYSIS CENTER.

Subtitle B--Department of Homeland Security Matters

SEC. 8201. HOMELAND SECURITY GEOSPATIAL INFORMATION.

국토안보부에의 지구공간정보국 관련 조직 창설과 지구공간정보국 정보 제공

Subtitle C--Homeland Security Civil Rights and Civil Liberties Protection

SEC. 8301. SHORT TITLE. - This subtitle may be cited as the `Homeland Security Civil Rights and Civil Liberties Protection Act of 2004'.

SEC. 8302. MISSION OF DEPARTMENT OF HOMELAND SECURITY. 국토안보부의 임무

SEC. 8303. OFFICER FOR CIVIL RIGHTS AND CIVIL LIBERTIES. 시민의 권리와 자유 감독관

SEC. 8304. PROTECTION OF CIVIL RIGHTS AND CIVIL LIBERTIES BY OFFICE OF INSPECTOR GENERAL.

SEC. 8305. PRIVACY OFFICER. 프라이버시 담당관

SEC. 8306. PROTECTIONS FOR HUMAN RESEARCH SUBJECTS OF THE DEPARTMENT OF HOMELAND SECURITY.

Subtitle D--Other Matters 기타 문제

SEC. 8401. AMENDMENTS TO CLINGER-COHEN ACT PROVISIONS TO ENHANCE AGENCY PLANNING FOR INFORMATION SECURITY NEEDS.

SEC. 8402. ENTERPRISE ARCHITECTURE.

(a) ENTERPRISE ARCHITECTURE DEFINED- In this section, the term `enterprise architecture' means a detailed outline or blueprint of the information technology of the Federal Bureau of Investigation that will satisfy the ongoing mission and goals of the Federal Bureau of Investigation and that sets forth specific and identifiable benchmarks.

....

SEC. 8403. FINANCIAL DISCLOSURE AND RECORDS.

SEC. 8404. EXTENSION OF REQUIREMENT FOR AIR CARRIERS TO HONOR TICKETS FOR SUSPENDED AIR PASSENGER SERVICE.

제3항 미국 애국법

I. 개 관

9/11 테러공격 이후 테러 전문수사기관인 FBI는 펜트봄이라는 작전명으로 즉각 수사에 착수하였다. 그러나 전 세계 테러조직과 네트워크 식으로 연결되어 활동한 전대미문의 사건에 대한 수사에 기존의 일반 형사사건 수사절차로 대응하는 데에는 적지 않은 문제점이 노정되었다. 이에 미국 의회는 FBI의 효율적인 수사를 지원하기 위하여 일반 형사사건 수사절차를 대폭 배제한 4년 한시법을 압도적인 지지로 제정하고 2001년 10월 26일 공식 발효하였다. 그것이 미국 애국법(USA Patriot Act)으로 정식 명칭은 "테러행위에대하여요구되는감청과수색에적절한수단을부여함으로써미국을통합하고강화하기위한2001년의법(Uniting and Strengthening America by Providing Appropriate Tools Required to Intercept and Obstruct Terrorism Act of 2001)"이다.[112] 애국법은 한마디로 테러행위에 대한 수사를 담당하는 법집행기관의 국. 내외에서의 권한을 대폭 확대한 법이었다. 테러범죄 수사를 위한 적법절차의 완화라고 할 수 있다. 애국법의 제정으로 이민법과 은행법 그리고 자금세탁법의 관련조항을 개정하였고 해외정보감독법도 일부 개정하여 FBI의 수사편의를 대폭적으로 도모하였다. 국내테러의 개념도 도입하였다.[113]

II. 애국법의 편제와 내용

국가적 비상상황에서의 특별 형사절차를 규정한 법으로 형사소송 학계를 중심으로 상당한 연구가치가 있는 법으로 사료된다. 전체적인 틀은 다음과 같다.

1. 전체적 조망

제1편 TITLE I--ENHANCING DOMESTIC SECURITY AGAINST TERRORISM

Sec. 101. Counterterrorism fund.부터 Sec. 106. Presidential authority 까지 총 6개

---

112) USA PATRIOT상의 "미국(USA)"과 "애국"은 사실상 모두 조어(PATRIOT: **P**roviding **A**ppropriate **T**ools **R**equired to **I**ntercept and **O**bstruct **T**errorism)이지만 편의상 이를 고유명사로 하여 미국 애국법으로 호칭된다.

113) 애국법은 국내테러 행위를 "주로 미국의 영토관할권 안에서 발생한 것으로 일반 시민들에게 공포감을 조성하고, 위협과 강압에 의해 정부의 정책에 영향을 끼치려 하거나, 대량파괴, 암살 또는 납치 등으로 미국정부의 활동에 영향을 미치기 위한 것으로 연방법이나 주법상의 인권을 위태롭게 하는 각종행위" 라고 정의하였다(18 U.S.C. § 2331).

조문으로 테러를 격퇴하기 위해 필요한 각종 법적 수단을 규정하고 있다.

제2편 TITLE II--ENHANCED SURVEILLANCE PROCEDURES

Sec. 201 부터 Sec. 225 까지 총 25개 조문으로 수사 · 정보기관에게 전자감시 권한을 부여하고 있다.

제3편 TITLE III--INTERNATIONAL MONEY LAUNDERING ABATEMENT AND ANTI-TERRORIST FINANCING ACT OF 2001

Sec. 301. Short title.부터 Sec. 377. Extraterritorial jurisdiction 까지 총 46개 조문으로 자금세척문제와 테러단체에 대한 재정지원 문제를 규정하고 있다.

제 4편 TITLE IV--PROTECTING THE BORDER

Sec. 401부터 Sec. 508까지 총 21개 조문으로 비자 문제와 국경경비문제를 규정하고 있다.

제 5편 TITLE V--REMOVING OBSTACLES TO INVESTIGATING TERRORISM

Sec. 501부터 Sec. 508 까지 8개 조문이다.

제6편 TITLE VI--PROVIDING FOR VICTIMS OF TERRORISM, PUBLIC SAFETY OFFICERS, AND THEIR FAMILIES

Sec. 401 부터 Sec. 428까지 8개 조문으로 피해자 보호조치와 담당공무원의 의무를 규정하고 있다.

제7편 TITLE VII--INCREASED INFORMATION SHARING FOR CRITICAL INFRASTRUCTURE PROTECTION

Sec. 711 의 1개 조문으로 정보공유 문제를 언급하고 있다.

제8편 TITLE VIII--STRENGTHENING THE CRIMINAL LAWS AGAINST TERRORISM

Sec. 801 부터 Sec. 817 까지 총 17개 조문으로 테러문제에 대한 법집행기구의 권한 강화를 규정하고 있다.

제9편 TITLE IX--IMPROVED INTELLIGENCE

Sec. 901 부터 Sec. 908 까지 8개 조문으로 테러 문제에 대한 정보강화와 혁신을 규정한다.

제10편 TITLE X--MISCELLANEOUS

Sec. 1001. Review of the department of justice.부터 Sec. 1016. Critical infrastructures protection. 까지 총 16개 조문으로 희생자들에 대한 보상을 규정하고 있다.

애국법은 이처럼 총 10편 156개 조문으로 총 342쪽에 달하는 방대한 법률이다. 사실 애국법은 본격적인 국가정보활동 관련법이라기보다는 테러와 같은 국가비상사태의 경우에 사건을 궁극적으로 마무리할 법집행기구의 수사업무와 사전에 필요한 조치를 필요한 형사적 대처업무를 주된 내용으로 하고 있다. 그러나 동법에 규정된 테러를 예방하기 위한 국내·외적 조치의 상세한 규정은 테러에 대한 대처를 위한 관련법을 제정할 때 많은 깨우침을 주는 법이다. 애국법의 내용에서 알 수 있는 바와 같이 테러에 대한 궁극적인 대처는 정책공동체의 소관으로 결국 대부분이 법집행과 국가정책 문제인 테러대책에 대해서는 결코 국가정보기구 혼자만이 주무부서가 될 수는 없음을 잘 알게 해준다. 그럼으로써 국가정보기구는 더욱 중요한 "테러정보" 생산에 집중하게 되는 것이다.

2. 애국법 제정에 따른 관련법 개정

애국법은 해외정보에 대한 수사와 관련된 내용을 규율하는 법들에 대한 수정을 가져왔다. 대표적인 것이 해외정보감독법(FISA)이다. 원래 해외정보감독법은 1978년 해외세력을 상대로 한 정보활동에 대하여 감독과 지침을 제공하기 위하여 제정된 법으로 압수수색과 전화통화 감청 및 해독 그리고 전자기록장치와 비밀녹음장치 사용을 규율하고 있다. 해외정보감독법은 미국 내에서의 정보활동에 대한 방법을 규율하는 법으로 해외세력과 해외세력 대리인을 대상으로 하고 있다. 그러므로 원칙적인 대상은 간첩활동과 국제테러 행위에 가담하고 실행하는 외국인이었다.

이것을 국내테러 개념을 도입하고 2004년 정보개혁및테러방지법 제정을 통하여 대상자가 확장되어 편무적 테러 동경자들인 소위 외로운 늑대(lone wolf) 즉 내국인들도 해외정보감독법의 대상이 되게 하였다. 또한 영장을 신청함에 있어서도 혐의자가 해외테러 세력의 회원이라거나 대리인이라는 증명을 할 필요도 없게 되었다. 9/11 테러공격에서 모우싸오우이의 외국테러 세력과의 연계를 입증하려고 FBI가 갖은 노력을 하다가 결국 압수수색 영장을 신청해 보지도 못하고 중요한 단서를 잃게 된 고려가 가미되었던 것이다. 또한 대테러금융법(Financial Anti-Terrorism Act)도 일부 개정되어 누구든지 테러단체에 대하여 재정지원을 하는 행위에 대한 수사와 처벌을 강화하였다.

3. 미국 애국법에 대한 내용과 비판[114)]

9/11 테러공격이라는 엄청난 국가적 재앙을 경험한 역사적 사실에서 테러행위에 대한 신속한 수사와 재차의 테러공격을 예방하기 위한 그 현실적 필요성의 주장에도 불구하고 애국법은 수사편의를 위해 헌법상의 일반시민들의 권리를 지나치게 제약한다는 비난을 받

---

114) 상세는 졸저, *op. cit.* 정보실패 편 참조

았다. 애국법에 대한 커다란 비판 중의 하나가 애국법 제213조의 "침입과 정탐(Sneak-and-Peek searches)"조항이었다. 침입과 정탐조항에 따르면 수사기관은 영장신청에 상당한 이유(Probable cause)를 요구하는 연방형사소송 절차를 배제하고 단지 "합리적 필요성(Reasonable necessity)"[115]만 있으면 영장을 청구할 수 있게 되었다. 수사개시 사실에 대한 당사자에 대한 통지도 일정기간 유예하도록 하였다. 또한 정보사건이 아닌 일반 형사사건이라고 하더라도 특별한 경우에는 해외정보감독법에 의한 영장신청을 허용하고 있다. 원래 일반 형사법원 영장은 당사자에게 제시되는 등 공표되어야 하지만 해외정보감독법원의 영장은 기록이 아닌 허가 또는 불허가 결정으로 공표되지 않는다.

침입과 정탐조항에 대한 또 다른 비판은 그 사실을 당사자에게 통지할 필요가 없도록 한 점이다. 또한 수사기관은 당사자에 대한 통지 없이 통화기록을 열람할 수 있다. 더불어 압수 · 수색을 실시한 경우 당사자에 대한 통지를 즉시 하도록 되어 있는 일반 형사절차와 달리 부당하게 수사가 지연될 이유가 있고 관련자의 생명과 신체를 보호하기 위한 필요성이 있는 경우에는 영장이 발부된 사실도 최장 90일까지 통지하지 않을 수 있도록 했다.

한편 가장 커다란 논란을 불러일으켰던 또 다른 조항은 수사관에게 도서관 기록과 서점기록에 접근할 권한을 부여한 제215조의 소위 "도서관 조항" 이었다. 애국법은 정보 · 수사요원이 도서관과 서점에 대한 기록 청구를 해외정보감독법상의 비밀영장 절차에 따라 제한 없이 할 수 있도록 허용하여 미국 전역의 도서관과 서점 등에서 누가 어떤 도서를 구입하고 대여하였는지를 무제한 확인할 수 있도록 하였다. 이것은 학문의 자유에 대한 중대한 위반이라는 비판이 제기되었다. 특히 시민자유 주권론자들과 도서관 종사자들은 이 조항을 "사서조항(library provision)" 이라고 호칭하고 양심과 학문의 자유에 대한 시민들의 권리를 근본적으로 침입한다고 주장했다.

4. 애국법의 연장

애국법은 처음에는 4년간의 한시법으로 제정되었던 것인데 2006년 3월 7일 범죄정보공유조항(§203(a), (c))과 "침입과 탐색" 조항의 지연통보 문제를 포함한 10개 조항을 영구조항으로 전환하고 4년간 재연장되었다.[116] 의회는 재연장하면서 논란이 되었던 조항

115) 형사소송법상의 "합리적인 이유" 또는 필요성은 소위 범죄증명의 "상당한 이유"에 대칭되는 개념으로 사용된다. 이는 어떤 범죄가 행하여지고 있거나 실행에 옮기려고 계획되고 있다는 사실에 대하여 거의 상당하지는 않지만 어느 정도 합리적인 의심이 들 정도이면 영장청구를 위한 조건이 갖추어진 것으로 보는 것이다. 그러므로 합리적인 이유조항은 상당한 이유 조항보다 낮은 범죄증명을 요구하는 것으로 이해하면 된다. 이러한 합리적인 이유라는 기준은 해외정보감독법과 미국 애국법상에서 사용되고 있다. 우리나라 형사 소송법 제70조와 제201조는 구속의 요건으로 죄를 범하였다고 의심할 만한 "상당한 이유"를 요건으로 한다.

들을 일부 손질하여 도서관 기록을 포함한 각종기록에의 접근을 완화했던 제215조와 행정부가 발령하는 소환장인 국가안보서신(NSLs)에 대한 의회와 사법통제를 강화했다. 재연장된 개정 애국법은 인권침해 논란을 불러 일으켰던 제215장 사서조항과 국가안보서신에 대하여 행정부의 강화된 자체통제를 의무화하도록 했고 동 조항을 사용한 통계자료를 의회에 제출하고 또한 사법적 심사도 가능하게 하여 외부통제를 도입했다. 내용에 있어서도 발설금지 요구가 당연히 일괄적으로 부과되는 방식이 아니라 증인보호와 국가안보를 위해 발설금지 의무를 부과하는 것이 특히 필요하다고 판단되는 사안에 대해 개별적으로 발설을 금지하도록 하였다.

III. 애국법 원문

PUBLIC LAW 107-56-OCT. 26. 2001

UNITING AND STRENGTHENING AMERICA BY
PROVIDING APPROPRIATE TOOLS REQUIRED
TO INTERCEPT AND OBSTRUCT TERRORISM
(USA PATRIOT ACT OF 2001)

AN ACT

To deter and punish terrorist acts in the United States and around the world, to enhance law enforcement investigatory tools, and for other purposes.

Be it enacted by the Senate and House of Representatives of the United States of America in Congress assembled,

TITLE I--ENHANCING DOMESTIC SECURITY AGAINST TERRORISM
대테러 국내안전의 강화

SEC. 101. COUNTERTERRORISM FUND. 회계연도 없는 대테러 기금의 창설

(a) ESTABLISHMENT; AVAILABILITY- There is hereby established in the Treasury of the

116) 18 U.S.C. 2709.

United States a separate fund to be known as the `Counterterrorism Fund', amounts in which shall remain available without fiscal year limitation--

....

SEC. 102. SENSE OF CONGRESS CONDEMNING DISCRIMINATION AGAINST ARAB AND MUSLIM AMERICANS.

(a) FINDINGS- Congress makes the following findings:

(1) Arab Americans, Muslim Americans, and Americans from South Asia play a vital role in our Nation and are entitled to nothing less than the full rights of every American.

....

(b) SENSE OF CONGRESS- It is the sense of Congress that--

(1) the civil rights and civil liberties of all Americans, including Arab Americans, Muslim Americans, and Americans from South Asia, must be protected, and that every effort must be taken to preserve their safety; (2) any acts of violence or discrimination against any Americans be condemned; and (3) the Nation is called upon to recognize the patriotism of fellow citizens from all ethnic, racial, and religious backgrounds.

SEC. 103. INCREASED FUNDING FOR THE TECHNICAL SUPPORT CENTER AT THE FEDERAL BUREAU OF INVESTIGATION.

SEC. 104. REQUESTS FOR MILITARY ASSISTANCE TO ENFORCE PROHIBITION IN CERTAIN EMERGENCIES.

Section 2332e of title 18, United States Code, is amended--

(1) by striking `2332c' and inserting `2332a'; and

(2) by striking `chemical'.

SEC. 105. EXPANSION OF NATIONAL ELECTRONIC CRIME TASK FORCE INITIATIVE.

The Director of the United States Secret Service shall take appropriate actions to develop a national network of electronic crime task forces, based on the New York Electronic Crimes Task Force model, throughout the United States, for the purpose of preventing, detecting, and investigating various forms of electronic crimes, including potential terrorist attacks against critical infrastructure and financial payment systems.

SEC. 106. PRESIDENTIAL AUTHORITY.

TITLE II--ENHANCED SURVEILLANCE PROCEDURES

강화된 전자감시활동

SEC. 201. AUTHORITY TO INTERCEPT WIRE, ORAL, AND ELECTRONIC COMMUNICATIONS RELATING TO TERRORISM. 전자감시활동

Section 2516(1) of title 18, United States Code, is amended--

(1) by redesignating paragraph (p), as so redesignated by section 434(2) of the Antiterrorism and Effective Death Penalty Act of 1996 (Public Law 104-132; 110 Stat. 1274), as paragraph (r); and

(2) by inserting after paragraph (p), as so redesignated by section 201(3) of the Illegal Immigration Reform and Immigrant Responsibility Act of 1996 (division C of Public Law 104-208; 110 Stat. 3009-565), the following new paragraph:

`(q) any criminal violation of section 229 (relating to chemical weapons); or sections 2332, 2332a, 2332b, 2332d, 2339A, or 2339B of this title (relating to terrorism); or'.

SEC. 202. AUTHORITY TO INTERCEPT WIRE, ORAL, AND ELECTRONIC COMMUNICATIONS RELATING TO COMPUTER FRAUD AND ABUSE OFFENSES.

SEC. 203. AUTHORITY TO SHARE CRIMINAL INVESTIGATIVE INFORMATION.

SEC. 204. CLARIFICATION OF INTELLIGENCE EXCEPTIONS FROM LIMITATIONS ON INTERCEPTION AND DISCLOSURE OF WIRE, ORAL, AND ELECTRONIC COMMUNICATIONS.

SEC. 206. ROVING SURVEILLANCE AUTHORITY UNDER THE FOREIGN INTELLIGENCE SURVEILLANCE ACT OF 1978. 해외정보감독법의 일부 수정

Section 105(c)(2)(B) of the Foreign Intelligence Surveillance Act of 1978 (50 U.S.C. 1805(c)(2)(B)) is amended by inserting `, or in circumstances where the Court finds that the actions of the target of the application may have the effect of thwarting the identification of a specified person, such other persons,' after `specified person'.

SEC. 207. DURATION OF FISA SURVEILLANCE OF NON-UNITED STATES PERSONS WHO ARE AGENTS OF A FOREIGN POWER.

SEC. 208. DESIGNATION OF JUDGES. 해외정보감독법원 판사의 지명

SEC. 209. SEIZURE OF VOICE-MAIL MESSAGES PURSUANT TO WARRANTS.

SEC. 210. SCOPE OF SUBPOENAS FOR RECORDS OF ELECTRONIC COMMUNICATIONS.

SEC. 211. CLARIFICATION OF SCOPE.

SEC. 212. EMERGENCY DISCLOSURE OF ELECTRONIC COMMUNICATIONS TO PROTECT LIFE AND LIMB.

SEC. 213. AUTHORITY FOR DELAYING NOTICE OF THE EXECUTION OF A WARRANT.
영장발부의 지연통지

SEC. 214. PEN REGISTER AND TRAP AND TRACE AUTHORITY UNDER FISA.

SEC. 215. ACCESS TO RECORDS AND OTHER ITEMS UNDER THE FOREIGN INTELLIGENCE SURVEILLANCE ACT.

SEC. 216. MODIFICATION OF AUTHORITIES RELATING TO USE OF PEN REGISTERS AND TRAP AND TRACE DEVICES.

SEC. 217. INTERCEPTION OF COMPUTER TRESPASSER COMMUNICATIONS.

SEC. 218. FOREIGN INTELLIGENCE INFORMATION.

SEC. 219. SINGLE-JURISDICTION SEARCH WARRANTS FOR TERRORISM.

SEC. 220. NATIONWIDE SERVICE OF SEARCH WARRANTS FOR ELECTRONIC EVIDENCE.

SEC. 221. TRADE SANCTIONS. 무역제재

SEC. 222. ASSISTANCE TO LAW ENFORCEMENT AGENCIES. 법집행공동체의 지원

SEC. 223. CIVIL LIABILITY FOR CERTAIN UNAUTHORIZED DISCLOSURES.

SEC. 224. SUNSET. - 일몰조항

(a) IN GENERAL- Except as provided in subsection (b), this title and the amendments made by this title

(other than sections 203(a), 203(c), 205, 208, 210, 211, 213, 216, 219, 221, and 222, and the amendments made by those sections) shall cease to have effect on December 31, 2005.

....

SEC. 225. IMMUNITY FOR COMPLIANCE WITH FISA WIRETAP.

TITLE III--INTERNATIONAL MONEY LAUNDERING ABATEMENT AND ANTI-TERRORIST FINANCING ACT OF 2001

테러자금 대처 문제

SEC. 301. SHORT TITLE.

This title may be cited as the `International Money Laundering Abatement and Financial Anti-Terrorism Act of 2001'.

SEC. 302. FINDINGS AND PURPOSES.

SEC. 303. 4-YEAR CONGRESSIONAL REVIEW; EXPEDITED CONSIDERATION.

Subtitle A--International Counter Money Laundering and Related Measures

SEC. 311. SPECIAL MEASURES FOR JURISDICTIONS, FINANCIAL INSTITUTIONS, OR INTERNATIONAL TRANSACTIONS OF PRIMARY MONEY LAUNDERING CONCERN.

SEC. 312. SPECIAL DUE DILIGENCE FOR CORRESPONDENT ACCOUNTS AND PRIVATE BANKING ACCOUNTS.

SEC. 313. PROHIBITION ON UNITED STATES CORRESPONDENT ACCOUNTS WITH FOREIGN SHELL BANKS.자금세탁에의 협조 금지

SEC. 314. COOPERATIVE EFFORTS TO DETER MONEY LAUNDERING.

SEC. 315. INCLUSION OF FOREIGN CORRUPTION OFFENSES AS MONEY LAUNDERING CRIMES.

SEC. 316. ANTI-TERRORIST FORFEITURE PROTECTION.

(a) RIGHT TO CONTEST- An owner of property that is confiscated under any provision of law relating to the confiscation of assets of suspected international terrorists, may contest that confiscation by filing a claim in the manner set forth in the Federal Rules of Civil Procedure (Supplemental Rules for Certain Admiralty and Maritime Claims), and asserting as an affirmative defense that--

SEC. 317. LONG-ARM JURISDICTION OVER FOREIGN MONEY LAUNDERERS.

SEC. 318. LAUNDERING MONEY THROUGH A FOREIGN BANK.

SEC. 319. FORFEITURE OF FUNDS IN UNITED STATES INTERBANK ACCOUNTS.

SEC. 320. PROCEEDS OF FOREIGN CRIMES.

SEC. 321. FINANCIAL INSTITUTIONS SPECIFIED IN SUBCHAPTER II OF CHAPTER 53 OF TITLE 31, UNITED STATES CODE.

SEC. 322. CORPORATION REPRESENTED BY A FUGITIVE.

SEC. 323. ENFORCEMENT OF FOREIGN JUDGMENTS.

SEC. 324. REPORT AND RECOMMENDATION. 보고서

Not later than 30 months after the date of enactment of this Act, the Secretary, in consultation with the Attorney General, the Federal banking agencies (as defined at section 3 of the Federal Deposit Insurance Act), the National Credit Union Administration Board, the Securities and Exchange Commission, and such other agencies as the Secretary may determine, at the discretion of the Secretary, shall evaluate the operations of the provisions of this subtitle and make recommendations to Congress as to any legislative action with respect to this subtitle as the Secretary may determine to be necessary or advisable.

SEC. 325. CONCENTRATION ACCOUNTS AT FINANCIAL INSTITUTIONS.

SEC. 326. VERIFICATION OF IDENTIFICATION.

SEC. 327. CONSIDERATION OF ANTI-MONEY LAUNDERING RECORD.

SEC. 328. INTERNATIONAL COOPERATION ON IDENTIFICATION OF ORIGINATORS OF WIRE TRANSFERS.

SEC. 329. CRIMINAL PENALTIES.형사처벌

Any person who is an official or employee of any department, agency, bureau, office, commission, or other entity of the Federal Government, and any other person who is acting for or on behalf of any such entity, who, directly or indirectly, in connection with the administration of this title, corruptly demands, seeks, receives, accepts, or agrees to receive or accept anything of value personally or for any other person or entity in return for--

(1) being influenced in the performance of any official act;

(2) being influenced to commit or aid in the committing, or to collude in, or allow, any fraud, or make opportunity for the commission of any fraud, on the United States; or

(3) being induced to do or omit to do any act in violation of the official duty of such

official or person, shall be fined in an amount not more than 3 times the monetary equivalent of the thing of value, or imprisoned for not more than 15 years, or both. A violation of this section shall be subject to chapter 227 of title 18, United States Code, and the provisions of the United States Sentencing Guidelines.

SEC. 330. INTERNATIONAL COOPERATION IN INVESTIGATIONS OF MONEY LAUNDERING, FINANCIAL CRIMES, AND THE FINANCES OF TERRORIST GROUPS.

Subtitle B--Bank Secrecy Act Amendments and Related Improvements

SEC. 351. AMENDMENTS RELATING TO REPORTING OF SUSPICIOUS ACTIVITIES.

SEC. 352. ANTI-MONEY LAUNDERING PROGRAMS.

SEC. 353. PENALTIES FOR VIOLATIONS OF GEOGRAPHIC TARGETING ORDERS AND CERTAIN RECORDKEEPING REQUIREMENTS, AND LENGTHENING EFFECTIVE PERIOD OF GEOGRAPHIC TARGETING ORDERS.

SEC. 354. ANTI-MONEY LAUNDERING STRATEGY.

SEC. 355. AUTHORIZATION TO INCLUDE SUSPICIONS OF ILLEGAL ACTIVITY IN WRITTEN EMPLOYMENT REFERENCES.

SEC. 356. REPORTING OF SUSPICIOUS ACTIVITIES BY SECURITIES BROKERS AND DEALERS; INVESTMENT COMPANY STUDY.

SEC. 357. SPECIAL REPORT ON ADMINISTRATION OF BANK SECRECY PROVISIONS.

SEC. 358. BANK SECRECY PROVISIONS AND ACTIVITIES OF UNITED STATES INTELLIGENCE AGENCIES TO FIGHT INTERNATIONAL TERRORISM.

SEC. 359. REPORTING OF SUSPICIOUS ACTIVITIES BY UNDERGROUND BANKING SYSTEMS.

SEC. 360. USE OF AUTHORITY OF UNITED STATES EXECUTIVE DIRECTORS.

(a) ACTION BY THE PRESIDENT- If the President determines that a particular foreign country has taken or has committed to take actions that contribute to efforts of the United States to respond to, deter, or prevent acts of international terrorism, the Secretary may, consistent with other applicable provisions of law, instruct the United States Executive Director of each international financial institution to use the voice and vote of the Executive Director to support any loan or other utilization of the funds of respective institutions for such country, or any public or private entity within such country.

....

SEC. 361. FINANCIAL CRIMES ENFORCEMENT NETWORK.

SEC. 362. ESTABLISHMENT OF HIGHLY SECURE NETWORK.

SEC. 363. INCREASE IN CIVIL AND CRIMINAL PENALTIES FOR MONEY LAUNDERING.

SEC. 364. UNIFORM PROTECTION AUTHORITY FOR FEDERAL RESERVE FACILITIES.

SEC. 365. REPORTS RELATING TO COINS AND CURRENCY RECEIVED IN NONFINANCIAL

TRADE OR BUSINESS.

SEC. 366. EFFICIENT USE OF CURRENCY TRANSACTION REPORT SYSTEM.

Subtitle C--Currency Crimes and Protection

SEC. 371. BULK CASH SMUGGLING INTO OR OUT OF THE UNITED STATES.

SEC. 372. FORFEITURE IN CURRENCY REPORTING CASES.

SEC. 373. ILLEGAL MONEY TRANSMITTING BUSINESSES.

SEC. 374. COUNTERFEITING DOMESTIC CURRENCY AND OBLIGATIONS.

SEC. 375. COUNTERFEITING FOREIGN CURRENCY AND OBLIGATIONS.

SEC. 376. LAUNDERING THE PROCEEDS OF TERRORISM.

SEC. 377. EXTRATERRITORIAL JURISDICTION.

Section 1029 of title 18, United States Code, is amended by adding at the end the following:

`(h) Any person who, outside the jurisdiction of the United States, engages in any act that, if committed within the jurisdiction of the United States, would constitute an offense under subsection (a) or (b) of this section, shall be subject to the fines, penalties, imprisonment, and forfeiture provided in this title if--

`(1) the offense involves an access device issued, owned, managed, or controlled by a financial institution, account issuer, credit card system member, or other entity within the jurisdiction of the United States; and

`(2) the person transports, delivers, conveys, transfers to or through, or otherwise stores, secrets, or holds within the jurisdiction of the United States, any article used to assist in the commission of the offense or the proceeds of such offense or property derived therefrom.'.

TITLE IV--PROTECTING THE BORDER 국경의 보호

Subtitle A--Protecting the Northern Border

SEC. 401. ENSURING ADEQUATE PERSONNEL ON THE NORTHERN BORDER.

The Attorney General is authorized to waive any FTE cap on personnel assigned to the Immigration and Naturalization Service on the Northern border.

SEC. 402. NORTHERN BORDER PERSONNEL.

SEC. 403. ACCESS BY THE DEPARTMENT OF STATE AND THE INS TO CERTAIN IDENTIFYING INFORMATION IN THE CRIMINAL HISTORY RECORDS OF VISA APPLICANTS AND APPLICANTS FOR ADMISSION TO THE UNITED STATES.

SEC. 404. LIMITED AUTHORITY TO PAY OVERTIME.

SEC. 405. REPORT ON THE INTEGRATED AUTOMATED FINGERPRINT IDENTIFICATION SYSTEM FOR PORTS OF ENTRY AND OVERSEAS CONSULAR POSTS.

Subtitle B--Enhanced Immigration Provisions

SEC. 411. DEFINITIONS RELATING TO TERRORISM.

SEC. 412. MANDATORY DETENTION OF SUSPECTED TERRORISTS; HABEAS CORPUS; JUDICIAL REVIEW.

SEC. 413. MULTILATERAL COOPERATION AGAINST TERRORISTS.

SEC. 414. VISA INTEGRITY AND SECURITY.

SEC. 415. PARTICIPATION OF OFFICE OF HOMELAND SECURITY ON ENTRY-EXIT TASK FORCE.

SEC. 416. FOREIGN STUDENT MONITORING PROGRAM.

SEC. 417. MACHINE READABLE PASSPORTS.

Subtitle C--Preservation of Immigration Benefits for Victims of Terrorism

SEC. 421. SPECIAL IMMIGRANT STATUS.

SEC. 422. EXTENSION OF FILING OR REENTRY DEADLINES.

SEC. 423. HUMANITARIAN RELIEF FOR CERTAIN SURVIVING SPOUSES AND CHILDREN.

SEC. 424. `AGE-OUT' PROTECTION FOR CHILDREN.

SEC. 425. TEMPORARY ADMINISTRATIVE RELIEF.

The Attorney General, for humanitarian purposes or to ensure family unity, may provide temporary administrative relief to any alien who--

(1) was lawfully present in the United States on September 10, 2001;

(2) was on such date the spouse, parent, or child of an individual who died or was disabled as a direct result of a specified terrorist activity; and

(3) is not otherwise entitled to relief under any other provision of this subtitle.

SEC. 426. EVIDENCE OF DEATH, DISABILITY, OR LOSS OF EMPLOYMENT.

SEC. 427. NO BENEFITS TO TERRORISTS OR FAMILY MEMBERS OF TERRORISTS.

TITLE V--REMOVING OBSTACLES TO INVESTIGATING TERRORISM
테러 수사에 대한 장애 제거

SEC. 501. ATTORNEY GENERAL'S AUTHORITY TO PAY REWARDS TO COMBAT TERRORISM.

SEC. 502. SECRETARY OF STATE'S AUTHORITY TO PAY REWARDS.

SEC. 503. DNA IDENTIFICATION OF TERRORISTS AND OTHER VIOLENT OFFENDERS.

SEC. 504. COORDINATION WITH LAW ENFORCEMENT.

SEC. 505. MISCELLANEOUS NATIONAL SECURITY AUTHORITIES.

SEC. 506. EXTENSION OF SECRET SERVICE JURISDICTION.

SEC. 507. DISCLOSURE OF EDUCATIONAL RECORDS.

SEC. 508. DISCLOSURE OF INFORMATION FROM NCES SURVEYS.

TITLE VI--PROVIDING FOR VICTIMS OF TERRORISM, PUBLIC SAFETY OFFICERS, AND THEIR FAMILIES
테러 피해자 보호 문제 등

Subtitle A--Aid to Families of Public Safety Officers

SEC. 611. EXPEDITED PAYMENT FOR PUBLIC SAFETY OFFICERS INVOLVED IN THE PREVENTION, INVESTIGATION, RESCUE, OR RECOVERY EFFORTS RELATED TO A TERRORIST ATTACK.

SEC. 612. TECHNICAL CORRECTION WITH RESPECT TO EXPEDITED PAYMENTS FOR HEROIC PUBLIC SAFETY OFFICERS.

SEC. 613. PUBLIC SAFETY OFFICERS BENEFIT PROGRAM PAYMENT INCREASE.

SEC. 614. OFFICE OF JUSTICE PROGRAMS.

Subtitle B--Amendments to the Victims of Crime Act of 1984

SEC. 621. CRIME VICTIMS FUND.

SEC. 622. CRIME VICTIM COMPENSATION. 형사 피해자 보상

SEC. 623. CRIME VICTIM ASSISTANCE. 형사피해자 지원

SEC. 624. VICTIMS OF TERRORISM. 테러 피해자

(a) COMPENSATION AND ASSISTANCE TO VICTIMS OF DOMESTIC TERRORISM- Section 1404B(b) of the Victims of Crime Act of 1984 (42 U.S.C. 10603b(b)) is amended to read as follows:

`(b) VICTIMS OF TERRORISM WITHIN THE UNITED STATES- The Director may make supplemental grants as provided in section 1402(d)(5) to States for eligible crime victim compensation and assistance programs, and to victim service organizations, public agencies (including Federal, State, or local governments) and nongovernmental organizations that provide assistance to victims of crime, which shall be used to provide emergency relief, including crisis response efforts, assistance, compensation, training and technical assistance, and ongoing assistance, including during any investigation or prosecution, to victims of terrorist acts or mass violence occurring within the United States.'.

(b) ASSISTANCE TO VICTIMS OF INTERNATIONAL TERRORISM-

(c) COMPENSATION TO VICTIMS OF INTERNATIONAL TERRORISM-

TITLE VII--INCREASED INFORMATION SHARING FOR CRITICAL INFRASTRUCTURE PROTECTION

정보공유의 획기적 강화

SEC. 701. EXPANSION OF REGIONAL INFORMATION SHARING SYSTEM TO FACILITATE FEDERAL-STATE-LOCAL LAW ENFORCEMENT RESPONSE RELATED TO TERRORIST ATTACKS.

Section 1301 of title I of the Omnibus Crime Control and Safe Streets Act of 1968 (42 U.S.C. 3796h) is amended--

(1) in subsection (a), by inserting `and terrorist conspiracies and activities' after `activities';

(2) in subsection (b)--

(A) in paragraph (3), by striking `and' after the semicolon;

(B) by redesignating paragraph (4) as paragraph (5);

(C) by inserting after paragraph (3) the following:

`(4) establishing and operating secure information sharing systems to enhance the investigation and prosecution abilities of participating enforcement agencies in addressing multi-jurisdictional terrorist conspiracies and activities; and (5)'; and

(3) by inserting at the end the following:

`(d) AUTHORIZATION OF APPROPRIATION TO THE BUREAU OF JUSTICE ASSISTANCE- There are authorized to be appropriated to the Bureau of Justice Assistance to carry out this section $50,000,000 for fiscal year 2002 and $100,000,000 for fiscal year 2003.'.

TITLE VIII--STRENGTHENING THE CRIMINAL LAWS AGAINST TERRORISM

테러 문제에 대한 법집행 기구의 권한 강화

SEC. 801. TERRORIST ATTACKS AND OTHER ACTS OF VIOLENCE AGAINST MASS TRANSPORTATION SYSTEMS.

SEC. 802. DEFINITION OF DOMESTIC TERRORISM.국내 테러

(a) DOMESTIC TERRORISM DEFINED- Section 2331 of title 18, United States Code, is amended--

(1) in paragraph (1)(B)(iii), by striking `by assassination or kidnapping' and inserting `by mass destruction, assassination, or kidnapping';

(2) in paragraph (3), by striking `and';

(3) in paragraph (4), by striking the period at the end and inserting `; and'; and

(4) by adding at the end the following:

`(5) the term `domestic terrorism' means activities that--

`(A) involve acts dangerous to human life that are a violation of the criminal laws of the United States or of any State;

`(B) appear to be intended--

`(i) to intimidate or coerce a civilian population;

`(ii) to influence the policy of a government by intimidation or coercion; or

`(iii) to affect the conduct of a government by mass destruction, assassination, or kidnapping; and

`(C) occur primarily within the territorial jurisdiction of the United States.'.

(b) CONFORMING AMENDMENT

....

SEC. 803. PROHIBITION AGAINST HARBORING TERRORISTS.

SEC. 804. JURISDICTION OVER CRIMES COMMITTED AT U.S. FACILITIES ABROAD.

SEC. 805. MATERIAL SUPPORT FOR TERRORISM.

SEC. 806. ASSETS OF TERRORIST ORGANIZATIONS.

SEC. 807. TECHNICAL CLARIFICATION RELATING TO PROVISION OF MATERIAL SUPPORT TO TERRORISM.

SEC. 808. DEFINITION OF FEDERAL CRIME OF TERRORISM.

SEC. 809. NO STATUTE OF LIMITATION FOR CERTAIN TERRORISM OFFENSES.

SEC. 810. ALTERNATE MAXIMUM PENALTIES FOR TERRORISM OFFENSES.

SEC. 811. PENALTIES FOR TERRORIST CONSPIRACIES.

SEC. 812. POST-RELEASE SUPERVISION OF TERRORISTS.

SEC. 813. INCLUSION OF ACTS OF TERRORISM AS RACKETEERING ACTIVITY.

SEC. 814. DETERRENCE AND PREVENTION OF CYBERTERRORISM. 사이버 테러

SEC. 815. ADDITIONAL DEFENSE TO CIVIL ACTIONS RELATING TO PRESERVING RECORDS IN RESPONSE TO GOVERNMENT REQUESTS.

SEC. 816. DEVELOPMENT AND SUPPORT OF CYBERSECURITY FORENSIC CAPABILITIES.

SEC. 817. EXPANSION OF THE BIOLOGICAL WEAPONS STATUTE.

TITLE IX--IMPROVED INTELLIGENCE
테러문제에 대한 정보능력 강화

SEC. 901. RESPONSIBILITIES OF DIRECTOR OF CENTRAL INTELLIGENCE REGARDING FOREIGN INTELLIGENCE COLLECTED UNDER FOREIGN INTELLIGENCE SURVEILLANCE ACT OF 1978. 중앙정보국장의 해외정보감독법 상의 전자감시 책임

SEC. 902. INCLUSION OF INTERNATIONAL TERRORIST ACTIVITIES WITHIN SCOPE OF FOREIGN INTELLIGENCE UNDER NATIONAL SECURITY ACT OF 1947.

국가안보법 상의 테러개념 확대

SEC. 903. SENSE OF CONGRESS ON THE ESTABLISHMENT AND MAINTENANCE OF INTELLIGENCE RELATIONSHIPS TO ACQUIRE INFORMATION ON TERRORISTS AND TERRORIST ORGANIZATIONS.(테러에 대한 의회의 인식)

It is the sense of Congress that officers and employees of the intelligence community of the Federal Government, acting within the course of their official duties, should be encouraged, and should make every effort, to establish and maintain intelligence relationships with any person, entity, or group for the purpose of engaging in lawful intelligence activities, including the acquisition of information on the identity, location, finances, affiliations, capabilities, plans, or intentions of a terrorist or terrorist organization, or information on any other person, entity, or group (including a foreign government) engaged in harboring, comforting, financing, aiding, or assisting a terrorist or terrorist organization.

SEC. 904. TEMPORARY AUTHORITY TO DEFER SUBMITTAL TO CONGRESS OF REPORTS ON INTELLIGENCE AND INTELLIGENCE-RELATED MATTERS.

의회 제출 보고서의 임시 일정 변경

SEC. 905. DISCLOSURE TO DIRECTOR OF CENTRAL INTELLIGENCE OF FOREIGN INTELLIGENCE-RELATED INFORMATION WITH RESPECT TO CRIMINAL INVESTIGATIONS.

수사과정에서 입수된 해외연관 정보의 CIA에의 통보와 정보기구와 법집행기구의 업무 협조

....

`SEC. 105B. (a) DISCLOSURE OF FOREIGN INTELLIGENCE 해외정보의 공개- (1) Except as otherwise provided by law and subject to paragraph (2), the Attorney General, or the head of any other department or agency of the Federal Government with law enforcement responsibilities, shall expeditiously disclose to the Director of Central Intelligence, pursuant to guidelines developed by the Attorney General in consultation with the Director, foreign intelligence acquired by an element of the Department of Justice or an element of such department or agency, as the case may be, in the course of a criminal investigation.

....

`(b) PROCEDURES FOR NOTICE OF CRIMINAL INVESTIGATIONS 법집행공동체의 정보공동체에 대한 계획 통지- Not later than 180 days after the date of enactment of this section, the Attorney General, in consultation with the Director of Central Intelligence, shall develop guidelines to ensure that after receipt of a report from an element of the intelligence community of activity of a foreign intelligence source or potential foreign intelligence source that may warrant investigation as criminal activity, the Attorney General provides notice to the Director of Central Intelligence, within a reasonable period of time, of his intention to commence, or decline to commence, a criminal investigation of such activity.

`(c) PROCEDURES 법무부장관의 절차 제정

....

SEC. 906. FOREIGN TERRORIST ASSET TRACKING CENTER.

SEC. 907. NATIONAL VIRTUAL TRANSLATION CENTER. 국가번역센터 창설

(a) REPORT ON ESTABLISHMENT- (1) Not later than February 1, 2002, the Director of Central Intelligence shall, ... within the intelligence community of an element for purposes of providing timely and accurate translations of foreign intelligence for all other elements of the intelligence community. In the report, the element shall be referred to as the `National Virtual Translation Center'.

....

SEC. 908. TRAINING OF GOVERNMENT OFFICIALS REGARDING IDENTIFICATION AND USE OF FOREIGN INTELLIGENCE. 유관 공무원에 대한 해외정보 사용 교육훈련의 실시

TITLE X--MISCELLANEOUS

기타 조항

SEC. 1001. REVIEW OF THE DEPARTMENT OF JUSTICE. 법무부장관의 점검

The Inspector General of the Department of Justice shall designate one official who shall--

(1) review information and receive complaints alleging abuses of civil rights and civil liberties by employees and officials of the Department of Justice;

(2) make public through the Internet, radio, television, and newspaper advertisements information on the responsibilities and functions of, and how to contact, the official; and

(3) submit to the Committee on the Judiciary of the House of Representatives and the Committee on the Judiciary of the Senate on a semi-annual basis a report on the implementation of this subsection and detailing any abuses described in paragraph (1), including a description of the use of funds appropriations used to carry out this subsection.

SEC. 1002. SENSE OF CONGRESS. (국내 실상과 테러 문제에 대한) 의회의 인식 설명

SEC. 1003. DEFINITION OF `ELECTRONIC SURVEILLANCE'. - 전자감시활동의 정의

Section 101(f)(2) of the Foreign Intelligence Surveillance Act (50 U.S.C. 1801(f)(2)) is amended by adding at the end before the semicolon the following: `, but does not include the acquisition of those communications of computer trespassers that would be permissible under section 2511(2)(i) of title 18, United States Code'. 컴퓨터 해커들에 대한 수집활동은 전자감시활동에서 제외

SEC. 1004. VENUE IN MONEY LAUNDERING CASES. 자금 세탁 문제에 대한 관할지

SEC. 1005. FIRST RESPONDERS ASSISTANCE ACT.

SEC. 1006. INADMISSIBILITY OF ALIENS ENGAGED IN MONEY LAUNDERING.

자금 세탁 관여 외국인의 입국 금지

SEC. 1007. AUTHORIZATION OF FUNDS FOR DEA POLICE TRAINING IN SOUTH AND CENTRAL ASIA. 법무부 마약감독청(Drug Enforcement Administration)에 대한 재정 지원

SEC. 1008. FEASIBILITY STUDY ON USE OF BIOMETRIC IDENTIFIER SCANNING SYSTEM WITH ACCESS TO THE FBI INTEGRATED AUTOMATED FINGERPRINT IDENTIFICATION SYSTEM AT OVERSEAS CONSULAR POSTS AND POINTS OF ENTRY TO THE UNITED STATES.

SEC. 1009. STUDY OF ACCESS.- 이 법 시행 후 120일 이내에 FBI가 법의 취약점 등에 대해 파악 후 의회 보고(별도 예산)

(a) IN GENERAL- Not later than 120 days after enactment of this Act, the Federal Bureau of Investigation shall study and report to Congress on the feasibility of providing to airlines access via computer to the names of passengers who are suspected of terrorist activity by Federal officials.

(b) AUTHORIZATION- There are authorized to be appropriated not more than $250,000 to carry out subsection (a).

SEC. 1010. TEMPORARY AUTHORITY TO CONTRACT WITH LOCAL AND STATE GOVERNMENTS FOR PERFORMANCE OF SECURITY FUNCTIONS AT UNITED STATES MILITARY INSTALLATIONS.

SEC. 1011. CRIMES AGAINST CHARITABLE AMERICANS. 인터넷을 이용한 자선모금 빙자 행위에 대한 처벌 등

(a) SHORT TITLE- This section may be cited as the `Crimes Against Charitable Americans Act of 2001'.

(b) TELEMARKETING AND CONSUMER FRAUD ABUSE- The Telemarketing and Consumer Fraud and Abuse Prevention Act (15 U.S.C. 6101 et seq.) is amended--

....

SEC. 1012. LIMITATION ON ISSUANCE OF HAZMAT LICENSES.- HAZMAT 즉 위험물질 (HAZARDOUS MATERIALS)을 수송하는 데 사용되는 원동기 장치 면허증 등의 발급제한

....

SEC. 1013. EXPRESSING THE SENSE OF THE SENATE CONCERNING THE PROVISION OF FUNDING FOR BIOTERRORISM PREPAREDNESS AND RESPONSE.

SEC. 1014. GRANT PROGRAM FOR STATE AND LOCAL DOMESTIC PREPAREDNESS SUPPORT.

SEC. 1015. EXPANSION AND REAUTHORIZATION OF THE CRIME IDENTIFICATION

TECHNOLOGY ACT FOR ANTITERRORISM GRANTS TO STATES AND LOCALITIES.

SEC. 1016. CRITICAL INFRASTRUCTURES PROTECTION.- 국가기간시설의 특별한 보호

(a) SHORT TITLE- This section may be cited as the `Critical Infrastructures Protection Act of 2001'.

(b) FINDINGS- Congress makes the following findings: 의회 인식 설명

(c) POLICY OF THE UNITED STATES- It is the policy of the United States-- 국가정책 방향 설명

(d) ESTABLISHMENT OF NATIONAL COMPETENCE FOR CRITICAL INFRASTRUCTURE PROTECTION- 대책의 강구

(1) 국가인프라 시뮬레이션과 분석센터(NISAC) 설립 SUPPORT OF CRITICAL INFRASTRUCTURE PROTECTION AND CONTINUITY BY NATIONAL INFRASTRUCTURE SIMULATION AND ANALYSIS CENTER - There shall be established the National Infrastructure Simulation and Analysis Center (NISAC) to serve as a source of national competence to address critical infrastructure protection and continuity through support for activities related to counterterrorism, threat assessment, and risk mitigation.

(2) PARTICULAR SUPPORT (특별 지원)-

....

(3) RECIPIENT OF CERTAIN SUPPORT(분석정보 등의 수령자) - Modeling, simulation, and analysis provided under this subsection shall be provided, in particular, to relevant Federal, State, and local entities responsible for critical infrastructure protection and policy.

(e) CRITICAL INFRASTRUCTURE DEFINED(주요 기간시설의 정의)

(f) AUTHORIZATION OF APPROPRIATIONS(예산 조치)-

제4항 2008년 해외정보감독법

Foreign Intelligence Surveillance Act of 1978 Amendments Act of 2008, (약칭, The FISA Amendments Act of 2008)

I. 서 언

1. 연 혁

2008년 해외정보감독법은 “Foreign Intelligence Surveillance Act of 1978: FISA”에 바탕을 둔 정보활동에 대한 규율이자 근거법으로 소위 정보법 즉 스파이법으로 불린다.

FISA는 미국 영토 내에서 해외세력이나 그 대리인을 대상으로 하거나 또는 해외세력과 연관된 세력을 대상으로 실시하는 물리적 수색과 전자감시 등 정보활동에 대하여 제반 절차를 규정한 미국연방법이다. 법은 해외세력을 대상으로 한 미국 내에서의 전자감시 문제에 대한 복잡하였던 법률문제에 대하여 그동안의 법원의 판결내용을 입법에 반영하여 종합한 것이라고 할 수 있다.

1970년대 워터게이트 사건을 포함하여 정보기관들의 국내에서의 불법적인 정보수집 활동을 조사한 1976년 처치위원회(Church Committee)의 정보남용 결과보고서에 충격을 받은 미국 의회는 항상 문제의 고리가 되는 해외세력을 상대로 하는 국내에서의 전자감시 정보수집 활동을 법으로 규율하기로 마음먹었다. 그것은 사실적으로는 정보기관으로 하여금 국내에서의 해외정보 수집활동에 대한 합법성을 부여하고 업무를 원활하게 해주려는 취지였다. 처치 위원회 보고서에 따르면 1970년대 FBI 본부는 내국인을 상대로 불법 생산된 약50만 건의 정보파일을 가지고 있었고, 1972년 한 해에 약 6만5천 건을 영장 없이 감시하였다. FBI와 CIA는 매년 수십만 건의 서신을 개봉하였다. 그 중에 일부는 사진 촬영되어 약 150만 명의 이름이 CIA 데이터베이스에 올라갔다.

1967년과 1973년의 소위 카오스작전(CHAOS) 중에만 약 30만 명을 특별 색인 처리하였고 약 7,200명의 미국인과 100개의 국내단체에 대해 해외정보기구인 CIA가 프로파일링했다. 국가안보국(NSA)에 의해서는 수백만 통의 전신이 감청되었고 1960년대 중반과 1971년 사이에 군 정보기관도 약 10만 명의 미국인을 대상으로 프로파일링하였다. FBI는 국가비상 상황 시 한곳에 집결시켜 관리할 약 2만 6천명의 사람들을 임의로 분류하여 관리했다.[117] 이러한 정황에서 미국 의회는 처치위원회 보고서 발간 2년 후인 1978년 해외정보감독법을 제정한 것이다.

한편 1967년 연방 대법원은 카츠사건에서 압수와 수색을 금지하는 제4차 수정헌법은 미국 내에서의 해외 정보수집을 위한 전자감시와 물리적 수색의 경우에도 적용된다고 판시했었다.[118] 그러나 하급심 법원에서는 국가안보 목적상 영장주의 원칙을 완화하는 판결들이 잇따랐다.[119] 즉 국가안보 문제가 개재된 경우에 법원의 영장이 반드시 필요한 것인가에 대하여 법원의 실무상으로도 혼선이 있었던 것이다. 그러나 해외정보감독법이 제

117) Intelligence Activities and the Rights of Americans, (Church Committee) S. Rep. No. 94-755, Book II, at 607(1976).

118) Katz v. United States, 389 U.S. 347 (1967).

119) United States v. Brown, 484 F.2d 418 (5th Cir. 1973), 와 United States v. Butenko, 494 F.2d 593 (3rd Cir. 1974). 브라운 사건에서 FBI는 법무부장관의 승인만으로 해외정보수집 목적으로 미국시민들의 대화를 도청하였다. 브텐코 사건에서도 영장 없이 미국시민의 대화를 도청하였다. 이에 대해 법원은 주된 목적이 해외정보 수집활동이라면 - 그것은 해외에서의 정보활동과 마찬가지이므로 - 미국 내에서 미국민에 대한 영장 없는 전화도청도 유효하다고 판시하였다.

정된 이후에는 동법에 의해 수월하게 영장을 발부 받을 수도 있고 대통령의 특별승인으로 일정기간 영장 없는 정보수집 활동도 할 수 있게 되었다. 한편 해외정보감독법이 미국 일반 시민들의 헌법상 권리를 제한한 것으로 위헌이라는 소송도 있었으나 연방대법원은 해외정보감독법의 헌법합치성을 확인하였다.[120)]

2. 해외정보감독법의 적용범위와 해외정보감독법원

1) 적용대상과 해외정보의 정의

해외정보감독법은 그 동안 해외세력에 대한 정보수집에 있어서는 해외정보 수집이라는 이유로 국내에서건 외국에서건 아무런 규정 없이 수단과 방법을 총동원하여 마음껏 실행하던 정보수집 활동에 대하여 국내를 기반으로 둔 해외정보 활동에 대한 법원의 판결을 고려하여 구체적인 절차를 규정했다. 국제테러 행위에 가담하는 해외세력과 해외세력의 대리인(이하 '해외세력')을 대상으로 한 정보수집 활동 그리고 해외정보[121)]를 바탕으로 하여 국내와 연관된 해외정보에 대한 전자감시 정보수집 활동을 규율한다. 해외에서의 해외정보수집 활동을 규율하지는 않는다. 뉴욕 주 남부지역법원이 해외에서의 해외정보 수집은 일반영장의 예외사항이라고 판결했듯이 해외에서의 해외정보 수집활동은 능력 있는 강자의 우월이 지배하는 정글법칙에 따른다는 것을 의미한다. 구체적으로는 간첩 및 테러의심 용의자에 대한 전자감시와 물리적 수색 및 펜 레지스터(Pen Registers)라고 불리는 전화 이용 상황 기록 장치와 추적 장치 그리고 영업기록에 대한 접근절차에 대해 규정하고 있다.

2) 해외정보감독 특별법원

법은 특별법원(Foreign Intelligence Surveillance Court: FISC, 이하 "화이자 법원")을 창설하여 헤외세럭올 대상으로 한 정보. 수사기구의 정보활동 업무를 감독하도록 하고 있다. 스파이법원이라는 애칭을 가지는 화이자 법원과 일반법원의 영장발부에 있어서 가장 커다란 차이점은 발부기준이다. 일반 법원은 "확실성에 대한 개연성(probability of a

120) United States v. Nicholson, 955 F.Supp. 588 (Va. 1997).

121) 해외정보는 크게 두 가지로 분류된다. 첫 번째는 (a) 해외세력 또는 해외세력의 대리인에 의한 실제적 또는 잠재적 공격 또는 중대한 적대적 행위 (b) 해외 세력이나 또는 해외세력의 대리인에 의한 파업 또는 국제 테러 (c) 해외세력 또는 해외 세력의 대리인에 의한 은밀한 정보활동들로부터 국가를 보호하기 위한 미국의 능력과 연관된 정보이다. 두 번쌔는 (2) 국가방위 또는 안보와 국가의 해외업무 수행과 관련된 해외세력 또는 외국과 관련된 정보이다 (FISA §1801 (e)).

certain fact)" 즉 "상당한 이유"를 요건으로 하는 반면에 화이자 법원은 "가능성에 대한 개연성(probability of a possibility)" 즉 "합리적 이유"를 그 기준으로 한다. 해외세력에 대한 정보활동에 대하여 혐의 입증을 완화하는 이유는 정보와 법 집행의 속성차이에서 연유하는 것이라고 할 수 있다.

법 집행 즉 수사는 범죄를 저지른 범죄자에 대한 형사처벌을 목적으로 하는 것으로서 아무리 범죄혐의자라고 하더라도 그의 기본적인 인권문제가 직접적으로 연결되어 있기 때문에 유죄의 인정을 위해서는 엄격한 증거를 요구하는 것이 민주적 탄핵 형사구조의 요청이다. 그러나 정보활동은 해외적대세력으로부터 국가의 안보를 지킨다고 하는 어느 정도 추상적인 목적으로 개별 혐의자를 대상으로 하지는 않는다. 그리고 수집한 정보를 개인의 처벌을 위한 범죄 입증에 직접 사용하는 것이 아니라 국방 · 외교 등 정책에 반영되어 사용되는 것이기 때문에 특정인에 대한 악용 효과가 직접적인 것은 아니라는 점에서 차이가 있다. 화이자 법원은 미국 워싱턴 소재 법무부 6층 건물에 소재한다. 화이자 법원의 구조는 창문이 없고 철저한 방음장치와 암호 차단이 되고 출입이 통제되는 전자적으로 보안이 완비된 회의실이다. 법원은 연방대법원장에 의해 임명되는 7년 임기의 11명의 법관으로 구성된다. 1심 법원이 기각한 영장신청에 대해서는 항소심 법원(Foreign Intelligence Surveillance Court of Review: FISCR)에 항소할 수 있다. 항소심 법원은 3인의 재판관으로 구성된다.

3. 해외정보감독법의 정보활동 규율 내용

1) 전자감시

정보기관이 애용하는 전자적 감시활동은 통신감청으로 주거지나 사무실, 자동차 그리고 비행기 좌석 등 비밀장소에 미리 도청장치를 설치하고 대화를 엿듣는 방법도 많이 사용된다. 해외정보감독법은 정보기구가 미국 내에서 해외세력을 대상으로 하거나 그와 관련한 전자감시활동을 하는 경우 화이자 법원의 영장에 의하도록 하였다. 영장신청에는 전자감시의 대상자가 해외세력이거나 해외세력 대리인이라고 하는 점에 대한 이유를 소명하여야 한다.

영장주의의 예외로 대통령의 긴급승인 제도가 있다. 대통령의 긴급승인 제도는 법무부장관을 통하여 이루어진다. 대통령은 1년 한도에서 정보기관에게 영장 없는 통신감청을 승인할 수 있다. 법무부장관은 대통령을 대리하여 영장 없는 전자감시 활동을 승인한 후 72시간 이내에 화이자 법원에 통보하여야 한다. 절차를 위반한 정보에 기초한 증거는 어떠한 경우에도 법정에서 증거로 사용될 수 없다.[122] 법규위반에 대한 처벌은 엄격하여 위반한 행위에 대하여는 1만 달러 이하의 벌금이나 5년 이하의 징역형에 처한다.

2) 펜 레지스터(Pen Registers)[123] 사용

펜 레지스터는 내용은 확인할 수 없고 통화사실 여부 그리고 통화시간처럼 외형적인 사실만을 파악하는 전자감시 장치로 사생활의 비밀을 침해할 위험성이 상대적으로 없다고 하여 연방대법원은 메릴랜드 사건에서 정보기관의 영장 없는 펜 레지스터 사용을 적법하다고 판결했었다.[124] 그러나 미국 의회는 여전히 사생활의 비밀을 침해할 위험성이 있다고 보고 펜 레지스터 법(Pen Register Act)을 제정하여 펜 레지스터의 경우에도 법원으로부터 사전에 발부 받은 영장에 의하도록 하였다.[125] 이에 따라 정보나 수사기관들의 펜 레지스터 사용에도 많은 제약이 따랐었다. 그러나 의회는 1998년 해외정보감독법을 수정하여 해외정보 수집의 경우에는 영장 없는 펜 레지스터 사용을 허용하였다.[126]

3) 인터넷과 이메일 접속

정보기관이 해외세력의 이 메일과 인터넷 웹 페이지에 탐지 목적으로 은밀하게 어드레싱(접속 또는 지정)할 수 있는 권한도 부여하였다. 다만 어드레싱은 내용파악이 아닌 형식인식을 의미하는 펜 레지스터 기법의 정보수집을 인정하여 준 것이었다.

4) 영업기록의 수집

정보기관이 호텔, 자동차대여, 버스, 항공기 예매 기록 그리고 기타의 영업기록을 입수할 수 있는 권한을 부여하였다. 그에 더하여 9/11 테러공격 이후 각종 서적과 기록, 신문, 서류 그리고 어떠한 유형적 물건(tangible things)에 대한 이용사실에 대하여도 정보기관이 그를 수집할 수 있는 권한을 부여하였다. 실제적 내용이 없는 경우에도 유형적 물건은 지문과 타액 그리고 혈흔 등의 흔적을 추적할 수 있는 단서가 될 수 있을 것이므로 정보기관에게 필요하다고 생각되는 물건은 모두 수집할 수 있도록 한 것이다.

---

122) 50 U.S.C. §1805(f). 해외정보감독법이 제정된 1978년부터 2001년 9월 11일까지 47차례의 긴급승인 사례가 있었다. 그런데 9/11 테러공격 이후 18개월 동안 170건의 법무부장관 긴급승인이 있어 사용이 기하급수적으로 증가하였다.

123) 정확한 장치는 "Pen Registers & Trap and Trace Devices"이다. 펜 레지스터와 추적장치가 기계적으로 약간의 성능은 달리 하지만 양자 모두 내용 파악 없이 형식적 사실의 존재를 지득하기 위한 장치라는 점에서 공통점이 있고 통상은 이를 일괄하여 펜 레지스터라고 지칭한다.

124) Smith v. Maryland, 442 U.S. 737(1979), United States Supreme Court.

125) 18 U.S.C. §§3121-3127. 영장 규정은 §3121(a).

126) 50 U.S.C. §§1841-1846.

5) 물리적 수색

해외세력이 사용하는 것으로 추정되는 미국 내의 건물과 어떤 물체 그리고 재산 등에 대한 은밀하고 광범위한 장기 수색을 허용하고 있다.[127] 물리적 수색은 통상 90일 범위에서 허용되는데 외국세력 대리인에 대한 물리적 수색은 120일, 그리고 외국세력을 직접 대상으로 하는 경우에는 1년 동안 지속적으로 할 수 있다. 지하에서 동면하다가 점조직 식으로 활동을 개시하는 테러범들의 특성에 맞추어 장기간의 끈질긴 감시와 수색이 필요하다는 점을 고려한 것이다. 수색이유를 고지하고 출입해야 하는 일반 형사법상의 압수·수색 절차와 달리 출입을 위하여 사전 통지할 필요 없이 언제든지 비밀리에 출입하여 수색할 수 있다. 수색의 대상을 특정할 필요도 없고 압수수색 목록을 작성하지도 않는다.

4. 해외정보감독법 활용 현황과 발전적 비판

오늘날 학계의 다양한 비판에도 불구하고 미국 의회와 정보공동체는 더 이상 해외정보감독법의 중요성과 필요성에 대해 의문을 제기하지 않는다. 해외정보감독법 활용에 대하여 2007년 4월 27일 법무부가 하원 낸시 펠로시 의장에게 보고한 2006년의 현황에 따르면[128] 전자감시와 물리적 수색을 위하여 총 2,181건을 신청하였는데 화이자 법원은 2,176건을 승인하였고, 73건에 대하여는 신청내용을 수정하여 승인하였고 1건을 기각하였다. 업무기록에 대한 영장은 43건을 신청하였는데 법원은 4건에 대해 신청내용을 수정하여 승인했고 기각은 없었다.[129]

1) 영장의 장기포괄 사전승인 문제

한편 법은 역동적이고 장기적인 정보활동을 수행하는 데에는 많은 제약요소가 있기 때문에 정보업무의 현실을 반영하여 실천적으로 개정되어야 한다는 주장이 있었다. 즉 원래 해외정보감독법상의 영장발부는 개별 사안별 승인방식이었다. 그러나 해외정보 수집의 경우에는 어디까지가 하나의 사안일지를 구획하는 것도 용이하지 않다. 그리고 통신수단의 획기적인 발전으로 미세한 움직임을 추적하기 위해 장기적으로 그리고 대량적으로 전자감시활동이 필요한 경우가 적지 않다. 이것은 많은 법률논쟁을 불러일으킨 국가안보국(NSA)의 테러인식 프로그램에서 잘 나타난다.[130]이 잘 보여준다. 그래서 일부 전문가들

---

127) Intelligence Authorization Act for Fiscal Year 1999, Pub. L. No. 105-272, §602, 112 Stat. 2396, 2404(1998).

128) 법률상의 기본적인 보고 의무이다. FISA §1808.

129) 2007. 4.27, 법무부 법무실(Office of Legislative Affairs)의 2006년 FISA Annual Reports to Congress.

은 현재의 사안별 승인방식 대신 10년, 20년 등의 "프로그램 방식에 의한 장기포괄 사전동의(長期包括 事前同意, Programmatic approval)" 방식이 채택되어 해외세력에 대한 정보수집 활동이 보다 용이하게 될 수 있어야 한다고 주장했었다.

2) 영장신청시의 입증의 문제

리처드 포스너 제7 항소심 법관은 해외정보감독법은 테러분자들의 대화를 엿듣는 데는 유효한 뼈대가 되지만 테러분자를 적발하는 데는 유용한 구조가 아니라고 법의 실천적인 가치를 비판한다. 왜냐하면 사건의 전모를 모르는 단계에서 정보활동을 하는 중요한 이유는 누가 진정한 테러분자인지 관련자들의 신상과 그들의 관계를 알아보려는 것으로 그가 누구인지를 모르기 때문에 전자감시를 하려고 하는 것인데, 영장신청에 아직 잘 모르고 알고 싶어 하는 관련자들에 대하여 테러분자 즉 해외세력이라는 점에 대한 "합리적 이유"를 적시하게 하는 것은 결국 알지 못하는 결론을 먼저 적시하라는 것과 같은 것이라는 것이다.

II. 해외정보감독법의 후속 개정경과

해외정보감독법은 2001년 애국법에 의해 일부 개정되었다. 그 후 1년 한시법으로 2008년 2월에 기간 만료되는 2007년 미국보호법(Protect America Act of 2007)에 의해 다시 한 번 개정되었다. 2008년 7월 10일 한시법적인 내용들을 영구조항으로 추가하여 The FISA Amendments Act of 2008 로 개정되어 오늘에 이른다.

1. 2001년 애국법(USA PATRIOT Act)에 의한 개정

1978년 해외정보감독법은 애국법에 의해 일부 개정되어 소위 외로운 늑대 조항이 추가되었다.[131] 외로운 늑대(lone wolf)란 국제테러조직과 직접적인 의사소통 없이 편무적으로, 따라서 회원 가입여부와 무관하게 국제테러에 개입하였거나 준비한 사람을 말한다. 개정안은 이러한 미국 내의 외로운 늑대들이 외국세력과 연계되었다는 증거가 없는 경우에도 전자감시와 압수수색영장을 발부할 수 있도록 하였다. 또한 애국법은 해외정보감독법에 의한 각종기록과 데이터에 대한 수사와 정보기관의 접근절차를 개정하여 접근을 완화하였다. 이것은 그 동안 화이자 법원이 주된 목적이 정보활동에 지향되어 있는 경우에 한하여 해외정보감독법을 이용할 수 있다고 판결한 것을 수정하고 범죄 소추를 위한 것이 주된 목적이라고 하는 경우에도 실질적인 부분이 정보활동을 위한 것이라면 승인될 수

130) 졸저, *op, cit.* pp, 1602-1609.
131) 50 U.S.C. §1801(b) (1) (C).

있다는 것으로, 소위 정보법 그리고 정보기관 법원이라 불리는 해외정보감독법과 화이자 법원의 구조를 변경한 것이라고 말해진다.[132)]

2. 2007년 미국보호법에 의한 개정

1) 개정 경과

해외정보감독법에 대한 비판은 긍정적 그리고 부정적인 양 측면에서 의견들이 교차되어왔다. 그 동안 법무부는 국가정보국(ODNI)과 함께 실무상의 여러 가지 경험을 바탕으로 해외정보감독법은 약 30년 전에 제정된 법으로서 미국 내에서의 외국세력에 대한 해외정보 활동을 지원하고 확립하기 위해서 제정되었다고는 하지만, 과학 기술에 따른 현재의 시대상황을 반영하지 못한다는 인식하에 아무리 미국 내에서의 정보수집활동이라고 해도 외국에 기반을 둔 해외세력을 대상으로 한 해외정보를 수집하려는 활동에 대해 모두 법원의 영장을 요구하는 것은 잘못되었다고 판단하고, 제반 통계자료를 바탕으로 하여 실무적인 연구를 진행하여 개정안을 준비하였다. 2007년 7월 28일 부시대통령은 의회에 개정안을 제출하면서 미국 내의 통화선상에서 일방이나 쌍방 테러용의자가 해외에 축을 두고 있는 경우에는 테러 용의자에 대한 전자감시를 완화해 달라는 내용으로 수정법을 통과시켜 줄 것을 요청하였다. 이에 의회는 2007년 8월 3일 미국보호법(The Protect American Act of 2007)[133)]을 통과시켜 해외정보감독법은 다시 한 번 전향적으로 개정되었다.[134)]

---

132) Dycus, *op. cit.*, pp, 534-535.

133) Protect America Act of 2007 (Pub. L. 110-55). 정식명칭은 Title: A bill to amend the Foreign Intelligence Surveillance Act of 1978 to provide additional procedures for authorizing certain acquisitions of foreign intelligence information and for other purposes(S. 1927).

134) 부시 대통령은 2007. 8. 5일 미국보호법에 서명하면서 이제 우리는 외국의 위협에 대해 필요한 정보를 획득할 수 있게 되었고 그리하여 우리의 국토에 대한 공격을 적발하고 예방할 수 있게 되었다고 말했다. President Bush Signs Legislation Modernizing Foreign Intelligence Law to Better Protect America (White house) Fact Sheet: The Protect America Act of 2007, available at, http://www.whitehouse.gov/news/releases/2007/08/20070806-5.html. 한편 법의 개정 일정 경과를 보면 다음과 같다. 부시 대통령은 2007년 7월 28일 해외정보감독법 개정을 요청하면서 그것도 2007년 8월 회기 중에 통과시켜 줄 것을 요청하였다. 2007년 8월3일 상원은 공화당이 발의한 해외정보감독법 개정안(FISA, S. 1927)을 60-28로 통과시켰고 하원도 227-183으로 개정안을 통과시켰다. 동 개정안은 미국보호법(The Protect America Act of 2007, Pub. L. 110-55, S. 1927)으로 명명되었고 부시 대통령은 2007년 8월 5일 법에 서명하고 공포하였다. 물론 철저한 준비는 있었겠지만 단 6일 만에 적지 않은 논란이 있는 법이 상 · 하 양원을 모두 통과한 것으로 국가안보문제에 대하여는 의회와 행정부가 여야를 초월하여 단합된 모습을 보이는 것임을 알 수 있다.

2) 개정안의 내용

2007년 미국보호법에 따른 개정안의 가장 중요한 내용은 정보공동체의 합리적인 판단으로 통화의 한 축이 미국 밖에 있는 해외성 통화라고 판단되는 통화에 대하여는 화이자 법원의 대상이 되지 않도록 하였다. 그러므로 해외에서 시작되거나 끝나는 통화에 대하여는 정보공동체는 법무부장관 또는 국가정보국장(DNI)의 승인만으로 1년 한도에서 법원의 감독 없이 즉 영장 없이 감청할 수 있게 된 것이다. 법은 아예 합리적으로 보아 외국에 있을 것으로 추정되는 사람에 대한 통화는 전자감시가 아니라고 개념정의하였다. 그러므로 이런 종류에 대한 통신감청은 더 이상 화이자 법원의 관할이 되지 않도록 되어, 해외 전자감시활동에 대한 화이자 법원의 선 심사권을 배제하고 사후 확인에 그치도록 하였다. 해외정보를 신속하게 수집할 수 있도록 배려한 것이고 국가안보국(NSA)은 법률 분쟁에 대한 걱정 없이 영장 없이 외국통화에 대하여 무제한 감청할 수 있게 된 것이다.

개정법은 또한 행정부로 하여금 정부가 발부하는 명령장에 의하여 통신사업자가 보관하거나 생산하는 데이터를 받아 볼 수 있는 프로그램에 대한 절차와 그 경우 통신사업자는 자료를 제공하는 데에 드는 비용을 지원 받고, 또한 민사상의 모든 책임이 없음을 내용으로 하는 면책규정도 신설하였다. 통신사업자들의 정보기관에의 적극적인 협조를 촉진하기 위한 내용인 것이다. 개정법은 최소한의 통제장치로 법무부장관과 국가정보국장에게 "합리적으로 보아 통화가 외국에 의한 또는 외국에 대한" 것이라는 요건을 부과하고 그 합리적인 확인을 서면에 의해 화이자 법원에 즉시 제출하도록 하였다. 다만 법무부장관과 국가정보국장은 긴급한 경우에는 먼저 구두 승인을 하고 72시간 내에 화이자 법원에 합리성 확인 서류를 사후 제출할 수 있도록 하였다.

3) FISA Amendments Act of 2008 에 의한 개정

(1) 개 관

2008년 최종 개정안은 사실상 국가안보국의 영장 없는 전자감시활동에 대한 면책을 해주기 위한 한시법이었던 2007년 미국보호법 상의 조항을 영구조항으로 변경하는 것을 주된 내용으로 한다. 그것은 2007년 미국보호법에 이미 예정되어 있던 것으로 당시 법 개정안 설명에 의하면 미국보호법 제정은 정보공동체의 시급한 요청에 따라 필요한 최소한만을 우선 대상으로 한 것으로 해외정보감독법 전반에 대한 개정안은 현재 의회에 계류 중으로 시간을 두고 충분히 논의할 것이라고 하였다.[135] 그러한 시간을 둔 충분한 논의를 끝내고 2008년 화이자 개정법이 탄생한 것이다. 2005년 AT & T사의 내부 고발자에 의해 전기통신사업자의 협조를 받은 국가안보국(NSA)의 무차별적인 비밀 전자감시활동이 뉴욕

---

135) (White House), Fact Sheet: The Protect America Act of 2007.

타임즈(New York Times)지에 폭로되고 약 40여건의 집단소송이 잇따르자 2007년까지 전자감시활동이 진행되지 못했었다.

(2) 입법역사(Legislative history)

- 2008년 6월 20일 하원에서 찬성 293표, 반대 129표로 통과되었다.
- 2008년 6월 26일의 상원 법안 설명회의에서, 상원의원 페인골드(Russ Feingold) 와 크리스 도드(Chris Dodd)의 반대 토론이 있었다. 특히 페인골드는 개정안은 미국 사람의 시민적 자유를 심대하게 위태롭게 할 수 있다고 비판했다. 또한 상원의원 도드는 국가의 불법 전자감시활동에 협조한 통신회사에 대한 소급적 면책은 법의 지배(rule of law) 원칙을 무시하는 것이라고 주장했다.
- 2008년 7월 9일: 통신사업자에 대한 소급적 면책조항을 삭제하는 내용의 도드 수정안(Dodd's amendment)은 66-32로 부결되었고, 하원을 통과한 내용 그대로 상정되어 69-28로 상원을 통과하였다.
- 2008년 7월 10일: 부시대통령은 법안에 서명하고 공포하였다.

(3) 주된 조항 내용

가. 개별 주에 의한 조사와 통신자료에 대한 공개요구나 제출요구를 금지한다.

나. 그 동안 10년 보관의무를 가졌던, 국가기관의 수색자료 보관의무를 면제하고 기존 자료의 폐기를 허용한다.

다. 통신사업자들의 연방정부에 대한 과거와 미래의 협조에 대한 소송에서의 면책을 명백히 하고 테러 방지 장치에 대한 지원을 규정했다.

라. 영장 신청 시 전자감시활동 대상에 대한 상세한 설명의무를 해제한다.

마. 긴급시의 영장 없는 전자감시활동 기간을 7시간에서 48시간으로 연장한다.

바. 해외에 있는 미국민에 대한 전자감시 활동 시 법원의 영장을 요구한다.

사. 실질적으로는 미국 사람의 통화와 이-메일을 감청하기 위해서, 외국인을 통한 우회 감청을 하는 경우에 법원의 승인 없이는 못하도록 금지한다.

아. 1주일 내에 관련 자료를 제출하면 법원의 사전 승인 없는 감청을 허용한다.

이처럼 2008년 화이자 개정법은 국가의 전자감시활동에 협조한 통신회사에 대한 과거와 미래의 법적 소송을 원천적으로 차단하여 테러 분자 색출을 위한 원활한 업무환경을 조성하였고, 해당 1주일 내에 화이자 법원에 관련 서류를 제출하는 조건으로, 영장 없는 전자감시활동을 예전의 48시간에서 최장 1주일(168시간)까지 가능하도록 하여 초국가적 안보위협세력에 대한 사영역의 협조를 유도하고 원활한 정보활동의 토대를 마련한 것으로 평가된다. 물론 그러한 완화된 정보활동의 남용위험성에 대해서는 정치한 감독과 통제장치의 작동이 전제될 것임도 물론이다.

III. 해외정보감독법 전문

TITLE 50 > CHAPTER 36CHAPTER 36—FOREIGN INTELLIGENCE SURVEILLANCE

SUBCHAPTER I—ELECTRONIC SURVEILLANCE
SUBCHAPTER II—PHYSICAL SEARCHES
SUBCHAPTER III—PEN REGISTERS AND TRAP AND TRACE DEVICES FOR FOREIGN INTELLIGENCE PURPOSES
SUBCHAPTER IV—ACCESS TO CERTAIN BUSINESS RECORDS FOR FOREIGN INTELLIGENCE PURPOSES
SUBCHAPTER V—REPORTING REQUIREMENT

SUBCHAPTER I—ELECTRONIC SURVEILLANCE - 제1장 체계

§ 1801. Definitions
§ 1802. Electronic surveillance authorization without court order; certification by Attorney General; reports to Congressional committees; transmittal under seal; duties and compensation of communication common carrier; applications; jurisdiction of court
§ 1803. Designation of judges
§ 1804. Applications for court orders
§ 1805. Issuance of order
§ 1806. Use of information
§ 1807. Report to Administrative Office of the United States Court and to Congress
§ 1808. Report of Attorney General to Congressional committees; limitation on authority or responsibility of information gathering activities of Congressional committees; report of Congressional committees to Congress
§ 1809. Criminal sanctions
§ 1810. Civil liability

§ 1811. Authorization during time of war

§ 1801. Definitions(용어의 정의)

As used in this subchapter:

(a) "Foreign power" means—

(1) a foreign government or any component thereof, whether or not recognized by the United States;

(2) a faction of a foreign nation or nations, not substantially composed of United States persons;

(3) an entity that is openly acknowledged by a foreign government or governments to be directed and controlled by such foreign government or governments;

(4) a group engaged in international terrorism or activities in preparation therefor;

(5) a foreign-based political organization, not substantially composed of United States persons; or

(6) an entity that is directed and controlled by a foreign government or governments.

(b) "Agent of a foreign power" means—

(1) any person other than a United States person, who—

(A) acts in the United States as an officer or employee of a foreign power, or as a member of a foreign power as defined in subsection (a)(4) of this section;

(B) acts for or on behalf of a foreign power which engages in clandestine intelligence activities in the United States contrary to the interests of the United States, when the circumstances of such person's presence in the United States indicate that such person may engage in such activities in the United States, or when such person knowingly aids or abets any person in the conduct of such activities or knowingly conspires with any person to engage in such activities; or

(C) engages in international terrorism or activities in preparation therefore; or

(2) any person who—

(A) knowingly engages in clandestine intelligence gathering activities for or on behalf of a foreign power, which activities involve or may involve a violation of the criminal statutes of the United States;

(B) pursuant to the direction of an intelligence service or network of a foreign power, knowingly engages in any other clandestine intelligence activities for or on behalf of such foreign power, which activities involve or are about to involve a violation of the criminal statutes of the United States;

(C) knowingly engages in sabotage or international terrorism, or activities that are in preparation therefor, for or on behalf of a foreign power;

(D) knowingly enters the United States under a false or fraudulent identity for or on behalf of a foreign power or, while in the United States, knowingly assumes a false or fraudulent identity for or on behalf of a foreign power; or

(E) knowingly aids or abets any person in the conduct of activities described in subparagraph (A), (B), or (C) or knowingly conspires with any person to engage in activities described in subparagraph (A), (B), or (C).

(c) "International terrorism" means activities that—

(1) involve violent acts or acts dangerous to human life that are a violation of the criminal laws of the United States or of any State, or that would be a criminal violation if committed within the jurisdiction of the United States or any State;

(2) appear to be intended—

(A) to intimidate or coerce a civilian population;

(B) to influence the policy of a government by intimidation or coercion; or

(C) to affect the conduct of a government by assassination or kidnapping; and

(3) occur totally outside the United States, or transcend national boundaries in terms of the means by which they are accomplished, the persons they appear intended to coerce or intimidate, or the locale in which their perpetrators operate or seek asylum.

(d) "Sabotage" means activities that involve a violation of chapter 105 of title 18, or that would involve such a violation if committed against the United States.

(e) "Foreign intelligence information" means—

(1) information that relates to, and if concerning a United States person is necessary to, the ability of the United States to protect against—

(A) actual or potential attack or other grave hostile acts of a foreign power or an agent of a foreign power;

(B) sabotage or international terrorism by a foreign power or an agent of a foreign power; or

(C) clandestine intelligence activities by an intelligence service or network of a foreign power or by an agent of a foreign power; or

(2) information with respect to a foreign power or foreign territory that relates to, and if concerning a United States person is necessary to—

(A) the national defense or the security of the United States; or

(B) the conduct of the foreign affairs of the United States.

(f) "Electronic surveillance" means—

(1) the acquisition by an electronic, mechanical, or other surveillance device of the contents of any wire or radio communication sent by or intended to be received by a particular, known United States person who is in the United States, if the contents are acquired by

intentionally targeting that United States person, under circumstances in which a person has a reasonable expectation of privacy and a warrant would be required for law enforcement purposes;

(2) the acquisition by an electronic, mechanical, or other surveillance device of the contents of any wire communication to or from a person in the United States, without the consent of any party thereto, if such acquisition occurs in the United States, but does not include the acquisition of those communications of computer trespassers that would be permissible under section 2511 (2)(i) of title 18;

(3) the intentional acquisition by an electronic, mechanical, or other surveillance device of the contents of any radio communication, under circumstances in which a person has a reasonable expectation of privacy and a warrant would be required for law enforcement purposes, and if both the sender and all intended recipients are located within the United States; or

(4) the installation or use of an electronic, mechanical, or other surveillance device in the United States for monitoring to acquire information, other than from a wire or radio communication, under circumstances in which a person has a reasonable expectation of privacy and a warrant would be required for law enforcement purposes.

(g) "Attorney General" means the Attorney General of the United States (or Acting Attorney General) or the Deputy Attorney General.

(h) "Minimization procedures", with respect to electronic surveillance, means—

(1) specific procedures, which shall be adopted by the Attorney General, that are reasonably designed in light of the purpose and technique of the particular surveillance, to minimize the acquisition and retention, and prohibit the dissemination, of nonpublicly available information concerning unconsenting United States persons consistent with the need of the United States to obtain, produce, and disseminate foreign intelligence information;

(2) procedures that require that nonpublicly available information, which is not foreign intelligence information, as defined in subsection (e)(1) of this section, shall not be disseminated in a manner that identifies any United States person, without such person's consent, unless such person's identity is necessary to understand foreign intelligence information or assess its importance;

(3) notwithstanding paragraphs (1) and (2), procedures that allow for the retention and dissemination of information that is evidence of a crime which has been, is being, or is about to be committed and that is to be retained or disseminated for law enforcement purposes; and

(4) notwithstanding paragraphs (1), (2), and (3), with respect to any electronic surveillance approved pursuant to section 1802 (a) of this title, procedures that require that no contents of any communication to which a United States person is a party shall be disclosed, disseminated, or used for any purpose or retained for longer than 72 hours unless a court order under section 1805 of this title is obtained or unless the Attorney General determines that the information indicates a threat of death or serious bodily harm to any person.

(i) "United States person" means a citizen of the United States, an alien lawfully admitted for permanent residence (as defined in section 1101 (a)(20) of title 8), an unincorporated association a substantial number of members of which are citizens of the United States or aliens lawfully admitted for permanent residence, or a corporation which is incorporated in the United States, but does not include a corporation or an association which is a foreign power, as defined in subsection (a)(1), (2), or (3) of this section.

(j) "United States", when used in a geographic sense, means all areas under the territorial sovereignty of the United States and the Trust Territory of the Pacific Islands.

(k) "Aggrieved person" means a person who is the target of an electronic surveillance or any other person whose communications or activities were subject to electronic surveillance.

(l) "Wire communication" means any communication while it is being carried by a wire, cable, or other like connection furnished or operated by any person engaged as a common carrier in providing or operating such facilities for the transmission of interstate or foreign communications.

(m) "Person" means any individual, including any officer or employee of the Federal Government, or any group, entity, association, corporation, or foreign power.

(n) "Contents", when used with respect to a communication, includes any information concerning the identity of the parties to such communication or the existence, substance, purport, or meaning of that communication.

(o) "State" means any State of the United States, the District of Columbia, the Commonwealth of Puerto Rico, the Trust Territory of the Pacific Islands, and any territory or possession of the United States.

§ 1802. Electronic surveillance authorization without court order; certification by Attorney General; reports to Congressional committees; transmittal under seal; duties and compensation of communication common carrier; applications; jurisdiction of court - 영장 없는 전자감시활동

(a)

(1) Notwithstanding any other law, the President, through the Attorney General, may authorize electronic surveillance without a court order under this subchapter to acquire foreign intelligence information for periods of up to one year if the Attorney General certifies in writing under oath that—

(A) the electronic surveillance is solely directed at—

(i) the acquisition of the contents of communications transmitted by means of communications used exclusively between or among foreign powers, ... or

(ii) the acquisition of technical intelligence, other than the spoken communications of individuals, from property or premises under the open and exclusive control of a foreign power, ...;

(B) there is no substantial likelihood that the surveillance will acquire the contents of any communication to which a United States person is a party; and

(C) the proposed minimization procedures with respect to such surveillance meet the definition of minimization procedures under section 1801 (h) of this title; and if the Attorney General reports such minimization procedures and any changes thereto to the House Permanent Select Committee on Intelligence and the senate Select Committee on Intelligence at least thirty days prior to their effective date, unless the Attorney General determines immediate action is required and notifies the committees immediately of such minimization procedures and the reason for their becoming effective immediately.

(2) An electronic surveillance authorized by this subsection may be conducted only in accordance with the Attorney General's certification and the minimization procedures adopted by him. The Attorney General shall assess compliance with such procedures and shall report such assessments to the House Permanent Select Committee on Intelligence and the Senate Select Committee on Intelligence under the provisions of section 1808 (a) of this title.

(3) The Attorney General shall immediately transmit under seal to the court established under section 1803 (a) of this title a copy of his certification. Such certification shall be maintained under security measures established by the Chief Justice with the concurrence of the Attorney General, in consultation with the Director of National Intelligence, and shall remain sealed unless—

(A) an application for a court order with respect to the surveillance is made under sections 1801 (h)(4) and 1804 of this title; or

(B) the certification is necessary to determine the legality of the surveillance under section 1806 (f) of this title.

(4) With respect to electronic surveillance authorized by this subsection, the Attorney General may direct a specified communication common carrier to—

(A) furnish all information, facilities, or technical assistance necessary to accomplish the electronic surveillance in such a manner as will protect its secrecy and produce a minimum of interference with the services that such carrier is providing its customers; and

(B) maintain under security procedures approved by the Attorney General and the Director of National Intelligence any records concerning the surveillance or the aid furnished which such carrier wishes to retain.

....

(b) Applications for a court order under this subchapter are authorized if the President has, by written authorization, empowered the Attorney General to approve applications to the court having jurisdiction under section 1803 of this title, ... 대통령의 서면에 의한 법무부장관에의 승인권 위임

§ 1803. Designation of judges - 화이자 법원 판사의 임명

(a) Court to hear applications and grant orders; record of denial; transmittal to court of review The Chief Justice of the United States shall publicly designate 11 district court judges from seven of the United States judicial circuits of whom no fewer than 3 shall reside within 20 miles of the District of Columbia .... 사무실 반경 20마일 내에 최소 3명의 판사가 거주하는 조건으로 11명 판사 임명

....

(b) Court of review; record, transmittal to Supreme Court The Chief Justice shall publicly designate three judges, one of whom shall be publicly designated as the presiding judge, from the United States district courts or courts of appeals who together shall comprise a court of review which shall have jurisdiction to review the denial of any application made under this chapter. ....

(c) Expeditious conduct of proceedings; security measures for maintenance of records 업무의 신속한 수행

....

(d) Tenure 원칙적 7년 임기에 연임금지

Each judge designated under this section shall so serve for a maximum of seven years and shall not be eligible for redesignation, ...

§ 1804. Applications for court orders - 법원 명령의 적용

(a) Submission by Federal officer; approval of Attorney General; contents

Each application for an order approving electronic surveillance under this subchapter shall be made by a Federal officer in writing upon oath or affirmation to a judge having jurisdiction under section 1803 of this title. Each application shall require the approval of the Attorney General based upon his finding that it satisfies the criteria and requirements of such application as set forth in this subchapter. It shall include—

(1) the identity of the Federal officer making the application;

(2) the authority conferred on the Attorney General by the President of the United States and the approval of the Attorney General to make the application;

(3) the identity, if known, or a description of the target of the electronic surveillance;

(4) a statement of the facts and circumstances relied upon by the applicant to justify his belief that—

(A) the target of the electronic surveillance is a foreign power or an agent of a foreign power; and

(B) each of the facilities or places at which the electronic surveillance is directed is being used, or is about to be used, by a foreign power or an agent of a foreign power;

(5) a statement of the proposed minimization procedures;

(6) a detailed description of the nature of the information sought and the type of communications or activities to be subjected to the surveillance;

(7) a certification or certifications by the Assistant to the President for National Security Affairs or an executive branch official or officials designated by the President from among those executive officers employed in the area of national security or defense and appointed by the President with the advice and consent of the Senate—

(A) that the certifying official deems the information sought to be foreign intelligence information;

(B) that a significant purpose of the surveillance is to obtain foreign intelligence information;

(C) that such information cannot reasonably be obtained by normal investigative techniques;

(D) that designates the type of foreign intelligence information being sought according to the categories described in section 1801 (e) of this title; and

(E) including a statement of the basis for the certification that—

(i) the information sought is the type of foreign intelligence information designated; and

(ii) such information cannot reasonably be obtained by normal investigative techniques;

(8) a statement of the means by which the surveillance will be effected and a statement whether physical entry is required to effect the surveillance;

(9) a statement of the facts concerning all previous applications that have been made to any judge under this subchapter involving any of the persons, facilities, or places specified in the application, and the action taken on each previous application;

(10) a statement of the period of time for which the electronic surveillance is required to be maintained, and if the nature of the intelligence gathering is such that the approval of the use of electronic surveillance under this subchapter should not automatically terminate when the described type of information has first been obtained, a description of facts supporting the belief that additional information of the same type will be obtained thereafter; and

(11) whenever more than one electronic, mechanical or other surveillance device is to be used with respect to a particular proposed electronic surveillance, the coverage of the devices involved and what minimization procedures apply to information acquired by each device.

(b) Exclusion of certain information respecting foreign power targets

Whenever the target of the electronic surveillance is a foreign power, as defined in section 1801 (a)(1), (2), or (3) of this title, and each of the facilities or places at which the surveillance is directed is owned, leased, or exclusively used by that foreign power, the application need not contain the information required by paragraphs (6), (7)(E), (8), and (11) of subsection (a) of this section, but shall state whether physical entry is required to effect the surveillance and shall contain such information about the surveillance techniques and communications or other information concerning United States persons likely to be obtained as may be necessary to assess the proposed minimization procedures.

(c) Additional affidavits or certifications

The Attorney General may require any other affidavit or certification from any other officer in connection with the application.

(d) Additional information

The judge may require the applicant to furnish such other information as may be necessary to make the determinations required by section 1805 of this title.

(e) Personal review by Attorney General

(1)

(A) Upon written request of the Director of the Federal Bureau of Investigation, the Secretary of Defense, the Secretary of State, or the Director of National Intelligence, the Attorney General shall personally review under subsection (a) of this section an application under that subsection for a target described in section 1801 (b)(2) of this title.

(B) Except when disabled or otherwise unavailable to make a request referred to in subparagraph (A), an official referred to in that subparagraph may not delegate the authority to make a request referred to in that subparagraph.

(C) Each official referred to in subparagraph (A) with authority to make a request under that subparagraph shall take appropriate actions in advance to ensure that delegation of such authority is clearly established in the event such official is disabled or otherwise unavailable to make such request.

(2)

(A) If as a result of a request under paragraph (1) the Attorney General determines not to approve an application under the second sentence of subsection (a) of this section for purposes of making the application under this section, the Attorney General shall provide written notice of the determination to the official making the request for the review of the application under that paragraph. Except when disabled or otherwise unavailable to make a determination under the preceding sentence, the Attorney General may not delegate the responsibility to make a determination under that sentence. The Attorney General shall take appropriate actions in advance to ensure that delegation of such responsibility is clearly established in the event the Attorney General is disabled or otherwise unavailable to make such determination.

(B) Notice with respect to an application under subparagraph (A) shall set forth the modifications, if any, of the application that are necessary in order for the Attorney General to approve the application under the second sentence of subsection (a) of this section for purposes of making the application under this section.

(C) Upon review of any modifications of an application set forth under subparagraph (B), the official notified of the modifications under this paragraph shall modify the application if such official determines that such modification is warranted. Such official shall supervise the making of any modification under this subparagraph. Except when disabled or otherwise unavailable to supervise the making of any modification under the preceding sentence, such official may not delegate the responsibility to supervise the making of any modification under that preceding sentence. Each such official shall take appropriate actions in advance to ensure that delegation of such responsibility is clearly established in the event such official is disabled or otherwise unavailable to supervise the making of such modification.

§ 1805. Issuance of order

(a) Necessary findings (필요적 기재사항)

Upon an application made pursuant to section 1804 of this title, the judge shall enter an ex parte order as requested or as modified approving the electronic surveillance if he finds that—

(1) the President has authorized the Attorney General to approve applications for electronic surveillance for foreign intelligence information;

(2) the application has been made by a Federal officer and approved by the Attorney General;

(3) on the basis of the facts submitted by the applicant there is probable cause to believe that—

(A) the target of the electronic surveillance is a foreign power or an agent of a foreign power: Provided, That no United States person may be considered a foreign power or an agent of a foreign power solely upon the basis of activities protected by the first amendment to the Constitution of the United States; and

(B) each of the facilities or places at which the electronic surveillance is directed is being used, or is about to be used, by a foreign power or an agent of a foreign power;

(4) the proposed minimization procedures meet the definition of minimization procedures under section 1801 (h) of this title; and

....

(b) Determination of probable cause 상당한 이유의 판단

In determining whether or not probable cause exists for purposes of an order under subsection (a)(3) of this section, a judge may consider past activities of the target, as well as facts and circumstances relating to current or future activities of the target.

(c) Specifications and directions of orders

An order approving an electronic surveillance under this section shall—

(1) specify—

(A) the identity, if known, or a description of the target of the electronic surveillance;

(B) the nature and location of each of the facilities or places at which the electronic surveillance will be directed, if known;

(C) the type of information sought to be acquired and the type of communications or activities to be subjected to the surveillance;

(D) the means by which the electronic surveillance will be effected and whether physical entry will be used to effect the surveillance;

(E) the period of time during which the electronic surveillance is approved; and

(F) whenever more than one electronic, mechanical, or other surveillance device is to be used under the order, the authorized coverage of the devices involved and what minimization procedures shall apply to information subject to acquisition by each device; and

(2) direct—

(A) that the minimization procedures be followed;

(B) that, upon the request of the applicant, a specified communication or other common carrier, landlord, custodian, or other specified person, or in circumstances where the Court finds that the actions of the target of the application may have the effect of thwarting the identification of a specified person, such other persons, furnish the applicant forthwith all information, facilities, or technical assistance necessary to accomplish the electronic surveillance in such a manner as will protect its secrecy and produce a minimum of interference with the services that such carrier, landlord, custodian, or other person is providing that target of electronic surveillance;

(C) that such carrier, landlord, custodian, or other person maintain under security procedures approved by the Attorney General and the Director of National Intelligence any records concerning the surveillance or the aid furnished that such person wishes to retain; and

(D) that the applicant compensate, at the prevailing rate, such carrier, landlord, custodian, or other person for furnishing such aid.

(d) Exclusion of certain information respecting foreign power targets 일정한 정보의 배제

....

(e) Duration of order; extensions; review of circumstances under which information was acquired, retained or disseminated 법원 명령의 기한(120일에서 최장 1년)

(1) An order issued under this section may approve an electronic surveillance for the period necessary to achieve its purpose, or for ninety days, whichever is less, except that

(A) an order under this section shall approve an electronic surveillance targeted against a foreign power, as defined in section 1801 (a)(1), (2), or (3) of this title, for the period specified in the application or for one year, whichever is less, and

(B) an order under this chapter for a surveillance targeted against an agent of a foreign power, as defined in section 1801 (b)(1)(A) of this title may be for the period specified in the application or for 120 days, whichever is less.

(2) Extensions of an order issued under this subchapter may be granted on the same basis as an original order upon an application for an extension and new findings made in the same manner as required for an original order, except that 기한의 연장

....

(f) Emergency orders 긴급 명령

Notwithstanding any other provision of this subchapter, when the Attorney General reasonably determines that—

(1) an emergency situation exists with respect to the employment of electronic surveillance to obtain foreign intelligence information before an order authorizing such surveillance can with due diligence be obtained; and

(2) the factual basis for issuance of an order under this subchapter to approve such surveillance exists;

....

(h) Retention of certifications, applications and orders

Certifications made by the Attorney General pursuant to section 1802 (a) of this title and applications made and orders granted under this subchapter shall be retained for a period of at least ten years from the date of the certification or application.

(i) Bar to legal action 통신사업자를 상대로한 소송의 금지

No cause of action shall lie in any court against any provider of a wire or electronic communication service, landlord, custodian, or other person (including any officer, employee, agent, or other specified person thereof) that furnishes any information, facilities, or technical assistance in accordance with a court order or request for emergency assistance under this chapter for electronic surveillance or physical search.

§ 1806. Use of information - 정보의 사용

(a) Compliance with minimization procedures; privileged communications; lawful purposes

Information acquired from an electronic surveillance conducted pursuant to this subchapter concerning any United States person may be used and disclosed by Federal officers and employees without the consent of the United States person only in accordance with the minimization procedures required by this subchapter. No otherwise privileged communication obtained in accordance with, or in violation of, the provisions of this subchapter shall lose its privileged character. No information acquired from an electronic surveillance pursuant to this subchapter may be used or disclosed by Federal officers or employees except for lawful purposes.

(b) Statement for disclosure

No information acquired pursuant to this subchapter shall be disclosed for law enforcement purposes unless such disclosure is accompanied by a statement that such information, or any information derived therefrom, may only be used in a criminal proceeding with the advance authorization of the Attorney General.

(c) Notification by United States

....

(d) Notification by States or political subdivisions

....

(e) Motion to suppress

Any person against whom evidence obtained or derived from an electronic surveillance to which he is an aggrieved person is to be, or has been, introduced or otherwise used or disclosed in any trial, hearing, or other proceeding in or before any court, department, officer, agency, regulatory body, or other authority of the United States, a State, or a political subdivision thereof, may move to suppress the evidence obtained or derived from such electronic surveillance on the grounds that—

(1) the information was unlawfully acquired; or

(2) the surveillance was not made in conformity with an order of authorization or -approval.

Such a motion shall be made before the trial, hearing, or other proceeding unless there was no opportunity to make such a motion or the person was not aware of the grounds of the motion.

(f) In camera and ex parte review by district court 비밀 사실(私室)에서의 심리

Whenever a court or other authority is notified pursuant to subsection (c) or (d) of this section, or whenever a motion is made pursuant to subsection (e) of this section, or whenever any motion or request is made by an aggrieved person pursuant to any other statute or rule of the United States or any State before any court or other authority of the United States or any State to discover or obtain applications or orders or other materials relating to electronic surveillance or to discover, obtain, or suppress evidence or information obtained or derived from electronic surveillance under this chapter, the United States district court or, where the motion is made before another authority, the United States district court in the same district as the authority, shall, notwithstanding any other law, if the Attorney General files an affidavit under oath that disclosure or an adversary hearing would harm the national security of the United States, review in camera and ex parte the application, order, and such other materials relating to the surveillance as may be necessary to determine whether the surveillance of the aggrieved person was lawfully authorized and conducted. In making this determination, the court may disclose to the aggrieved person, under appropriate security procedures and protective orders, portions of the application, order, or other materials relating to the surveillance only where such disclosure is necessary to make an accurate determination of the legality of the surveillance.

(g) Suppression of evidence; denial of motion

....

(h) Finality of orders

Orders granting motions or requests under subsection (g) of this section, decisions under this section that electronic surveillance was not lawfully authorized or conducted, and orders of the United States district court requiring review or granting disclosure of applications, orders, or other materials relating to a surveillance shall be final orders and binding upon all courts of the United States and the several States except a United States court of appeals and the Supreme Court.

(i) Destruction of unintentionally acquired information

....

(j) Notification of emergency employment of electronic surveillance; contents; postponement, suspension or elimination

....

(k) Coordination with law enforcement on national security matters

(1) Federal officers who conduct electronic surveillance to acquire foreign intelligence information under this subchapter may consult with Federal law enforcement officers or law enforcement personnel of a State or political subdivision of a State (including the chief executive officer of that State or political subdivision who has the authority to appoint or direct the chief law enforcement officer of that State or political subdivision) to coordinate efforts to investigate or protect against—

....

§ 1807. Report to Administrative Office of the United States Court and to Congress -보고서

In April of each year, the Attorney General shall transmit to the Administrative Office of the United States Court and to Congress a report setting forth with respect to the preceding calendar year—

(a) the total number of applications made for orders and extensions of orders approving electronic surveillance under this subchapter; and

(b) the total number of such orders and extensions either granted, modified, or denied.

§ 1808. Report of Attorney General to Congressional committees; limitation on authority or responsibility of information gathering activities of Congressional committees; report of Congressional committees to Congress - 의회 제출 보고서

(a)

(1) On a semiannual basis the Attorney General shall fully inform the House Permanent Select Committee on Intelligence and the Senate Select Committee on Intelligence concerning all electronic surveillance under this subchapter. Nothing in this subchapter shall be deemed to limit the authority and responsibility of the appropriate committees of each House of Congress to obtain such information as they may need to carry out their respective functions and duties.

(2) Each report under the first sentence of paragraph (1) shall include a description of —

(A) each criminal case in which information acquired under this chapter has been passed for law enforcement purposes during the period covered by such report; and

(B) each criminal case in which information acquired under this chapter has been authorized for use at trial during such reporting period.

....

§ 1809. Criminal sanctions - 처벌 조항

(a) Prohibited activities

A person is guilty of an offense if he intentionally—

(1) engages in electronic surveillance under color of law except as authorized by statute; or

(2) discloses or uses information obtained under color of law by electronic surveillance, knowing or having reason to know that the information was obtained through electronic surveillance not authorized by statute.

(b) Defense ....

(c) Penalties

An offense described in this section is punishable by a fine of not more than $10,000 or imprisonment for not more than five years, or both.

(d) Federal jurisdiction

There is Federal jurisdiction over an offense under this section if the person committing the offense was an officer or employee of the United States at the time the offense was committed.

§ 1810. Civil liability - 배상책임

An aggrieved person, other than a foreign power or an agent of a foreign power, as defined in section 1801 (a) or (b)(1)(A) of this title, respectively, who has been subjected to an electronic surveillance or about whom information obtained by electronic surveillance of such person has been disclosed or used in violation of section 1809 of this title shall have a cause of action against any person who committed such violation and shall be entitled to recover—

(a) actual damages, but not less than liquidated damages of $1,000 or $100 per day for each day of violation, whichever is greater; 실제손해

(b) punitive damages; and 징벌적 손해

(c) reasonable attorney's fees and other investigation and litigation costs reasonably incurred.

§ 1811. Authorization during time of war - 전쟁시에의 승인

Notwithstanding any other law, the President, through the Attorney General, may authorize electronic surveillance without a court order under this subchapter to acquire foreign intelligence information for a period not to exceed fifteen calendar days following a declaration of war by the Congress.

SUBCHAPTER II—PHYSICAL SEARCHES - 제2장 물리적 수색

§ 1821. Definitions - 용어의 정의

As used in this subchapter:

(1) The terms "foreign power", "agent of a foreign power", "international terrorism", "sabotage", "foreign intelligence information", "Attorney General", "United States person", "United States", "person", and "State" .... section 1801과 동일한 의미

(2) "Aggrieved person" means a person whose premises, property, information, or material is the target of physical search or any other person whose premises, property, information, or material was subject to physical search. 정보활동과정에서 재사, 소유물, 정보물 등에 피해를 입은 사람

(3) "Foreign Intelligence Surveillance Court" means the court established by section 1803.

(4) "**Minimization procedures**" with respect to physical search, means — **최소 (침해) 절차 원칙**

(A) specific procedures, which shall be adopted by the Attorney General, that are reasonably designed in light of the purposes and technique of the particular physical search, to minimize the acquisition and retention, and prohibit the dissemination, of nonpublicly available information concerning unconsenting United States persons consistent with the need of the United States to obtain, produce, and disseminate foreign intelligence information; 법무부장관이 정보활동에서 대상자의 권리 피해를 최소화 하기위해 합리적으로 정한 특별절차

(B) procedures that require that nonpublicly available information, which is not foreign intelligence information, as defined in section 1801 (e)(1) of this title, shall not be disseminated in a manner that identifies any United States person, without such person's consent, unless such person's identity is necessary to understand such foreign intelligence information or assess its importance;

(C) notwithstanding subparagraphs (A) and (B), procedures that allow for the retention and dissemination of information that is evidence of a crime which has been, is being, or is about to be committed and that is to be retained or disseminated for law enforcement purposes; and

(D) notwithstanding subparagraphs (A), (B), and (C), with respect to any physical search approved pursuant to section 1822 (a) of this title, procedures that require that no information, material, or property of a United States person shall be disclosed, disseminated, or used for any purpose or retained for longer than 72 hours unless a court order under section 1824 of this title is obtained or unless the Attorney General determines that the information indicates a threat of death or serious bodily harm to any person.

(5) "Physical search" means any physical intrusion within the United States into premises or property (including examination of the interior of property by technical means) that is intended to result in a seizure, reproduction, inspection, or alteration of information, material, or property, under circumstances in which a person has a reasonable expectation of privacy and a warrant would be required for law enforcement purposes, but does not include

(A) "electronic surveillance", as defined in section 1801 (f) of this title, or

(B) the acquisition by the United States Government of foreign intelligence information from international or foreign communications, or foreign intelligence activities conducted in accordance with otherwise applicable Federal law involving a foreign electronic communications system, utilizing a means other than electronic surveillance as defined in section 1801 (f) of this title.

§ 1822. Authorization of physical searches for foreign intelligence purposes - 해외정보 목적을 위한 물리적 수색의 승인

(a) Presidential authorization

(1) Notwithstanding any other provision of law, the President, acting through the Attorney General,

may authorize physical searches without a court order under this subchapter to acquire foreign intelligence information for periods of up to one year if—

(A) the Attorney General certifies in writing under oath that—

(i) the physical search is solely directed at premises, information, material, or property used exclusively by, or under the open and exclusive control of, a foreign power or powers(as defined in section 1801 (a)(1), (2), or (3) of this title);

(ii) there is no substantial likelihood that the physical search will involve the premises, information, material, or property of a United States person; and

(iii) the proposed minimization procedures with respect to such physical search meet the definition of minimization procedures under paragraphs (1) through (4) [1] of section 1821 (4) of this title; and

(B) the Attorney General reports such minimization procedures and any changes thereto to the Permanent Select Committee on Intelligence of the House of Representatives and the Select Committee on Intelligence of the Senate at least 30 days before their effective date, unless the Attorney General determines that immediate action is required and notifies the committees immediately of such minimization procedures and the reason for their becoming effective immediately.

(2) A physical search authorized by this subsection may be conducted only in accordance with the certification and minimization procedures adopted by the Attorney General. The Attorney General shall assess compliance with such procedures and shall report such assessments to the Permanent Select Committee on Intelligence of the House of Representatives and the Select Committee on Intelligence of the Senate under the provisions of section 1826 of this title.

(3) The Attorney General shall immediately transmit under seal to the Foreign Intelligence Surveillance Court a copy of the certification. Such certification shall be maintained under security measures established by the Chief Justice of the United States with the concurrence of the Attorney General, in consultation with the Director of National Intelligence, and shall remain sealed unless—

(A) an application for a court order with respect to the physical search is made under section 1821 (4) of this title and section 1823 of this title; or

(B) the certification is necessary to determine the legality of the physical search under section 1825 (g) of this title.

(4)

(A) With respect to physical searches authorized by this subsection, the Attorney General may direct a specified landlord, custodian, or other specified person to—

(i) furnish all information, facilities, or assistance necessary to accomplish the physical search in such a manner as will protect its secrecy and produce a minimum of interference with the services that such landlord, custodian, or other person is providing the target of the physical search; and

(ii) maintain under security procedures approved by the Attorney General and the Director of National Intelligence any records concerning the search or the aid furnished that such person wishes to retain.

(B) The Government shall compensate, at the prevailing rate, such landlord, custodian, or other person for furnishing such aid.

(b) Application for order; authorization

Applications for a court order under this subchapter are authorized if the President has, by written authorization, empowered the Attorney General to approve applications to the Foreign Intelligence Surveillance Court. Notwithstanding any other provision of law, a judge of the court to whom application is made may grant an order in accordance with section 1824 of this title approving a physical search in the United States of the premises, property, information, or material of a foreign power or an agent of a foreign power for the purpose of collecting foreign intelligence information.

(c) Jurisdiction of Foreign Intelligence Surveillance Court

The Foreign Intelligence Surveillance Court shall have jurisdiction to hear applications for and grant orders approving a physical search for the purpose of obtaining foreign intelligence information anywhere within the United States under the procedures set forth in this subchapter, except that no judge shall hear the same application which has been denied previously by another judge designated under section 1803 (a) of this title. If any judge so designated denies an application for an order authorizing a physical search under this subchapter, such judge shall provide immediately for the record a written statement of each reason for such decision and, on motion of the United States, the record shall be transmitted, under seal, to the court of review established under section 1803 (b) of this title.

(d) Court of review; record; transmittal to Supreme Court

The court of review established under section 1803 (b) of this title shall have jurisdiction to review the denial of any application made under this subchapter. If such court determines that the application was properly denied, the court shall immediately provide for the record a written statement of each reason for its decision and, on petition of the United States for a writ of certiorari, the record shall be transmitted under seal to the Supreme Court, which shall have jurisdiction to review such decision.

(e) Expeditious conduct of proceedings; security measures for maintenance of records

Judicial proceedings under this subchapter shall be concluded as expeditiously as possible. The record of proceedings under this subchapter, including applications made and orders granted, shall be maintained under security measures established by the Chief Justice of the United States in consultation with the Attorney General and the Director of National Intelligence.

§ 1823. Application for order 법원 명령의 신청

(a) Submission by Federal officer; approval of Attorney General; 법무부장관 승인에 의한 신청서 제출

Each application for an order approving a physical search under this subchapter shall be made by a Federal officer in writing upon oath or affirmation to a judge of the Foreign Intelligence Surveillance Court. Each application shall require the approval of the Attorney General based upon the Attorney General's finding that it satisfies the criteria and requirements for such application as set forth in this subchapter.

Each application shall include— 필요적 기재사항

(1) the identity of the Federal officer making the application;

(2) the authority conferred on the Attorney General by the President and the approval of the Attorney General to make the application;

(3) the identity, if known, or a description of the target of the search, and a detailed description of the premises or property to be searched and of the information, material, or property to be seized, reproduced, or altered;

(4) a statement of the facts and circumstances relied upon by the applicant to justify the applicant's belief that— 해외세력 또는 연관세력에 대한 것이라는 점

....

(5) a statement of the proposed minimization procedures;

(6) a statement of the nature of the foreign intelligence sought and the manner in which the physical search is to be conducted;

(7) a certification or certifications by the Assistant to the President for National Security Affairs or an executive branch official or officials designated by the President from among those executive branch officers employed in the area of national security or defense and appointed by the President, by and with the advice and consent of the Senate—

....

(8) where the physical search involves a search of the residence of a United States person, the Attorney General shall state what investigative techniques have previously been utilized to obtain the foreign intelligence information concerned and the degree to which these techniques resulted in acquiring such information; and

(9) a statement of the facts concerning all previous applications that have been made to any judge under this subchapter involving any of the persons, premises, or property specifiedin the application, and the action taken on each previous application.

(b) Additional affidavits or certifications

The Attorney General may require any other affidavit or certification from any other officer in connection with the application.

(c) Additional information

The judge may require the applicant to furnish such other information as may be necessary to make the determinations required by section 1824 of this title.

(d) Personal review by Attorney General 법무부장관의 사전 검토

(1)

(A) Upon written request of the Director of the Federal Bureau of Investigation, the Secretary of Defense, the Secretary of State, or the Director of National Intelligence, the Attorney General shall personally review under subsection (a) of this section an application under that subsection for a target described in section 1801 (b)(2) of this title.

(B) Except when disabled or otherwise unavailable to make a request referred to in subparagraph (A), an official referred to in that subparagraph may not delegate the authority to make a request referred to in that subparagraph.

(C) Each official referred to in subparagraph (A) with authority to make a request under that subparagraph shall take appropriate actions in advance toensure that delegation of such authority is clearly established in the event such official is disabled or otherwise unavailable to make such request.

(2) 법무부장관의 불 승인시의 절차

(A) If as a result of a request under paragraph (1) the Attorney General determines not to approve an application under the second sentence of subsection (a) of this section for purposes of making the application under this section, the Attorney General shall provide written notice of the determination to the official making the request for the review of the application under that paragraph. Except when disabled or otherwise unavailable to make a determination under the preceding sentence, the Attorney General may not elegate the responsibility to make a determination under that sentence. The Attorney General shall take appropriate actions in advance to ensure that delegation of such responsibility is clearly established in the event the Attorney General is disabled or otherwise unavailable to make such determination.

....

§ 1824. Issuance of order - 명령의 발부

(a) Necessary findings

Upon an application made pursuant to section 1823 of this title, the judge shall enter an ex parte order as requested or as modified approving the physical search if the judge finds that—

(1) the President has authorized the Attorney General to approve applications for physical searches for foreign intelligence purposes;

(2) the application has been made by a Federal officer and approved by the Attorney General;

(3) on the basis of the facts submitted by the applicant there is probable cause to believe that—

(A) the target of the physical search is a foreign power or an agent of a foreign power, except that no United States person may be considered an agent of a foreign power solely upon the basis of activities protected by the first amendment to the Constitution of the United States; and

(B) the premises or property to be searched is owned, used, possessed by, or is in transit to or from an agent of a foreign power or a foreign power;

....

(5) the application which has been filed contains all statements and certifications required by section 1823 of this title, and, if the target is a United States person, the certification or certifications are not clearly erroneous on the basis of the statement made under section 1823 (a)(7)(E) of this title and any other information furnished under section 1823 (c) of this title.

(b) Determination of probable cause 상당한 이유의 결정

In determining whether or not probable cause exists for purposes of an order under subsection (a)(3) of this section, a judge may consider past activities of the target, as well as facts and circumstances relating to current or future activities of the target.

(c) Specifications and directions of orders

....

(d) Duration of order; extensions; assessment of compliance

(1) An order issued under this section may approve a physical search for the period necessary to achieve its purpose, or for 90 days, whichever is less, except that .... 원칙적 90일 유효

....

(2) Extensions of an order 유효기한의 연장 ....

(e) Emergency orders (비상상황에서의 물리적 수색)

(1)

(A) Notwithstanding any other provision of this subchapter, whenever the Attorney General reasonably makes the determination specified in subparagraph (B), the Attorney General may authorize the execution of an emergency ....

(2) If the Attorney General authorizes an emergency search under paragraph (1), the Attorney General shall require that the minimization procedures required by this subchapter for the issuance of a judicial order be followed.

(3) In the absence of a judicial order approving such a physical search, the search shall terminate the earlier of— 사후 법원에 의한 불 승인시의 종료

(A) the date on which the information sought is obtained;

(B) the date on which the application for the order is denied; or

(C) the expiration of 72 hours from the time of authorization by the Attorney General.

....

(f) Retention of applications and orders 10년간 보관의무

Applications made and orders granted under this subchapter shall be retained for a period of at least 10 years from the date of the application.

§ 1825. Use of information - 정보의 사용

(a) Compliance with minimization procedures; lawful purposes

Information acquired from a physical search conducted pursuant to this subchapter concerning any United States person may be used and disclosed by Federal officers and employees without the consent of the United States person only in accordance with the minimization procedures required by this subchapter. No information acquired from a physical search pursuant to this subchapter may be used or disclosed by Federal officers or employees except for lawful purposes.

(b) Notice of search and identification of property seized, altered, or reproduced

Where a physical search authorized and conducted pursuant to section 1824 of this title involves the residence of a United States person, and, at any time after the search the Attorney General determines there is no national security interest in continuing to maintain the secrecy of the search, the Attorney General shall provide notice to the United States person whose residence was searched of the fact of the search conducted pursuant to this chapter and shall identify any property of such person seized, altered, or reproduced during such search.

(c) Statement for disclosure

No information acquired pursuant to this subchapter shall be disclosed for law enforcement purposes unless such disclosure is accompanied by a statement that such information, or any information derived therefrom, may only be used in a criminal proceeding with the advance authorization of the Attorney General.

(d) Notification by United States

....

(e) Notification by States or political subdivisions

....

(f) Motion to suppress

....

(g) In camera and ex parte review by district court

Whenever a court or other authority is notified pursuant to subsection (d) or (e) of this section, or whenever a motion is made pursuant to subsection (f) of this section, or whenever any motion or request is made by an aggrieved person pursuant to any other statute or rule of the United States or any State before any court or other authority of the United States or any State to discover or obtain applications or orders or other materials relating to a physical search authorized by this subchapter or to discover, obtain, or suppress evidence or information obtained or derived from a physical search authorized by this subchapter, the United States district court or, where the motion is made before another authority, the United States district court in the same district as the authority shall, notwithstanding any other provision of law, if the Attorney General files an affidavit under oath that disclosure or any adversary hearing would harm the national security of the United States, review in camera and ex parte the application, order, and such other materials relating to the physical search as may be necessary to determine whether the physical search of the aggrieved person was lawfully authorized and conducted. In making this determination, the court may disclose to the aggrieved person, under appropriate security procedures and protective orders, portions of the application, order, or other materials relating to the physical search, or may require the Attorney General to provide to the aggrieved person a summary of such materials, only where such disclosure is necessary to make an accurate determination of the legality of the physical search.

(h) Suppression of evidence; denial of motion

If the United States district court pursuant to subsection (g) of this section determines that the physical search was not lawfully authorized or conducted, it shall, in accordance with the requirements of law, suppress the evidence which was unlawfully obtained or derived from the physical search of the aggrieved person or otherwise grant the motion of the aggrieved person. If the court determines that the physical search was lawfully authorized or conducted, it shall deny the motion of the aggrieved person except to the extent that due process requires discovery or disclosure.

(i) Finality of orders

Orders granting motions or requests under subsection (h) of this section, decisions under this section that a physical search was not lawfully authorized or conducted, and orders of the United States district court requiring review or granting disclosure of applications, orders, or other materials relating to the physical search shall be final orders and binding upon all courts of the United States and the several States except a United States Court of Appeals or the Supreme Court.

(j) Notification of emergency execution of physical search; contents; postponement, suspension, or elimination

....

(k) Coordination with law enforcement on national security matters

(1) Federal officers who conduct physical searches to acquire foreign intelligence 해외정보를 수집하려는 다른 연방 공무원도 이 규정 절차 준수.........................

§ 1826. Congressional oversight - 의회 감독

On a semiannual basis the Attorney General shall fully inform the Permanent Select Committee on Intelligence of the House of Representatives and the Select Committee on Intelligence of the Senate concerning all physical searches conducted pursuant to this subchapter. On a semiannual basis the

Attorney General shall also provide to those committees and the Committees on the Judiciary of the House of Representatives and the Senate a report setting forth with respect to the preceding six-month period—

(1) the total number of applications made for orders approving physical searches under this subchapter;

(2) the total number of such orders either granted, modified, or denied; and

(3) the number of physical searches which involved searches of the residences, offices, or personal property of United States persons, and the number of occasions, if any, where the Attorney General provided notice pursuant to section 1825 (b) of this title.

§ 1827. Penalties - 벌칙

(a) Prohibited activities

A person is guilty of an offense if he intentionally—

(1) under color of law for the purpose of obtaining foreign intelligence information, executes a physical search within the United States except as authorized by statute; or

(2) discloses or uses information obtained under color of law by physical search within the United States, knowing or having reason to know that the information was obtained through physical search not

authorized by statute, for the purpose of obtaining intelligence information.

(b) Defense ....

(c) Fine or imprisonment

An offense described in this section is punishable by a fine of not more than $10,000 or imprisonment for not more than five years, or both. 5년이하 또는 1만달러 이상 벌금

(d) Federal jurisdiction

There is Federal jurisdiction over an offense under this section if the person committing the offense was an officer or employee of the United States at the time the offense was committed.

§ 1828. Civil liability - 민사 배상책임

An aggrieved person, other than a foreign power or an agent of a foreign power, as defined in section 1801 (a) or (b)(1)(A), respectively, of this title, whose premises, property, information, or material has been subjected to a physical search within the United States or about whom information obtained by such a physical search has been disclosed or used in violation of section 1827 of this title shall have a cause of action against any person who committed such violation and shall be entitled to recover—

(1) actual damages, but not less than liquidated damages of $1,000 or $100 per day for each day of violation, whichever is greater; 실제손해

(2) punitive damages; and 징벌적 손해

(3) reasonable attorney's fees and other investigative and litigation costs reasonably incurred. 소송비용

§ 1829. Authorization during time of war - 전쟁상황에서의 승인

Notwithstanding any other provision of law, the President, through the Attorney General, may authorize physical searches without a court order under this subchapter to acquire foreign intelligence information for a period not to exceed 15 calendar days following a declaration of war by the Congress.

SUBCHAPTER III—PEN REGISTERS AND TRAP AND TRACE DEVICES FOR FOREIGN INTELLIGENCE PURPOSES - 제3장 해외정보를 위한 펜 레지스터 등의 사용

§ 1841. Definitions - 용어의 정의

As used in this subchapter:

(1) The terms "foreign power", "agent of a foreign power", "international terrorism", "foreign intelligence information", "Attorney General", "United States person", "United States", "person", and "State" shall have the same meanings as in section 1801 of this title.

(2) The terms "pen register" and "trap and trace device" have the meanings given such terms in section 3127 of title 18.

(3) The term "aggrieved person" means any person—

(A) whose telephone line was subject to the installation or use of a pen register or trap and trace device authorized by this subchapter; or

(B) whose communication instrument or device was subject to the use of a pen register or trap and trace device authorized by this subchapter to capture incoming electronic or other communications impulses.

§ 1842. Pen registers and trap and trace devices for foreign intelligence and international terrorism investigations 통화(외형적 사실) 추적기

(a) Application for authorization or approval

(1) Notwithstanding any other provision of law, the Attorney General or a designated attorney for the Government may make an application for an order or an extension of an order authorizing or approving the installation and use of a pen register or trap and trace device for any investigation to obtain foreign intelligence information not concerning a United States person or to protect against international terrorism or clandestine intelligence activities, provided that such investigation of a United States person is not conducted solely upon the basis of activities protected by the first amendment to the Constitution which is being conducted by the Federal Bureau of Investigation under such guidelines as the Attorney General approves pursuant to Executive Order No. 12333, or a successor order.

(2) The authority under paragraph (1) is in addition to the authority under subchapter I of this chapter to conduct the electronic surveillance referred to in that paragraph.

(b) Form of application; recipient

Each application under this section shall be in writing under oath or affirmation to—

(1) a judge of the court established by section 1803 (a) of this title; or

(2) a United States Magistrate Judge under chapter 43 of title 28 who is publicly designated by the Chief Justice of the United States to have the power to hear applications for and grant orders approving the installation and use of a pen register or trap and trace device on behalf of a judge of that court.

(c) Executive approval; contents of application

Each application under this section shall require the approval of the Attorney General, or a designated attorney for the Government, and shall include—

(1) the identity of the Federal officer seeking to use the pen register or trap and trace device covered by the application; and

(2) a certification by the applicant that the information likely to be obtained is foreign intelligence information not concerning a United States person or is relevant to an ongoing investigation to protect against international terrorism or clandestine intelligence activities, provided that such investigation of a United States person is not conducted solely upon the basis of activities protected by the first amendment to the Constitution.

(d) Ex parte judicial order of approval

(1) Upon an application made pursuant to this section, the judge shall enter an ex parte orderas requested, or as modified, approving the installation and use of a pen register or trap and trace device if the judge finds that the application satisfies the requirements of this section.

(2) An order issued under this section—

(A) shall specify—

(i) the identity, if known, of the person who is the subject of the investigation;

(ii) the identity, if known, of the person to whom is leased or in whose name is listed the telephone line or other facility to which the

pen register or trap and trace device is to be attached or applied;

(iii) the attributes of the communications to which the order applies, such as the number or other identifier, and, if known, the location of the telephone line or other facility to which the pen register or trapand trace device is to be attached or applied and, in the case of a trap and trace device, the geographic limits of the trap and trace order.[1]

(B) shall direct that—

(i) upon request of the applicant, the provider of a wire or electronic communication service, landlord, custodian, or other person shall furnish any information, facilities, or technical assistance necessary to accomplish the installation and operation of the pen register or trap and trace device in such a manner as will protect its secrecy and produce a minimum amount of interference with the services that such provider, landlord, custodian, or other person is providing the person concerned;

(ii) such provider, landlord, custodian, or other person—

(I) shall not disclose the existence of the investigation or of the pen register or trap and trace device to any person unless or

until ordered by the court; and

(II) shall maintain, under security procedures approved by the Attorney General and the Director of National Intelligence pursuant to section 1805 (b)(2)(C) [2] of thistitle, any records concerning the pen register or trap and race device or the aid furnished; and

(iii) the applicant shall compensate such provider, landlord, custodian, or other person for reasonable expenses incurred by such provider, landlord, custodian, or other person in providing such information, facilities, or technical assistance.

(e) Time limitation

An order issued under this section shall authorize the installation and use of a pen register or trap and trace device for a period not to exceed 90 days. Extensions of such an order may be granted, but only upon an application for an order under this section and upon the judicial finding required by subsection (d) of this section. The period of extension shall be for a period not to exceed 90 days.

(f) Cause of action barred

No cause of action shall lie in any court against any provider of a wire or electronic communication service, landlord, custodian, or other person (including any officer, employee, agent, or other specified person thereof) that furnishes any information, facilities, or technical assistance under subsection (d) of this section in accordance with the terms of an order issued under this section.

(g) Furnishing of results

Unless otherwise ordered by the judge, the results of a pen register or trap and trace device shall be furnished at reasonable intervals during regular business hours for the duration of the order to the authorized Government official or officials.

§ 1843. Authorization during emergencies - 비상시의 승인

(a) Requirements for authorization

Notwithstanding any other provision of this subchapter, when the Attorney General makes a determination described in subsection (b) of this section, the Attorney General may authorize the installation and use of a pen register or trap and trace device on an emergency basis to gather foreign intelligence information not concerning a United States person or information to protect against international terrorism or clandestine intelligence activities, provided that such investigation of a United States person is not conducted solely upon the basis of activities protected by the first amendment to the Constitution if—

....

§ 1844. Authorization during time of war - 전쟁시의 승인

Notwithstanding any other provision of law, the President, through the Attorney General, may authorize the use of a pen register or trap and trace device without a court order under this subchapter to acquire foreign intelligence information for a period not to exceed 15 calendar days following a declaration of war by Congress.

§ 1845. Use of information - 정보의 사용

(a) In general

(1) Information acquired from the use of a pen register or trap and trace device installed pursuant to this subchapter concerning any United States person may be used and disclosed by Federal officers and employees without the consent of the United States person only in accordance with the provisions of this section.

(2) No information acquired from a pen register or trap and trace device installed and used pursuant to this subchapter may be used or disclosed by Federal officers or employees except for lawful purposes.

(b) Disclosure for law enforcement purposes

No information acquired pursuant to this subchapter shall be disclosed for law enforcement purposes unless such disclosure is accompanied by a statement that such information, or any information derived therefrom, may only be used in a criminal proceeding with the advance authorization of the Attorney General.

(c) Notification of intended disclosure by United States

....

(d) Notification of intended disclosure by State or political subdivision

....

(e) Motion to suppress

....

(f) In camera and ex parte review

(g) Effect of determination of lawfulness

....

(h) Binding final orders

....

§ 1846. Congressional oversight - 의회 감독

(a) On a semiannual basis, the Attorney General shall fully inform the Permanent Select Committee on Intelligence of the House of Representatives and the Select Committee on Intelligence of the Senate concerning all uses of pen registers and trap and trace devices pursuant to this subchapter.

(b) On a semiannual basis, the Attorney General shall also provide to the committees referred to in subsection (a) of this section and to the Committees on the Judiciary of the House of Representatives and the Senate a report setting forth with respect to the preceding 6-month period—

(1) the total number of applications made for orders approving the use of pen registers or trap and trace devices under this subchapter; and

(2) the total number of such orders either granted, modified, or denied.

SUBCHAPTER IV—ACCESS TO CERTAIN BUSINESS RECORDS FOR FOREIGN INTELLIGENCE PURPOSES

제4장 해외정보 목적의 영업기록에 대한 접근

§ 1861. Access to certain business records for foreign intelligence and international terrorism investigations

§ 1862. Congressional oversight

§ 1863. Repealed. - 조문 철회됨

§ 1861. Access to certain business records for foreign intelligence and international terrorism

investigations - **영업기록에의 접근**

(a) Application for order; conduct of investigation generally

(1) The Director of the Federal Bureau of Investigation or a designee of the Director (whose rank shall be no lower than Assistant Special Agent in Charge) may make an application for an order requiring the production of any tangible things (including books, records, papers, documents, and other items) for an investigation to obtain foreign intelligence information not concerning a United States person or to protect against international terrorism or clandestine intelligence activities, provided that such investigation of a United States person is not conducted solely upon the basis of activities protected by the first amendment to the Constitution.

(2) An investigation conducted under this section shall—

(A) be conducted under guidelines approved by the Attorney General under Executive Order 12333 (or a successor order); and

(B) not be conducted of a United States person solely upon the basis of activities protected by the first amendment to the Constitution of the United States.

(b) Recipient and contents of application

Each application under this section—

(1) shall be made to—

(A) a judge of the court established by section 1803 (a) of this title; or

(B) a United States Magistrate Judge under chapter 43 of title 28, who is publicly designated by the Chief Justice of the United States to have the power to hear applications and grant orders for the production of tangible things under this section on behalf of a judge of that court; and

(2) shall specify that the records concerned are sought for an authorized investigation conducted in accordance with subsection (a)(2) of this section to obtain foreign intelligence information not concerning a United States person or to protect against international terrorism or clandestine intelligence activities.

(c) Ex parte judicial order of approval

(1) Upon an application made pursuant to this section, the judge shall enter an ex parte order as requested, or as modified, approving the release of records if the judge finds that the application meets the requirements of this section.

(2) An order under this subsection shall not disclose that it is issued for purposes of an investigation described in subsection (a) of this section.

(d) Nondisclosure

No person shall disclose to any other person (other than those persons necessary to produce the tangible things under this section) that the Federal Bureau of Investigation has sought or obtained tangible things under this section.

(e) Liability for good faith disclosure; waiver

A person who, in good faith, produces tangible things under an order pursuant to this section shall not be liable to any other person for such production. Such production shall not be deemed to constitute a waiver of any privilege in any other proceeding or context.

§ 1862. Congressional oversight - 의회 감독

(a) On a semiannual basis, the Attorney General shall fully inform the Permanent Select Committee on Intelligence of the House of Representatives and the Select Committee on Intelligence of the Senate concerning all requests for the production of tangible things under section 1861 of this title.

(b) On a semiannual basis, the Attorney General shall provide to the Committees on the Judiciary of the House of Representatives and the Senate a report setting forth with respect to the preceding 6-month period................

(1) the total number of applications made for orders approving requests for the production of tangible things under section 1861 of this title; and

(2) the total number of such orders either granted, modified, or denied.

§ 1863. Repealed. Pub. L. 107–56, title II, § 215, Oct. 26, 2001, 115 Stat. 287 - 철회

SUBCHAPTER V—REPORTING REQUIREMENT - 제5장 보고서 제도

§ 1871. Semiannual report of the Attorney General - 6개월부 보고서 제도

On a semiannual basis, the Attorney General shall submit to the Permanent Select Committee on Intelligence of the House of Representatives, the Select Committee on Intelligence of the Senate, and the Committees on the Judiciary of the House of Representatives and the Senate, in a manner consistent with the protection of the national security, a report setting forth with respect to the preceding 6-month period—

(1) the aggregate number of persons targeted for orders issued under this chapter, including a breakdown of those targeted for—

(A) electronic surveillance under section 1805 of this title;

(B) physical searches under section 1824 of this title;

(C) pen registers under section 1842 of this title; and

(D) access to records under section 1861 of this title;

....

(b) Frequency

The first report under this section shall be submitted not later than 6 months after December 17, 2004. Subsequent reports under this section shall be submitted semi-annually thereafter.

제5항 경제간첩법 『Economic Espionage Act of 1996』

I. 경제간첩법의 입법배경

미국은 1996년 10월 11일 경제간첩법(Economic Espionage Act : EEA)을 제정하여 11월부터 시행에 들어갔다. 경제간첩법은 거래비밀(trade secret)[136)]을 절취하거나 오용한 행위 등을 산업간첩 행위로 분류하여 15년의 징역형에 처할 수 있도록 했다. 경제적 손실이 점증하는 현실이 간과할 수 없는 국가안보 문제로 이슈화되자 거래비밀 침탈행위를 연방 중범죄로 입법한 것이다. 입법을 고려할 당시 FBI는 세계 23개 국가가 미국을 상대로 한 경제정보수집 활동을 한 혐의에 대해 수사를 진행하고 있었다. 1996년 진행된 2차례의 의회 합동청문회에서 FBI 프리(Louis J. Freeh) 국장은 현장 수사와 방첩경험을 토대로 해외세력에 대한 대처에 절실하다며 경제간첩법의 제정을 강력하게 주장했다. IBM 사의 관계자들도 다수의 피해사례를 증언했다.

미국의 경제간첩법은 결과적으로 IBM 등 산업계의 로비와 FBI의 강력한 지지로 의회에서 입법에 성공했다.[137)] 그러나 공개주의와 자유경쟁을 기본원리로 하는 미국사회에서 경제간첩법의 제정과 관련하여 수많은 논란이 전개되었다. 제정과정에서의 논란의 핵심은 경제간첩법은 기업전략과 기술시장, 그리고 연구개발과 협상분야에서 미국의 기업에게 경쟁적 이점을 제공하기 위해 결국 국가나 기업이나 개인에 의한 다양한 형태의 산업정보수집 활동을 금지하는 것인데, 그것은 오히려 다양한 정보를 필요로 하는 기업의 발목을 잡는 일일 수 있고, 공정한 경쟁마저 저해하고 따라서 산업발전을 저해할 수도 있는 것으로, 이른바 소탐대실이 될 수 있다는 것이었다. 또한 기업비밀만 강조하다 보면 기업내부의 창조적인 아이디어의 교환 등 건전한 의사소통을 저해할 수 있다는 지적도 있었다.

따라서 개별 조문 하나 하나마다 법적 윤리적 논쟁이 뒤따랐다. 다만 유념할 것은 경제간첩법도 어느 개인이 자신의 개인적 지식과 경험, 그리고 기술을 상업화하는 것을 막으려는 목적으로 입법된 것은 아니라는 것이다. 또한 피용인이 회사를 떠나 비록 전직회사에서의 경험에 기초한 것이라고 하더라도 일반적인 지식과 기술을 바탕으로 새롭게 사업

---

136) 『Trade secret』 은 기업비밀, 영업비밀(일본), 상업비밀(중국), 무역비밀, 산업기밀 등 다양하게 불린다. 한국에서는 주로 영업비밀과 기업비밀로 많이 호칭되는 듯하다. 그러나 기업비밀이나 영업비밀은 코카콜라의 비법처럼 어떤 생산품을 제조하는 기업만이 알고 있는 생산품에 대한 일련의 제조비법을 의미하는 협소한 의미이다. 따라서 경제간첩법에서 의미하는 다양한 의미를 다 반영하지 못하는 것으로 생각된다. 상업비밀이 더 가까울 수도 있다고 생각되지만 국가와의 관계에 대한 것을 반영 못할 수 있다고 보인다. 본서에서는 문면 그대로 "거래비밀"로 호칭한다.

137) U.S. Congress, House Report No. 104-788 (1996) 5. 상세는 졸저, *op, cit*, 경제와 정보편 참조

을 시작하는 것을 금지하려는 것도 아니라는 점이다. 여하튼 미국 경제간첩법은 해외세력에 의한 산업간첩 활동을 철저히 막고, 기업 스파이가 무단으로 거래비밀을 이용하여 자신의 예전 고용주를 상대로 하여 불법적으로 이득을 취하려는 불공정한 행위를 저지하려는 것에 본래의 목적이 있다.

II. 경제간첩법의 전체적 내용

단 9개 조문에 불과한 미국 경제간첩법의 간명하지만 확실한 목적을 가진 입법 내용은 산업기밀 보호를 위한 우리의 노력에 대해서도 시사하는 바가 크다. 결코 대책회의체를 만들고 장기 계획을 세우며 연구, 조사하고 국제 협력하는 방법으로 막강한 정보능력을 가진 해외세력으로부터 소극적으로는 우리의 산업기밀을 수호할 수는 없다. 물론 최상의 산업기밀 수호 방책은 한발 앞선 선진 산업기술의 획득일 것임은 말할 것도 없다.

1. 보호객체 - 거래비밀 (Trade secret)

경제간첩법의 보호법익은 기업의 거래비밀이다. 거래비밀은 해당 기업과 관련된 제반 정보로서 패턴 · 계획 · 편집 · 프로그램 장치 · 공식 · 디자인 · 견본 · 방법 · 기법 · 공정 · 절차 · 프로그램 또는 코드를 포함한 모든 형태나 유형의 금융적, 사업적, 과학적, 기술적, 경제적 또는 공학적 정보를 총칭한다. 그리하여 거래비밀은 통상적으로는, ① 비밀분류된 독점적인 정보, ② 경제정책 정보, ③ 무역 정보, ④ 독점적 기술, 또는 ⑤ 중요한 기술을 모두 포함한다. 존재 형태와 관련해서는 형태를 불문한다. 즉, 거래비밀이 유형적인 형태이든지 무형적이든지, 저장되는지 저장되지 않는 것인지도 불문한다. 또한 저장되는 경우에도 물리적 · 전자적 · 도식적 · 회화적 또는 문서 등의 방식으로 저장되거나 편집되거나 기억되는 방식으로 저장되는지 여부도 불문한다. 경제간첩법에 의하여 합당한 거래비밀로 보호받기 위해서는 최소한 현재의 거래비밀 소유자가 그 보호를 위해 스스로 합리적인 조치(reasonable measure)를 취해 왔어야 한다. 또한 거래비밀은 독립적인 경제적 가치를 가진 것이어야 한다. 거래비밀은 소유자에 의해서 비밀로 보호되려고 한 것에 대해서만 보호대상이 되는 것이므로 해당기업이 광고나 인터넷상으로, 주기적으로 광고한 내용은 경제적 가치가 높다고 하더라도 거래비밀로 보호되지는 못한다.

2. 범죄행위의 3가지 유형

경제간첩법(EEA)이 보호법익으로 규정한 거래비밀을 침해하는 행위유형은 크게 나누어 3가지가 있다. 각 행위유형에 속하는 침해행위를 합하면 개별적인 침해행위는 도합 23

가지에 달한다.

1) 형사범죄적 방법에 의한 침해행위

경제간첩법은 거래비밀에 대한 ① 절취행위, ② 은폐행위, ③ 또는 기망 · 술책 · 속임수에 의한 취거행위 등과 같은 범죄적 방법에 의한 침해행위는 경제간첩 범죄유형으로 명시했다.

2) 기술적 방법에 의한 침해행위

거래비밀에 대한 ① 복사, ② 복제, ③ 스케치, ④ 입안, ⑤ 사진촬영, ⑥ 다운로드, ⑦ 업로드, ⑧ 변경, ⑨ 파괴, ⑩ 사진복사, ⑪ 모사, ⑫ 전송, ⑬ 배달, ⑭ 송부, ⑮ 우편, ⑯ 통신, 그리고 ⑰ 전달 행위 등과 같이 통상적으로는 불법적인 행위가 아닌 경우라고 하는 경우에도, 주관적 구성요건 즉 다른 용도로 사용하려는 의도와 소유자에게 손해를 가하려는 의도 같은 악의에 기초한 행위인 경우에는 이러한 행위 또한 경제간첩법의 범죄행위 유형이 된다.

3) 기타방법에 의한 침해행위

마지막으로 거래비밀에 대한 ① 수령, ② 구매 또는 동일한 내용이 절취 · 전용 당했거나 이미 취득되었거나 권한 없이 변경되었다는 정을 알고서도 ③ 보유하는 행위는 형식적으로는 적법한 상거래인지를 불문하고 경제간첩법에 위배되는 범죄행위 유형이 된다.

3. 경제간첩 범죄의 종류 및 관할

경제간첩법은 외국세력이 개입하는 『경제간첩범죄』와 일반인에 의한 단순한 『거래비밀절도죄』의 2가지 범죄구성요건을 규정하고 있다.

1) 경제간첩범죄(Economic espionage, §1831)

경제간첩법을 제정한 실질적인 목적이라고 할 수 있다. 경제간첩법은 외국세력을 이롭게 하기 위한 기업비밀 절취행위(theft of trade secrets to benefit foreign powers)를 1차적인 형사범죄로 명정했다. 내 · 외국인을 막론하고 누구든지 외국정부, 외국 대행기관, 또는 외국 행위자를 이롭게 할 의도나 그 정(情)을 알면서 거래비밀에 대하여 앞서 본 3가지 유형의 범죄행위를 하는 것을 경제간첩범죄로 규정하고 50만 달러 이하의 벌금 또는 15년 이하의 징역에 처하도록 했다. 공모자나 방조자도 처벌한다. 가담한 회사나 조직에 대해서는 1000만 달러 이하의 벌금에 처하도록 했다.

2) 거래비밀절도죄(Theft of trade secrets, §1832)

경제간첩법은 외국세력이 개입되지 않은 경우에도 일반인에 의한 상업 또는 경제목적의 거래비밀 절취행위(theft for commercial or economic purposes)를 산업간첩 범죄로 규정했다. 거래비밀절도죄에는 전항의 경제간첩범죄와 달리 2가지의 주관적인 요건이 필요하다. 첫 번째는 행위자는 먼저 거래비밀 소유자 이외의 사람에게 "경제적 이득"을 주기 위해 거래비밀을 무단으로 전용(轉用)한다는 의도가 필요하고, 두 번째로 행위자는 거래비밀 소유자에게 손해를 가한다는 의도가 필요하다. 거래비밀절도죄에 대해서는 50만 달러 이하의 벌금 또는 10년 이하의 징역형에 처하도록 하여 경제간첩범죄의 형량보다 가볍다. 물론 거래비밀절도죄의 공모자나 방조자도 처벌받는다. 경제간첩법은 회사 등 가담한 조직에 대해서도 500만 달러 이하의 벌금에 처하도록 했다.

3) 범죄관할

경제간첩법(EEA)의 범죄관할권은 대단히 방대하다. 경제간첩법은 범죄자가 미국인이거나, 피해자가 미국인인 경우, 그리고 위반행위가 미국에 직접적이며 실질적인 효과를 초래했거나, 초래할 의도로 행한 경우에는 미국 영토 외에서의 행위에 대해서도 처벌할 수 있도록 했다. 형법의 적용원칙과 관련하여 경제간첩범죄에 대하여는 외국인도 처벌하도록 한 것으로 일종의 보호주의를 채택하고 있는 것이다. 이처럼 미국의 영역을 벗어난 국제적 거래비밀 침해행위에도 경제간첩법을 적용할 수 있도록 한 것은 오늘날 외국 정보기구에 의해서 뿐만이 아니라 광역화되어 가는 국제적 거래비밀 침해 조직에 의한 국제범죄에 대해서도 효율적으로 대처하고 처벌할 수 있도록 수사 · 정보기관에 광범위한 권한을 부여한 것이다.

III. 경제간첩법 원문

UNITED STATES CODE

TITLE 18 - CRIMES AND CRIMINAL PROCEDURE

PART II - CRIMINAL PROCEDURE

CHAPTER 90 - PROTECTION OF TRADE SECRETS

(목차)

§ 1831. Economic espionage - 경제간첩

(a) In General.-- Whoever, intending or knowing that the offense will benefit any foreign government, foreign instrumentality, or foreign agent, knowingly--

(1) steals, or without authorization appropriates, takes, carries away, or conceals, or by fraud, artifice, or deception obtains a trade secret:

(2) without authorization copies, duplicates, sketches, draws, photographs, downloads, uploads, alters, destroys, photocopies, replicates, transmits, delivers, sends, mails, communicates, or conveys a trade secret:

(3) receives, buys, or possesses a trade secret, knowing the same to have been stolen or appropriated, obtained, or converted without authorization:

(4) attempts to commit any offense described in any of paragraphs (1) through (3); or

(5) conspires with one or more other persons to commit any offense described in any of

paragraphs (1) through (4), and one or more of such persons do any act to effect the object of conspiracy.

shall, except as provided in subsection (b), be fined not more than $500,000 or imprisoned not more than 15 years, or both.

(b) ORGANIZATIONS.- Any organization that commits any offense described in subsection (a) shall be fined not more than $10,000,000.

§ 1832. Theft of trade secrets - 거래비밀 절도

(a) Whoever, with intent to convert a trade secret, that is related to or included in a product that is produced for or placed in interstate or foreign commerce, to the economic benefit of anyone other than the owner thereof, and intending or knowing that the offense will , injure any owner of that trade secret, knowingly--

(1) steals, or without authorization appropriates, takes, carries away, or conceals, or by fraud, artifice, or deception obtains such information;

(2) without authorization copies, duplicates, sketches, draws, photographs, downloads, uploads, alters, destroys, photocopies, replicates, transmits, delivers, sends, mails, communicates, or conveys such information;

(3) receives, buys, or possesses such information, knowing the same to have been stolen or appropriated, obtained, or converted without authorization;

(4) attempts to commit any offense described in paragraphs (1) through (3); or

(5) conspires with one or more other persons to commit any offense described in paragraphs (1) through (3), and one or more of such persons do any act to effect the object of the conspiracy, shall, except as provided in subsection (b), be fined under this title or imprisoned not more than 10 years, or both.

(b) Any organization that commits any offense described in subsection (a) shall be fined not more than $5,000,000.

§ 1833. Exceptions to prohibitions - 금지의 예외

This chapter does not prohibit--

(1) any otherwise lawful activity conducted by a governmental entity of the United States, a State, or a political subdivision of a State; or

(2) the reporting of a suspected violation of law to any governmental entity of the United States, a State, or a political subdivision of a State, if such entity has lawful authority with respect to that violation.

§ 1834. Criminal forfeiture - 몰수

(a) The court, in imposing sentence on a person for a violation of this chapter, shall order, in addition to any other sentence imposed, that the person forfeit to the United States--

(1) any property constituting, or derived from, any proceeds the person obtained, directly or indirectly, as the result of such violation; and

(2) any of the person's property used, or intended to be used, in any manner or part, to commit or facilitate the commission of such violation, if the court in its discretion so determines, taking into consideration the nature, scope, and proportionality of the use of the property in the offense.

(b) Property subject to forfeiture under this section, any seizure and disposition thereof, and any administrative or judicial proceeding in relation thereto, shall be governed by section 413 of the Comprehensive Drug Abuse Prevention and Control Act of 1970 (21 U.S.C. 853), except for subsections (d) and (j) of such section, which shall not apply to forfeitures under this section.

§ 1835. Orders to preserve confidentiality - 기밀 준수 명령

In any prosecution or other proceeding under this chapter, the court shall enter such orders and take such other action as may be necessary and appropriate to preserve the confidentiality of trade secrets, consistent with the requirements of the Federal Rules of Criminal and Civil Procedure, the Federal Rules of Evidence, and all other applicable laws. An interlocutory appeal by the United States shall lie from a decision or order of a district court authorizing or directing the disclosure of any trade secret.

§ 1836. Civil proceedings to enjoin violations - 위반 금지 민사소송 절차

(a) The Attorney General may, in a civil action, obtain appropriate injunctive relief against any violation of this section.

(b) The district courts of the United States shall have exclusive original jurisdiction of civil actions under this subsection.

§ 1837. Applicability to conduct outside the United States - 해외에서의 적용

This chapter also applies to conduct occurring outside the United States if--

(1) the offender is a natural person who is a citizen or permanent resident alien of the United States, or an organization organized under the laws of the United States or a State or political subdivision thereof; or

(2) an act in furtherance of the offense was committed in the United States.

§ 1838. Construction with other laws - 타 법과의 조화

This chapter shall not be construed to preempt or displace any other remedies, whether civil or criminal, provided by United States Federal, State, commonwealth, possession, or territory law for the misappropriation of a trade secret, or to affect the otherwise lawful disclosure of information by any Government employee under section 552 of title 5 (commonly known as the Freedom of Information Act).

§ 1839. Definitions - 정의

As used in this chapter

(1) the term 'foreign instrumentality' means any agency, bureau, ministry, component, institution, association, or any legal, commercial, or business organization, corporation, firm, or entity that is substantially owned; controlled, sponsored, commanded, managed, or dominated by a foreign government;

(2) the term 'foreign agent' means any officer, employee, proxy, servant, delegate, or representative of a foreign government;

(3) the term 'trade secret' means all forms and types of financial, business, scientific, technical, economic, or engineering information, including patterns, plans, compilations, program devices, formulas, designs, prototypes, methods, techniques, processes, procedures, programs, or codes, whether tangible or intangible, and whether or how stored, compiled, or memorialized physically, electronically, graphically, photographically, or in writing if --

(A) the owner thereof has taken reasonable measures to keep such information secret; and

(B) the information derives independent economic value, actual or potential, from not being generally known to, and not being readily ascertainable through proper means by, the public; and

(4) the term 'owner', with respect to a trade secret, means the person or entity in whom or in which rightful legal or equitable title to , or license in, the trade secret is reposed.

제6항 미국 대통령 명령

I. 개 관

1. 행정입법 - 대통령 명령(Executive Order)의 의의

대통령 명령은 대통령이 행정부의 최고 수반자격으로 발령하는 법규 명령이다.[138] 대통령 명령은 미국 헌법 제2조 제1항에 규정된 집행권(executive power)과 같은 조 제3항에 규정된 "(대통령은) …… 법이 충실하게 집행되는 것을 감독한다." 라는 규정에 근거를 둔다.[139] 이에 근거하여 대통령 명령은 1789년 초대 워싱톤(George Washington) 대통령 때부터 행정부 내부의 업무지시로 발령되었다. 의회가 정식으로 제정한 법률이 특정한 권한을 백지로 대통령에게 구체적인 내용을 위임한 경우 그 보충 · 실행을 위해 발령한 대통령 명령은 법과 동일한 효력이 있다.

1950년대까지 대통령 명령의 대상과 내용의 한계에 대한 기준이 없었다. 그래서 일각에서는 대통령 명령으로 결국 의회 승인 없이 대통령이 새로운 내용의 법을 제정하거나 존재하는 기존의 법을 대치하는 부작용이 있다고 그 남용을 비난했다. 그러나 트루먼(Harry S. Truman) 대통령이 1950년 발발한 한국전쟁에 소요될 군수물자의 원활한 조달을 위해 군수물자 제조회사의 파업을 금지하고 일정기간 국유화를 명령한 대통령 명령 제10340호가 입법권을 의회에 부여한 헌법 정신에 대한 위배라는 이유로 철강제조회사가 국가를 상대로 제기한 소위 강철 압수사건(Steel Seizure Case)[140]에서 연방 대법원은 미국의 모든 제강회사를 연방통제 하에 두는 내용의 대통령 명령은 기존의 불명확한 법규정을 명백히 한 것이 아닌 새로운 입법에 해당하는 것으로 무효라고 판시하기에 이르렀다. 이 판결 이후 대통령 명령의 발동은 보다 신중하게 발령하게 되었다.

그러나 오늘날까지 법원에 의해 효력이 부인된 대통령 명령은 앞서 본 트루먼 대통령 명령과 빌 클린턴(Bill Clinton) 대통령이 임금문제로 파업을 하는 단체와의 정부계약을

---

138) 원래 법률 유보의 원칙상 입법권이 의회에 있는 민주법치 국가에서는 일반 국민의 권리와 의무를 창설하거나 소멸시키는 내용에 대해서는 정식 입법으로 그 내용을 정하도록 한 것이 헌법상의 요청이다. 다만 대통령 명령 등 행정명령은 그러한 일반국민의 권리. 의무와 무관한 행정부 자체의 업무처리에 대한 내용을 규율하기 위한 즉 기술적 내용에 대한 것을 담는 것을 원칙으로 하고 있다. 그러나 그렇게 규제된 행정행위로 나타나는 외부적 결과는 결국 일반 국민의 권리의무를 제한하거나 창설하는 경우가 적지 않아 행정에 의한 입법권의 행사라는 비판이 제기되기도 한다.

139) The Constitution of the United States Article II Section 1, 3.

140) Youngstown Sheet and Tube Co. v. Sawyer, 343 U.S. 579

금지하는 1996년 대통령 명령 두 개만이 있다. 이것은 미국의 대통령 명령은 거의 정식 입법에 준하는 권위를 가지고 있다는 사실을 의미하고 따라서 대통령 명령에 의한 정보기구의 통제는 입법 규범적인 강력한 의미를 가진다는 것을 의미한다. 따라서 대통령 명령에 의하여 창설되는 행정부 특별 조사위원회나 정보기구 감독위원회의 권한은 절대적으로 존중되고 정보기구는 요구에 순응하여야 한다.

2. 정보공동체 업무 관련 주요 대통령 명령

1) 포드(Ford) 대통령 명령 제11,905호

포드 대통령은 대통령 명령 제11,905호를 발령하여 처치위원회가 권고한 바에 따라 정보기구 업무를 감독할 운영자문그룹(Operations Advisory Group)을 창설했다.[141] 더불어 일반 시민 명망가와 정보공동체 내부 직원들로 위촉된 3명의 위원으로 구성된 정보감독위원회(Intelligence Oversight Board)도 신설했다. 정보감독위원회는 비밀공작에 대한 적법성과 적정성을 심사하여 대통령에게 보고한다.

2) 카터(Carter) 대통령 명령 제12,036호

카터 대통령은 대통령 명령 제12,036호[142]를 발령하여 포드 대통령의 운영자문그룹(OAG)을 특별조종위원회(Special Coordination Committee)로 대체했다. 포드 대통령의 운영자문그룹에서 빠져있던 법무부장관을 정식 멤버로 편입하여 정보특별 활동 시에 예상되는 불법행위에 대해 의견을 제출 받아 대통령에게 보고하도록 하는 등 법률 검토기능을 강화했다. 더불어 중앙정보국장(DCI)에게 의회 관련 위원회에게 "충분히 그리고 정시에(fully and currently)" 정보활동을 통보하고 중요하게 예상되는 활동(any significant anticipated activities)도 통보하도록 했다.

3) 레이건(Regan) 대통령 명령 제12,333호

후술한다.

---

141) 41 Fed. 41 Fed. Reg. 7707 (Feb. 18. 1976)

142) United States Foreign Intelligence Activities, Executive Order 12036 (1978. 1. 24)

II. 레이건 대통령 명령 제12,333호- Executive Order 12333

1. 개 관

레이건 대통령 명령 제12,333호는 현재에도 유효한 행정부의 대표적인 정보공동체 규율 규범이다. 1981년 12월 4일 레이건 대통령이 서명하였고 총괄적으로 미국 정보공동체의 업무 범위를 명백하게 확정했다. 다만 비밀공작(covert action)을 명시하지는 않았다. 레이건 대통령 명령은 상대국이나 적국 개념을 넘어서서 경우에 따라서 우방국도 포함될 수 있는 가변적인 용어로 해외세력(foreign power)이 미국 정보공동체의 대상임을 명시했다. 한편 암살을 금지하고 있다. 레이건 대통령 명령이 규정한 정보공동체와 CIA의 임무는 다음과 같다.

1) 정보공동체의 임무

대통령, 국가안보회의, 국무부와 국방부장관, 그리고 소관업무를 수행하기 위해,

① 행정부처 공무원들이 필요로 하는 정보의 수집,

② 정보의 생산과 배포,

③ 외국 정보기관, 국제 테러, 마약조직, 개인 그리고 그들 대리인들과 기타 적대세력에 의해 행해지는 정보활동에 대한 정보수집과 방첩공작활동,

④ 특별활동,

⑤ 특수업무수행(authorized activities)자들에 대한 국내외에서의 행정지원,

⑥ 그 밖에 대통령이 수시로 지시하는 정보업무

법령상에 규정된 CIA의 권한은 1947년 이래의 국가안보법과 국가안보법의 하위규범으로 1981년 12월 4일 레이건 대통령이 발령한 대통령 명령 제12,333호에 잘 나타나 있다.[143)]

143) 레이건 대통령이 발령한 대통령 명령 제12,333호는 현재까지도 유효한 것으로, 미국 정보공동체의 임무활동에 대한 중요한 준거기준으로 작용한다.

2) CIA의 임무[144)]

대통령 명령 제12,333호상 CIA의 임무는 1.4조문상의 정보공동체 전체에 대한 임무조항과, CIA를 특정한 1.8 조문상의 두 개 조문에 걸쳐 규정되어 있다. 모든 정보공동체 공통 임무인 대통령 명령 제12,333호 1.4조문상의 임무는 앞서 살펴본 바와 같다. 그에 더하여 대통령 명령 제12,333호 1.8조문에 의해 추가된 CIA 임무는 다음과 같이 규정되어 있다.

① CIA 이외의 다른 방법으로는 수집할 수 없는 해외정보와 방첩정보의 수집 · 생산과 배포.

② 마약 생산과 거래에 대한 해외성 정보의 수집 · 생산과 배포.

③ 해외 방첩공작활동 및 FBI와의 임무 조종에 의한 미국 내에서 방첩공작활동의 수행.[145)]

④ 방첩공작활동의 조종과 통합.

⑤ 대통령이 승인한 특별 활동(special activities).

⑥ 정보공동체의 일상적 관심사에 대한 업무수행

⑦ 조사 · 개발 및 기술적 체계 그리고 장치의 획득을 위한 계약 및 이행.

⑧ 일정한 경우의 신원조사와 보안활동.

⑨ 정보획득업무와 공작을 위한 신원위조 등 필요한 가장(cover) 등을 포함하여, 제반 행정지원 활동 및 기술지원 업무의 수행.[146)]

---

144) 국가안보법의 규정에 따른 CIA의 임무: ① 해외정보의 수집. ② 인간정보 활동에 대한 전반적인 지침의 제공과 업무조정. ③ 국가안보와 관련된 정보에 대한 상호 연관화와 평가 및 그러한 정보의 적정한 배포. ④ 정보공동체의 수장으로서의 중앙정보국장(DCI)이 지시한 임무의 수행. ⑤ 기타 대통령과 국가안보위원회(NSC)가 지시한 기능과 의무의 수행

145) CIA와 법무부장관이 양해각서를 체결하여 CIA가 일정한 국내정보 활동을 할 수 있는 근거이다.

146) 용어상으로는 기본적인 행정지원 업무라고 했지만, 단순한 인원 · 예산의 행정지원 업무가 아니다. 공작활동에 사용될 정교한 스토리 작성, 개인의 이력 꾸미기, 신분위장은 물론 상대 정보기구의 정보활동 장비를 파악하여 대응 장비 개발을 과학 · 기술국에 요청하는 것처럼 요원들의 첩보활동에 필요한 제반 여건장치를 강구하는 것으로 대단히 중요한 임무이다.

2. 레이건 대통령 명령 제 12,333호 원문

Executive Order 12333

United States Intelligence Activities

December 4, 1981

Timely and accurate information about the activities, capabilities, plans, and intentions of foreign powers, organizations, and persons and their agents, is essential to the national security of the United States. All reasonable and lawful means must be used to ensure that the United States will receive the best intelligence available. For that purpose, by virtue of the authority vested in me by the Constitution and statutes of the United States of America, including the National Security Act of 1947, as amended, and as President of the United States of America, in order to provide for the effective conduct of United States intelligence activities and the protection of constitutional rights, it is hereby ordered as follows

Part 1

Goals, Direction, Duties and Responsibilities With Respect to the National Intelligence Effort

1.1 Goals. -목적

The United States intelligence effort shall provide the President and the National Security Council with the necessary information on which to base decisions concerning the conduct and development of foreign, defense and economic policy, and the protection of United States national interests from foreign security threats. All departments and agencies shall cooperate fully to fulfill this goal.

(a) Maximum emphasis should be given to fostering analytical competition among appropriate elements of the Intelligence Community.

(b) All means, consistent with applicable United States law and this Order, and with full consideration of the rights of United States persons, shall be used to develop intelligence information for the President and the National Security Council. A balanced approach between technical collection efforts and other means should be maintained and encouraged.

(c) Special emphasis should be given to detecting and countering espionage and other threats and activities directed by foreign intelligence services against the United States Government, or United States corporations, establishments, or persons.

(d) To the greatest extent possible consistent with applicable United States law and this Order, and with full consideration of the rights of United States persons, all agencies and departments should seek to ensure full and free exchange of information in order to derive maximum benefit from the United States intelligence effort.

1.2 The National Security Council. -국가안보위원회

(a) Purpose. The National Security Council (NSC) was established by the National Security Act of 1947 to advise the President with respect to the integration of domestic, foreign and military policies relating to the national security. The NSC shall act as the highest Executive Branch entity that provides review of, guidance for and direction to the conduct of all national foreign intelligence, counterintelligence, and special activities, and attendant policies and programs.

(b) Committees. The NSC shall establish such committees as may be necessary to carry out its functions and responsibilities under this Order. The NSC, or a committee established by it, shall consider and submit to the President a policy recommendation, including all dissents, on each special activity and shall review proposals for other sensitive intelligence operations.

1.3 National Foreign Intelligence Advisory Groups. - 국가 해외정보자문 그룹

(a) Establishment and Duties. The Director of Central Intelligence shall establish such boards, councils, or groups as required for the purpose of obtaining advice from within the Intelligence Community concerning:

1. Production, review and coordination of national foreign intelligence;
2. Priorities for the National Foreign Intelligence Program budget;
3. Interagency exchanges of foreign intelligence information;
4. Arrangements with foreign governments on intelligence matters;
5. Protection of intelligence sources and methods;
6. Activities of common concern; and
7. Such other matters as may be referred by the Director of Central Intelligence.

(b) Membership. Advisory groups established pursuant to this section shall be chaired by the Director of Central Intelligence or his designated representative and shall consist of senior representatives from organizations within the Intelligence Community and from departments or agencies containing such organizations, as designated by the Director of Central Intelligence. Groups for consideration of substantive intelligence matters will include representatives of organizations involved in the collection, processing and analysis of intelligence. Al senior representative of the

Secretary of Commerce, the Attorney General, the Assistant to the President for National Security Affairs, and the Office of the Secretary of Defense shall be invited to participate in any group which deals with other than substantive intelligence matters.

1.4 The Intelligence Community. -정보공동체

The agencies within the Intelligence Community shall, in accordance with applicable United States law and with the other provisions of this Order, conduct intelligence activities necessary for the conduct of foreign relations and the protection of the national security of the United States, including:

(a) Collection of information needed by the President, the National Security Council, the Secretaries of State and Defense, and other Executive Branch officials for the performance of their duties and responsibilities;

(b) Production and dissemination of intelligence;

(c) Collection of information concerning, and the conduct of activities to protect against, intelligence activities directed against the United States, international terrorist and international narcotics activities, and other hostile activities directed against the United States by foreign powers, organizations, persons, and their agents;

(d) Special activities;

(e) Administrative and support activities within the United States and abroad necessary for the performance of authorized activities; and

(f) Such other intelligence activities as the President may direct from time to time.

1.5 Director of Central Intelligence. -국가정보국장(DCI)

In order to discharge the duties and responsibilities prescribed by law, the Director of Central Intelligence shall be responsible directly to the President and the NSC and shall:

(a) Act as the primary adviser to the President and the NSC on national foreign intelligence and provide the President and other officials in the Executive Branch with national foreign intelligence;

(b) Develop such objectives and guidance for the Intelligence Community as will enhance capabilities for responding to expected future needs for national foreign intelligence;

(c) Promote the development and maintenance of services of common concern by designated intelligence organizations on behalf of the Intelligence Community;

(d) Ensure implementation of special activities;

(e) Formulate policies concerning foreign intelligence and counterintelligence arrangements with foreign governments, coordinate foreign intelligence and counterintelligence relationships between agencies of the Intelligence Community and the intelligence or internal security services of foreign governments, and establish procedures governing the conduct of liaison by any department or agency with such services on narcotics activities;

(f) Participate in the development of procedures approved by the Attorney General governing criminal narcotics intelligence activities abroad to ensure that these activities are consistent with foreign intelligence programs;

(g) Ensure the establishment by the Intelligence Community of common security and access standards for managing and handling foreign intelligence systems, information, and products;

(h) Ensure that programs are developed which protect intelligence sources, methods, and analytical procedures;

(i) Establish uniform criteria for the determination of relative priorities for the transmission of critical national foreign intelligence, and advise the Secretary of Defense concerning the communications requirements of the Intelligence Community for the transmission of such intelligence;

(j) Establish appropriate staffs, committees, or other advisory groups to assist in the execution of the Director's responsibilities;

(k) Have full responsibility for production and dissemination of national foreign intelligence, and authority to levy analytic tasks on departmental intelligence production organizations, in consultation with those organizations, ensuring that appropriate mechanisms for competitive analysis are developed so that diverse points of view are considered fully and differences of judgment within the Intelligence Community are brought to the attention of national policymakers;

(l) Ensure the timely exploitation and dissemination of data gathered by national foreign intelligence collection means, and ensure that the resulting intelligence is disseminated immediately to appropriate government entities and military commands;

(m) Establish mechanisms which translate national foreign intelligence objectives and priorities approved by the NSC into specific guidance for the Intelligence Community, resolve conflicts in tasking priority, provide to departments and agencies having information collection capabilities that are not part of the National Foreign Intelligence Program advisory tasking concerning collection of national foreign intelligence, and provide for the development of plans and arrangements for transfer of required collection tasking authority to the Secretary of Defense when directed by the President;

(n) Develop, with the advice of the program managers and departments and agencies concerned, the consolidated National Foreign Intelligence Program budget, and present it to the President and the Congress;

(o) Review and approve all requests for reprogramming National Foreign Intelligence Program funds, in accordance with guidelines established by the Office of Management and Budget;

(p) Monitor National Foreign Intelligence Program implementation, and, as necessary, conduct program and performance audits and evaluations;

(q) Together with the Secretary of Defense, ensure that there is no unnecessary overlap between national foreign intelligence programs and Department of Defense intelligence programs consistent with the requirement to develop competitive analysis, and provide to and obtain from the Secretary of Defense all information necessary for this purpose;

(r) In accordance with law and relevant procedures approved by the Attorney General under this Order, give the heads of the departments and agencies access to all intelligence, developed by the CIA or the staff elements of the Director of Central Intelligence, relevant to the national intelligence needs of the departments and agencies; and

(s) Facilitate the use of national foreign intelligence products by Congress in a secure manner.

1.6 Duties and Responsibilities of the Heads of Executive Branch Departments and Agencies. - 행정 부처 장(長)의 책무

(a) The heads of all Executive Branch departments and agencies shall, in accordance with law and relevant procedures approved by the Attorney General under this Order, give the Director of Central Intelligence access to all information relevant to the national intelligence needs of the United States, and shall give due consideration to the requests from the Director of Central Intelligence for appropriate support for Intelligence Community activities.

(b) The heads of departments and agencies involved in the National Foreign Intelligence Program shall ensure timely development and submission to the Director of Central Intelligence by the program managers and heads of component activities of proposed national programs and budgets in the format designated by the Director of Central Intelligence, and shall also ensure that the Director of Central Intelligence is provided, in a timely and responsive manner, all information necessary to perform the Director's program and budget responsibilities.

(c) The heads of departments and agencies involved in the National Foreign Intelligence Program may appeal to the President decisions by the Director of Central Intelligence on budget or reprogramming matters of the National Foreign Intelligence Program.

1.7 Senior Officials of the Intelligence Community -정보공동체의 고급 간부.

The heads of departments and agencies with organizations in the Intelligence Community or the heads of such organizations, as appropriate, shall:

(a) Report to the Attorney General possible violations of federal criminal laws by employees and of specified federal criminal laws by any other person as provided in procedures agreed upon by the Attorney General and the head of the department or agency concerned, in a manner consistent with the protection of intelligence sources and methods, as specified in those procedures;

(b) In any case involving serious or continuing breaches of security, recommend to the Attorney General that the case be referred to the FBI for further investigation;

(c) Furnish the Director of Central Intelligence and the NSC, in accordance with applicable law and procedures approved by the Attorney General under this Order, the information required for the performance of their respective duties;

(d) Report to the Intelligence Oversight Board, and keep the Director of Central Intelligence appropriately informed, concerning any intelligence activities of their organizations that they have reason to believe may be unlawful or contrary to Executive order or Presidential directive;

(e) Protect intelligence and intelligence sources and methods from unauthorized disclosure consistent with guidance from the Director of Central Intelligence;

(f) Disseminate intelligence to cooperating foreign governments under arrangements established or agreed to by the Director of Central Intelligence;

(g) Participate in the development of procedures approved by the Attorney General governing production and dissemination of intelligence resulting from criminal narcotics intelligence activities abroad if their departments, agencies, or organizations have intelligence responsibilities for foreign or domestic narcotics production and trafficking;

(h) Instruct their employees to cooperate fully with the Intelligence Oversight Board; and

(i) Ensure that the Inspectors General and General Counsels for their organizations have access to any information necessary to perform their duties assigned by this Order.

1.8 The Central Intelligence Agency. - 중앙정보국(CIA)

All duties and responsibilities of the CIA shall be related to the intelligence functions set out below. As authorized by this Order; the National Security Act of 1947, as amended; the CIA Act of 1949, as amended; appropriate directives or other applicable law, the CIA shall:

(a) Collect, produce and disseminate foreign intelligence and counterintelligence, including information not otherwise obtainable. The collection of foreign intelligence or counterintelligence within the United States shall be coordinated with the FBI as required by procedures agreed upon by the Director of Central Intelligence and the Attorney General;

(b) Collect, produce and disseminate intelligence on foreign aspects of narcotics production and trafficking;

(c) Conduct counterintelligence activities outside the United States and, without assuming or performing any internal security functions, conduct counterintelligence activities within the United States in coordination with the FBI as required by procedures agreed upon by the Director of Central Intelligence and the Attorney General;

(d) Coordinate counterintelligence activities and the collection of information not otherwise obtainable when conducted outside the United States by other departments and agencies;

(e) Conduct special activities approved by the President. No agency except the CIA (or the Armed Forces of the United States in time of war declared by Congress or during any period covered by a report from the President to the Congress under the War Powers Resolution (87 Stat. 855))* may conduct any special activity unless the President determines that another agency is more likely to achieve a particular objective;

(f) Conduct services of common concern for the Intelligence Community as directed by the NSC;

(g) Carry out or contract for research, development and procurement of technical systems and devices relating to authorized functions;

(h) Protect the security of its installations, activities, information, property, and employees by appropriate means, including such investigations of applicants, employees, contractors, and other persons with similar associations with the CIA as are necessary; and

(i) Conduct such administrative and technical support activities within and outside the United States as are necessary to perform the functions described in sections (a) through (h) above, including procurement and essential cover and proprietary arrangements.

1.9 The Department of State. - 국무부

The Secretary of State shall:

(a) Overtly collect information relevant to United States foreign policy concerns;

(b) Produce and disseminate foreign intelligence relating to United States foreign policy as required for the execution of the Secretary's responsibilities;

(c) Disseminate, as appropriate, reports received from United States diplomatic and consular posts;

(d) Transmit reporting requirements of the Intelligence Community to the Chiefs of United States Missions abroad; and

(e) Support Chiefs of Missions in discharging their statutory responsibilities for direction and coordination of mission activities.

1.10 The Department of the Treasury. -재무부

The Secretary of the Treasury shall:

(a) Overtly collect foreign financial and monetary information;

(b) Participate with the Department of State in the overt collection of general foreign economic information;

(c) Produce and disseminate foreign intelligence relating to United States economic policy as required for the execution of the Secretary's responsibilities; and

(d) Conduct, through the United States Secret Service, activities to determine the existence and capability of surveillance equipment being used against the President of the United States, the Executive Office of the President, and, as authorized by the Secretary of the Treasury or the President, other Secret Service protectees and United States officials. No information shall be acquired intentionally through such activities except to protect against such surveillance, and those activities shall be conducted pursuant to procedures agreed upon by the Secretary of the Treasury and the Attorney General.

1.11 The Department of Defense. -국방부

The Secretary of Defense shall:

(a) Collect national foreign intelligence and be responsive to collection tasking by the Director of Central Intelligence;

(b) Collect, produce and disseminate military and military-related foreign intelligence and counterintelligence as required for execution of the Secretary's responsibilities;

(c) Conduct programs and missions necessary to fulfill national, departmental and tactical foreign intelligence requirements;

(d) Conduct counterintelligence activities in support of Department of Defense components outside the United States in coordination with the CIA, and within the United States in coordination with the FBI pursuant to procedures agreed upon by the Secretary of Defense and the Attorney General;

(e) Conduct, as the executive agent of the United States Government, signals intelligence and communications security activities, except as otherwise directed by the NSC;

(f) Provide for the timely transmission of critical intelligence, as defined by the Director of Central Intelligence, within the United States Government;

(g) Carry out or contract for research, development and procurement of technical systems and devices relating to authorized intelligence functions;

(h) Protect the security of Department of Defense installations, activities, property, information, and employees by appropriate means, including such investigations of applicants, employees, contractors, and other persons with similar associations with the Department of Defense as are necessary;

(i) Establish and maintain military intelligence relationships and military intelligence exchange programs with selected cooperative foreign defense establishments and international organizations, and ensure that such relationships and programs are in accordance with policies formulated by the Director of Central Intelligence;

(j) Direct, operate, control and provide fiscal management for the National Security Agency and for defense and military intelligence and national reconnaissance entities; and

(k) Conduct such administrative and technical support activities within and outside the United States as are necessary to perform the functions described in sections (a) through (j) above.

1.12 Intelligence Components Utilized by the Secretary of Defense. -국방부 정보 요소

In carrying out the responsibilities assigned in section 1.11, the Secretary of Defense is authorized to utilize the following:

(a) Defense Intelligence Agency, whose responsibilities shall include;

(1) Collection, production, or, through tasking and coordination, provision of military and military-related intelligence for the Secretary of Defense, the Joint Chiefs of Staff, other Defense components, and, as appropriate, non-Defense agencies;

(2) Collection and provision of military intelligence for national foreign intelligence and counterintelligence products;

(3) Coordination of all Department of Defense intelligence collection requirements;

(4) Management of the Defense Attache system; and

(5) Provision of foreign intelligence and counterintelligence staff support as directed by the Joint Chiefs of Staff.

(b) National Security Agency, whose responsibilities shall include:

(1) Establishment and operation of an effective unified organization for signals intelligence activities, except for the delegation of operational control over certain operations that are conducted through other elements of the Intelligence Community. No other department or agency may engage in signals intelligence activities except pursuant to a delegation by the Secretary of Defense;

(2) Control of signals intelligence collection and processing activities, including assignment of resources to an appropriate agent for such periods and tasks as required for the direct support of military commanders;

(3) Collection of signals intelligence information for national foreign intelligence purposes in accordance with guidance from the Director of Central Intelligence;

(4) Processing of signals intelligence data for national foreign intelligence purposes in accordance with guidance from the Director of Central Intelligence;

(5) Dissemination of signals intelligence information for national foreign intelligence purposes to authorized elements of the Government, including the military services, in accordance with guidance from the Director of Central Intelligence;

(6) Collection, processing and dissemination of signals intelligence information for counterintelligence purposes;

(7) Provision of signals intelligence support for the conduct of military operations in accordance with tasking, priorities, and standards of timeliness assigned by the Secretary of Defense. If provision of such support requires use of national collection systems, these systems will be tasked within existing guidance from the Director of Central Intelligence;

(8) Executing the responsibilities of the Secretary of Defense as executive agent for the communications security of the United States Government;

(9) Conduct of research and development to meet the needs of the United States for signals intelligence and communications security;

(10) Protection of the security of its installations, activities, property, information, and employees by appropriate means, including such investigations of applicants, employees, contractors, and other persons with similar associations with the NSA as are necessary;

(11) Prescribing, within its field of authorized operations, security regulations covering operating practices, including the transmission, handling and distribution of signals intelligence and communications security material within and among the elements under control of the Director of the NSA, and exercising the necessary supervisory control to ensure compliance with the regulations;

(12) Conduct of foreign cryptologic liaison relationships, with liaison for intelligence purposes conducted in accordance with policies formulated by the Director of Central Intelligence; and

(13) Conduct of such administrative and technical support activities within and outside the United States as are necessary to perform the functions described in sections (1) through (12) above, including procurement.

(c) Offices for the collection of specialized intelligence through reconnaissance programs, whose responsibilities shall include:

(1) Carrying out consolidated reconnaissance programs for specialized intelligence;

(2) Responding to tasking in accordance with procedures established by the Director of Central Intelligence; and

(3) Delegating authority to the various departments and agencies for research, development, procurement, and operation of designated means of collection.

(d) The foreign intelligence and counterintelligence elements of the Army, Navy, Air Force, and Marine Corps, whose responsibilities shall include:

(1) Collection, production and dissemination of military and military- related foreign intelligence and counterintelligence, and information on the foreign aspects of narcotics production and trafficking. When collection is conducted in response to national foreign intelligence requirements, it will be conducted in accordance with guidance from the Director of Central Intelligence. Collection of national foreign intelligence, not otherwise obtainable, outside the United States shall be coordinated with the CIA, and such collection within the United States shall be coordinated with the FBI;

(2) Conduct of counterintelligence activities outside the United States in coordination with the CIA, and within the United States in coordination with the FBI; and

(3) Monitoring of the development, procurement and management of tactical intelligence systems and equipment and conducting related research, development, and test and evaluation activities.

(e) Other offices within the Department of Defense appropriate for conduct of the intelligence missions and responsibilities assigned to the Secretary of Defense. If such other offices are used for intelligence purposes, the provisions of Part 2 of this Order shall apply to those offices when used for those purposes.

1.13 The Department of Energy. - 에너지부

The Secretary of Energy shall:

(a) Participate with the Department of State in overtly collecting information with respect to foreign energy matters;

(b) Produce and disseminate foreign intelligence necessary for the Secretary's responsibilities;

(c) Participate in formulating intelligence collection and analysis requirements where the special expert capability of the Department can contribute; and

(d) Provide expert technical, analytical and research capability to other agencies within the Intelligence Community.

1.14 The Federal Bureau of Investigation. - 연방수사국(FBI)

Under the supervision of the Attorney General and pursuant to such regulations as the Attorney General may establish, the Director of the FBI shall:

(a) Within the United States conduct counterintelligence and coordinate counterintelligence activities of other agencies within the Intelligence Community. When a counterintelligence activity of the FBI involves military or civilian personnel of the Department of Defense, the

FBI shall coordinate with the Department of Defense;

(b) Conduct counterintelligence activities outside the United States in coordination with the CIA as required by procedures agreed upon by the Director of Central Intelligence and the Attorney General;

(c) Conduct within the United States, when requested by officials of the Intelligence Community designated by the President, activities undertaken to collect foreign intelligence or support foreign intelligence collection requirements of other agencies within the Intelligence Community, or, when requested by the Director of the National Security Agency, to support the communications security activities of the United States Government;

(d) Produce and disseminate foreign intelligence and counterintelligence; and

(e) Carry out or contract for research, development and procurement of technical systems and devices relating to the functions authorized above.

Part 2
Conduct of Intelligence Activities - 정보활동

2.1 Need. - 필요성

Accurate and timely information about the capabilities, intentions and activities of foreign powers, organizations, or persons and their agents is essential to informed decisionmaking in the areas of national defense and foreign relations. Collection of such information is a priority objective and will be pursued in a vigorous, innovative and responsible manner that is consistent with the Constitution and applicable law and respectful of the principles upon which the United States was founded.

2.2 Purpose. - 목적

This Order is intended to enhance human and technical collection techniques, especially those undertaken abroad, and the acquisition of significant foreign intelligence, as well as the detection and countering of international terrorist activities and espionage conducted by foreign powers. Set forth below are certain general principles that, in addition to and consistent with applicable laws, are intended to achieve the proper balance between the acquisition of essential information and protection of individual interests. Nothing in this Order shall be construed to apply to or interfere with any authorized civil or criminal law enforcement responsibility of any department or agency.

2.3 Collection of Information. - 정보의 수집

Agencies within the Intelligence Community are authorized to collect, retain or disseminate information concerning United States persons only in accordance with procedures established by the head of the agency concerned and approved by the Attorney General, consistent with the authorities provided by Part 1 of this Order. Those procedures shall permit collection, retention and dissemination of the following types of information:

(a) Information that is publicly available or collected with the consent of the person concerned;

(b) Information constituting foreign intelligence or counterintelligence, including such information concerning corporations or other commercial organizations. Collection within the United States of foreign intelligence not otherwise obtainable shall be undertaken by the FBI or, when significant foreign intelligence is sought, by other authorized agencies of the Intelligence Community, provided that no foreign intelligence collection by such agencies may be undertaken for the purpose of acquiring information concerning the domestic activities of United States persons;

(c) Information obtained in the course of a lawful foreign intelligence, counterintelligence, international narcotics or international terrorism investigation;

(d) Information needed to protect the safety of any persons or organizations, including those who are targets, victims or hostages of international terrorist organizations;

(e) Information needed to protect foreign intelligence or counterintelligence sources or methods from unauthorized disclosure. Collection within the United States shall be undertaken by the FBI except that other agencies of the Intelligence Community may also collect such information concerning present or former employees, present or former intelligence agency contractors or their present or former employees, or applicants for any such employment or contracting;

(f) Information concerning persons who are reasonably believed to be potential sources or contacts for the purpose of determining their suitability or credibility;

(g) Information arising out of a lawful personnel, physical or communications security investigation;

(h) Information acquired by overhead reconnaissance not directed at specific United States persons;

(i) Incidentally obtained information that may indicate involvement in activities that may violate federal, state, local or foreign laws; and

(j) Information necessary for administrative purposes. In addition, agencies within the Intelligence Community may disseminate information, other than information derived from signals intelligence, to each appropriate agency within the Intelligence Community for purposes of allowing the recipient agency to determine whether the information is relevant to its responsibilities and can be retained by it.

2.4 Collection Techniques. - 수집 기법

Agencies within the Intelligence Community shall use the least intrusive collection techniques feasible within the United States or directed against United States persons abroad. Agencies are not authorized to use such techniques as electronic surveillance, unconsented physical search, mail surveillance, physical surveillance, or monitoring devices unless they are in accordance with procedures established by the head of the agency concerned and approved by the Attorney General. Such procedures shall protect constitutional and other legal rights and limit use of such information to lawful governmental purposes. These procedures shall not authorize:

(a) The CIA to engage in electronic surveillance within the United States except for the purpose of training, testing, or conducting countermeasures to hostile electronic surveillance;

(b) Unconsented physical searches in the United States by agencies other than the FBI, except for:

(1) Searches by counterintelligence elements of the military services directed against military personnel within the United States or abroad for intelligence purposes, when authorized by a military commander empowered to approve physical searches for law enforcement purposes, based upon a finding of probable cause to believe that such persons are acting as agents of foreign powers; and

(2) Searches by CIA of personal property of non-United States persons lawfully in its possession.

(c) Physical surveillance of a United States person in the United States by agencies other than the FBI, except for:

(1) Physical surveillance of present or former employees, present or former intelligence agency contractors or their present of former employees, or applicants for any such employment or contracting; and

(2) Physical surveillance of a military person employed by a nonintelligence element of a military service.

(d) Physical surveillance of a United States person abroad to collect foreign intelligence, except to obtain significant information that cannot reasonably be acquired by other means.

2.5 Attorney General Approval. - 법무부장관의 승인

The Attorney General hereby is delegated the power to approve the use for intelligence purposes, within the United States or against a United States person abroad, of any technique for which a warrant would be required if undertaken for law enforcement purposes, provided that such techniques shall not be undertaken unless the Attorney General has determined in each case that there is probable cause to believe that the technique is directed against a foreign power or an agent of a foreign power. Electronic surveillance, as defined in the Foreign Intelligence Surveillance Act of 1978, shall be conducted in accordance with that Act, as well as this Order.

2.6 Assistance to Law Enforcement Authorities. - 법 집행공동체 지원

Agencies within the Intelligence Community are authorized to:

(a) Cooperate with appropriate law enforcement agencies for the purpose of protecting the employees, information, property and facilities of any agency within the Intelligence Community;

(b) Unless otherwise precluded by law or this Order, participate in law enforcement activities to investigate or prevent clandestine intelligence activities by foreign powers, or international terrorist or narcotics activities;

(c) Provide specialized equipment, technical knowledge, or assistance of expert personnel for use by any department or agency, or, when lives are endangered, to support local law enforcement agencies. Provision of assistance by expert personnel shall be approved in each case by the General Counsel of the providing agency; and

(d) Render any other assistance and cooperation to law enforcement authorities not precluded by applicable law.

2.7 Contracting. - 사(私) 영역과의 비공개 계약 체결

Agencies within the Intelligence Community are authorized to enter into contracts or arrangements for the provision of goods or services with private companies or institutions in the United States and need not reveal the sponsorship of such contracts or arrangements for authorized intelligence purposes. Contracts or arrangements with academic institutions may be undertaken only with the contract of appropriate officials of the institution.

2.8 Consistency With Other Laws. - 법률과의 합치

Nothing in this Order shall be construed to authorize any activity in violation of the Constitution or statutes of the United States.

2.9 Undisclosed Participation in Organizations Within the United States. - 미국내 단체에의 비밀(미공개) 참여

No one acting on behalf of agencies within the Intelligence Community may join or otherwise participate in any organization in the United States on behalf of any agency within the Intelligence Community without disclosing his intelligence affiliation to appropriate officials of the organization, except in accordance with procedures established by the head of the agency concerned and approved by the Attorney General. Such participation shall be authorized only if it is essential to achieving lawful purposes as determined by the agency head or designee. No such participation may be undertaken for the purpose of influencing the activity of the organization or its members except in cases where:

(a) The participation is undertaken on behalf of the FBI in the course of a lawful investigation; or

(b) The organization concerned is composed primarily of individuals who are not United States persons and is reasonably believed to be acting on behalf of a foreign power.

2.10 Human Experimentation. - 원칙적 인체실험 지원 금지

No agency within the Intelligence Community shall sponsor, contract for or conduct research on human subjects except in accordance with guidelines issued by the Department of Health and Human Services. The subject's informed consent shall be documented as required by those guidelines.

2.11 Prohibition on Assassination. - 암살 금지

No person employed by or acting on behalf of the United States Government shall engage in, or conspire to engage in, assassination.

2.12 Indirect Participation. - 간접 참여

No agency of the Intelligence Community shall participate in or request any person to undertake activities forbidden by this Order.

Part 3 - 제3장

General Provisions - 기타 규정

3.1 Congressional Oversight. - 의회 감독

The duties and responsibilities of the Director of Central Intelligence and the heads of other departments, agencies, and entities engaged in intelligence activities to cooperate with the Congress in the conduct of its responsibilities for oversight of intelligence activities shall be as provided in title 50, United States Code, section 413. The requirements of section 662 of the Foreign Assistance Act of 1961, as amended (22 U.S.C. 2422), and section 501 of the National Security Act of 1947, as amended (50 U.S.C. 413), shall apply to all special activities as defined in this Order.

3.2 Implementation. - 이행

The NSC, the Secretary of Defense, the Attorney General, and the Director of Central Intelligence shall issue such appropriate directives and procedures as are necessary to implement this Order. Heads of agencies within the Intelligence Community shall issue appropriate supplementary directives and procedures consistent with this Order. The Attorney General shall provide a statement of reasons for not approving any procedures established by the head of an agency in the Intelligence Community other than the FBI. The National Security Council may establish procedures in instances where the agency head and the Attorney General are unable to reach agreement on other than constitutional or other legal grounds.

3.3 Procedures. - 절차

Until the procedures required by this Order have been established, the activities herein authorized which require procedures shall be conducted in accordance with existing procedures or requirements established under Executive Order No. 12036. Procedures required by this Order shall be established as expeditiously as possible. All procedures promulgated pursuant to this Order shall be made available to the congressional intelligence committees.

3.4 Definitions. - 정의

For the purposes of this Order, the following terms shall have these meanings:

(a) Counterintelligence means information gathered and activities conducted to protect against espionage, other intelligence activities, sabotage, or assassinations conducted for or on behalf of foreign powers, organizations or persons, or international terrorist activities, but not including personnel, physical, document or communications security programs.

(b) Electronic surveillance means acquisitions of a nonpublic communication by electronic means without the consent of a person who is a party to an electronic communication or, in the case of a nonelectronic communication, without the consent of a person who is visably present at the place of communication, but not including the use of radio direction-finding equipment solely to determine the location of a transmitter.

(c) Employee means a person employed by, assigned to or acting for an agency within the Intelligence Community.

(d) Foreign intelligence means information relating to the capabilities, intentions and activities of foreign powers, organizations or persons, but not including counterintelligence except for information on international terrorist activities.

(e) Intelligence activities means all activities that agencies within the Intelligence Community are authorized to conduct pursuant to this Order.

(f) Intelligence Community and agencies within the Intelligence Community refer to the following agencies or organizations:

(1) The Central Intelligence Agency (CIA);

(2) The National Security Agency (NSA);

(3) The Defense Intelligence Agency (DIA);

(4) The offices within the Department of Defense for the collection of specialized national foreign intelligence through reconnaissance programs;

(5) The Bureau of Intelligence and Research of the Department of State;

(6) The intelligence elements of the Army, Navy, Air Force, and Marine Corps, the Federal Bureau of Investigation (FBI), the Department of the Treasury, and the Department of Energy; and

(7) The staff elements of the Director of Central Intelligence.

(g) The National Foreign Intelligence Program includes the programs listed below, but its composition shall be subject to review by the National Security Council and modification by the President:

(1) The programs of the CIA;

(2) The Consolidated Cryptologic Program, the General Defense Intelligence Program, and the programs of the offices within the Department of Defense for the collection of specialized national foreign intelligence through reconnaissance, except such elements as the Director of Central Intelligence and the Secretary of Defense agree should be excluded;

(3) Other programs of agencies within the Intelligence Community designated jointly by the Director of Central Intelligence and the head of the department or by the President as national foreign intelligence or counterintelligence activities;

(4) Activities of the staff elements of the Director of Central Intelligence;

(5) Activities to acquire the intelligence required for the planning and conduct of tactical operations by the United States military forces are not included in the National Foreign Intelligence Program.

(h) Special activities means activities conducted in support of national foreign policy objectives abroad which are planned and executed so that the role of the United States Government is not apparent or acknowledged publicly, and functions in support of such activities, but which are not intended to influence United States political processes, public opinion, policies, or media and do not include diplomatic activities or the collection and production of intelligence or related support functions.

(i) United States person means a United States citizen, an alien known by the intelligence agency concerned to be a permanent resident alien, an unincorporated association substantially composed of

United States citizens or permanent resident aliens, or a corporation incorporated in the United States, except for a corporation directed and controlled by a foreign government or governments.

3.5 Purpose and Effect. - 목적과 효과

This Order is intended to control and provide direction and guidance to the Intelligence Community. Nothing contained herein or in any procedures promulgated hereunder is intended to confer any substantive or procedural right or privilege on any person or organization.

3.6 Revocation. - 다른 대통령 명령의 철회

Executive Order No. 12036 of January 24, 1978, as amended, entitled 'United States Intelligence Activities,' is revoked.

RONALD REAGAN THE WHITE HOUSE, December 4, 1981

III. 정보보안감독청(Information Security Oversight Office)규범

1. 개 관

미국은 일찍이 1912년부터 정보에 대한 비밀분류를 시작해 두 차례의 세계대전을 거치면서 문서에 대한 비밀분류의 필요성과 중요성을 절감해 트루먼(Harry Truman)대통령이 1951년 전(全) 정부부처에 걸쳐 비밀분류 시스템을 처음으로 확립했다. 1978년 12월 지미 카터 대통령이 대통령 명령 제 12065호(Executive Order 12065, "National Security Information)를 발령하여 오늘날의 정보보안감독청을 창설하였다. ISOO는 1972년 닉슨 대통령 명령 제11652호(Executive Order 11652, "Classification and Declassification of National Security Information and Material)에 의한 기존의 정부기구 간 비밀분류 검토위원회(Interagency Classification Review Committee: ICRC)를 대체한 것이었다. 현재의 비밀분류 체계는 1995년 4월 17일 클린턴 대통령 명령 제12,985호 '비밀분류된 국가안보정보(Classified National Security Information)'에 따른 것으로 법령에 비밀분류의 기준과 규칙 및 감독절차를 규정했다.

동 대통령 명령에 의한 정보보안감독청(ISOO)은 정부와 유관 산업계의 비밀분류 계획을 감독하며 대통령에게 연례보고서를 제출한다. 정보보안감독청(ISOO)은 미국의 비밀분류 프로그램을 감독하는 기구로, 비밀분류와 비밀해제 계획을 담은 연례보고서를 발산한다. 1999년 회계연도를 대상으로 한 2000년 보고서에 의하면, 3,846개 정부기구가 비밀분류 권한을 가지고 약 800만 건을 비밀로 분류했다. CIA가 44%, 국방부 27%, 국가정찰실(NRO) 24%, 법무부 2%, 국무부 2%, 기타 정부기구들이 1%의 비율을 점했다.

한편 최근의 자료인 2005년 보고서에 의하면 3,959개 정부부처가 비밀 분류권한을 가지고, 정보기구가 258,633건의 원본에 대한 비밀결정을 했는데, 그 중 5%인 12,406건이 Top Secret, 71%인 183,504건이 Secret, 24%인 62,723건이 Confidential이다. 정부부처는 13,948,140건의 파생 비밀결정을 했고, 정보기관은 14,206,773건의 연계 비밀 결정을 했다. 한편 자동 비밀해제 프로그램에 의해 정보기관은 29,540,603페이지를 비밀해제했고, 3,517건의 비밀해제 요청을 받아(수동해제 프로그램) 66,569페이지는 전문을, 70,743페이지는 일부를 비밀해제했고, 이에 대해 152건의 항소를 받아 전부 또는 부분적으로 2,720 페이지를 추가로 비밀해제했다.[147)]

2. 기능과 목적

정보보안감독청은 대통령에게 전 행정부처에 걸쳐 있는 비밀분류체계와 국가산업보안프로그램(National Industrial Security Program)의 정책 점검과 감독에 대해 책임을 부담한다. 현재 유효한 근거규범으로는 대통령 명령 제12,958호(Executive Order 12958 "Classified National Security Information") 와 그 내용이 일부 수정된 대통령명령 12,829호(Executive Order 12829 "National Industrial Security Program")이 있다 정보보안감독청은 국립문서와 기록관리실 (National Archives and Records Administration: NARA) 부속기관으로 국가안보위원회(National Security Council: NSC)로부터 지침과 계획을 시달 받는다.

1) 기능(Functions)

① 보안에 대한 지시 · 지침과 규제의 이행(Implementing Directives, Instruction and Regulations)

② 유관 기구와의 실질적 업무 연결 · 조사와 감독(Liaison, Inspections and General Oversight):

③ 보안 교육과 훈련(Security Education and Training): 산업체도 대상으로 한다.

④ 이의신청 · 항소 및 제안 처리(Complaints, Appeals and Suggestions):

⑤ 통계수집 · 분석 및 리포팅 (Statistical Collection, Analysis and Reporting)

---

147) 2005 Report to the President-Information Security Oversight Office http://www.fas.org/sgp/isoo/index.html

⑥ 보안문제에 대한 공식적인 정부 대변인(Spokesperson for the Government's Security Classification Program):

⑦ 특별 연구와 프로젝트 수행(Special Studies and Projects): 통일된 보안체계 구축과 중복 요서를 제거함으로써 비용 절감을 위한 연구와 실제 사업 수행

⑧ 정책변경(Policy Changes): ISOO는 국가안보위원회(NSC)를 통하여 대통령에게 국가보안정책에 대한 변경을 건의한다. 또한 정부부처 간 비밀 분류를 포함한 보안문제에 대한 회의를 소지하고 정책변경 문제를 주재한다.

2) 목적(Goals)

① 국가안보확보를 위한 보안정보를 수호하는 보안체계의 증진과 강화

② 국가안보 정보의 최소 비밀분류로 국민들에게 최대한의 자료 공개

③ 국가안보 수호를 위해 절대적으로 긴요한 정부 부처 간 중요한 정보 공유를 위한 편익 증진과 강화

④ 정보보안(Information security)에 대한 전문가적인 조언과 지침의 제공

3. 대통령 명령 제12958호 원문

Executive Order 12958-Classified National Security Information, as amended by Executive Order 13292,

Executive Order 12958 was amended on March 25, 2003, by Executive Order 13292, to read as follows:

By the authority vested in me as President by the Constitution and the laws of the United States of America, and in order to further amend Executive Order 12958, as amended, it is hereby ordered that Executive Order 12958 is amended to read as follows:

This order prescribes a uniform system for classifying, safeguarding, and declassifying national security information, including information relating to defense against transnational terrorism. Our democratic principles require that the American people be informed of the activities of their Government. Also, our Nation's progress depends on the free flow of information. Nevertheless, throughout our history, the national defense has required that certain information be maintained in confidence in order to protect our citizens, our democratic institutions, our homeland security, and our interactions with foreign nations. Protecting information critical to our Nation's security remains a priority.

NOW, THEREFORE, by the authority vested in me as President by the Constitution and the laws of the United States of America, it is hereby ordered as follows:

Part 1. Original Classification

Sec. 1.1. Classification Standards.

(a) Information may be originally classified under the terms of this order only if all of the following conditions are met: (1) an original classification authority is classifying the information; (2) the information is owned by, produced by or for, or is under the control of the United States Government; (3) the information falls within one or more of the categories of information listed in section 1.4 of this order; and (4) the original classification authority determines that the unauthorized disclosure of the information reasonably could be expected to result in damage to the national security, which includes defense against transnational terrorism, and the original classification authority is able to identify or describe the damage.

(b) Classified information shall not be declassified automatically as a result of any unauthorized disclosure of identical or similar information.

(c) The unauthorized disclosure of foreign government information is presumed to cause damage to the national security.

Sec. 1.2. Classification Levels.

(a) Information may be classified at one of the following three levels:

(1) **"Top Secret"** shall be applied to information, the unauthorized disclosure of which reasonably could be expected to cause exceptionally grave damage to the national security that the original classification authority is able to identify or describe.

(2) **"Secret"** shall be applied to information, the unauthorized disclosure of which reasonably could be expected to cause serious damage to the national security that the original classification authority is able to identify or describe.

(3) **"Confidential"** shall be applied to information, the unauthorized disclosure of which reasonably could be expected to cause damage to the national security that the original classification authority is able to identify or describe.

(b) Except as otherwise provided by statute, no other terms shall be used to identify United States classified information.

Sec. 1.3. Classification Authority.

(a) The authority to classify information originally may be exercised only by: (1) the President and, in the performance of executive duties, the Vice President; (2) agency heads and officials designated by the President in the Federal Register; and (3) United States Government officials delegated this authority pursuant to paragraph (c) of this section.

(b) Officials authorized to classify information at a specified level are also authorized to classify information at a lower level.

(c) Delegation of original classification authority.

....

Sec. 1.4. Classification Categories. - 비밀 분류될 정보의 엄격한 한정

Information shall not be considered for classification unless it concerns:

(a) military plans, weapons systems, or operations;

(b) foreign government information;

(c) intelligence activities (including special activities), intelligence sources or methods, or cryptology;

(d) foreign relations or foreign activities of the United States, including confidential sources;

(e) scientific, technological, or economic matters relating to the national security, which includes defense against transnational terrorism;

(f) United States Government programs for safeguarding nuclear materials or facilities;

(g) vulnerabilities or capabilities of systems, installations, infrastructures, projects, plans, or protection services relating to the national security, which includes defense against transnational terrorism; or

(h) weapons of mass destruction.

Sec. 1.5. Duration of Classification. - 비밀분류 기간

(a) At the time of original classification, the original classification authority shall attempt to establish a specific date or event for declassification based upon the duration of the national security sensitivity of the information. Upon reaching the date or event, the information shall be automatically declassified. The date or event shall not exceed the time frame established in paragraph (b) of this section.

(b) If the original classification authority cannot determine an earlier specific date or event for declassification, information shall be marked for declassification 10 years from the date of the original decision, unless the original classification authority otherwise determines that the sensitivity of the information requires that it shall be marked for declassification for up to 25 years from the date of the original decision. All information classified under this section shall be subject to section 3.3 of this order if it is contained in records of permanent historical value under title 44, United States Code. 기한 없는 정보는 25년 자동해제

(c) An original classification authority may extend the duration of classification, change the level of classification, or reclassify specific information only when the standards and procedures for classifying information under this order are followed.

(d) Information marked for an indefinite duration of classification under predecessor orders, for example, marked as "Originating Agency's Determination Required," or information classified under predecessor orders that contains no declassification instructions shall be declassified in accordance with part 3 of this order.

Sec. 1.6. Identification and Markings. 비밀등급 표기 등 분류 기술적 방법

(a) At the time of original classification, the following shall appear on the face of each classified document, or shall be applied to other classified media in an appropriate manner:

....

Sec. 1.7. Classification Prohibitions and Limitations. 비밀분류의 제한과 한계

(a) In no case shall information be classified in order to:

(1) conceal violations of law, inefficiency, or administrative error;

(2) prevent embarrassment to a person, organization, or agency;

(3) restrain competition; or

(4) prevent or delay the release of information that does not require protection in the interest of the national security.

(b) Basic scientific research information not clearly related to the national security shall not be classified.

(c) Information may be reclassified after declassification and release to the public under proper authority only in accordance with the following conditions: 비밀 재지정의 엄격한 한정

(1) the reclassification action is taken under the personal authority of the agency head or deputy agency head, who determines in writing that the reclassification of the information is necessary in the interest of the national security;

(2) the information may be reasonably recovered; and

(3) the reclassification action is reported promptly to the Director of the Information Security Oversight Office.

....

Sec. 1.8. Classification Challenges. 등급 재조정 요청 등

(a) Authorized holders of information who, in good faith, believe that its classification status is improper are encouraged and expected to challenge the classification status of the information in accordance with agency procedures established under paragraph (b) of this section.

(b) In accordance with implementing directives issued pursuant to this order, an agency head or senior agency official shall establish procedures under which authorized holders of information are encouraged and expected to challenge the classification of information that they believe is improperly classified or unclassified. These procedures shall ensure that:

(1) individuals are not subject to retribution for bringing such actions;

(2) an opportunity is provided for review by an impartial official or panel; and

(3) individuals are advised of their right to appeal agency decisions to the Interagency Security Classification Appeals Panel (Panel) established by section 5.3 of this order.

Part 2. Derivative Classification

Sec. 2.1. Use of Derivative Classification. 파생 분류 정보의 사용

(a) Persons who only reproduce, extract, or summarize classified information, or who only apply classification markings derived from source material or as directed by a classification guide, need not possess original classification authority.

(b) Persons who apply derivative classification markings shall: (1) observe and respect original classification decisions; and (2) carry forward to any newly created documents the pertinent classification markings. For information derivatively classified based on multiple sources, the derivative classifier shall carry forward:

(A) the date or event for declassification that corresponds to the longest period of classification among the sources; and

(B) a listing of these sources on or attached to the official file or record copy.

Sec. 2.2. Classification Guides.

(a) Agencies with original classification authority shall prepare classification guides to facilitate the proper and uniform derivative classification of information. These guides shall conform to standards contained in directives issued under this order.

....

Part 3. Declassification and Downgrading

Sec. 3.1. Authority for Declassification. 비밀해제권

(a) Information shall be declassified as soon as it no longer meets the standards for classification under this order.

(b) It is presumed that information that continues to meet the classification requirements under this order requires continued protection. In some exceptional cases, however, the need to protect such information may be outweighed by the public interest in disclosure of the information, and in these cases the information should be declassified. When such questions arise, they shall be referred to the agency head or the senior agency official. That official will determine, as an exercise of discretion, whether the public interest in disclosure outweighs the damage to the national security that might reasonably be expected from disclosure. This provision does not:

....

(c) 본 규정 위배하여 미 해제하는 정보에 대한 해제명령 If the Director of the Information Security Oversight Office determines that information is classified in violation of this order, the Director may require the information to be declassified by the agency that originated the classification. Any such decision by the Director may be appealed to the President through the Assistant to the President for National Security Affairs. The information shall remain classified pending a prompt decision on the appeal.

(d) The provisions of this section shall also apply to agencies that, under the terms of this order, do not have original classification authority, but had such authority under predecessor orders.

Sec. 3.2. Transferred Records. 임무 이양시의 비밀분류 문제 등

(a) In the case of classified records transferred in conjunction with a transfer of functions, and not merely for storage purposes, the receiving agency shall be deemed to be the originating agency for purposes of this order.

....

Sec. 3.3. Automatic Declassification. 비밀의 자동해제 - 25년 일몰 조건

(a) Subject to paragraphs (b)-(e) of this section, on December 31, 2006, all classified records that (1) are more than **25 years** old and (2) have been determined to have permanent historical value under title 44, United States Code, shall be automatically declassified whether or not the records have been reviewed. Subsequently, all classified records shall be automatically declassified on December 31 of the year that is 25 years from the date of its original classification, except as provided in paragraphs (b)-(e) of this section.

(b) 자동 해제의 예외 An agency head may exempt from automatic declassification under paragraph (a) of this section specific information, the release of which could be expected to: (1) reveal the identity of a confidential human source, or a human intelligence source, or reveal information about the application of an intelligence source or method; (2) reveal information that would assist in the development or use of weapons of mass destruction; (3) reveal information that would impair U.S. cryptologic systems or activities; (4) reveal information that would impair the application of state of the art technology within a U.S. weapon system; (5) reveal actual U.S. military war plans that remain in effect; (6) reveal information, including foreign government information, that would seriously and demonstrably impair relations between the United States and a foreign government, or seriously and demonstrably undermine ongoing diplomatic activities of the United States; (7) reveal information that would clearly and demonstrably impair the current ability of United States Government officials to protect the President, Vice President, and other protectees for whom protection services, in the interest of the national security, are authorized; (8) reveal information that would seriously and demonstrably impair current national security emergency preparedness plans or reveal current vulnerabilities of systems, installations, infrastructures, or projects relating to the national security; or (9) violate a statute, treaty, or international agreement.

....

Sec. 3.4. Systematic Declassification Review. 자동해제 점검

(a) Each agency that has originated classified information under this order or its predecessors shall establish and conduct a program for systematic declassification review. This program shall apply to records of permanent historical value exempted from automatic declassification under section 3.3 of this order. Agencies shall prioritize the systematic review of records based upon the degree of researcher interest and the likelihood of declassification upon review.

....

Sec. 3.5. Mandatory Declassification Review. 강제적 자동해제 점검

(a) Except as provided in paragraph (b) of this section, all information classified under this order or predecessor orders shall be subject to a review for declassification by the originating agency if:

(1) the request for a review describes the document or material containing the information with sufficient specificity to enable the agency to locate it with a reasonable amount of effort;

(2) the information is not exempted from search and review under sections 105C, 105D, or 701 of the National Security Act of 1947 (50 U.S.C. 403-5c, 403-5e, and 431); and

(3) the information has not been reviewed for declassification within the past 2 years. If the agency has reviewed the information within the past 2 years, or the information is the subject of pending litigation, the agency shall inform the requester of this fact and of the requester's appeal rights.

....

Sec. 3.6. Processing Requests and Reviews.

In response to a request for information under the Freedom of Information Act, the Privacy Act of 1974, or the mandatory review provisions of this order, or pursuant to the automatic declassification or systematic review provisions of this order:

....

Part 4. Safeguarding

Sec. 4.1. General Restrictions on Access. - 비밀정보의 엄격한 관리

(a) A person may have access to classified information provided that: (1) a favorable determination of eligibility for access has been made by an agency head or the agency head's designee; (2) the person has signed an approved nondisclosure agreement; and (3) the person has a nccd-to-know thc information. 알 필요성 요건

(b) Every person who has met the standards for access to classified information in paragraph

(a) of this section shall receive contemporaneous training on the proper safeguarding of classified information and on the criminal, civil, and administrative sanctions that may be imposed on an individual who fails to protect classified information from unauthorized disclosure.

(c) Classified information shall remain under the control of the originating agency or its successor in function. An agency shall not disclose information originally classified by another agency without its authorization. An official or employee leaving agency service may not remove classified information from the agency's control.

....

Sec. 4.2. Distribution Controls. 배포 통제

(a) Each agency shall establish controls over the distribution of classified information to ensure that it is distributed only to organizations or individuals eligible for access and with a need-to-know the information.

(b) In an emergency, when necessary to respond to an imminent threat to life or in defense of the homeland, the agency head or any designee may authorize the disclosure of classified information to an individual or individuals who are otherwise not eligible for access....................

....

Sec. 4.3. Special Access Programs. 특별 접근 프로그램

(a) Establishment of special access programs. Unless otherwise authorized by the President, only the Secretaries of State, Defense, and Energy, and the Director of Central Intelligence, or the principal deputy of each, may create a special access program. For special access programs pertaining to intelligence activities (including special activities, but not including military operational, strategic, and tactical programs), or intelligence sources or methods, this function shall be exercised by the Director of Central Intelligence. These officials shall keep the number of these programs at an absolute minimum, and shall establish them only when the program is required by statute or upon a specific finding that:

(1) the vulnerability of, or threat to, specific information is exceptional; and

(2) the normal criteria for determining eligibility for access applicable to information classified at the same level are not deemed sufficient to protect the information from unauthorized disclosure.

(b) Requirements and limitations.

....

Sec. 4.4. Access by Historical Researchers and Certain Former Government Personnel. 역사적 특별 연구 프로그램 종사자나 전직 정부인사의 특별한 접근

(a) The requirement in section 4.1(a)(3) of this order that access to classified information may be granted only to individuals who have a need-to-know the information may be waived for persons who:

(1) are engaged in historical research projects;

(2) previously have occupied policy-making positions ....

(3) served as President or Vice President.

....

Part 5. Implementation and Review

Sec. 5.1. Program Direction. 정보보안 감독청 책임자의 업무 명령

(a) The Director of the Information Security Oversight Office, under the direction of the Archivist and in consultation with the Assistant to the President for National Security Affairs, shall issue such directives as are necessary to implement this order. These directives shall be binding upon the agencies. Directives issued by the Director of the Information Security Oversight Office shall establish standards for:

(1) classification and marking principles;

(2) safeguarding classified information, which shall pertain to the handling, storage, distribution, transmittal, and destruction of and accounting for classified information;

(3) agency security education and training programs;

(4) agency self-inspection programs; and

(5) classification and declassification guides.

....

Sec. 5.2. Information Security Oversight Office. 정보보안 감독청의 기능과 임무

(a) There is established within the National Archives an Information Security Oversight Office. The Archivist shall appoint the Director of the Information Security Oversight Office, subject to the approval of the President.

(b) Under the direction of the Archivist, acting in consultation with the Assistant to the President for National Security Affairs, the Director of the Information Security Oversight Office shall:

(1) develop directives for the implementation of this order;

(2) oversee agency actions to ensure compliance with this order and its implementing directives;

(3) review and approve agency implementing regulations and agency guides for systematic declassification review prior to their issuance by the agency;

(4) have the authority to conduct on-site reviews of each agency's program established under this order, and to require of each agency those reports, information, and other cooperation that may be necessary to fulfill its responsibilities. If granting access to specific categories of classified information would pose an exceptional national security risk, the affected agency

head or the senior agency official shall submit a written justification recommending the denial of access to the President through the Assistant to the President for National Security Affairs within 60 days of the request for access. Access shall be denied pending the response;

(5) review requests for original classification authority from agencies or officials not granted original classification authority and, if deemed appropriate, recommend Presidential approval through the Assistant to the President for National Security Affairs;

(6) consider and take action on complaints and suggestions from persons within or outside the Government with respect to the administration of the program established under this order;

(7) have the authority to prescribe, after consultation with affected agencies, standardization of forms or procedures that will promote the implementation of the program established under this order;

(8) report at least annually to the President on the implementation of this order; and

(9) convene and chair interagency meetings to discuss matters pertaining to the program established by this order.

Sec. 5.3. Interagency Security Classification Appeals Panel. 기관 간 이의심사

....

Sec. 5.4. General Responsibilities.

....

Sec. 5.5. Sanctions. 제재

....

Part 6. General Provisions

Sec. 6.1. Definitions. 용어의 정의

....

Sec. 6.2. General Provisions.

(a) 다른 법률규정의 우선적용

Nothing in this order shall supersede any requirement made by or under the Atomic Energy Act of 1954, as amended, or the National Security Act of 1947, as amended. "Restricted Data" and "Formerly Restricted Data" shall be handled, protected, classified, downgraded, and declassified in conformity with the provisions of the Atomic Energy Act of 1954, as amended, and regulations issued under that Act.

(b) 법무부장관의 유권해석 권한

The Attorney General, upon request by the head of an agency or the Director of the Information Security Oversight Office, shall render an interpretation of this order with respect to any question arising in the course of its administration.

(c) Nothing in this order limits the protection afforded any information by other provisions of law, including the Constitution, Freedom of Information Act exemptions, the Privacy Act of 1974, and the National Security Act of 1947, as amended. This order is not intended to and does not create any right or benefit, substantive or procedural, enforceable at law by a party against the United States, its departments, agencies, officers, employees, or agents. The foregoing is in addition to the specific provisos set forth in sections 3.1(b) and 5.3(e) of this order."

(d) Executive Order 12356 of April 6, 1982, was revoked as of October 14, 1995.

Sec. 6.3. Effective Date. - 즉시 시행

This order is effective immediately, except for section 1.6, which shall become effective 180 days from the date of this order.

제2절 영국 정보공동체 관련법

제1항 영국 보안서비스법

I. 개 관

보안서비스법(Security Service Act 1989)은 내무부장관 소속으로 국내 보안방첩정보기구인 보안부(MI5 또는 SS)의 근거입법이다. 보안부는 보안방첩전문기구로 비밀정보부(MI6)와 정부통신본부(GCHQ), 국방정보참모부(DIS), 그리고 합동테러분석센터(JTAC)와 함께 영국의 정보공동체를 형성한다. 보안부의 업무는 총리의 승인을 전제로 한 합동정보위원회(JIC)의 지시에 의해 주어진다. 1931년에 이르러 보안부는 국제공산주의자들과 파시즘에 의한 정부 전복기도 등 국가안보에 대한 위협에 대처하는 광범위한 책임을 부여받았다.

한편 보안서비스법에도 보안부의 업무내용과 업무감독 내용이 명정되어 있지만 영국 정보공동체에 대한 통일 법률인 1994년 정보서비스법에도 보안부의 임무가 규정되어 있다. 국내보안기구로서 보안부(MI5)는 대테러, 간첩, 정부전복 활동 등 국가안보에 대한 중대한 위협요소로부터 국가를 보호하는 책무를 담당하고 있다. 1996년 개정된 보안서비스법은 보안부의 역할을 조직범죄 분야에 있어 법집행기구들을 지원하도록 그 역할을 확대하였다. 법에 규정된 보안부의 임무는 중대범죄, 대(對) 군사 분리 운동, 테러리즘, 그리고 해외세력의 제반 간첩활동에서 영국의 의회민주주의와 경제이익을 보호하는 것으로, 주된 임무가 국내보안 방첩활동이다. 그러나 해당 임무와 관련한 해외업무 활동도 전개한다. 군사 분리 운동이나 테러임무, 그리고 간첩 활동은 속성상 해외세력과 연관되어 있기 때문이다.

임무를 구체적으로 나누면 국제 테러대응, 대량살상무기 확산과 간첩에의 대응을 포함하는 국가안보자문, 아일랜드 군과 국내 테러 대응(Irish and domestic counter-terrorism), 그리고 감시활동 부문의 4대 분야이다. 보안부 부장은 국내 안보기구와 사무국 법률자문 부서, 그리고 정보서비스 부서의 직접 지원을 받으며 조직의 행정문제를 총괄한다. 보안부는 수사 등 법집행권은 가지고 있지 않다. 따라서 소추가 필요한 사안인 경우는 초동 단계부터 경찰 또는 유관 법집행기구와 긴밀한 협력관계 하에 업무를 수행한다. 보안부의 활동은 영국의 다른 정보기구들과 마찬가지로 합동정보위원회(JIC)의 지시와 감독을 받는다. 또한 국회 정보·안보위원회의 감독과 정보서비스위원회의 사법심사도 받는다.

한편 보안부의 정보활동은 근거법과 통신감청 등에 대한 규제를 담은 "조사권에대한규제법"과 "데이터보호법(Data Protection Act)"에 의한 규율도 받지만 미국과 달리 무분별한 정보공개로부터 정보기관의 순수성과 정보에 대한 비밀성을 보호하기 위해 "정보자유법(Freedom of Information Act 2000)"의 규제는 받지 않는다. 1989년도의 1차 보안서비스법은 1996년 개정법에 의해 보충된다.

II. 보안서비스법 원문

1. 1989년 보안서비스법

Security Service Act 1989 (c. 5)

1989 CHAPTER 5

ARRANGEMENT OF SECTIONS

Go to Preamble

Schedules:

An Act to place the Security Service on a statutory basis; to enable certain actions to be taken on the authority of warrants issued by the Secretary of State, with provision for the issue of such warrants to be kept under review by a Commissioner; to establish a procedure for the investigation by a Tribunal or, in some cases, by the Commissioner of complaints about the Service; and for connected purposes.

[27th April 1989]

Be it enacted by the Queen's most Excellent Majesty, by and with the advice and consent of the Lords Spiritual and Temporal, and Commons, in this present Parliament assembled, and by the authority of the same, as follows:—

1 The Security Service - 임무

(1) There shall continue to be a Security Service (in this Act referred to as "the Service") under the authority of the Secretary of State.

(2) The function of the Service shall be the protection of national security and, in particular, its protection against threats from espionage, terrorism and sabotage, from the activities of agents of foreign powers and from actions intended to overthrow or undermine parliamentary democracy by political, industrial or violent means.

국가안보의 수호, 그리고 특별히 간첩, 테러와 태업으로부터의 위협, 해외세력으로부터의 위협, 정치적, 산업적 또는 폭력적 방법에 의해 정부를 전복하거나 의회 민주주의를 손상시키는 행위로부터의 보호

(3) It shall also be the function of the Service to safeguard the economic well-being of the United Kingdom against threats posed by the actions or intentions of persons outside the British Islands. 해외세력으로부터의 위협으로부터 대영제국의 경제적 복지의 수호

2 The Director-General - 책임자

(1) The operations of the Service shall continue to be under the control of a Director-General appointed by the Secretary of State.

(2) The Director-General shall be responsible for the efficiency of the Service and it shall be his duty to ensure—

(a) that there are arrangements for securing that no information is obtained by the Service except so far as necessary for the proper discharge of its functions or disclosed by it except so far as necessary for that purpose or for the purpose of preventing or detecting serious crime; and

(b) that the Service does not take any action to further the interests of any political party.

(3) The arrangements mentioned in subsection (2)(a) above shall be such as to ensure that information in the possession of the Service is not disclosed for use in determining whether a person should be employed, or continue to be employed, by any person, or in any office or capacity, except in accordance with provisions in that behalf approved by the Secretary of State.

(4) The Director-General shall make an annual report on the work of the Service to the Prime Minister and the Secretary of State and may at any time report to either of them on any matter relating to its work.

3 Warrants - 영장

(1) No entry on or interference with property shall be unlawful if it is authorised by a warrant issued by the Secretary of State under this section.

(2) The Secretary of State may on an application made by the Service issue a warrant under this section authorising the taking of such action as is specified in the warrant in respect of any property so specified if the Secretary of State—

(a) thinks it necessary for the action to be taken in order to obtain information which(i) is likely to be of substantial value in assisting the Service to discharge any of its functions; and

(ii) cannot reasonably be obtained by other means; and

(b) is satisfied that satisfactory arrangements are in force under section 2(2)(a) above with respect to the disclosure of information obtained by virtue of this section and that the information obtained under the warrant will be subject to those arrangements.

....

4 The Security Service Commissioner - 보안서비스 의장

(1) The Prime Minister shall appoint as a Commissioner for the purposes of this Act a person who holds or has held high judicial office within the meaning of the [1876 c. 59.] Appellate Jurisdiction Act 1876.

(2) The Commissioner shall hold office in accordance with the terms of his appointment and there shall be paid to him by the Secretary of State such allowances as the Treasury may determine.

(3) In addition to his functions under the subsequent provisions of this Act the Commissioner shall keep under review the exercise by the Secretary of State of his powers under section 3 above.

(4) It shall be the duty of every member of the Service and of every official of the department of the Secretary of State to disclose or give to the Commissioner such documents or information as he may require for the purpose of enabling him to discharge his functions.

(5) The Commissioner shall make an annual report on the discharge of his functions to the Prime Minister and may at any time report to him on any matter relating to his discharge of those functions.

(6) The Prime Minister shall lay before each House of Parliament a copy of each annual report made by the Commissioner under subsection (5) above together with a statement as to whether any matter has been excluded from that copy in pursuance of subsection (7) below.

(7) If it appears to the Prime Minister, after consultation with the Commissioner, that the

publication of any matter in a report would be prejudicial to the continued discharge of the functions of the Service, the Prime Minister may exclude that matter from the copy of the report as laid before each House of Parliament.

(8) The Secretary of State may, after consultation with the Commissioner and with the approval of the Treasury as to numbers, provide the Commissioner with such staff as the Secretary of State thinks necessary for the discharge of his functions.

5 Investigation of complaints - 진정사건의 조사(특별법원)

(1) There shall be a Tribunal for the purpose of investigating complaints about the Service in the manner specified in Schedule 1 to this Act.

(2) Schedule 2 to this Act shall have effect with respect to the constitution, procedure and other matters relating to the Tribunal.

(3) The Commissioner shall have the functions conferred on him by Schedule 1 to this Act and give the Tribunal all such assistance in discharging their functions under that Schedule as they may require.

(4) The decisions of the Tribunal and the Commissioner under that Schedule (including decisions as to their jurisdictions) shall not be subject to appeal or liable to be questioned in any court.

6 Expenses - 예산 배정

Any expenses incurred by the Secretary of State under this Act shall be defrayed out of money provided by Parliament.

7 Short title, commencement and extent - 법의 약칭과 관할구역 등

(1) This Act may be cited as the Security Service Act 1989.

(2) This Act shall come into force on such day as the Secretary of State may by an order made by statutory instrument appoint, and different days may be appointed for different provisions or different purposes.

(3) This Act extends to Northern Ireland.

....

2. 1996년 개정 보안서비스법

Security Service Act 1996

1996 CHAPTER 35

An Act to give the Security Service the function of acting in support of the prevention and detection of serious crime, and for connected purposes.
[18th July 1996]

Be it enacted by the Queen's most Excellent Majesty, by and with the advice and consent of the Lords Spiritual and Temporal, and Commons, in this present Parliament assembled, and by the authority of the same, as follows:—

1 Functions of Security Service

(1) At the end of section 1 of the [1989 c. 5.] Security Service Act 1989 there shall be added
"(4) It shall also be the function of the Service to act in support of the activities of police forces and other law enforcement agencies in the prevention and detection of serious crime." 임무의 추가: 중대범죄의 예방과 적발을 통하여 경찰과 기타 법집행기구에 대한 지원 활동

(2) In subsection (2) of section 2 of that Act (which imposes duties on the Director-General) after paragraph (b) there shall be added—

(c) that there are arrangements, agreed with a person designated by the Secretary of State, for co-ordinating the activities of the Service in pursuance of section 1(4) of this Act with the activities of police forces and other law enforcement agencies".

(3) After subsection (3A) of that section there shall be inserted—

"(3B) The Secretary of State shall designate for the purposes of subsection (2)(c) above a person who is or has been a chief officer of police of a police force in England and Wales, the chief officer of a police force in Scotland or the chief constable of the Royal Ulster Constabulary."

2 Warrants - 영장

For subsection (3) of section 5 of the [1994 c. 13.] Intelligence Services Act 1994 (which excludes property in the British Islands from the ambit of warrants issued by the Secretary of State in support of the prevention or detection of serious crime) there shall be substituted—

"(3) A warrant issued on the application of the Intelligence Service or GCHQ for the purposes of the exercise of their functions by virtue of section 1(2)(c) or 3(2)(c) above may not relate to property in the British Islands."

(3A) A warrant issued on the application of the Security Service for the purposes of the exercise of their function under section 1(4) of the [1989 c. 5.] Security Service Act 1989 may not relate to property in the British Islands unless it authorises the taking of action in relation to conduct within subsection (3B) below.

(3B) Conduct is within this subsection if it constitutes (or, if it took place in the United Kingdom, would constitute) one or more offences, and (a) it involves the use of violence, results in substantial financial gain or is conduct by a large number of persons in pursuit of a common purpose; or (b) the offence or one of the offences is an offence for which a person who has attained the age of twenty-one and has no previous convictions could reasonably be expected to be sentenced to imprisonment for a term of three years or more."

3 Extent -관할영역의 확대

This Act extends to Northern Ireland.

4 Short title and commencement - 법의 약칭

(1) This Act may be cited as the Security Service Act 1996.

(2) This Act shall come into force on such day as the Secretary of State may appoint by an order made by statutory instrument.

제2항 정보서비스법(Intelligence Services Act 1994)

I. 개 관

1994년 5월 26일 제정된 정보서비스법은 비밀정보부(MI6)에 대한 기본법으로 비밀정보부의 기능과 책임, 그리고 통제와 감독체계를 규정하고 있다. 비밀정보부의 주요한 역할은 유관 장관들의 승인 아래 합동정보위원회의 요구에 따라 영국의 안전과 방위, 즉 국방과 외교 · 경제정책을 뒷받침할 유용한 해외 비밀정보를 생산하는 것이다. 정보서비스법은 해외정보부의 임무를 먼저 해외세력의 활동과 의도에 관한 정보의 획득과 제공이라고 하였다. 즉 모든 해외정보의 수집과, 해외세력의 의도와 활동에 관련된 과제 수행을 주된 임무로 하고 있다. 한편 법은 그러한 임무 수행은 정보활동의 목적이 오로지 영국의 국방

· 외교정책과 관련하여 국가안보의 이익을 위한 것이거나, 영국의 경제 복지이익(interests of economic well-being)을 위한 것이거나, 중대한 범죄의 적발 또는 예방을 지원하기 위한 경우에 수행하는 것으로 선언하고 있다.

법은 비밀정보부는 합동정보위원회의 요구에 의거하여 인간정보 수집기법, 기술정보 수집기법, 그리고 광범위한 세계 여러 나라 해외정보 · 보안기관들과의 연락관계 즉 리에종 관계 등 다양한 정보원(Intelligence Source)을 활용하여 정보수집 직무를 수행하도록 명시하고 있다.

한편 정보서비스법은 비밀정보부의 임무뿐만이 아니라 영국 3대정보기구인 보안부(MI5), 그리고 정부통신본부(GCHQ)와 그들에 대한 조종기능을 수행하는 합동정보위원회(JIC)에 대한 임무도 규정하고 있다 그러므로 정보서비스법은 영국 정보공동체에 대한 통일적 법률인 셈이다.

II. 정보서비스법 원문

Intelligence Services Act 1994

1994 CHAPTER 13

ARRANGEMENT OF SECTIONS

Go to Preamble

The Commissioner, the Tribunal and the investigation of complaints

8. The Commissioner.

9. Investigation of complaints.

The Intelligence and Security Committee 정보. 보안 위원회

10. The Intelligence and Security Committee.

Supplementary

11. Interpretation and consequential amendments.

12. Short title, commencement and extent.

Schedule 1 Investigation of Complaints.

Schedule 2 The Tribunal.

Schedule 3 The Intelligence and Security Committee.

Schedule 4 Consequential amendments.

An Act to make provision about the Secret Intelligence Service and the Government Communications Headquarters, including provision for the issue of warrants and authorisations enabling certain actions to be taken and for the issue of such warrants and authorisations to be kept under review; to make further provision about warrants issued on applications by the Security Service; to establish a procedure for the investigation of complaints about the Secret Intelligence Service and the Government Communications Headquarters; to make provision for the establishment of an Intelligence and Security Committee to scrutinise all three of those bodies; and for connected purposes.

[26th May 1994]

Be it enacted by the Queen's most Excellent Majesty, by and with the advice and consent of the Lords Spiritual and Temporal, and Commons, in this present Parliament assembled, and by the authority of the same, as follows:—

The Secret Intelligence Service 비밀정보부

1 The Secret Intelligence Service

(1) There shall continue to be a Secret Intelligence Service (in this Act referred to as "the

Intelligence Service") under the authority of the Secretary of State; and, subject to subsection (2) below, its functions shall be- 행정부장관산하(구체적으로는 외무부장관 소속)

(a) to obtain and provide information relating to the actions or intentions of persons outside the British Islands; and 해외세력에 대한 정보

(b) to perform other tasks relating to the actions or intentions of such persons.

(2) The functions of the Intelligence Service shall be exercisable only- 정보 서비스의 목적

(a) in the interests of national security, with particular reference to the defence and foreign policies of Her Majesty's Government in the United Kingdom; or 구체성을 가진 국가안보 목적

(b) in the interests of the economic well-being of the United Kingdom; or 대영 제국의 경제적 복지

(c) in support of the prevention or detection of serious crime. 중대범죄의 예방과 적발

2 The Chief of the Intelligence Service 비밀정보부장

(1) The operations of the Intelligence Service shall continue to be under the control of a Chief of that Service appointed by the Secretary of State. 장관이 임명하는 부장(部長)이 지휘

(2) The Chief of the Intelligence Service shall be responsible for the efficiency of that Service and it shall be his duty to ensure—

(a) that there are arrangements for securing that no information is obtained by the Intelligence Service except so far as necessary for the proper discharge of its functions and that no information is disclosed by it except so far as necessary—

(i) for that purpose;

(ii) in the interests of national security;

(iii) for the purpose of the prevention or detection of serious crime; or

(iv) for the purpose of any criminal proceedings; and

(b) that the Intelligence Service does not take any action to further the interests of any United Kingdom political party. 특정 정당의 이익을 위한 것은 아님

(3) Without prejudice to the generality of subsection (2)(a) above, the disclosure of information shall be regarded as necessary for the proper discharge of the functions of the Intelligence Service if it consists of—

(a) the disclosure of records subject to and in accordance with the [1958 c. 51.] Public Records Act 1958; or

(b) the disclosure, subject to and in accordance with arrangements approved by the Secretary of State, of information to the Comptroller and Auditor General for the purposes of his functions.

(4) The Chief of the Intelligence Service shall make an annual report on the work of the Intelligence Service to the Prime Minister and the Secretary of State and may at any time report to either of them on any matter relating to its work. 총리와 장관에 대한 연례 보고서

제출

GCHQ

3 The Government Communications Headquarters 정부통신본부

(1) There shall continue to be a Government Communications Headquarters under the authority of the Secretary of State; and, subject to subsection (2) below, its functions shall be—

(a) to monitor or interfere with electromagnetic, acoustic and other emissions and any equipment producing such emissions and to obtain and provide information derived from or related to such emissions or equipment and from encrypted material; and 전자기, 음파, 기타 방출음의 모니터와 획득 그리고 그러한 자료 또는 장비 및 암호화된 소재에서의 정보 획득,

(b) to provide advice and assistance about— (언어와 암호) 조언과 지원 활동

(i) languages, including terminology used for technical matters, and

(ii) cryptography and other matters relating to the protection of information and other material, to the armed forces of the Crown, to Her Majesty's Government in the United Kingdom or to a Northern Ireland Department or to any other organisation which is determined for the purposes of this section in such manner as may be specified by the Prime Minister.

(2) The functions referred to in subsection (1)(a) above shall be exercisable only- 서비스 목적

(a) in the interests of national security, with particular reference to the defence and foreign policies of Her Majesty's Government in the United Kingdom; or

(b) in the interests of the economic well-being of the United Kingdom in relation to the actions or intentions of persons outside the British Islands; or

(c) in support of the prevention or detection of serious crime.

(3) In this Act the expression "GCHQ" refers to the Government Communications Headquarters and to any unit or part of a unit of the armed forces of the Crown which is for the time being required by the Secretary of State to assist the Government Communications Headquarters in carrying out its functions.

4 The Director of GCHQ 정부통신본부 국장

(1) The operations of GCHQ shall continue to be under the control of a Director appointed by the Secretary of State. 책임자는 (국무부)장관이 임명

(2) The Director shall be responsible for the efficiency of GCHQ and it shall be his duty to ensure — 조직의 효율화에 책임

(a) that there are arrangements for securing that no information is obtained by GCHQ except so far as necessary for the proper discharge of its functions and that no information is disclosed by it except so far as necessary for that purpose or for the purpose of any criminal proceedings; and

(b) that GCHQ does not take any action to further the interests of any United Kingdom political party. 정치적 목적 활동 금지

(3) Without prejudice to the generality of subsection (2)(a) above, the disclosure of information shall be regarded as necessary for the proper discharge of the functions of GCHQ if it consists of—

(a) the disclosure of records subject to and in accordance with the [1958 c. 51.] Public Records Act 1958; or

(b) the disclosure, subject to and in accordance with arrangements approved by the Secretary of State, of information to the Comptroller and Auditor General for the purposes of his functions.

(4) The Director shall make an annual report on the work of GCHQ to the Prime Minister and the Secretary of State and may at any time report to either of them on any matter relating to its work. 총리와 소속 장관에 대한 연례 보고서 제출

Authorisation of certain actions

(감청과 수색 등) 특정한 행위의 승인 - 정보활동 규정

5 Warrants: general 영장 일반

(1) No entry on or interference with property or with wireless telegraphy shall be unlawful if it is authorised by a warrant issued by the Secretary of State under this section. 방문과 수색 그리고 무선 감청을 위해서는 장관이 발행하는 영장에 의함

(2) The Secretary of State may, on an application made by the Security Service, the Intelligence Service or GCHQ, issue a warrant under this section authorising the taking, subject to subsection (3) below, of such action as is specified in the warrant in respect of any property so specified or in respect of wireless telegraphy so specified if the Secretary of State- 장관은 비밀정보부부장과 정부통신본부장의 신청에 따라 다음 사항을 특정하여 영장발부

(a) thinks it necessary for the action to be taken on the ground that it is likely to be of substantial value in assisting, as the case may be,—

(i) the Security Service in carrying out any of its functions under the [1989 c. 5.] 1989 Act; or

(ii) the Intelligence Service in carrying out any of its functions under section 1 above; or

(iii) GCHQ in carrying out any function which falls within section 3(1)(a) above; and

(b) is satisfied that what the action seeks to achieve cannot reasonably be achieved by other means; and

(c) is satisfied that satisfactory arrangements are in force under section 2(2)(a) of the 1989 Act (duties of the Director-General of the Security Service), section 2(2)(a) above or section 4(2)(a) above with respect to the disclosure of information obtained by virtue of this section and that any information obtained under the warrant will be subject to those arrangements.

....

6 Warrants: procedure and duration, etc 절차와 기한

(1) A warrant shall not be issued except—

(a) under the hand of the Secretary of State; or

(b) in an urgent case where the Secretary of State has expressly authorised its issue and a statement of that fact is endorsed on it, under the hand of a senior official of his department.

(2) A warrant shall, unless renewed under subsection (3) below, cease to have effect—

(a) if the warrant was under the hand of the Secretary of State, at the end of the period of six months beginning with the day on which it was issued; and

(b) in any other case, at the end of the period ending with the second working day following that day.

(3) If at any time before the day on which a warrant would cease to have effect the Secretary of State considers it necessary for the warrant to continue to have effect for the purpose for which it was issued, he may by an instrument under his hand renew it for a period of six months beginning with that day.

(4) The Secretary of State shall cancel a warrant if he is satisfied that the action authorised by it is no longer necessary. 장관의 영장 취소

....

7 Authorisation of acts outside the British Islands

(1) If, apart from this section, a person would be liable in the United Kingdom for any act done outside the British Islands, he shall not be so liable if the act is one which is authorised to be done by virtue of an authorisation given by the Secretary of State under this section.

(2) In subsection (1) above "liable in the United Kingdom" means liable under the criminal or civil law of any part of the United Kingdom.

....

(4) Without prejudice to the generality of the power of the Secretary of State to give an authorisation under this section, such an authorisation—

(a) may relate to a particular act or acts, to acts of a description specified in the authorisation or to acts undertaken in the course of an operation so specified;

(b) may be limited to a particular person or persons of a description so specified; and

(c) may be subject to conditions so specified.

....

(8) The Secretary of State shall cancel an authorisation if he is satisfied that any act authorised by it is no longer necessary. 승인의 취소

The Commissioner, the Tribunal and the investigation of complaints

의장, 특별법원 그리고 진정조사

8 The Commissioner

(1) The Prime Minister shall appoint as a Commissioner for the purposes of this Act a person who holds or has held high judicial office within the meaning of the [1876 c.59.] Appellate urisdiction Act 1876. 총리의 본법에 의한 고등법원(high judicial office) 감독관(의장) 임명

(2) The Commissioner shall hold office in accordance with the terms of his appointment and there shall be paid to him by the Secretary of State such allowances as the Treasury may determine.

(3) In addition to his functions under the subsequent provisions of this Act, the Commissioner shall keep under review the exercise by the Secretary of State of his powers under sections 5 to 7 above, except in so far as the powers under sections 5 and 6 above relate to the Security Service. 감독관은 장관이 본법에 의거해 정당히 (정보)업무를 수행하는지를 감독

(4) It shall be the duty of—

(a) every member of the Intelligence Service,

(b) every member of GCHQ, and

(c) every official of the department of the Secretary of State,

to disclose or give to the Commissioner such documents or information as he may require for the purpose of enabling him to discharge his functions. 각 정보기구의 수장은 감독관의 업무 수행에 필요한 자료와 정보 제공과 협조 의무

(5) The Commissioner shall make an annual report on the discharge of his functions to the Prime Minister and may at any time report to him on any matter relating to his discharge of those functions. 총리에 대한 연례 보고서

(6) The Prime Minister shall lay before each House of Parliament a copy of each annual report made by the Commissioner under subsection (5) above together with a statement as to whether any matter has been excluded from that copy in pursuance of subsection (7) below.

총리는 감독관 제출 보고서는 의회에 제시

....

9 Investigation of complaints 진정 조사

(1) There shall be a Tribunal for the purpose of investigating complaints about the Intelligence Service or GCHQ in the manner specified in Schedule 1 to this Act. 비밀 정보부 또는 정부통신 본부에 진정조사를 위한 특별법원 설치

(2) The Commissioner shall have the functions conferred on him by Schedule 1 to this Act and give the Tribunal all such assistance in discharging their functions under that Schedule as they may require.

(3) Schedule 2 to this Act shall have effect with respect to the constitution, procedure and other

matters relating to the Tribunal.

(4) The decisions of the Tribunal and the Commissioner under Schedule 1 to this Act (including decisions as to their jurisdictions) shall not be subject to appeal or liable to be questioned in any court. 특별법원의 결정은 항소와 책임 추궁이 가능한 사법심사의 대상이 아님

The Intelligence and Security Committee

정보 · 보안위원회

10 The Intelligence and Security Committee

(1) There shall be a Committee, to be known as the Intelligence and Security Committee and in this section referred to as "the Committee", to examine the expenditure, administration and policy of- 보안부, 비밀정보부, 정부통신본부의 예산과 행정, 그리고 정책 심사를 위한 위원회

(a) the Security Service;

(b) the Intelligence Service; and

(c) GCHQ.

(2) The Committee shall consist of nine members— 9명의 위원

(a) who shall be drawn both from the members of the House of Commons and from the members of the House of Lords; and

(b) none of whom shall be a Minister of the Crown.

(3) The members of the Committee shall be appointed by the Prime Minister after consultation with the Leader of the Opposition, within the meaning of the [1975 c. 27.] Ministerial and other Salaries Act 1975; and one of those members shall be so appointed as Chairman of the Committee. 위원장을 포함한 위원은 총리가 임명

....

(4) The Committee shall make an annual report on the discharge of their functions to the Prime Minister and may at any time report to him on any matter relating to the discharge of those functions. 정례보고서와 수시보고서

(6) The Prime Minister shall lay before each House of Parliament a copy of each annual report made by the Committee under subsection (5) above together with a statement as to whether any matter has been excluded from that copy in pursuance of subsection (7) below. 총리는 보고서를 의회에 제출

(8) If it appears to the Prime Minister, after consultation with the Committee, that the publication of any matter in a report would be prejudicial to the continued discharge of the functions of either of the Services or, as the case may be, GCHQ, the Prime Minister may exclude that matter from the copy of the report as laid before each House of Parliament. 보안이 필요한 부분은 제외 가능

제3항 조사권한규제법(Regulation of Investigatory Powers Act 2000)

I. 개 관

2000년 영국의 조사권한규제법(Regulation of Investigatory Powers Act 2000: RIP 또는 RIPA)은 정보기구들의 정보활동을 규율하면서도 사실은 전폭적으로 지원하기 위해 제정된 정보활동 규율근거법이다. 전자감시활동을 수행하는 국가기구의 업무 준거법으로, 정보기구를 포함한 전자감시활동과 조사 업무를 수행하는 국가기구의 권한을 규제하고 통화감청을 규율하는 내용을 담고 있다. 법은 2000년 2월 의회에 소개되어 그 해 7월 26일 의회를 통과하였고 7월 28일 서명 공포되어 발효되었다.

법은 국가안보(national security)목적, 중대범죄를 예방하고 적발(preventing or detecting crime)하는 목적, 무질서를 예방하고(preventing disorder) 공공의 안전(public safety)을 도모하기 위한 목적, 공중의 보건을 보호하기 위한 목적(protecting public health) 또는 대영제국의 경제적 복지를 위한 목적(the interests of the economic well-being of the United Kingdom)등 광범위한 근거로 발동할 수 있다.

독립 조문만 총 83개에 달하는 약 100쪽 분량의 방대한 법으로 항목만 보아도 어떠한 사항을 담은 것인지 대략의 내용을 알 수 있다. 국제마약, 국제테러, 사이버 테러, 국제 조직범죄와 같은 초국가적 안보위협세력에 대한 구체적인 정보활동과 정보와 수사를 연계하여 처벌하는 경우의 정보수집과 증거생산에 모두 긴요한 내용들로, 오늘날 글로벌 국제 안보환경에서 필요한 입법의 내용과 방향을 잘 알게 해준다. 예컨대 초국가적 안보위협세력에 대한 국가 5개년 계획이나, 대책회의체 설립, 연구조사, 학술회의와 같은 위인설관으로 불필요한 새로운 임무설정에 불과한 장식적인 포장은 기동력 있고 무차별적으로 전개되는 위협세력에 대한 해답이 될 수 없음을 잘 일깨워 준다.

II. 조사권한규제법의 주요 내용

조사권한규제법은 과학 기술문명의 발달에 따라 인터넷과 암호화(encryption) 같은 기술적 변화가 초래된 수사와 정보환경을 감안하여 도입된 법률로 정보. 수사기관의 과학기술적 개입 기법에 법적 근거를 부여한 것이다. 앞서 본 바와 같이, RIPA는 국가안보 목적, 범죄예방과 적발 · 치안 무질서 · 공중의 안전 예방, 공공의 건강 보호 목적, 또는 대영제국의 경제적 복지를 근거로 발동할 수 있는 법으로 국가정보활동과 법집행 그리고 정책활동을 위하여 사용할 수 있다. 3대 주요 정보기구인 보안부(Security Service), 비밀정보부(Secret Intelligence Service) 그리고 정부통신본부(Government Communications Headquarters)가 주요 사용처가 됨은 물론이다. 그 외 세관장, 국방정보책임자 그리고 런던경시청장도 법에 의한 영장을 신청할 수 있다.(법 제 6조 제2항).

공권력에 의한 개인에 대한 광범위한 전자 통화 감청을 허용하는 동법은 국가로 하여금, 통신사업자에게 ISP(Internet service provider)의 제공을 요청할 수 있고, 통신의 대량 전자감시(mass surveillance of communications in transit)를 할 수 있고, 통신사업자에게 전자감시를 가능하게 하는 장비 설치를 요구할 수 있고, 보호 장치된 정보에 접근할 수 있는 접근키를 요구할 수 있고, 인터넷 이용 상황을 모니터 할 수 있고, 그리고 활동과 자료의 철저한 보호를 위하여 법에 의한 감청영장과 수집된 자료가 법원에 현출(顯出) 되는 것을 금지하고 있다. 이처럼 법은 테러를 포함한 일반 중대범죄를 예방하기 위한 전자감시활동과 정보수집에 근거를 부여한 것으로 다음이 법의 주요내용이다.

1) 통신감청(the interception of communications)
2) 통신관련 데이터의 획득과 공개(losure of data relating to communications)
3) 전자감시활동(carrying out of surveillance)
4) 비밀 인간정보 요원의 활용(use of covert human intelligence sources)
5) 암호와 비밀번호에 의해 보호되는 전자적 데이터에의 접근(access to electronic data protected by encryption or passwords)
6) 무선전신(wireless telegraphy)과 같은 사유재산에의 진입과 개입

한편 동법과 관련된 쟁점을 독립적으로 관장하는 감독관과 특별법원을 창설하여, 정보공동체 정보기구들은 정보 · 보안업무의 일환으로 통신감청 등을 하는 경우에 법상의 정보업무 감독관에 의한 업무심사를 받는다. 또한 통신의 불법 감청에 따른 일반인의 불만 등, 정보업무를 수행함에 있어 발생할 수 있는 인권침해 문제에 대하여는 특별법원(Tribunal)이 전속 관할권을 행사한다. 정보업무 감독관은 정보업무와 관련한 각종 쟁점과 업무수행에 대한 적법한 권한 보유여부, 그리고 우편물과 통신검열 업무를 감사하고 특별법원의

사실 확인 조사 업무를 지원한다. 정보업무 감독관은 매년 총리에게 업무활동에 대한 보고서를 직접 제출하고, 그들의 보고서는 총리가 검토한 후에 전술한 정보·보안위원회 보고서처럼 민감한 부분만 제외하고 의회에도 비치되어 국민들의 대표인 다른 의원들도 열람할 수 있게 된다.

한편 동법에 대해서는 입법 과정과 시행된 이 후에도 시민의 자유를 과도하게 침해하고 위협한다는 비난이 적지 않게 있었다. 실제로 국가안보 목적과는 무관한 3명의 자녀를 둔 가정에 대해 그들이 좋은 학군을 배정받기 위해 학교 근처의 특정한 지역에 거주하는 것은 아닌지에 대한 가정과 일상생활에 대한 무분별한 전자 감시활동이 전개되었던 것이 알려지면서 비난은 거세지기도 하였다.[148] 또한 III장의 복잡한 규제는 실제 업무를 오히려 어렵게 할 수도 있다는 비난도 있었다. 또한 인터넷 공급자에게 공권력이 감청활동을 하는데 편의를 제공하게 하기위하여 지나친 장비설비를 할 것을 요구한다는 비난도 있다.[149]

III. 조사권한규제법 원문

Regulation of Investigatory Powers Act 2000

2000 CHAPTER 23

ARRANGEMENT OF SECTIONS

Go to Preamble

Part I

Communications

148) *See,* Family's shock at council spying, BBC 11th April 2008, "Council admits spying on family", *available at, http://news.bbc.co.uk/1/hi/england/dorset/* 7341179.stm.

149) *See,* Review urged on RIPA surveillance powers, (LGA media release 23 June 2008), *available at,* http://www.lga.gov.uk/lga/core/page.do?pageId=740231.

Chapter I

Interception

Unlawful and authorised interception

1. Unlawful interception.
2. Meaning and location of "interception" etc.
3. Lawful interception without an interception warrant.
4. Power to provide for lawful interception.
5. Interception with a warrant.

Interception warrants

6. Application for issue of an interception warrant.
7. Issue of warrants.
8. Contents of warrants.
9. Duration, cancellation and renewal of warrants.
10. Modification of warrants and certificates.
11. Implementation of warrants.

Interception capability and costs

12. Maintenance of interception capability.
13. Technical Advisory Board.
14. Grants for interception costs.

Restrictions on use of intercepted material etc.

15. General safeguards.
16. Extra safeguards in the case of certificated warrants.
17. Exclusion of matters from legal proceedings.
18. Exceptions to section 17.
19. Offence for unauthorised disclosures.

Interpretation of Chapter I

20. Interpretation of Chapter I.

Chapter II

Acquisition and disclosure of communications data

Part II

Surveillance and covert human intelligence sources

Introductory

Authorisation of surveillance and human intelligence sources

Police and customs authorisations

Other authorisations

Grant, renewal and duration of authorisations

44. Special rules for intelligence services authorisations.
45. Cancellation of authorisations.

Scotland

46. Restrictions on authorisations extending to Scotland.

Supplemental provision for Part II

47. Power to extend or modify authorisation provisions.
48. Interpretation of Part II.

Part III

Investigation of electronic data protected by encryption etc.

Power to require disclosure

49. Notices requiring disclosure.
50. Effect of notice imposing disclosure requirement.
51. Cases in which key required.

Contributions to costs

52. Arrangements for payments for disclosure.

Offences

53. Failure to comply with a notice.
54. Tipping-off.

Safeguards

55. General duties of specified authorities.

Interpretation of Part III

56. Interpretation of Part III.

Part IV

Scrutiny etc. of investigatory powers and of the functions of the intelligence services

Commissioners

57. Interception of Communications Commissioner.
58. Co-operation with and reports by s. 57 Commissioner.
59. Intelligence Services Commissioner.
60. Co-operation with and reports by s. 59 Commissioner.
61. Investigatory Powers Commissioner for Northern Ireland.
62. Additional functions of Chief Surveillance Commissioner.
63. Assistant Surveillance Commissioners.
64. Delegation of Commissioners' functions.

The Tribunal

65. The Tribunal.
66. Orders allocating proceedings to the Tribunal.
67. Exercise of the Tribunal's jurisdiction.
68. Tribunal procedure.
69. Tribunal rules.
70. Abolition of jurisdiction in relation to complaints.

Codes of practice

71. Issue and revision of codes of practice.
72. Effect of codes of practice.

Part V

Miscellaneous and supplemental

Miscellaneous

73. Conduct in relation to wireless telegraphy.
74. Warrants under the Intelligence Services Act 1994.
75. Authorisations under Part III of the Police Act 1997.
76. Surveillance etc. operations beginning in Scotland.

Supplemental

Schedules:

An Act to make provision for and about the interception of communications, the acquisition and disclosure of data relating to communications, the carrying out of surveillance, the use of covert human intelligence sources and the acquisition of the means by which electronic data protected by encryption or passwords may be decrypted or accessed; to provide for Commissioners and a tribunal with functions and jurisdiction in relation to those matters, to entries on and interferences with property or with wireless telegraphy and to the carrying out of their functions by the Security Service, the Secret Intelligence Service and the Government Communications Headquarters; and for connected purposes.
[28th July 2000]

Be it enacted by the Queen's most Excellent Majesty, by and with the advice and consent of the Lords Spiritual and Temporal, and Commons, in this present Parliament assembled, and by the authority of the same, as follows:—

Part I. Communications

Chapter I. Interception

Unlawful and authorised interception

1. Unlawful interception. 허용되지 않는 불법 감청 유형

(1) It shall be an offence for a person intentionally and without lawful authority to intercept, at any place in the United Kingdom, any communication in the course of its transmission by means of—

(a) a public postal service; or

(b) a public telecommunication system.

(2) It shall be an offence for a person—

(a) intentionally and without lawful authority, and

(b) otherwise than in circumstances in which his conduct is excluded by subsection (6) from criminal liability under this subsection, to intercept, at any place in the United Kingdom, any communication in the course of its transmission by means of a private telecommunication system.

(3) Any interception of a communication which is carried out at any place in the United Kingdom by, or with the express or implied consent of, a person having the right to control the operation or the use of a private telecommunication system shall be actionable at the suit or instance of the sender or recipient, or intended recipient, of the communication if it is without lawful authority and is either—

(a) an interception of that communication in the course of its transmission by means of that private system; or

(b) an interception of that communication in the course of its transmission, by means of a public telecommunication system, to or from apparatus comprised in that private telecommunication system.

(4) Where the United Kingdom is a party to an international agreement which—

(a) relates to the provision of mutual assistance in connection with, or in the form of, the interception of communications,

(b) requires the issue of a warrant, order or equivalent instrument in cases in which assistance is given, and

(c) is designated for the purposes of this subsection by an order made by the Secretary of State,

it shall be the duty of the Secretary of State to secure that no request for assistance in accordance with the agreement is made on behalf of a person in the United Kingdom to the competent authorities of a country or territory outside the United Kingdom except with lawful authority.

(5) Conduct has lawful authority for the purposes of this section if, and only if—

(a) it is authorised by or under section 3 or 4;

(b) it takes place in accordance with a warrant under section 5 ("an interception warrant"); or

(c) it is in exercise, in relation to any stored communication, of any statutory power that is exercised (apart from this section) for the purpose of obtaining information or of taking possession of any document or other property;

and conduct (whether or not prohibited by this section) which has lawful authority for the purposes of this section by virtue of paragraph (a) or (b) shall also be taken to be lawful for all other purposes.

(6) The circumstances in which a person makes an interception of a communication in the course of its transmission by means of a private telecommunication system are such that his conduct is excluded from criminal liability under subsection (2) if—

(a) he is a person with a right to control the operation or the use of the system; or

(b) he has the express or implied consent of such a person to make the interception.

(7) A person who is guilty of an offence under subsection (1) or (2) shall be liable—

(a)on conviction on indictment, to imprisonment for a term not exceeding two years or to a fine, or to both;

(b) on summary conviction, to a fine not exceeding the statutory maximum.

....

2. Meaning and location of "interception" etc. 용어의 정의

(1) In this Act—

"postal service" means any service which—

(a) consists in the following, or in any one or more of them, .namely, the collection, sorting, conveyance, distribution and delivery (whether in the United Kingdom or elsewhere) of postal items; and

(b) is offered or provided as a service the main purpose of which, or one of the main purposes of which, is to make available, or to facilitate, a means of transmission from place to place of postal items containing communications;

"private telecommunication system" means any telecommunication system which, without itself being a public telecommunication system, is a system in relation to which the following conditions are satisfied—

(a) it is attached, directly or indirectly and whether or not for the purposes of the communication in question, to a public telecommunication system; and

(b) there is apparatus comprised in the system which is both located in the United Kingdom and used (with or without other apparatus) for making the attachment to the public telecommunication system;

....

(2) For the purposes of this Act, but subject to the following provisions of this section, a person intercepts a communication in the course of its transmission by means of a telecommunication system if, and only if, he—

(a)so modifies or interferes with the system, or its operation,

(b)so monitors transmissions made by means of the system, or

(c)so monitors transmissions made by wireless telegraphy to or from apparatus comprised in the system,as to make some or all of the contents of the communication available, while being transmitted, to a person other than the sender or intended recipient of the communication.

(3) References in this Act to the interception of a communication do not include references to the interception of any communication broadcast for general reception.

(4) For the purposes of this Act the interception of a communication takes place in the United Kingdom if, and only if, the modification, interference or monitoring or, in the case of a postal item, the interception is effected by conduct within the United Kingdom and the communication is either—

(a)intercepted in the course of its transmission by means of a public postal service or public telecommunication system; or

(b)intercepted in the course of its transmission by means of a private telecommunication system in a case in which the sender or intended recipient of the communication is in the United Kingdom.

....

(9) In this section "traffic data", in relation to any communication, means—

(a)any data identifying, or purporting to identify, any person, apparatus or location to or from which the communication is or may be transmitted,

(b)any data identifying or selecting, or purporting to identify or select, apparatus through which, or by means of which, the communication is or may be transmitted,

....

(11) In this section "postal item" means any letter, postcard or other such thing in writing as may be used by the sender for imparting information to the recipient, or any packet or parcel.

3. Lawful interception without an interception warrant. 영장 없는 적법 감청

(1) Conduct by any person consisting in the interception of a communication is authorised by this section if the communication is one which, or which that person has reasonable grounds for believing, is both—

(a)a communication sent by a person who has consented to the interception; and

(b)a communication the intended recipient of which has so consented.

(2) Conduct by any person consisting in the interception of a communication is authorised by this section if—

(a)the communication is one sent by, or intended for, a person who has consented to the interception; and

(b)surveillance by means of that interception has been authorised under Part II.

(3) Conduct consisting in the interception of a communication is authorised by this section if—

(a)it is conduct by or on behalf of a person who provides a postal service or a telecommunications service; and

(b)it takes place for purposes connected with the provision or operation of that service or with the enforcement, in relation to that service, of any enactment relating to the use of postal services or telecommunications services.

(4) Conduct by any person consisting in the interception of a communication in the course of its transmission by means of wireless telegraphy is authorised by this section if it takes place—

(a)with the authority of a designated person under section 5 of the M1 Wireless

Telegraphy Act 1949 (misleading messages and interception and disclosure of wireless telegraphy messages); and

(b)for purposes connected with anything falling within subsection (5).

....

4. Power to provide for lawful interception. 적법 감청 권한

(1) Conduct by any person ("the interceptor") consisting in the interception of a communication in the course of its transmission by means of a telecommunication system is authorised by this section if—

(a)the interception is carried out for the purpose of obtaining information about the communications of a person who, or who the interceptor has reasonable grounds for believing, is in a country or territory outside the United Kingdom; 해외 거주자

(b)the interception relates to the use of a telecommunications service provided to persons in that country or territory which is either—

(i) a public telecommunications service; or

(ii) a telecommunications service that would be a public telecommunications service if the persons to whom it is offered or provided were members of the public in a part of the United Kingdom;

(c)the person who provides that service (whether the interceptor or another person) is required by the law of that country or territory to carry out, secure or facilitate the interception in question;

(d)the situation is one in relation to which such further conditions as may be prescribed by regulations made by the Secretary of State are required to be satisfied before conduct may be treated as authorised by virtue of this subsection; and

(e)the conditions so prescribed are satisfied in relation to that situation.

....

(5) Conduct taking place in any hospital premises where high security psychiatric services are provided is authorised by this section if it is conduct in pursuance of, and in accordance with, any direction given under section 17 of the M6 National Health Service Act 1977 (directions as to the carrying out of their functions by health bodies) to the body providing those services at those premises.

(6) Conduct taking place in a state hospital is authorised by this section if it is conduct in pursuance of, and in accordance with, any direction given to the State Hospitals Board for Scotland under section 2(5) of the M7 National Health Service (Scotland) Act 1978 (regulations and directions as to the exercise of their functions by health boards) as applied by Article 5(1) of and the Schedule to The M8 State Hospitals Board for Scotland Order 1995 (which applies certain provisions of that Act of 1978 to the State Hospitals Board).

....

5. Interception with a warrant. 영장에 의한 감청

(1) Subject to the following provisions of this Chapter, the Secretary of State may issue a warrant

authorising or requiring the person to whom it is addressed, by any such conduct as may be described in the warrant, to secure any one or more of the following— 소속장관이 영장 발부

(a)the interception in the course of their transmission by means of a postal service or telecommunication system of the communications described in the warrant;

(b)the making, in accordance with an international mutual assistance agreement, of a request for the provision of such assistance in connection with, or in the form of, an interception of communications as may be so described; 국제협약도 고려

....

(d)the disclosure, in such manner as may be so described, of intercepted material obtained by any interception authorised or required by the warrant, and of related communications data.

(2) The Secretary of State shall not issue an interception warrant unless he believes- 영장 불허 사유

(a)that the warrant is necessary on grounds falling within subsection (3); and 필요성의 요청

(b)that the conduct authorised by the warrant is proportionate to what is sought to be achieved by that conduct. 타당성의 요청

(3) Subject to the following provisions of this section, a warrant is necessary on grounds falling within this subsection if it is necessary- 필요성의 요청

(a)in the interests of national security; 국가안보

(b)for the purpose of preventing or detecting serious crime; 중대범죄의 예방과 적발

(c)for the purpose of safeguarding the economic well-being of the United Kingdom; or 대영제국의 경제적 복지 수호

(d)for the purpose, in circumstances appearing to the Secretary of State to be equivalent to those in which he would issue a warrant by virtue of paragraph (b), of giving effect to the provisions of any international mutual assistance agreement. 기타 사유

....

(5) A warrant shall not be considered necessary on the ground falling within subsection (3)(c) unless the information which it is thought necessary to obtain is information relating to the acts or intentions of persons outside the British Islands. 해외정보 연관성 필요

(6) The conduct authorised by an interception warrant shall be taken to include- 감청영장의 내용

(a)all such conduct (including the interception of communications not identified by the warrant) as it is necessary to undertake in order to do what is expressly authorised or required by the warrant;

(b)conduct for obtaining related communications data; and

(c)conduct by any person which is conduct in pursuance of a requirement imposed by or on behalf of the person to whom the warrant is addressed to be provided with assistance with giving effect to the warrant.

Interception warrants

6. Application for issue of an interception warrant. 감청 영장의 신청

(1) An interception warrant shall not be issued except on an application made by or on behalf of a person specified in subsection (2).

(2) Those persons are— 신청권자

(a)the Director-General of the Security Service; 보안부장(MI5)

(b)the Chief of the Secret Intelligence Service; 비밀정보부장(mi6)

(c)the Director of GCHQ; 정부통신본부장

(d)the Director General of the National Criminal Intelligence Service; 국가범죄정보부장

(e)the Commissioner of Police of the Metropolis; 메트로폴리스 경찰 책임자(영국의 경우 Commissioner of Police of the Metropolis는 런던 경시청(London's Metropolitan Police Service) 책임자를 지칭한다.

(f)the Chief Constable of the Royal Ulster Constabulary;

(g)the chief constable of any police force maintained under or by virtue of section 1 of the M17 Police (Scotland) Act 1967;

(h)the Commissioners of Customs and Excise; 세관 책임자

(i)the Chief of Defence Intelligence; 국방 정보책임자

(j)a person who, for the purposes of any international mutual assistance agreement, is the competent authority of a country or territory outside the United Kingdom. 국제협약상 책임자

(3) An application for the issue of an interception warrant shall not be made on behalf of a person specified in subsection (2) except by a person holding office under the Crown.

7. Issue of warrants. 영장의 발부

(1) An interception warrant shall not be issued except-

(a)under the hand of the Secretary of State..... ; or 원칙적 장관이 발부

(b)in a case falling within subsection (2), under the hand of a senior official.

상위 공무원

(2) Those cases are- 예외적인 경우 설명

....

8. Contents of warrants. 영장의 내용

(1) An interception warrant must name or describe eithe-— 영장은 이름 또는 내용에 대한 설명 필요

(a)one person as the interception subject; or

(b)a single set of premises as the premises in relation to which the interception to which the warrant relates is to take place.

(2) The provisions of an interception warrant describing communications the interception of which is

authorised or required by the warrant must comprise one or more schedules setting out the addresses, numbers, apparatus or other factors, or combination of factors, that are to be used for identifying the communications that may be or are to be intercepted.

(3) Any factor or combination of factors set out in accordance with subsection (2) must be one that identifies communications which are likely to be or to include-

(a)communications from, or intended for, the person named or described in the warrant in accordance with subsection (1); or

(b)communications originating on, or intended for transmission to, the premises so named or described.

....

9. Duration, cancellation and renewal of warrants. 기한, 취소, 갱신

(1) An interception warrant-

(a)shall cease to have effect at the end of the relevant period; but

(b)may be renewed, at any time before the end of that period, by an instrument under the hand of the Secretary of State or, in a case falling within section 7(2)(b), under the hand of a senior official.

(2) An interception warrant shall not be renewed under subsection (1) unless the Secretary of State believes that the warrant continues to be necessary on grounds falling within section 5(3).

(3) The Secretary of State shall cancel an interception warrant if he is satisfied that the warrant is no longer necessary on grounds falling within section 5(3). 장관에 의한 영장 취소

....

10. Modification of warrants and certificates. 영장의 수정

(1) The Secretary of State may at any tim-

(a)modify the provisions of an interception warrant; or

(b)modify a section 8(4) certificate so as to include in the certified material any material the examination of which he considers to be necessary as mentioned in section 5(3)(a), (b) or (c).

(2) If at any time the Secretary of State considers that any factor set out in a schedule to an interception warrant is no longer relevant for identifying communications which, in the case of that warrant, arc likely to bc or to includc communications falling within scction 8(3)(a) or (b), it shall be his duty to modify the warrant by the deletion of that factor.

....

(5) Unscheduled parts of an interception warrant shall not be modified under the hand of a senior official except in an urgent case in which-

(a)the Secretary of State has himself expressly authorised the modification; and

(b)a statement of that fact is endorsed on the modifying instrument.

11. Implementation of warrants. 영장 집행

(1) Effect may be given to an interception warrant eithe

(a)by the person to whom it is addressed; or

(b)by that person acting through, or together with, such other persons as he may require (whether under subsection (2) or otherwise) to provide him with assistance with giving effect to the warrant.

(2) For the purpose of requiring any person to provide assistance in relation to an interception warrant the person to whom it is addressed may-

(a)serve a copy of the warrant on such persons as he considers may be able to provide such assistance; or

(b)make arrangements under which a copy of it is to be or may be so served.

(3) The copy of an interception warrant that is served on any person under subsection (2) may, to the extent authorise-

(a)by the person to whom the warrant is addressed, or

(b)by the arrangements made by him for the purposes of that subsection,

omit any one or more of the schedules to the warrant.

(4) Where a copy of an interception warrant has been served by or on behalf of the person to whom it is addressed on-

(a)a person who provides a postal service,

(b)a person who provides a public telecommunications service, or

(c)a person not falling within paragraph (b) who has control of the whole or any part of a telecommunication system located wholly or partly in the United Kingdom,

....

Interception capability and costs

12. Maintenance of interception capability. 감청 능력의 유지

(1) The Secretary of State may by order provide for the imposition by him on persons who-

(a)are providing public postal services or public telecommunications services, or

(b)are proposing to do so,

of such obligations as it appears to him reasonable to impose for the purpose of securing that it is and remains practicable for requirements to provide assistance in relation to interception warrants to be imposed and complied with. 장관이 명령 발령

(2) The Secretary of State's power to impose the obligations provided for by an order under this section shall be exercisable by the giving, in accordance with the order, of a notice requiring the person who is to be subject to the obligations to take all such steps as may be specified or described in the notice.

....

(4) A person shall not be liable to have an obligation imposed on him in accordance with an order under this section by reason only that he provides, or is proposing to provide, to members of the public a telecommunications service the provision of which is or, as the case may be, will be no more than-

사업자의 면책

(a)the means by which he provides a service which is not a telecommunications service; or

(b)necessarily incidental to the provision by him of a service which is not a telecommunications service.

....

(9) Before making an order under this section the Secretary of State shall consult with- 사전 자문

(a)such persons appearing to him to be likely to be subject to the obligations for which it provides,

(b)the Technical Advisory Board,

(c)such persons representing persons falling within paragraph (a), and

(d)such persons with statutory functions in relation to persons falling within that paragraph,

as he considers appropriate.

(10) The Secretary of State shall not make an order under this section unless a draft of the order has been laid before Parliament and approved by a resolution of each House. 의회의 사전 승인

....

(12) In this section "relevant interception warrant"-

(a)in relation to a person providing a public postal service, means an interception warrant relating to the interception of communications in the course of their transmission by means of that service; and

(b)in relation to a person providing a public telecommunications service, means an interception warrant relating to the interception of communications in the course of their transmission by means of a telecommunication system used for the purposes of that service.

13. Technical Advisory Board. 기술 자문위원회

(1) There shall be a Technical Advisory Board consisting of such number of persons appointed by the Secretary of State as he may by order provide.

(2) The order providing for the membership of the Technical Advisory Board must also make provision which is calculated to ensure-

(a)that the membership of the Technical Advisory Board includes persons likely effectively to represent the interests of the persons on whom obligations may be imposed under section 12;

(b)that the membership of the Board includes persons likely effectively to represent the interests of the persons by or on whose behalf applications for interception warrants may be made;

(c)that such other persons (if any) as the Secretary of State thinks fit may be appointed to be members of the Board; and

(d)that the Board is so constituted as to produce a balance between the representation of the interests mentioned in paragraph (a) and the representation of those mentioned in paragraph (b).

(3) The Secretary of State shall not make an order under this section unless a draft of the order

has been laid before Parliament and approved by a resolution of each House.

14. Grants for interception costs. 비용의 보전

(1) It shall be the duty of the Secretary of State to ensure that such arrangements are in force as are necessary for securing that a person who provides-

(a)a postal service, or

(b)a telecommunications service,

receives such contribution as is, in the circumstances of that person's case, a fair contribution towards the costs incurred, or likely to be incurred, by that person in consequence of the matters mentioned in subsection (2).

(2) Those matters are-

(a)in relation to a person providing a postal service, the issue of interception warrants relating to communications transmitted by means of that postal service;

(b)in relation to a person providing a telecommunications service, the issue of interception warrants relating to communications transmitted by means of a telecommunication system used for the purposes of that service;

(c)in relation to each description of person, the imposition on that person of obligations provided for by an order under section 12.

(3) For the purpose of complying with his duty under this section, the Secretary of State may make arrangements for payments to be made out of money provided by Parliament.

Restrictions on use of intercepted material etc.

15. General safeguards.

(1) Subject to subsection (6), it shall be the duty of the Secretary of State to ensure, in relation to all interception warrants, that such arrangements are in force as he considers necessary for securing-

(a)that the requirements of subsections (2) and (3) are satisfied in relation to the intercepted material and any related communications data; and

(b)in the case of warrants in relation to which there are section 8(4) certificates, that the requirements of section 16 are also satisfied.

(2) The requirements of this subsection are satisfied in relation to the intercepted material and any related communications data if each of the following-

(a)the number of persons to whom any of the material or data is disclosed or otherwise made available,

(b)the extent to which any of the material or data is disclosed or otherwise made available,

(c)the extent to which any of the material or data is copied, and

(d)the number of copies that are made,

is limited to the minimum that is necessary for the authorised purposes.

(3) The requirements of this subsection are satisfied in relation to the intercepted material and any related communications data if each copy made of any of the material or data (if not destroyed earlier) is destroyed as soon as there are no longer any grounds for retaining it as necessary for any of the authorised purposes.

....

16. Extra safeguards in the case of certificated warrants.

(1) For the purposes of section 15 the requirements of this section, in the case of a warrant in relation to which there is a section 8(4) certificate, are that the intercepted material is read, looked at or listened to by the persons to whom it becomes available by virtue of the warrant to the extent only that it-

(a)has been certified as material the examination of which is necessary as mentioned in section 5(3)(a), (b) or (c); and

(b)falls within subsection (2).

....

(5) Those conditions are satisfied in relation to the selection of intercepted material if-

(a)it has appeared to the person to whom the warrant is addressed that there has been such a relevant change of circumstances as, but for subsection (4)(b), would prevent the intercepted material from falling within subsection (2);

(b)since it first so appeared, a written authorisation to read, look at or listen to the material has been given by a senior official; and

(c)the selection is made before the end of the first working day after the day on which it first so appeared to that person.

....

17. Exclusion of matters from legal proceedings. 법적 쟁송에서의 제외

(1) Subject to section 18, no evidence shall be adduced, question asked, assertion or disclosure made or other thing done in, for the purposes of or in connection with any legal proceedings which (in any manner)-

(a)discloses, in circumstances from which its origin in anything falling within subsection (2) may be inferred, any of the contents of an intercepted communication or any related communications data; or

(b)tends (apart from any such disclosure) to suggest that anything falling within subsection (2) has or may have occurred or be going to occur.

(2) The following fall within this subsection-

(a)conduct by a person falling within subsection (3) that was or would be an offence under section 1(1) or (2) of this Act or under section 1 of the M22 Interception of Communications Act 1985;

(b)a breach by the Secretary of State of his duty under section 1(4) of this Act;

(c)the issue of an interception warrant or of a warrant under the M23 Interception of

Communications Act 1985;

(d)the making of an application by any person for an interception warrant, or for a warrant under that Act;

(e)the imposition of any requirement on any person to provide assistance with giving effect to an interception warrant.

(3) The persons referred to in subsection (2)(a) are-

(a)any person to whom a warrant under this Chapter may be addressed;

(b)any person holding office under the Crown;

(c)any member of the National Criminal Intelligence Service;

(d)any member of the National Crime Squad;

(e)any person employed by or for the purposes of a police force;

(f)any person providing a postal service or employed for the purposes of any business of providing such a service; and

(g)any person providing a public telecommunications service or employed for the purposes of any business of providing such a service.

(4) In this section "intercepted communication" means any communication intercepted in the course of its transmission by means of a postal service or telecommunication system.

18. Exceptions to section 17. 17조 예외의 예외

(1) Section 17(1) shall not apply in relation to-

(a)any proceedings for a relevant offence;

(b)any civil proceedings under section 11(8);

(c)any proceedings before the Tribunal;

(d)any proceedings on an appeal or review for which provision is made by an order under section 67(8);

(e)any proceedings before the Special Immigration Appeals Commission or any proceedings arising out of proceedings before that Commission; or

(f)any proceedings before the Proscribed Organisations Appeal Commission or any proceedings arising out of proceedings before that Commission.

....

19. Offence for unauthorised disclosures 무단공개

(1) Where an interception warrant has been issued or renewed, it shall be the duty of every person falling within subsection (2) to keep secret all the matters mentioned in subsection (3).

(2) The persons falling within this subsection are- 책임을 지는 사람들

....

(3) Those matters are-무단공개 금지 내용

(a)the existence and contents of the warrant and of any section 8(4) certificate in relation to the warrant;

(b)the details of the issue of the warrant and of any renewal or modification of the warrant or of any such certificate;

(c)the existence and contents of any requirement to provide assistance with giving effect to the warrant;

(d)the steps taken in pursuance of the warrant or of any such requirement; and

(e)everything in the intercepted material, together with any related communications data.

(4) A person who makes a disclosure to another of anything that he is required to keep secret under this section shall be guilty of an offence and liable- 범죄성립과 책임 부담

(a)on conviction on indictment, to imprisonment for a term not exceeding five years or to a fine, or to both;

(b)on summary conviction, to imprisonment for a term not exceeding six months or to a fine not exceeding the statutory maximum, or to both.

(7) In proceedings against any person for an offence under this section in respect of any disclosure, it shall be a defence for that person to show that the disclosure was made by a legal adviser- 법률자문 항변

(a)in contemplation of, or in connection with, any legal proceedings; and

(b)for the purposes of those proceedings.

....

(9) In proceedings against any person for an offence under this section in respect of any disclosure, it shall be a defence for that person to show that the disclosure was confined to a disclosure made to the Interception of Communications Commissioner or authorised- 기타 정당성 항변

(a)by that Commissioner;

(b)by the warrant or the person to whom the warrant is or was addressed;

(c)by the terms of the requirement to provide assistance; or

(d)by section 11(9).

Interpretation of Chapter I

20. Interpretation of Chapter I.

해석

....

Chapter II

Acquisition and disclosure of communications data

21. Lawful acquisition and disclosure of communications data. 통신자료의 적법획득과 공개

(1) This Chapter applies to-

(a)any conduct in relation to a postal service or telecommunication system for obtaining communications data, other than conduct consisting in the interception of communications in the course of their transmission by means of such a service or system; and

(b)the disclosure to any person of communications data.

(2) Conduct to which this Chapter applies shall be lawful for all purposes if-

(a)it is conduct in which any person is authorised or required to engage by an authorisation or notice granted or given under this Chapter; and

(b)the conduct is in accordance with, or in pursuance of, the authorisation or requirement.

(3) A person shall not be subject to any civil liability in respect of any conduct of his which-

(a)is incidental to any conduct that is lawful by virtue of subsection (2); and

(b)is not itself conduct an authorisation or warrant for which is capable of being granted under a relevant enactment and might reasonably have been expected to have been sought in the case in question.

....

22. Obtaining and disclosing communications data. 통신자료의 획득과 공개

(1) This section applies where a person designated for the purposes of this Chapter believes that it is necessary on grounds falling within subsection (2) to obtain any communications data.

(2) It is necessary on grounds falling within this subsection to obtain communications data if it is necessary-

(a)in the interests of national security; 국가안보

(b)for the purpose of preventing or detecting crime or of preventing disorder;

범죄의 적발과 예방 및 무질서의 예방

(c)in the interests of the economic well-being of the United Kingdom; 경제적 복지

(d)in the interests of public safety; 공공안전

(e)for the purpose of protecting public health; 공중 보건의 보호

(f)for the purpose of assessing or collecting any tax, duty, levy or other imposition, contribution or charge payable to a government department; 세금을 포함한 각종 부담에 대한 평가와 수집

(g)for the purpose, in an emergency, of preventing death or injury or any damage to a person's physical or mental health, or of mitigating any injury or damage to a person's physical or mental health; or 비상시의 생명과 신체보호 목적

(h)for any purpose (not falling within paragraphs (a) to (g)) which is specified for the purposes of this subsection by an order made by the Secretary of State.

....

23. Form and duration of authorisations and notices.

(1) An authorisation under section 22(3)-

(a)must be granted in writing or (if not in writing) in a manner that produces a record of its having been granted;

(b)must describe the conduct to which this Chapter applies that is authorised and the communications data in relation to which it is authorised;

(c)must specify the matters falling within section 22(2) by reference to which it is granted; and

(d)must specify the office, rank or position held by the person granting the authorisation.

(2) A notice under section 22(4) requiring communications data to be disclosed or to be obtained and disclosed-

(a)must be given in writing or (if not in writing) must be given in a manner that produces a record of its having been given;

(b)must describe the communications data to be obtained or disclosed under the notice;

(c)must specify the matters falling within section 22(2) by reference to which the notice is given;

(d)must specify the office, rank or position held by the person giving it; and

(e)must specify the manner in which any disclosure required by the notice is to be made.

(3) A notice under section 22(4) shall not require the disclosure of data to any person other than-

(a)the person giving the notice; or

(b)such other person as may be specified in or otherwise identified by, or in accordance with, the provisions of the notice;

but the provisions of the notice shall not specify or otherwise identify a person for the purposes of paragraph (b) unless he holds an office, rank or position with the same relevant public authority as the person giving the notice.

....

24. Arrangements for payments. 예산 조치

(1) It shall be the duty of the Secretary of State to ensure that such arrangements are in force as he thinks appropriate for requiring or authorising, in such cases as he thinks fit, the making to postal and telecommunications operators of appropriate contributions towards the costs incurred by them in complying with notices under section 22(4).

(2) For the purpose of complying with his duty under this section, the Secretary of State may make arrangements for payments to be made out of money provided by Parliament.

25. Interpretation of Chapter II.

해석

....

Part II

Surveillance and covert human intelligence sources

Introductory

26. Conduct to which Part II applies.

(1) This Part applies to the following conduct-

(a)directed surveillance;

(b)intrusive surveillance; and

(c)the conduct and use of covert human intelligence sources.

....

(4) For the purposes of this Part surveillance is not intrusive to the extent that-

(a)it is carried out by means only of a surveillance device designed or adapted principally for the purpose of providing information about the location of a vehicle; or

(b)it is surveillance consisting in any such interception of a communication as falls within section 48(4).

....

(8) For the purposes of this Part a person is a covert human intelligence source I-

(a)he establishes or maintains a personal or other relationship with a person for the covert purpose of facilitating the doing of anything falling within paragraph (b) or (c);

(b)he covertly uses such a relationship to obtain information or to provide access to any information to another person; or

(c)he covertly discloses information obtained by the use of such a relationship, or as a consequence of the existence of such a relationship.

(9) For the purposes of this section-

(a)surveillance is covert if, and only if, it is carried out in a manner that is calculated to ensure that persons who are subject to the surveillance are unaware that it is or may be taking place;

(b)a purpose is covert, in relation to the establishment or maintenance of a personal or other relationship, if and only if the relationship is conducted in a manner that is calculated to ensure that one of the parties to the relationship is unaware of the purpose; and

(c)a relationship is used covertly, and information obtained as mentioned in subsection (8)(c) is disclosed covertly, if and only if it is used or, as the case may be, disclosed in a manner that is calculated to ensure that one of the parties to the relationship is unaware of the use or disclosure in question.

(10) In this section "private information", in relation to a person, includes any information relating to his private or family life.

....

Authorisation of surveillance and human intelligence sources

27. Lawful surveillance etc.

(1) Conduct to which this Part applies shall be lawful for all purposes I-

(a)an authorisation under this Part confers an entitlement to engage in that conduct on the person whose conduct it is; and (b)his conduct is in accordance with the authorisation.

(2) A person shall not be subject to any civil liability in respect of any conduct of his which—

(a)is incidental to any conduct that is lawful by virtue of subsection (1); and

(b)is not itself conduct an authorisation or warrant for which is capable of being granted under a relevant enactment and might reasonably have been expected to have been sought in the case in question.

(3) The conduct that may be authorised under this Part includes conduct outside the United Kingdom.

....

28. Authorisation of directed surveillance.

(1) Subject to the following provisions of this Part, the persons designated for the purposes of this section shall each have power to grant authorisations for the carrying out of directed surveillance.

(2) A person shall not grant an authorisation for the carrying out of directed surveillance unless he believes - 권한을 부여받기 위한 근거

(a)that the authorisation is necessary on grounds falling within subsection (3); and

(b)that the authorised surveillance is proportionate to what is sought to be achieved by carrying it out.

(3) An authorisation is necessary on grounds falling within this subsection if it is necessary-

(a)in the interests of national security;

(b)for the purpose of preventing or detecting crime or of preventing disorder;

(c)in the interests of the economic well-being of the United Kingdom;

(d)in the interests of public safety;

(e)for the purpose of protecting public health;

(f)for the purpose of assessing or collecting any tax, duty, levy or other imposition, contribution or charge payable to a government department; or

(g)for any purpose (not falling within paragraphs (a) to (f)) which is specified for the purposes of this subsection by an order made by the Secretary of State.

....

(5) The Secretary of State shall not make an order under subsection (3)(g) unless a draft of the order has been laid before Parliament and approved by a resolution of each House.

29. Authorisation of covert human intelligence sources.

(1) Subject to the following provisions of this Part, the persons designated for the purposes of this section shall each have power to grant authorisations for the conduct or the use of a covert human intelligence source.

(2) A person shall not grant an authorisation for the conduct or the use of a covert human intelligence source unless he believe-

(a)that the authorisation is necessary on grounds falling within subsection (3);

(b)that the authorised conduct or use is proportionate to what is sought to be achieved by that conduct or use; and

(c)that arrangements exist for the source's case that satisfy the requirements of subsection (5) and such other requirements as may be imposed by order made by the Secretary of State.

(3) An authorisation is necessary on grounds falling within this subsection if it is necessary-

(a)in the interests of national security;

(b)for the purpose of preventing or detecting crime or of preventing disorder;

(c)in the interests of the economic well-being of the United Kingdom;

(d)in the interests of public safety;

(e)for the purpose of protecting public health;

(f)for the purpose of assessing or collecting any tax, duty, levy or other imposition, contribution or charge payable to a government department; or

(g)for any purpose (not falling within paragraphs (a) to (f)) which is specified for the purposes of this subsection by an order made by the Secretary of State.

(4) The conduct that is authorised by an authorisation for the conduct or the use of a covert human intelligence source is any conduct that-

(a)is comprised in any such activities involving conduct of a covert human intelligence source, or the use of a covert human intelligence source, as are specified or described in the authorisation;

(b)consists in conduct by or in relation to the person who is so specified or described as the person to whose actions as a covert human intelligence source the authorisation relates; and

(c)is carried out for the purposes of, or in connection with, the investigation or operation so specified or described.

(5) For the purposes of this Part there are arrangements for the source's case that satisfy the requirements of this subsection if such arrangements are in force as are necessary for ensuring-

(a)that there will at all times be a person holding an office, rank or position with the relevant investigating authority who will have day-to-day responsibility for dealing with the source on behalf of that authority, and for the source's security and welfare;

(b)that there will at all times be another person holding an office, rank or position with the relevant investigating authority who will have general oversight of the use made of the source;

c)that there will at all times be a person holding an office, rank or position with the relevant investigating authority who will have responsibility for maintaining a record of the use made of the source;

(d)that the records relating to the source that are maintained by the relevant investigating authority will always contain particulars of all such matters (if any) as may be specified for the purposes of this paragraph in regulations made by the Secretary of State; and

(e)that records maintained by the relevant investigating authority that disclose the identity of the source will not be available to persons except to the extent that there is a need for access to them to be made available to those persons.

(6) The Secretary of State shall not make an order under subsection (3)(g) unless a draft of the order has been laid before Parliament and approved by a resolution of each House.

....

(8) In this section "relevant investigating authority", in relation to an authorisation for the conduct or the use of an individual as a covert human intelligence source, means (subject to subsection (9)) the public authority for whose benefit the activities of that individual as such a source are to take place.

....

30. Persons entitled to grant authorisations under ss. 28 and 29.

(1) Subject to subsection (3), the persons designated for the purposes of sections 28 and 29 are the individuals holding such offices, ranks or positions with relevant public authorities as are prescribed for the purposes of this subsection by an order under this section.

....

31. Orders under s. 30 for Northern Ireland.

....

32. Authorisation of intrusive surveillance.

(1) Subject to the following provisions of this Part, the Secretary of State and each of the senior authorising officers shall have power to grant authorisations for the carrying out of intrusive surveillance.

(2) Neither the Secretary of State nor any senior authorising officer shall grant an authorisation for the carrying out of intrusive surveillance unless he believes-

(a)that the authorisation is necessary on grounds falling within subsection (3); and

(b)that the surveillance is proportionate to what is sought to be achieved by carrying it out.

(3) Subject to the following provisions of this section, an authorisation is necessary on grounds falling within this subsection if it is necessary-

(a)in the interests of national security;

(b)for the purpose of preventing or detecting serious crime; or

(c)in the interests of the economic well-being of the United Kingdom.

....

(5) The conduct that is authorised by an authorisation for the carrying out of intrusive surveillance is any conduct that-

(a)consists in the carrying out of intrusive surveillance of any such description as is specified in the authorisation;

(b)is carried out in relation to the residential premises specified or described in the authorisation or in relation to the private vehicle so specified or described; and

(c)is carried out for the purposes of, or in connection with, the investigation or operation so specified or described.

....

Police and customs authorisations

33. Rules for grant of authorisations.

(1) A person who is a designated person for the purposes of section 28 or 29 by reference to his office, rank or position with a police force, the National Criminal Intelligence Service or the National Crime Squad shall not grant an authorisation under that section except on an application made by a member of the same force, Service or Squad.

....

34. Grant of authorisations in the senior officer's absence.

(1) This section applies in the case of an application for an authorisation for the carrying out of intrusive surveillance where-

(a)the application is one made by a member of a police force, of the National Criminal Intelligence Service or of the National Crime Squad or by a customs officer; and

(b)the case is urgent.

....

(3) A person who considers an application under subsection (1) shall have the same power to grant an authorisation as the person for whom he is entitled to act.

....

35. Notification of authorisations for intrusive surveillance. **감독관에의 통지**

(1) Where a person grants or cancels a police or customs authorisation for the carrying out of intrusive surveillance, he shall give notice that he has done so to an ordinary Surveillance Commissioner.

(2) A notice given for the purposes of subsection (1)-

(a)must be given in writing as soon as reasonably practicable after the grant or, as the case may be, cancellation of the authorisation to which it relates;

(b)must be given in accordance with any such arrangements made for the purposes of this paragraph by the Chief Surveillance Commissioner as are for the time being in force; and

(c)must specify such matters as the Secretary of State may by order prescribe.

(3) A notice under this section of the grant of an authorisation shall, as the case may be, either-

(a)state that the approval of a Surveillance Commissioner is required by section 36 before the grant of the authorisation will take effect; or

(b)state that the case is one of urgency and set out the grounds on which the case is believed to be one of urgency.

(4) Where a notice for the purposes of subsection (1) of the grant of an authorisation has been received by an ordinary Surveillance Commissioner, he shall, as soon as practicable- 감독관의 확인

(a)scrutinise the authorisation; and

(b)in a case where notice has been given in accordance with subsection (3)(a), decide whether or not to approve the authorisation.

....

(9) Any notice that is required by any provision of this section to be given in writing may be given, instead, by being transmitted by electronic means. 서면통지 외에 전자 방식에 의한 통지도 가능

....

36. Approval required for authorisations to take effect.

(1) This section applies where an authorisation for the carrying out of intrusive surveillance has been granted on the application of-

(a)a member of a police force;

(b)a member of the National Criminal Intelligence Service;

(c)a member of the National Crime Squad; or

(d)a customs officer.

(2) Subject to subsection (3), the authorisation shall not take effect until such time (if any) as-

(a)the grant of the authorisation has been approved by an ordinary Surveillance Commissioner; and

(b)written notice of the Commissioner's decision to approve the grant of the authorisation has been given, in accordance with subsection (4), to the person who granted the authorisation.

(3) Where the person who grants the authorisation-

(a)believes that the case is one of urgency, and

(b)gives notice in accordance with section 35(3)(b),

subsection (2) shall not apply to the authorisation, and the authorisation shall have effect from the time of its grant.

(4) Where subsection (2) applies to the authorisation-

(a)a Surveillance Commissioner shall give his approval under this section to the authorisation if, and only if, he is satisfied that there are reasonable grounds for believing that the requirements of section 32(2)(a) and (b) are satisfied in the case of the authorisation; and

(b)a Surveillance Commissioner who makes a decision as to whether or not the authorisation should be approved shall, as soon as reasonably practicable after making that decision, give written notice of his decision to the person who granted the authorisation.

(5) If an ordinary Surveillance Commissioner decides not to approve an authorisation to which subsection (2) applies, he shall make a report of his findings to the most senior relevant person. 감독관의 불승인시의 관련 상급 담당자에의 통지

....

37. Quashing of police and customs authorisations etc. (감독관에 의한) 권한 승인의 무효화

(1) This section applies where an authorisation for the carrying out of intrusive surveillance has been granted on the application of-

(a)a member of a police force;

(b)a member of the National Criminal Intelligence Service;

(c)a member of the National Crime Squad; or

(d)a customs officer.

(2) Where an ordinary Surveillance Commissioner is at any time satisfied that, at the time when the authorisation was granted or at any time when it was renewed, there were no reasonable grounds for believing that the requirements of section 32(2)(a) and (b) were satisfied, he may quash the authorisation with effect, as he thinks fit, from the time of the grant of the authorisation or from the time of any renewal of the authorisation. 무효화

(3) If an ordinary Surveillance Commissioner is satisfied at any time while the authorisation is in force that there are no longer any reasonable grounds for believing that the requirements of section 32(2)(a) and (b) are satisfied in relation to the authorisation, he may cancel the authorisation with effect from such time as appears to him to be the time from which those requirements ceased to be so satisfied. 취소

(4) Where, in the case of any authorisation of which notice has been given in accordance with section 35(3)(b), an ordinary Surveillance Commissioner is at any time satisfied that, at the time of the grant or renewal of the authorisation to which that notice related, there were no reasonable grounds for believing that the case was one of urgency, he may quash the authorisation with effect, as he thinks fit, from the time of the grant of the authorisation or from the time of any renewal of the authorisatio

(5) Subject to subsection (7), where an ordinary Surveillance Commissioner quashes an authorisation under this section, he may order the destruction of any records relating wholly or partly to information obtained by the authorised conduct after the time from which his decision takes effect. 전부 또는 부분 취소

(6) Subject to subsection (7), where-

(a)an authorisation has ceased to have effect (otherwise than by virtue of subsection (2) or (4)), and

(b)an ordinary Surveillance Commissioner is satisfied that there was a time while the authorisation was in force when there were no reasonable grounds for believing that the requirements of section 32(2)(a) and (b) continued to be satisfied in relation to the authorisation,

he may order the destruction of any records relating, wholly or partly, to information obtained at such a time by the authorised conduct.

(7) No order shall be made under this section for the destruction of any records required for pending criminal or civil proceedings.소송 계류 사건에 대한 자료 무효화의 금지

(8) Where an ordinary Surveillance Commissioner exercises a power conferred by this section, he shall, as soon as reasonably practicable, make a report of his exercise of that power, and of his reasons for doing so-

(a)to the most senior relevant person (within the meaning of section 36); and

(b)to the Chief Surveillance Commissioner.

(9) Where an order for the destruction of records is made under this section, the order shall not become operative until such time (if any) as-

(a)the period for appealing against the decision to make the order has expired; and

(b)any appeal brought within that period has been dismissed by the Chief Surveillance Commissioner.

(10) No notice shall be required to be given under section 35(1) in the case of a cancellation under subsection (3) of this section.

38. Appeals against decisions by Surveillance Commissioners. 감독관 결정에 대한 이의(항소)

(1) Any senior authorising officer may appeal to the Chief Surveillance Commissioner against any of the following-

(a)any refusal of an ordinary Surveillance Commissioner to approve an authorisation for the carrying out of intrusive surveillance;

(b)any decision of such a Commissioner to quash or cancel such an authorisation;

(c)any decision of such a Commissioner to make an order under section 37 for the destruction of records.

....

(3) An appeal under this section must be brought within the period of seven days beginning with the day on which the refusal or decision appealed against is reported to the appellant. 이의는 7일 이내

....

39. Appeals to the Chief Surveillance Commissioner: supplementary.

(1) Where the Chief Surveillance Commissioner has determined an appeal under section 38, he shall give notice of his determination to both-

(a)the person by whom the appeal was brought; and

(b)the ordinary Surveillance Commissioner whose decision was appealed against.

(2) Where the determination of the Chief Surveillance Commissioner on an appeal under section 38 is a determination to dismiss the appeal, the Chief Surveillance Commissioner shall make a report of his findings-

(a)to the persons mentioned in subsection (1); and

(b)to the Prime Minister.

(3) Subsections (3) and (4) of section 107 of the M62 Police Act 1997 (reports to be laid before Parliament and exclusion of matters from the report) apply in relation to any report to the Prime Minister under subsection (2) of this section as they apply in relation to any report under subsection (2) of that section.

(4) Subject to subsection (2) of this section, the Chief Surveillance Commissioner shall not give any

reasons for any determination of his on an appeal under section 38.

40. Information to be provided to Surveillance Commissioners.

It shall be the duty o-

(a)every member of a police force,

(b)every member of the National Criminal Intelligence Service,

(c)every member of the National Crime Squad, and

(d)every customs officer,

to comply with any request of a Surveillance Commissioner for documents or information required by that Commissioner for the purpose of enabling him to carry out the functions of such a Commissioner under sections 35 to 39.

Other authorisations

41. Secretary of State authorisations.

(1) The Secretary of State shall not grant an authorisation for the carrying out of intrusive surveillance except on an application made by- 전자감시활동 권한자

(a)a member of any of the intelligence services;

(b)an official of the Ministry of Defence;

(c)a member of Her Majesty's forces;

(d)an individual holding an office, rank or position with any such public authority as may be designated for the purposes of this section as an authority whose activities may require the carrying out of intrusive surveillance.

....

(5) The Secretary of State may by order impose restrictions- 승인시 규제도 함께 가능

(a)on the authorisations for the carrying out of intrusive surveillance that may be granted on the application of an individual holding an office, rank or position with any public authority designated for the purposes of this section; and

(b)on the circumstances in which, or the purposes for which, such authorisations may be granted on such an application.

....

42. Intelligence services authorisations.

(1) The grant by the Secretary of State on the application of a member of one of the intelligence services of any authorisation under this Part must be made by the issue of a warrant.

(2) A single warrant issued by the Secretary of State may combine both-

(a)an authorisation under this Part; and

(b)an intelligence services warrant;

but the provisions of this Act or the M63 Intelligence Services Act 1994 that are applicable in the case of the authorisation under this Part or the intelligence services warrant shall apply separately in relation to the part of the combined warrant to which they are applicable.

(3) Intrusive surveillance in relation to any premises or vehicle in the British Islands shall be capable of being authorised by a warrant issued under this Part on the application of a member of the Secret Intelligence Service or GCHQ only if the authorisation contained in the warrant is one satisfying the requirements of section 32(2)(a) otherwise than in connection with any functions of that intelligence service in support of the prevention or detection of serious crime.

....

Grant, renewal and duration of authorisations

43. General rules about grant, renewal and duration. 허가, 갱신과 기한

(1) An authorisation under this Part- 원칙적 서명, 긴급시는 구두 승인

(a)may be granted or renewed orally in any urgent case in which the entitlement to act of the person granting or renewing it is not confined to urgent cases; and

(b)in any other case, must be in writing.

(2) A single authorisation may combine two or more different authorisations under this Part; but the provisions of this Act that are applicable in the case of each of the authorisations shall apply separately in relation to the part of the combined authorisation to which they are applicable. 몇 가지 행위에 대한 합동 승인 가능

....

44. Special rules for intelligence services authorisations.

(1) Subject to subsection (2), a warrant containing an authorisation for the carrying out of intrusive surveillance-

(a)shall not be issued on the application of a member of any of the intelligence services, and

(b)if so issued shall not be renewed,

except under the hand of the Secretary of State

(2) In an urgent case in which-

(a)an application for a warrant containing an authorisation for the carrying out of intrusive surveillance has been made by a member of any of the intelligence services, and

(b)the Secretary of State has himself expressly authorised the issue of the warrant in that case,

the warrant may be issued (but not renewed) under the hand of a senior official

....

(6) The Secretary of State may by order provide in relation to authorisations of such descriptions as may be specified in the order that subsection (3), (4) or (5) is to have effect as if the period at the end of which an authorisation of a description so specified is to cease to have effect were such period shorter than that provided for by that subsection as may be fixed by or determined in accordance with that order.

....

45. Cancellation of authorisations. 승인 취소

(1) The person who granted or, as the case may be, last renewed an authorisation under this Part shall cancel it if-

(a)he is satisfied that the authorisation is one in relation to which the requirements of section 28(2)(a) and (b), 29(2)(a) and (b) or, as the case may be, 32(2)(a) and (b) are no longer satisfied; or

(b)in the case of an authorisation under section 29, he is satisfied that arrangements for the source's case that satisfy the requirements mentioned in subsection (2)(c) of that section no longer exist.

....

(4) The Secretary of State may by regulations provide for the person by whom any duty imposed by this section is to be performed in a case in which it would otherwise fall on a person who is no longer available to perform it.

....

46. Restrictions on authorisations extending to Scotland.

....

Supplemental provision for Part II

47. Power to extend or modify authorisation provisions.

(1) The Secretary of State may by order do one or both of the following-

(a)apply this Part, with such modifications as he thinks fit, to any such surveillance that is neither directed nor intrusive as may be described in the order;

(b)provide for any description of directed surveillance to be treated for the purposes of this Part as intrusive surveillance.

(2) No order shall be made under this section unless a draft of it has been laid before Parliament and approved by a resolution of each House.

48. Interpretation of Part II.

.... 용어의 해석

Part III

Investigation of electronic data protected by encryption etc.

Power to require disclosure

49. Notices requiring disclosure. 공개를 위한 통지

(1) This section applies where any protected information-

(a)has come into the possession of any person by means of the exercise of a statutory power to seize, detain, inspect, search or otherwise to interfere with documents or other property, or is likely to do so;

(b)has come into the possession of any person by means of the exercise of any statutory power to intercept communications, or is likely to do so;

(c)has come into the possession of any person by means of the exercise of any power conferred by an authorisation under section 22(3) or under Part II, or as a result of the giving of a notice under section 22(4), or is likely to do so;

(d)has come into the possession of any person as a result of having been provided or disclosed in pursuance of any statutory duty (whether or not one arising as a result of a request for information), or is likely to do so; or

(e)has, by any other lawful means not involving the exercise of statutory powers, come into the possession of any of the intelligence services, the police or the customs and excise, or is likely so to come into the possession of any of those services, the police or the customs and excise.

(2) If any person with the appropriate permission under Schedule 2 believes, on reasonable grounds-

(a)that a key to the protected information is in the possession of any person,

(b)that the imposition of a disclosure requirement in respect of the protected information is-

(i) necessary on grounds falling within subsection (3), or

(ii) necessary for the purpose of securing the effective exercise or proper performance by any public authority of any statutory power or statutory duty,

(c)that the imposition of such a requirement is proportionate to what is sought to be achieved by its imposition, and

(d)that it is not reasonably practicable for the person with the appropriate permission to obtain possession of the protected information in an intelligible form without the giving of a notice under this section,

the person with that permission may, by notice to the person whom he believes to have possession of the key, impose a disclosure requirement in respect of the protected information.

(3) A disclosure requirement in respect of any protected information is necessary on grounds falling within this subsection if it is necessary- 공개의 근거

(a)in the interests of national security; 국가안보

(b)for the purpose of preventing or detecting crime; or 범죄의 예방과 적발

(c)in the interests of the economic well-being of the United Kingdom.경제적 복지

(4) A notice under this section imposing a disclosure requirement in respect of any protected information-

(a)must be given in writing or (if not in writing) must be given in a manner that produces a record of its having been given;

(b)must describe the protected information to which the notice relates;

(c)must specify the matters falling within subsection (2)(b)(i) or (ii) by reference to which the notice is given;

(d)must specify the office, rank or position held by the person giving it;

(e)must specify the office, rank or position of the person who for the purposes of Schedule 2 granted permission for the giving of the notice or (if the person giving the notice was entitled to give it without another person's permission) must set out the circumstances in which that entitlement arose;

(f)must specify the time by which the notice is to be complied with; and

(g)must set out the disclosure that is required by the notice and the form and manner in which it is to be made;

and the time specified for the purposes of paragraph (f) must allow a period for compliance which is reasonable in all the circumstances. 통지의 형식

....

50. Effect of notice imposing disclosure requirement. 불공개를 요구한 통지의 효과

(1) Subject to the following provisions of this section, the effect of a section 49 notice imposing a disclosure requirement in respect of any protected information on a person who is in possession at a relevant time of both the protected information and a means of obtaining access to the information and of disclosing it in an intelligible form is that he-

(a)shall be entitled to use any key in his possession to obtain access to the information or to put it into an intelligible form; and

(b)shall be required, in accordance with the notice imposing the requirement, to make a disclosure of the information in an intelligible form.

(2) A person subject to a requirement under subsection (1)(b) to make a disclosure of any information in an intelligible form shall be taken to have complied with that requirement if-

(a)he makes, instead, a disclosure of any key to the protected information that is in his possession; and

(b)that disclosure is made, in accordance with the notice imposing the requirement, to the person to whom, and by the time by which, he was required to provide the information in that form.

....

(9) This subsection applies to any information that would facilitate the obtaining or discovery of the key or the putting of the protected information into an intelligible form.

(10) In this section "relevant time", in relation to a disclosure requirement imposed by a section 49 notice, means the time of the giving of the notice or any subsequent time before the time by which the requirement falls to be complied with.

51. Cases in which key required.

(1) A section 49 notice imposing a disclosure requirement in respect of any protected information shall not contain a statement for the purposes of section 50(3)(c) unless-

(a)the person who for the purposes of Schedule 2 granted the permission for the giving of the notice in relation to that information, or

(b)any person whose permission for the giving of a such a notice in relation to that information would constitute the appropriate permission under that Schedule,

has given a direction that the requirement can be complied with only by the disclosure of the key itself.

....

(3) A permission given for the purposes of subsection (2) by a chief officer of police, the Commissioners of Customs and Excise or a person of or above any such rank as is mentioned in paragraph (c) of that subsection must be given expressly in relation to the direction in question.

....

(7) A notification under subsection (6)-

(a)must be given not more than seven days after the day of the giving of the direction to which it relates; and

(b)may be given either in writing or by being transmitted to the Commissioner in question by electronic means.

Contributions to costs

52. Arrangements for payments for disclosure. 예산 조치

(1) It shall be the duty of the Secretary of State to ensure that such arrangements are in force as he thinks appropriate for requiring or authorising, in such cases as he thinks fit, the making to persons to whom section 49 notices are given of appropriate contributions towards the costs incurred by them in complying with such notices.

(2) For the purpose of complying with his duty under this section, the Secretary of State may make arrangements for payments to be made out of money provided by Parliament.

Offences 벌칙

53. Failure to comply with a notice. 통지절차 위배

(1) A person to whom a section 49 notice has been given is guilty of an offence if he knowingly fails, in accordance with the notice, to make the disclosure required by virtue of the giving of the notice.

(2) In proceedings against any person for an offence under this section, if it is shown that that person was in possession of a key to any protected information at any time before the time of the giving of the section 49 notice, that person shall be taken for the purposes of those proceedings to have continued to be in possession of that key at all subsequent times, unless it is shown that the key was not in his possession after the giving of the notice and before the time by which he was required to disclose it.

(3) For the purposes of this section a person shall be taken to have shown that he was not in possession of a key to protected information at a particular time if-

(a)sufficient evidence of that fact is adduced to raise an issue with respect to it; and

(b)the contrary is not proved beyond a reasonable doubt.

(4) In proceedings against any person for an offence under this section it shall be a defence for that person to show— 무죄의 항변

(a)that it was not reasonably practicable for him to make the disclosure required by virtue of the giving of the section 49 notice before the time by which he was required, in accordance with that notice, to make it; but

(b)that he did make that disclosure as soon after that time as it was reasonably practicable for him to do so.

(5) A person guilty of an offence under this section shall be liable-

(a)on conviction on indictment, to imprisonment for a term not exceeding two years or to a fine, or to both; 정식 기소(2년 이하의 징역과 벌금)

(b)on summary conviction, to imprisonment for a term not exceeding six months or to a fine not exceeding the statutory maximum, or to both. 약식기소(6개월 이하 징역과 벌금)

54. Tipping-off. 밀고 · 누설

(1) This section applies where a section 49 notice contains a provision requiring-

(a)the person to whom the notice is given, and

(b)every other person who becomes aware of it or of its contents,

to keep secret the giving of the notice, its contents and the things done in pursuance of it.

(2) A requirement to keep anything secret shall not be included in a section 49 notice except where-

(a)it is included with the consent of the person who for the purposes of Schedule 2 granted the permission for the giving of the notice; or

(b)the person who gives the notice is himself a person whose permission for the giving of such a notice in relation to the information in question would have constituted appropriate permission under that Schedule.

(3) A section 49 notice shall not contain a requirement to keep anything secret except where the protected information to which it relates-

(a)has come into the possession of the police, the customs and excise or any of the intelligence services, or

(b)is likely to come into the possession of the police, the customs and excise or any of the intelligence services,

by means which it is reasonable, in order to maintain the effectiveness of any investigation or operation or of investigatory techniques generally, or in the interests of the safety or well-being of any person, to keep secret from a particular person.

(4) A person who makes a disclosure to any other person of anything that he is required by a

section 49 notice to keep secret shall be guilty of an offence and liable-

(a)on conviction on indictment, to imprisonment for a term not exceeding five years or to a fine, or to both;

(b)on summary conviction, to imprisonment for a term not exceeding six months or to a fine not exceeding the statutory maximum, or to both.

(5) In proceedings against any person for an offence under this section in respect of any disclosure, it shall be a defence for that person to show that- 무죄의 항변

(a)the disclosure was effected entirely by the operation of software designed to indicate when a key to protected information has ceased to be secure; and

(b)that person could not reasonably have been expected to take steps, after being given the notice or (as the case may be) becoming aware of it or of its contents, to prevent the disclosure.

(6) In proceedings against any person for an offence under this section in respect of any disclosure, it shall be a defence for that person to show that- 무죄의 항변

(a)the disclosure was made by or to a professional legal adviser in connection with the giving, by the adviser to any client of his, of advice about the effect of provisions of this Part; and

(b)the person to whom or, as the case may be, by whom it was made was the client or a representative of the client.

(7) In proceedings against any person for an offence under this section in respect of any disclosure, it shall be a defence for that person to show that the disclosure was made by a legal adviser- 무죄의 항변

(a)in contemplation of, or in connection with, any legal proceedings; and

(b)for the purposes of those proceedings.

(8) Neither subsection (6) nor subsection (7) applies in the case of a disclosure made with a view to furthering any criminal purpose.

(9) In proceedings against any person for an offence under this section in respect of any disclosure, it shall be a defence for that person to show that the disclosure was confined to a disclosure made to a relevant Commissioner or authorised- 무죄의 항변

(a)by such a Commissioner;

(b)by the terms of the notice;

(c)by or on behalf of the person who gave the notice; or

(d)by or on behalf of a person who-

(i) is in lawful possession of the protected information to which the notice relates; and

(ii) came into possession of that information as mentioned in section 49(1).

(10) In proceedings for an offence under this section against a person other than the person to whom the notice was given, it shall be a defence for the person against whom the proceedings are brought to show that he neither knew nor had reasonable grounds for suspecting that the notice contained a requirement to keep secret what was disclosed. 무죄의 항변

(11) In this section "relevant Commissioner" means the Interception of Communications Commissioner, the Intelligence Services Commissioner or any Surveillance Commissioner or Assistant Surveillance Commissioner.

Safeguards

55. General duties of specified authorities.

(1) This section applies to-

(a)the Secretary of State and every other Minister of the Crown in charge of a government department;

(b)every chief officer of police;

(c)the Commissioners of Customs and Excise; and

(d)every person whose officers or employees include persons with duties that involve the giving of section 49 notices.

(2) It shall be the duty of each of the persons to whom this section applies to ensure that such arrangements are in force, in relation to persons under his control who by virtue of this Part obtain possession of keys to protected information, as he considers necessary for securing-

(a)that a key disclosed in pursuance of a section 49 notice is used for obtaining access to, or putting into an intelligible form, only protected information in relation to which power to give such a notice was exercised or could have been exercised if the key had not already been disclosed;

(b)that the uses to which a key so disclosed is put are reasonable having regard both to the uses to which the person using the key is entitled to put any protected information to which it relates and to the other circumstances of the case;

(c)that, having regard to those matters, the use and any retention of the key are proportionate to what is sought to be achieved by its use or retention;

(d)that the requirements of subsection (3) are satisfied in relation to any key disclosed in pursuance of a section 49 notice;

(e)that, for the purpose of ensuring that those requirements are satisfied, any key so disclosed is stored, for so long as it is retained, in a secure manner;

(f)that all records of a key so disclosed (if not destroyed earlier) are destroyed as soon as the key is no longer needed for the purpose of enabling protected information to be put into an intelligible form.

....

Interpretation of Part III

56. Interpretation of Part III.

.... 용어의 의미(해석)

(1) In this Part-

"chief officer of police" means any of the following- 경찰 책임자의 의미

(a) the chief constable of a police force maintained under or by virtue of section 2 of the M69 Police Act 1996 or section 1 of the M70 Police (Scotland) Act 1967;

(b) the Commissioner of Police of the Metropolis;

(c) the Commissioner of Police for the City of London;

....

Part IV

Scrutiny etc. of investigatory powers and of the functions of the intelligence services

Commissioners

감독관

57. Interception of Communications Commissioner. 감청감독관

(1) The Prime Minister shall appoint a Commissioner to be known as the Interception of Communications Commissioner. 총리가 임명

(2) Subject to subsection (4), the Interception of Communications Commissioner shall keep under review-

(a)the exercise and performance by the Secretary of State of the powers and duties conferred or imposed on him by or under sections 1 to 11;

(b)the exercise and performance, by the persons on whom they are conferred or imposed, of the powers and duties conferred or imposed by or under Chapter II of Part I;

(c)the exercise and performance by the Secretary of State in relation to information obtained under Part I of the powers and duties conferred or imposed on him by or under Part III; and

(d)the adequacy of the arrangements by virtue of which-

(i) the duty which is imposed on the Secretary of State by section 15, and

(ii) so far as applicable to information obtained under Part I, the duties imposed by section 55,

are sought to be discharged.

(3) The Interception of Communications Commissioner shall give the Tribunal all such assistance (including his opinion as to any issue falling to be determined by the Tribunal) as the Tribunal may require-

(a)in connection with the investigation of any matter by the Tribunal; or

(b)otherwise for the purposes of the Tribunal's consideration or determination of any matter.

(4) It shall not be the function of the Interception of Communications Commissioner to keep under review the exercise of any power of the Secretary of State to make, amend or revoke any subordinate legislation.

(5) A person shall not be appointed under this section as the Interception of Communications Commissioner unless he holds or has held a high judicial office(within the meaning of the M71

Appellate Jurisdiction Act 1876). 감독관으로 지명되기 위한 요건
(6) The Interception of Communications Commissioner shall hold office in accordance with the terms of his appointment; and there shall be paid to him out of money provided by Parliament such allowances as the Treasury may determine.
(7) The Secretary of State, after consultation with the Interception of Communications Commissioner, shall-

(a)make such technical facilities available to the Commissioner, and

(b)subject to the approval of the Treasury as to numbers, provide the Commissioner with such staff,

as are sufficient to secure that the Commissioner is able properly to carry out his functions.

....

58. Co-operation with and reports by s. 57 Commissioner.

(1) It shall be the duty of- 감독관에의 협조의무자들

(a)every person holding office under the Crown,

(b)every member of the National Criminal Intelligence Service,

(c)every member of the National Crime Squad,

(d)every person employed by or for the purposes of a police force,

(e)every person required for the purposes of section 11 to provide assistance with giving effect to an interception warrant,

(f)every person on whom an obligation to take any steps has been imposed under section 12,

(g)every person by or to whom an authorisation under section 22(3) has been granted,

(h)every person to whom a notice under section 22(4) has been given,

(i)every person to whom a notice under section 49 has been given in relation to any information obtained under Part I, and

(j)every person who is or has been employed for the purposes of any business of a person falling within paragraph (e), (f), (h) or (i),

to disclose or provide to the Interception of Communications Commissioner all such documents and information as he may require for the purpose of enabling him to carry out his functions under section 57.

(2) If it at any time appears to the Interception of Communications Commissioner-
적벌 범죄는 총리보고

(a)that there has been a contravention of the provisions of this Act in relation to any matter with which that Commissioner is concerned, and

(b)that the contravention has not been the subject of a report made to the Prime Minister by the Tribunal,

he shall make a report to the Prime Minister with respect to that contravention.

(3) If it at any time appears to the Interception of Communications Commissioner that any arrangements by reference to which the duties imposed by sections 15 and 55 have sought to be

discharged have proved inadequate in relation to any matter with which the Commissioner is concerned, he shall make a report to the Prime Minister with respect to those arrangements.

(4) As soon as practicable after the end of each calendar year, the Interception of Communications Commissioner shall make a report to the Prime Minister with respect to the carrying out of that Commissioner's functions. 총리에 연례 정기보고서 제출

(5) The Interception of Communications Commissioner may also, at any time, make any such other report to the Prime Minister on any matter relating to the carrying out of the Commissioner's functions as the Commissioner thinks fit. 수시 보고서

(6) The Prime Minister shall lay before each House of Parliament a copy of every annual report made by the Interception of Communications Commissioner under subsection (4), together with a statement as to whether any matter has been excluded from that copy in pursuance of subsection (7). 총리는 의회 제출

(7) If it appears to the Prime Minister, after consultation with the Interception of Communications Commissioner that the publication of any matter in an annual report would be contrary to the public interest or prejudicial to- 총리는 감독관과 상의하여 의회 보고서 다음과 관련된 특정 사항 제외 가능

(a)national security,

(b)the prevention or detection of serious crime,

(c)the economic well-being of the United Kingdom, or

(d)the continued discharge of the functions of any public authority whose activities include activities that are subject to review by that Commissioner,

the Prime Minister may exclude that matter from the copy of the report as laid before each House of Parliament.

59. Intelligence Services Commissioner. 정보 감독관

(1) The Prime Minister shall appoint a Commissioner to be known as the Intelligence Services Commissioner.

(2) Subject to subsection (4), the Intelligence Services Commissioner shall keep under review, so far as they are not required to be kept under review by the Interception of Communications Commissione- 검토

(a)the exercise by the Secretary of State of his powers under sections 5 to 7 of the [1994 c. 13.] Intelligence Services Act 1994 (warrants for interference with wireless telegraphy, entry and interference with property etc.);

(b)the exercise and performance by the Secretary of State , in connection with or in relation to-

(i) the activities of the intelligence services, and

(ii) the activities in places other than Northern Ireland of the officials of the Ministry of Defence and of members of Her Majesty's forces,

of the powers and duties conferred or imposed on him by Parts II and III of this Act

[F27 or on them by Part II of this Act];

(c)the exercise and performance by members of the intelligence services of the powers and duties conferred or imposed on them by or under Parts II and III of this Act;

(d)the exercise and performance in places other than Northern Ireland, by officials of the Ministry of Defence and by members of Her Majesty's forces, of the powers and duties conferred or imposed on such officials or members of Her Majesty's forces by or under Parts II and III; and

(e)the adequacy of the arrangements by virtue of which the duty imposed by section 55 is sought to be discharged-

(i) in relation to the members of the intelligence services; and

(ii) in connection with any of their activities in places other than Northern Ireland, in relation to officials of the Ministry of Defence and members of Her Majesty's forces.

(3) The Intelligence Services Commissioner shall give the Tribunal all such assistance (including his opinion as to any issue falling to be determined by the Tribunal) as the Tribunal may require-

(a)in connection with the investigation of any matter by the Tribunal; or

(b)otherwise for the purposes of the Tribunal's consideration or determination of any matter.

(4) It shall not be the function of the Intelligence Services Commissioner to keep under review the exercise of any power of the Secretary of State to make, amend or revoke any subordinate legislation.

(5) A person shall not be appointed under this section as the Intelligence Services Commissioner unless he holds or has held a high judicial office (within the meaning of the M74 Appellate Jurisdiction Act 1876).

(6) The Intelligence Services Commissioner shall hold office in accordance with the terms of his appointment; and there shall be paid to him out of money provided by Parliament such allowances as the Treasury may determine.

(7) The Secretary of State shall, after consultation with the Intelligence Services Commissioner and subject to the approval of the Treasury as to numbers, provide him with such staff as the Secretary of State considers necessary for the carrying out of the Commissioner's functions.

....

60. Co-operation with and reports by s. 59 Commissioner.

정보책임자들의 감독관에의 협조의무

(1) It shall be the duty of-

(a)every member of an intelligence service,

(b)every official of the department of the Secretary of State [F28 and every member of staff of the Scottish Administration (by virtue of provision under section 63 of the Scotland Act 1998)], and

(c)every member of Her Majesty's forces,

to disclose or provide to the Intelligence Services Commissioner all such documents and information as he may require for the purpose of enabling him to carry out his functions under section 59. 정

보와 자료제공

(2) As soon as practicable after the end of each calendar year, the Intelligence Services Commissioner shall make a report to the Prime Minister with respect to the carrying out of that Commissioner's functions.

(3) The Intelligence Services Commissioner may also, at any time, make any such other report to the Prime Minister on any matter relating to the carrying out of the Commissioner's functions as the Commissioner thinks fit.

(4) The Prime Minister shall lay before each House of Parliament a copy of every annual report made by the Intelligence Services Commissioner under subsection (2), together with a statement as to whether any matter has been excluded from that copy in pursuance of subsection (5).

(5) If it appears to the Prime Minister, after consultation with the Intelligence Services Commissioner, that the publication of any matter in an annual report would be contrary to the public interest or prejudicial to-

(a)national security,

(b)the prevention or detection of serious crime,

(c)the economic well-being of the United Kingdom, or

(d)the continued discharge of the functions of any public authority whose activities include activities that are subject to review by that Commissioner,

the Prime Minister may exclude that matter from the copy of the report as laid before each House of Parliament.

(6) Subsection (7) of section 41 shall apply for the purposes of this section as it applies for the purposes of that section.

61. Investigatory Powers Commissioner for Northern Ireland.

....

62. Additional functions of Chief Surveillance Commissioner. 전자감시 감독책임자의 부가 임무

(1) The Chief Surveillance Commissioner shall (in addition to his functions under the M79 Police Act 1997) keep under review, so far as they are not required to be kept under review by the Interception of Communications Commissioner, the Intelligence Services Commissioner or the Investigatory Powers Commissioner for Northern Ireland-

(a)the exercise and performance, by the persons on whom they are conferred or imposed, of the powers and duties conferred or imposed by or under Part II;

(b)the exercise and performance, by any person other than a judicial authority, of the powers and duties conferred or imposed, otherwise than with the permission of such an authority, by or under Part III; and

(c)the adequacy of the arrangements by virtue of which the duties imposed by section 55 are sought to be discharged in relation to persons whose conduct is subject to review under paragraph (b).

(2) It shall not by virtue of this section be the function of the Chief Surveillance Commissioner to keep under review the exercise of any power of the Secretary of State to make, amend or revoke any subordinate legislation.

(3) In this section “judicial authority” means-

(a)any judge of the High Court or of the Crown Court or any Circuit Judge;

(b)any judge of the High Court of Justiciary or any sheriff;

(c)any justice of the peace;

(d)any county court judge or resident magistrate in Northern Ireland;

(e)any person holding any such judicial office as entitles him to exercise the jurisdiction of a judge of the Crown Court or of a justice of the peace.

63. Assistant Surveillance Commissioners. 전자감시 부(副) 감독관

(1) The Prime Minister may, after consultation with the Chief Surveillance Commissioner as to numbers, appoint as Assistant Surveillance Commissioners such number of persons as the Prime Minister considers necessary (in addition to the ordinary Surveillance Commissioners) for the purpose of providing the Chief Surveillance Commissioner with assistance under this section.

(2) A person shall not be appointed as an Assistant Surveillance Commissioner unless he holds or has held office as- 자격요건

(a)a judge of the Crown Court or a Circuit judge;

(b)a sheriff in Scotland; or

(c)a county court judge in Northern Ireland.

....

(4) The assistance that may be provided under this section includes- 임무

(a)the conduct on behalf of the Chief Surveillance Commissioner of the review of any matter; and

(b)the making of a report to the Chief Surveillance Commissioner about the matter reviewed.

....

64. Delegation of Commissioners’ functions. 감독관 임무의 위임

(1) Anything authorised or required by or under any enactment or any provision of an Act of the Scottish Parliament to be done by a relevant Commissioner may be done by any member of the staff of that Commissioner who is authorised for the purpose (whether generally or specifically) by that Commissioner.

(2) In this section “relevant Commissioner” means the Interception of Communications Commissioner, the Intelligence Services Commissioner, the Investigatory Powers Commissioner for Northern Ireland or any Surveillance Commissioner or Assistant Surveillance Commissioner.

The Tribunal

65. The Tribunal. 감독 특별 법원

(1) There shall, for the purpose of exercising the jurisdiction conferred on them by this section, be a tribunal consisting of such number of members as Her Majesty may by Letters Patent appoint.

(2) The jurisdiction of the Tribunal shall be- 관할

(a)to be the only appropriate tribunal for the purposes of section 7 of the M81 Human Rights Act 1998 in relation to any proceedings under subsection (1)(a) of that section (proceedings for actions incompatible with Convention rights) which fall within subsection (3) of this section;

(b)to consider and determine any complaints made to them which, in accordance with subsection (4), are complaints for which the Tribunal is the appropriate forum;

(c)to consider and determine any reference to them by any person that he has suffered detriment as a consequence of any prohibition or restriction, by virtue of section 17, on his relying in, or for the purposes of, any civil proceedings on any matter; and

(d)to hear and determine any other such proceedings falling within subsection (3) as may be allocated to them in accordance with provision made by the Secretary of State by order.

(3) Proceedings fall within this subsection if-

(a)they are proceedings against any of the intelligence services;

(b)they are proceedings against any other person in respect of any conduct, or proposed conduct, by or on behalf of any of those services;

(c)they are proceedings brought by virtue of section 55(4); or

(d)they are proceedings relating to the taking place in any challengeable circumstances of any conduct falling within subsection (5).

(4) The Tribunal is the appropriate forum for any complaint if it is a complaint by a person who is aggrieved by any conduct falling within subsection (5) which he believes- 진정 제기권자

(a)to have taken place in relation to him, to any of his property, to any communications sent by or to him, or intended for him, or to his use of any postal service, telecommunications service or telecommunication system; and

(b)to have taken place in challengeable circumstances or to have been carried out by or on behalf of any of the intelligence services.

(5) Subject to subsection (6), conduct falls within this subsection if (whenever it occurred) it is-

(a)conduct by or on behalf of any of the intelligence services;

(b)conduct for or in connection with the interception of communications in the course of their transmission by means of a postal service or telecommunication system;

(c)conduct to which Chapter II of Part I applies;

(d)conduct to which Part II applies;

(e)the giving of a notice under section 49 or any disclosure or use of a key to protected information;

(f)any entry on or interference with property or any interference with wireless telegraphy.

(6) For the purposes only of subsection (3), nothing mentioned in paragraph (d) or (f) of subsection (5) shall be treated as falling within that subsection unless it is conduct by or on behalf of a

person holding any office, rank or position with-

(a)any of the intelligence services;

(b)any of Her Majesty's forces;

(c)any police force;

(d)the National Criminal Intelligence Service;

(e)the National Crime Squad; or

(f)the Commissioners of Customs and Excise;

and section 48(5) applies for the purposes of this subsection as it applies for the purposes of Part II.

(7) For the purposes of this section conduct takes place in challengeable circumstances if-

(a)it takes place with the authority, or purported authority, of anything falling within subsection (8); or

(b)the circumstances are such that (whether or not there is such authority) it would not have been appropriate for the conduct to take place without it, or at least without proper consideration having been given to whether such authority should be sought; but conduct does not take place in challengeable circumstances to the extent that it is authorised by, or takes place with the permission of, a judicial authority.

(8) The following fall within this subsection-

(a)an interception warrant or a warrant under the M82 Interception of Communications Act 1985;

(b)an authorisation or notice under Chapter II of Part I of this Act;

(c)an authorisation under Part II of this Act or under any enactment contained in or made under an Act of the Scottish Parliament which makes provision equivalent to that made by that Part;

(d)a permission for the purposes of Schedule 2 to this Act;

(e)a notice under section 49 of this Act; or

(f)an authorisation under section 93 of the M83 Police Act 1997.

....

66. Orders allocating proceedings to the Tribunal. 법원에의 직권회부 명령

(1) An order under section 65(2)(d) allocating proceedings to the Tribunal-

(a)may provide for the Tribunal to exercise jurisdiction in relation to that matter to the exclusion of the jurisdiction of any court or tribunal; but

(b)if it does so provide, must contain provision conferring a power on the Tribunal, in the circumstances provided for in the order, to remit the proceedings to the court or tribunal which would have had jurisdiction apart from the order.

(2) In making any provision by an order under section 65(2)(d) the Secretary of State shall have regard, in particular, to-

(a)the need to secure that proceedings allocated to the Tribunal are properly heard and considered; and (b)the need to secure that information is not disclosed to an extent, or in a manner, that is contrary to the public interest or prejudicial to national security, the prevention or detection of serious crime, the economic well-being of the United Kingdom or the continued discharge of the functions of any of the intelligence services.

(3) The Secretary of State shall not make an order under section 65(2)(d) unless a draft of the order has been laid before Parliament and approved by a resolution of each House.

67. Exercise of the Tribunal's jurisdiction. 감독법원의 업무 실행

(1) Subject to subsections (4) and (5), it shall be the duty of the Tribunal-

(a)to hear and determine any proceedings brought before them by virtue of section 65(2)(a) or(d); and

(b)to consider and determine any complaint or reference made to them by virtue of section 65(2)(b) or (c).

(2) Where the Tribunal hear any proceedings by virtue of section 65(2)(a), they shall apply the same principles for making their determination in those proceedings as would be applied by a court on an application for judicial review.

(3) Where the Tribunal consider a complaint made to them by virtue of section 65(2)(b), it shall be the duty of the Tribunal-

(a)to investigate whether the persons against whom any allegations are made in the complaint have engaged in relation to-

(i) the complainant,

(ii) any of his property,

(iii) any communications sent by or to him, or intended for him, or

(iv) his use of any postal service, telecommunications service or telecommunication system,

in any conduct falling within section 65(5);

(b)to investigate the authority (if any) for any conduct falling within section 65(5) which they find has been so engaged in; and

(c)in relation to the Tribunal's findings from their investigations, to determine the complaint by applying the same principles as would be applied by a court on an application for judicial review.

(4) The Tribunal shall not be under any duty to hear, consider or determine any proceedings, complaint or reference if it appears to them that the bringing of the proceedings or the making of the complaint or reference is frivolous or vexatious.

....

(9) It shall be the duty of the Secretary of State to secure that there is at all times an order under subsection (8) in force allowing for an appeal to a court against any exercise by the Tribunal of their jurisdiction under section 65(2)(c) or (d). 감독법원의 업무 절차 확보는 장관의 책임

....

68. Tribunal procedure. 재판절차

(1) Subject to any rules made under section 69, the Tribunal shall be entitled to determine their own procedure in relation to any proceedings, complaint or reference brought before or made to them.

(2) The Tribunal shall have power-

(a)in connection with the investigation of any matter, or

(b)otherwise for the purposes of the Tribunal's consideration or determination of any matter, to require a relevant Commissioner appearing to the Tribunal to have functions in relation to the matter in question to provide the Tribunal with all such assistance (including that Commissioner's opinion as to any issue falling to be determined by the Tribunal) as the Tribunal think fit.

....

69. Tribunal rules. (장관이 제정하는) 재판 규칙

(1) The Secretary of State may make rules regulating-

(a)the exercise by the Tribunal of the jurisdiction conferred on them by or under section 65; and

(b)any matters preliminary or incidental to, or arising out of, the hearing or consideration of any proceedings, complaint or reference brought before or made to the Tribunal.

....

70. Abolition of jurisdiction in relation to complaints.

(1) The provisions set out in subsection (2)(which provide for the investigation etc. of certain complaints) shall not apply in relation to any complaint made after the coming into force of this section.

....

Codes of practice

71. Issue and revision of codes of practice.

(1) The Secretary of State shall issue one or more codes of practice relating to the exercise and performance of the powers and duties mentioned in subsection (2).

....

72. Effect of codes of practice.

(1) A person exercising or performing any power or duty in relation to which provision may be made by a code of practice under section 71 shall, in doing so, have regard to the provisions (so far as they are applicable) of every code of practice for the time being in force under that section.

(2) A failure on the part of any person to comply with any provision of a code of practice for the time being in force under section 71 shall not of itself render him liable to any criminal or civil proceedings.

(3) A code of practice in force at any time under section 71 shall be admissible in evidence in any criminal or civil proceedings.

....

Part V
Miscellaneous and supplemental

Miscellaneous
기타 법률에 규정된 절차와의 조화

73. Conduct in relation to wireless telegraphy.

(1) Section 5 of the **M92 Wireless Telegraphy Act 1949** (misleading messages and interception and disclosure of wireless telegraphy messages) shall become subsection (1) of that section.

....

74. Warrants under the Intelligence Services Act 1994.

(1) In subsection (2) of section 5 of the **M93 Intelligence Services Act 1994** (the circumstances in which the Secretary of State may issue a warrant authorising interference with property or wireless telegraphy)-

....

75. Authorisations under Part III of the Police Act 1997.

(1) Section 93 of the **M94 Police Act 1997** (authorisations to interfere with property etc.) shall be amended as follows.

....

76. Surveillance etc. operations beginning in Scotland.

....

Supplemental

77. Ministerial expenditure etc. 예산 조치

There shall be paid out of money provided by Parliament-

(a)any expenditure incurred by the Secretary of State for or in connection with the carrying out of his functions under this Act; and

(b)any increase attributable to this Act in the sums which are payable out of money so provided under any other Act.

78. Orders, regulations and rules.

(1) This section applies to any power of the Secretary of State to make any order, regulations or rules under any provision of this Act.

....

79. Criminal liability of directors etc.

(1) Where an offence under any provision of this Act other than a provision of Part III is committed by a body corporate and is proved to have been committed with the consent or connivance of, or to be attributable to any neglect on the part of-

(a)a director, manager, secretary or other similar officer of the body corporate, or

(b)any person who was purporting to act in any such capacity, he (as well as the body corporate) shall be guilty of that offence and liable to be proceeded against and punished accordingly.

....

(3) In this section "director", in relation to a body corporate whose affairs are managed by its members, means a member of the body corporate.

80. General saving for lawful conduct.

Nothing in any of the provisions of this Act by virtue of which conduct of any description is or may be authorised by any warrant, authorisation or notice, or by virtue of which information may be obtained in any manner, shall be construed-

(a)as making it unlawful to engage in any conduct of that description which is not otherwise unlawful under this Act and would not be unlawful apart from this Act;

(b)as otherwise requiring-

(i) the issue, grant or giving of such a warrant, authorisation or notice, or

(ii) the taking of any step for or towards obtaining the authority of such a warrant, authorisation or notice,

before any such conduct of that description is engaged in; or

(c)as prejudicing any power to obtain information by any means not involving conduct that may be authorised under this Act.

81. General interpretation.

....

82. Amendments, repeals and savings etc.

....

83. Short title, commencement and extent.

(1) This Act may be cited as the Regulation of Investigatory Powers Act 2000.

(2) The provisions of this Act, other than this section, shall come into force on such day as the Secretary of State may by order appoint; and different days may be appointed under this subsection for different purposes.

(3) This Act extends to Northern Ireland.

SCHEDULES 부칙

제4항 2006 영국 테러법(Terrorism Act 2006)

I. 입법 배경

2006년 영국 테러법은 2005년 7월 7일의 런던 한복판의 버스와 지하철에서의 무차별 테러로 52명이 사망하고 700명이 부상당한 엄청난 참사를 경험한 후 그 충격의 일환으로 입법이 추진되었다.[150] 런던 시내 한복판에서 충격적인 폭탄테러를 경험한 영국 정부는 2005년 10월 입법 제안하였고 2006년 3월 의회를 통과하였다. 동법은 기존의 테러범죄유형을 변경하고 테러와 관련된 많은 범죄 유형을 신설하였다.

동법의 일부 조항에 대해서는 적지 않은 논란이 있었던 바, 특별한 논란을 일으킨 조항은 테러행위를 고무하거나 찬양하는 행위를 처벌한다는 조항이었다. 그것은 일반인으로 하여금 테러를 모방할 수 있는 생각을 갖도록 테러 행위를 찬양하거나 고무(praise or celebrate)하는 행위를 처벌한다는 것으로 그 내용의 모호성으로 인한 개방적 범죄구성요건에 대한 비판이 적지 않았다. 그러나 그러한 조항의 필요성에 대해서는 내무부장관(Home Secretary) 찰스 클락(Charles Clarke)이 말한 것처럼 예컨대, "시민들은 결코 7월 7일 테러공격이나 테러 분자들을 찬양하도록 해서는 안 된다. 왜냐하면 무분별한 그러한 행위가 감수성이 예민한 청소년들로 하여금 유사한 끔찍한 행위를 유도할 수 있기 때문"이라는 것이었다.[151] 또한 테러 용의자에 대한 통제명령의 발동으로 90일간의 사실상 억류할 수 있는 조치는 시민의 자유를 지나치게 억압하고 오히려 테러위협을 증대시킬 수 있다는 비난이 있었다. 그러나 영국 정부는 그 위협을 비견할 수 없는 현대의 테러에 적절히 대응하기 위해 지극히 필요한 입법이라고 도입이유를 설명했다.

여하튼 2006년 영국의 테러법은 가장 최근에 제정된 테러관련법으로 일국의 테러에 대한 대처가 어떠해야 함을 잘 일깨워 준다. 테러에 대한 대책은 장기 기본계획이나 대책회의나 지휘사령부를 만들어 회의나 대책을 점검한다고 되는 일이 아니라는 것이다. 그리고 연구나 조사나 실태에 대한 외국에 대한 사례연구가 필요한 것도 아닌 것이다. 정보공동체와 정책공동체 각자가 실천적으로 필요한 각 분야에서 아무리 미세한 테러관련 첩보라고 하더라도, 반드시 수집하여 이를 중앙 저수지에 모이게 하여 즉시 공유하고, 정확하고 치밀한 분석을 통해 고도의 정확한 정보를 생산한 후에 법집행공동체와의 신속한 협조 하에 사전에 테러분자들의 기도(企圖)를 분쇄하는 것이 긴요할 뿐이다. 물론 테러 진압부대

150) 졸저, *op. cit*, p. 829 참조

151) *See*, Q&A: Terrorism laws:What were the other terror laws sticking points? *available at*, http://news.bbc.co.uk/2/hi/uk_news/politics/4715478.stm.

를 동원하는 것은 이미 상황이 종료된 차후의 정책 집행적 업무에 지나지 않는다.

II. 2006년 테러법의 주요 내용

법은 크게 3장(章)으로 구성되어 있다. 테러분자가 되려는 자에 대한 모집과 훈련을 금지하는 내용으로, 주로 테러를 적발하고 저지하는 실천적인 정보수집과 형사처벌 규범이다. 법은 테러행위를 준비하는 것, 테러 훈련을 시키거나 받는 것, 그리고 테러관련 인쇄물을 매매하거나 반포하는 것 자체를 금지함으로써 잠재적인 폭탄 테러 용의자에 대한 정보수집과 형사처벌을 용이하게 하였다. 또한 테러를 고무 찬양하는 조직의 결성을 금지하고 있다. 법은 테러 행위의 격려, 훈련 그리고 준비행위는 초국가적 관할권 범죄로 하였다. 그러므로 영국 밖에서 그 같은 행위에 개입된 경우에도 본 테러법에 의해 처벌된다.

한편 법은 2005년 테러예방법(Prevention of Terrorism Act 2005)상의 통제명령(control order)을 그대로 유지하고 있다. 테러라고 하는 초국가적 안보위협세력에 따라 새롭게 등장한 인신규제로서의 통제명령은 내무부장관이 발령하는 것으로 테러위험으로부터 공중의 안녕을 보호할 목적으로[152] (용의자인) 시민의 자유를 제한하는 명령이다. 한편 통제명령 제도는 2005년 오스트리아 대테러법(Australian Anti-Terrorism Act 2005)에도 나타난다.

통제명령의 주된 내용은 테러용의자 개인의 활동을 가택으로 제한하여, 공항 같은 항공시설이나 철도시설의 방문을 금지하며 매일의 일상을 인근 경찰서에 일정한 형식을 갖춘 보고서를 제출하도록 하였다. 한편 통제조항에 대한 사법심사의 효과를 완화하고, 이중처벌의 위험이 아님도 명백히 하여, 설사 용의자가 사법심사에서 승리한 경우에도 행정부는 다른 혐의로 또 다른 통제명령을 발령할 수 있도록 하였다. 사실 이러한 통제명령이 필요한 이유는 소위 심증은 있지만 물증 확보가 쉽지 않은 테러연관 범죄의 속성에 맞추어진 것으로, 형사처벌을 할 만큼의 확실한 증거가 확보되지는 않았지만 테러위험이 있다고 판단되는 경우에는 행정명령으로 다수의 공중의 안녕을 위해 용의자 시민의 시민권을 제한한 것이라고 할 수 있다.[153] 장별 편제는 다음과 같다.

제1장 Part 1

제1장에서는 테러조직분쇄를 위한 법집행 기구의 원활한 업무 수행을 위해 새로운 유형의 테러관련 범죄를 창설한 것이 주된 내용이다. 대체적인 내용은 다음과 같다.

---

152) 법문상의 표현은, protecting members of the public from a risk of terrorism". 이다.

153) *See,* Supra Note, at. 1.

제1절. 테러 지지행위(section 1: Encouragement of terrorism):

직접 또는 간접적인 방법으로 테러행위를 준비 또는 선동하는 행위를 격려하는 취지로 이해될 수 있는 성명이나 연설을 금지하였다. 간접적인 격려는 주어진 상황에서 상대방이 테러에 대한 자신의 행위를 지지하는 것으로 유추할 수 있는 내용의 격려 성명을 포함한다. 최장 7년의 징역에 처한다.

제2절. 유인물 등의 반포 금지(Section 2: Disseminating terrorist publications)

직접 또는 간접적으로 테러를 격려하는 것으로 오인될 수 있는 출판물 또는 테러행위를 준비하는데 용이한 내용으로 이해될 수 있는 정보를 담은 출판물의 반포를 금지한다. 최장 7년 이하의 징역에 처한다.

제5절. 테러행위의 예비 · 음모(Section 5: Preparation of terrorist acts)

테러 행위를 목적으로 하는 준비에 가담하는 행위를 금지하고, 위배 시 최고 종신형에 처할 수 있도록 하였다.

제6절. 테러 훈련(Section 6: Training for terrorism)

테러훈련을 시키거나 받는 행위는 최장 10년 이하의 형에 처할 수 있다.

제8절. 테러훈련에 사용되는 장소 방문
(Section 8: Attendance at a place used for terrorist training)

국내이거나 해외이거나 테러훈련기지로 사용되는 장소를, 합리적으로 판단하여 그러한 정(情)을 알고 방문하는 것을 금지하고, 위배 시에는 최장 10년 이하의 징역에 처할 수 있도록 하였다.

제9절. 장구의 제조와 소지
(Section 9: Making and possession of devices or materials)

테러행위에 사용될 수 있는 방사능 폭탄(radioactive device 소위 dirty bomb)을 소지하거나 제조하는 행위는 종신형에 처할 수 있도록 했다.

제10절. 장비나 물질의 오용 또는 시설의 오용 또는 손상행위
(Section 10: Misuse of devices or material and misuse and damage of facilities)

테러 공격에 방사능 물질이나 방사능 장비 사용을 금지하고, 방사능 물질의 유출을 야

기할 수 있는 방사능 시설 종사자들의 태업을 금지하였다. 위배 시에는 최고 종신형에 처할 수 있다.

제11절. 특정물질을 요구하는 협박행위

(Section 11: Terrorist threats relating to devices, materials or facilities)

누구든지 방사능 물질을 요구하는 협박을 하면 종신형에 처할 수 있도록 했다.

제12절. 핵시설 지역의 무단침입(Section12: Trespassing etc. on nuclear sites)

2005년의 중대조직범죄와경찰법(Serious Organised Crime and Police Act 2005)에 규정되어 있던 내용을 확대하여 예컨대 핵 시설 지역에의 무단 침입을 금하였다.

제2장 Part 2

Part 2. 기타 조항(miscellaneous provisions)

장관에게 테러그룹이 명칭을 변경하는 경우를 포함하여 테러그룹 지정과 수정에 대한 광범위한 권한을 부여하였다. 2장 제23조와 24조에서 가장 논란이 많은 테러 용의자에 대한 구금을 담고 있다. 한편 압수. 수색영장의 범위에 신축성을 기하여 용의자가 동일한 이상 비록 장소를 달리하는 경우에도 그 영장으로 집행할 수 있도록 하였다. 정보기구의 권한도 확대되어 테러용의자에 대한 광범위한 감청을 허용했다.

제3장 Part 3

마지막 부분인 제3장에서는 200년 테러법을 재검토하는 내용을 담고 있다.

이처럼 2006년 영국 테러법은 총 3장 그리고 대제목으로 39개 조문 약 48쪽에 달하는 적지 않은 분량이다. 아래에서는 목차는 전부 소개하지만 주요한 조문에 대한 원문을 선별하여 소개한다.[154]

154) "Terrorism Act 2006" 전문은 http://www.opsi.gov.uk/acts/acts2006/pdf/ukpga_20060011_en.pdf. 참조

III. 2006 테러법 원문

Terrorism Act 2006

CHAPTER 11

CONTENTS

15 Maximum penalty for contravening notice relating to encrypted information

Incidental provisions about offences

16 Preparatory hearings in terrorism cases

17 Commission of offences abroad 해외에서 행위의 처벌

18 Liability of company directors etc. 회사의 책무

19 Consents to prosecutions

Interpretation of Part 1

20 Interpretation of Part 1

PART 2
MISCELLANEOUS PROVISIONS

Proscription of terrorist organisations

21 Grounds of proscription

22 Name changes by proscribed organisations

Detention of terrorist suspects **용의자 인치**

23 Extension of period of detention of terrorist suspects

24 Grounds for extending detention

25 Expiry or renewal of extended maximum detention period

Searches etc. **수색**

26 All premises warrants: England and Wales and Northern Ireland

27 All premises warrants: Scotland

28 Search, seizure and forfeiture of terrorist publications

29 Power to search vehicles under Schedule 7 to the Terrorism Act 2000

30 Extension to internal waters of authorisations to stop and search

Other investigatory powers **기타 조사권한**

31 Amendment of the Intelligence Services Act 1994

32 Interception warrants

33 Disclosure notices for the purposes of terrorist investigations

Definition of terrorism etc.

34 Amendment of the definition of "terrorism" etc. 테러 개념의 수정

Other amendments

35 Applications for extended detention of seized cash

PART 3

SUPPLEMENTAL PROVISIONS

36 Review of terrorism legislation 테러 입법의 재검토

37 Consequential amendments and repeals

38 Expenses

39 Short title, commencement and extent

Schedule 1 —Convention offences

Schedule 2 —Seizure and forfeiture of terrorist publications

Schedule 3 —Repeals

2006 CHAPTER 11

An Act to make provision for and about offences relating to conduct carried out, or capable of being carried out, for purposes connected with terrorism; to amend enactments relating to terrorism; to amend the Intelligence Services Act 1994 and the Regulation of Investigatory Powers Act 2000; and for connected purposes.
[30th March 2006]

BE IT ENACTED by the Queen's most Excellent Majesty, by and with the advice and consent of the Lords Spiritual and Temporal, and Commons, in this present Parliament assembled, and by the authority of the same, as follows:-

PART 1

OFFENCES

Encouragement etc. of terrorism

1 Encouragement of terrorism 테러 지지

(1) This section applies to a statement that is likely to be understood by some or all of the

members of the public to whom it is published as a direct or indirect encouragement or other inducement to them to the commission, preparation or instigation of acts of terrorism or Convention offences.

(2) A person commits an offence if-

(a) he publishes a statement to which this section applies or causes another to publish such a statement; and

(b) at the time he publishes it or causes it to be published, he-

(i) intends members of the public to be directly or indirectly encouraged or otherwise induced by the statement to commit, prepare or instigate acts of terrorism or Convention offences; or

(ii) is reckless as to whether members of the public will be directly or indirectly encouraged or otherwise induced by the statement to commit, prepare or instigate such acts or offences.

(3) For the purposes of this section, the statements that are likely to be understood by members of the public as indirectly encouraging the commission or preparation of acts of terrorism or Convention offences include every statement which-

(a) glorifies the commission or preparation (whether in the past, in the future or generally) of such acts or offences; and

(b) is a statement from which those members of the public could reasonably be expected to infer that what is being glorified is being glorified as conduct that should be emulated by them in existing circumstances.

(4) For the purposes of this section the questions how a statement is likely to be understood and what members of the public could reasonably be expected to infer from it must be determined having regard both- 고무. 찬양여부의 판단 기준,

(a) to the contents of the statement as a whole; and 내용을 전체적으로 보고.

(b) to the circumstances and manner of its publication. 발간시 정황 참작

....

2 Dissemination of terrorist publications 테러 출간물의 반포

(1) A person commits an offence if he engages in conduct falling within subsection (2) and, at the time he does so-

(a) he intends an effect of his conduct to be a direct or indirect encouragement or other inducement to the commission, preparation or instigation of acts of terrorism;

(b) he intends an effect of his conduct to be the provision of assistance in the commission or preparation of such acts; or

(c) he is reckless as to whether his conduct has an effect mentioned in paragraph (a) or (b).

(2) For the purposes of this section a person engages in conduct falling within this subsection if he-

(a) distributes or circulates a terrorist publication;

(b) gives, sells or lends such a publication;

(c) offers such a publication for sale or loan;

(d) provides a service to others that enables them to obtain, read, listen to or look at such a publication, or to acquire it by means of a gift, sale or loan;

(e) transmits the contents of such a publication electronically; or

(f) has such a publication in his possession with a view to its becoming the subject of conduct falling within any of paragraphs (a) to (e).

(3) For the purposes of this section a publication is a terrorist publication, in relation to conduct falling within subsection (2), if matter contained in it is likely-

(a) to be understood, by some or all of the persons to whom it is or may become available as a consequence of that conduct, as a direct or indirect encouragement or other inducement to them to the commission, preparation or instigation of acts of terrorism; or

(b) to be useful in the commission or preparation of such acts and to be understood, by some or all of those persons, as contained in the publication, or made available to them, wholly or mainly for the purpose of being so useful to them.

(4) For the purposes of this section matter that is likely to be understood by a person as indirectly encouraging the commission or preparation of acts of terrorism includes any matter which-

(a) glorifies the commission or preparation (whether in the past, in the future or generally) of such acts; and

(b) is matter from which that person could reasonably be expected to infer that what is being glorified is being glorified as conduct that should be emulated by him in existing circumstances.

(5) For the purposes of this section the question whether a publication is a terrorist publication in relation to particular conduct must be determined-

(a) as at the time of that conduct; and

(b) having regard both to the contents of the publication as a whole and to the circumstances in which that conduct occurs.

....

3 Application of ss. 1 and 2 to internet activity etc.

(1) This section applies for the purposes of sections 1 and 2 in relation to cases where-

(a) a statement is published or caused to be published in the course of, or in connection with, the provision or use of a service provided electronically; or

(b) conduct falling within section 2(2) was in the course of, or in connection with, the provision or use of such a service.

(2) The cases in which the statement, or the article or record to which the conduct relates, is to be regarded as having the endorsement of a person ("the relevant person") at any time include a case in which-

(a) a constable has given him a notice under subsection (3);

(b) that time falls more than 2 working days after the day on which the notice was given; and

(c) the relevant person has failed, without reasonable excuse, to comply with the notice.

(3) A notice under this subsection is a notice which-

(a) declares that, in the opinion of the constable giving it, the statement or the article or record is unlawfully terrorism-related;

(b) requires the relevant person to secure that the statement or the article or record, so far as it is so related, is not available to the public or is modified so as no longer to be so related;

(c) warns the relevant person that a failure to comply with the notice within 2 working days will result in the statement, or the article or record, being regarded as having his endorsement; and

(d) explains how, under subsection (4), he may become liable by virtue of the notice if the statement, or the article or record, becomes available to the public after he has complied with the notice.

....

4 Giving of notices under s. 3 통지 방법 등

(1) Except in a case to which any of subsections (2) to (4) applies, a notice under section 3(3) may be given to a person only-

(a) by delivering it to him in person; or

(b) by sending it to him, by means of a postal service providing for delivery to be recorded, at his last known address.

(2) Such a notice may be given to a body corporate only-

(a) by delivering it to the secretary of that body in person; or

(b) by sending it to the appropriate person, by means of a postal service providing for delivery to be recorded, at the address of the registered or principal office of the body.

(3) Such a notice may be given to a firm only-

(a) by delivering it to a partner of the firm in person;

(b) by so delivering it to a person having the control or management of the partnership business; or

(c) by sending it to the appropriate person, by means of a postal service providing for delivery to be recorded, at the address of the principal office of the partnership.

(4) Such a notice may be given to an unincorporated body or association only-

(a) by delivering it to a member of its governing body in person; or

(b) by sending it to the appropriate person, by means of a postal service providing for delivery to be recorded, at the address of the principal office of the body or association.

(5) In the case of-

(a) a company registered outside the United Kingdom,

(b) a firm carrying on business outside the United Kingdom, or

(c) an unincorporated body or association with offices outside the United Kingdom, the references in this section to its principal office include references to its principal office within the United Kingdom (if any).

(6) In this section "the appropriate person" means-

(a) in the case of a body corporate, the body itself or its secretary;

(b) in the case of a firm, the firm itself or a partner of the firm or a person having the control or management of the partnership business; and

(c) in the case of an unincorporated body or association, the body or association itself or a member of its governing body.

....

5 Preparation of terrorist acts 테러 준비

(1) A person commits an offence if, with the intention of-

(a) committing acts of terrorism, or

(b) assisting another to commit such acts,

he engages in any conduct in preparation for giving effect to his intention.

(2) It is irrelevant for the purposes of subsection (1) whether the intention and preparations relate to one or more particular acts of terrorism, acts of terrorism of a particular description or acts of terrorism generally.

(3) A person guilty of an offence under this section shall be liable, on conviction on indictment, to imprisonment for life.

6 Training for terrorism 테러 훈련 - 구체적 행위 유형을 설시함

(1) A person commits an offence if-

(a) he provides instruction or training in any of the skills mentioned in subsection (3); and

(b) at the time he provides the instruction or training, he knows that a person receiving it intends to use the skills in which he is being instructed or trained-

(i) for or in connection with the commission or preparation of acts of terrorism or Convention offences; or

(ii) for assisting the commission or preparation by others of such acts or offences.

(2) A person commits an offence if-

(a) he receives instruction or training in any of the skills mentioned in subsection (3); and

(b) at the time of the instruction or training, he intends to use the skills in which he is being instructed or trained-

(i) for or in connection with the commission or preparation of acts of terrorism or Convention offences; or

(ii) for assisting the commission or preparation by others of such acts or offences.

(3) The skills are-

(a) the making, handling or use of a noxious substance, or of substances of a description of such substances;

(b) the use of any method or technique for doing anything else that is capable of being done for the purposes of terrorism, in connection with the commission or preparation of an act of terrorism or Convention offence or in connection with assisting the commission or preparation by another of such an act or offence; and

(c) the design or adaptation for the purposes of terrorism, or in connection with the commission or preparation of an act of terrorism or Convention offence, of any method or technique for doing anything.

....

7 Powers of forfeiture in respect of offences under s. 6

(1) A court before which a person is convicted of an offence under section 6 may order the forfeiture of anything the court considers to have been in the person's possession for purposes connected with the offence.

....

8 Attendance at a place used for terrorist training 테러기지 방문

(1) A person commits an offence if-

(a) he attends at any place, whether in the United Kingdom or elsewhere;

(b) while he is at that place, instruction or training of the type mentioned in section 6(1) of this Act or section 54(1) of the Terrorism Act 2000(c. 11) (weapons training) is provided there;

(c) that instruction or training is provided there wholly or partly for purposes connected with the commission or preparation of acts of terrorism or Convention offences; and

(d) the requirements of subsection (2) are satisfied in relation to that person.

(2) The requirements of this subsection are satisfied in relation to a person if-

(a) he knows or believes that instruction or training is being provided there wholly or partly for purposes connected with the commission or preparation of acts of terrorism or Convention offences; or

(b) a person attending at that place throughout the period of that person's attendance could not reasonably have failed to understand that instruction or training was being provided there wholly or partly for such purposes.

(3) It is immaterial for the purposes of this section-

(a) whether the person concerned receives the instruction or training himself; and

(b) whether the instruction or training is provided for purposes connected with one or more particular acts of terrorism or Convention offences, acts of terrorism or Convention offences of a particular description or acts of terrorism or Convention offences generally.

....

9 Making and possession of devices or materials 장비와 물질의 제조와 소지

(1) A person commits an offence if-

(a) he makes or has in his possession a radioactive device, or

(b) he has in his possession radioactive material, with the intention of using the device or material in the course of or in connection with the commission or preparation of an act of terrorism or for the purposes of terrorism, or of making it available to be so used.

(2) It is irrelevant for the purposes of subsection (1) whether the act of terrorism to which an intention relates is a particular act of terrorism, an act of terrorism of a particular description or an act of terrorism generally.

(3) A person guilty of an offence under this section shall be liable, on conviction on indictment, to imprisonment for life.

(4) In this section-

"radioactive device" means-

(a) a nuclear weapon or other nuclear explosive device;

(b) a radioactive material dispersal device;

(c) a radiation-emitting device;

"radioactive material" means nuclear material or any other radioactivesubstance which-

....

10 Misuse of devices or material and misuse and damage of facilities 오용(誤用)

(1) A person commits an offence if he uses-

(a) a radioactive device, or

(b) radioactive material,

in the course of or in connection with the commission of an act of terrorism or for the purposes of terrorism.

(2) A person commits an offence if, in the course of or in connection with the commission of an act of terrorism or for the purposes of terrorism, he uses or damages a nuclear facility in a manner which-

(a) causes a release of radioactive material; or

(b) creates or increases a risk that such material will be released.

(3) A person guilty of an offence under this section shall be liable, on conviction on indictment, to imprisonment for life.

(4) In this section — "nuclear facility" means-

(a) a nuclear reactor, including a reactor installed in or on any transportation device for use as an energy source in order to propel it or for any other purpose; or

(b) a plant or conveyance being used for the production, storage, processing or transport of radioactive material;

"radioactive device" and "radioactive material" have the same meanings as in section 9.

....

11 Terrorist threats relating to devices, materials or facilities

(1) A person commits an offence if, in the course of or in connection with the commission of an act of terrorism or for the purposes of terrorism-

(a) he makes a demand—

(i) for the supply to himself or to another of a radioactive device or of radioactive material;

(ii) for a nuclear facility to be made available to himself or to another; or

(iii) for access to such a facility to be given to himself or to another;

(b) he supports the demand with a threat that he or another will take action if the demand is not met; and

(c) the circumstances and manner of the threat are such that it is reasonable for the person to whom it is made to assume that there is real risk that the threat will be carried out if the demand is not met.

(2) A person also commits an offence if-

(a) he makes a threat falling within subsection (3) in the course of or in connection with the commission of an act of terrorism or for the purposes of terrorism; and

(b) the circumstances and manner of the threat are such that it is reasonable for the person to whom it is made to assume that there is real risk that the threat will be carried out, or would be carried out if demands made in association with the threat are not met.

(3) A threat falls within this subsection if it is-

(a) a threat to use radioactive material;

(b) a threat to use a radioactive device; or

(c) a threat to use or damage a nuclear facility in a manner that releases radioactive material or creates or increases a risk that such material will be released.

(4) A person guilty of an offence under this section shall be liable, on conviction on indictment, to imprisonment for life.

....

12 Trespassing etc. on nuclear sites 핵시설의 무단 침입

(1) The Serious Organised Crime and Police Act 2005 (c. 15) is amended as follows.

(2) In sections 128(1), (4) and (7) and 129(1), (4) and (6) (trespassing etc. on a designated site in England and Wales or Northern Ireland or in Scotland), for "designated", wherever occurring, substitute "protected".

....

13 Maximum penalty for possessing for terrorist purposes

(1) In section 57(4)(a) of the Terrorism Act 2000 (c. 11) (10 years maximum imprisonment for possession for terrorist purposes), for "10 years" substitute "15 years".

....

14 Maximum penalty for certain offences relating to nuclear material

(1) In section 2 of the Nuclear Material (Offences) Act 1983 (c. 18) (offences involving preparatory acts and threats), for subsection (5) substitut-

"(5) A person guilty of an offence under this section shall be liable, on conviction on indictment, to imprisonment for life."

....

15 Maximum penalty for contravening notice relating to encrypted information

(1) In section 53 of the Regulation of Investigatory Powers Act 2000 (c. 23) (offence of contravening disclosure requirement)-

(a) in paragraph (a) of subsection (5), for "two years" substitute "the appropriate maximum term"; and

(b) after that subsection insert the subsections set out in subsection (2).

....

16 Preparatory hearings in terrorism cases

(1) Section 29 of the Criminal Procedure and Investigations Act 1996 (c. 25) (power to order preparatory hearing) is amended as follows.

....

17 Commission of offences abroad

(1) If—

(a) a person does anything outside the United Kingdom, and

(b) his action, if done in a part of the United Kingdom, would constitute an offence falling within subsection (2),

he shall be guilty in that part of the United Kingdom of the offence.

18 Liability of company directors etc.

(1) Where an offence under this Part is committed by a body corporate and is proved to have been committed with the consent or connivance of-

(a) a director, manager, secretary or other similar officer of the body corporate, or

(b) a person who was purporting to act in any such capacity, he (as well as the body corporate) is guilty of that offence and shall be liable to be proceeded against and punished accordingly.

(2) Where an offence under this Part-

(a) is committed by a Scottish firm, and

(b) is proved to have been committed with the consent or connivance of a partner of the firm, he (as well as the firm) is guilty of that offence and shall be liable to be proceeded against and punished accordingly.

(3) In this section "director", in relation to a body corporate whose affairs are managed by its members, means a member of the body corporate.

19 Consents to prosecutions

(1) Proceedings for an offence under this Part-

(a) may be instituted in England and Wales only with the consent of the Director of Public Prosecutions; and

(b) may be instituted in Northern Ireland only with the consent of the Director of Public Prosecutions for Northern Ireland.

....

20 Interpretation of Part 1

(1) Expressions used in this Part and in the Terrorism Act 2000 (c. 11) have the same meanings in this Part as in that Act.

....

PART 2

MISCELLANEOUS PROVISIONS

Proscription of terrorist organisations

21 Grounds of proscription

In section 3 of the Terrorism Act 2000 (c. 11) (proscription of organisations), after subsection (5) insert-

"(5A) The cases in which an organisation promotes or encourages terrorism for the purposes of subsection (5)(c) include any case in which activities of the organisation-

(a) include the unlawful glorification of the commission or preparation (whether in the past, in the future or generally) of acts of terrorism; or

(b) are carried out in a manner that ensures that the organisation is associated with statements containing any such glorification.

(5B) The glorification of any conduct is unlawful for the purposes of subsection (5A) if there are persons who may become aware of it who could reasonably be expected to infer that what is being glorified, is being glorified as-

(a) conduct that should be emulated in existing circumstances, or

(b) conduct that is illustrative of a type of conduct that should be so emulated.

(5C) In this section-

'glorification' includes any form of praise or celebration, and cognate expressions are to be construed accordingly;

'statement' includes a communication without words consisting of sounds or images or both."

22 Name changes by proscribed organisations

(1) The Terrorism Act 2000 is amended as follows.

(2) In section 3 (proscription of organisations), at the end insert-

"(6) Where the Secretary of State believes-

(a) that an organisation listed in Schedule 2 is operating wholly or partly under a name that is not specified in that Schedule(whether as well as or instead of under the specified name), or

(b) that an organisation that is operating under a name that is not so specified is otherwise for all practical purposes the same as an organisation so listed,he may, by order, provide that the name that is not specified in that Schedule is to be treated as another name for the listed organisation.

(7) Where an order under subsection (6) provides for a name to be treated as another name for an organisation, this Act shall have effect in relation to acts occurring while-

(a) the order is in force, and

(b) the organisation continues to be listed in Schedule 2,

as if the organisation were listed in that Schedule under the other name, as well as under the name specified in the Schedule.

(8) The Secretary of State may at any time by order revoke an order under subsection (6) or otherwise provide for a name specified in such an order to cease to be treated as a name for a particular organisation. 장관의 수시 명칭 변경권한

....

Detention of terrorist suspects **용의자 인치**

23 Extension of period of detention of terrorist suspects 구금 기간의 연장

(1) Schedule 8 to the Terrorism Act 2000 (c. 11) (detention of terrorist suspects) is amended as follows.

....

24 Grounds for extending detention 연장 이유

(1) In Schedule 8 to the Terrorism Act 2000, in paragraph 23(1) (grounds on which a review officer may authorise continued detention), after paragraph (b) insert-

"(ba) pending the result of an examination or analysis of any relevant evidence or of anything the examination or analysis of which is to be or is being carried out with a view to obtaining relevant evidence;".

(2) In sub-paragraph (1) of paragraph 32 of that Schedule (grounds on which a judicial authority may authorise further detention), for the words from "to obtain" to "preserve relevant evidence" substitute "as mentioned in subparagraph (1A)".

(3) After that sub-paragraph insert-

"(1A) The further detention of a person is necessary as mentioned in this sub-paragraph if it is necessary-

(a) to obtain relevant evidence whether by questioning him or otherwise;

(b) to preserve relevant evidence; or

(c) pending the result of an examination or analysis of any relevant evidence or of anything the examination or analysis of which is to be or is being carried out with a view to obtaining relevant evidence."

....

25 Expiry or renewal of extended maximum detention period 구금기간의 만료 또는 재연장

(1) This section applies to any time which-

(a) is more than one year after the commencement of section 23; and

(b) does not fall within a period in relation to which this section is disapplied by an order under subsection (2).

(2) The Secretary of State may by order made by statutory instrument disapply this section in

relation to any period of not more than one year beginning with the coming into force of the order.

....

26 All premises warrants: England and Wales and Northern Ireland 영장관할 지역의 변경

....

27 All premises warrants: Scotland

....

28 Search, seizure and forfeiture of terrorist publications 테러출간물의 수색 · 압수와 몰수

(1) If a justice of the peace is satisfied that there are reasonable grounds for suspecting that articles to which this section applies are likely to be found on any premises, he may issue a warrant authorising a constable-

(a) to enter and search the premises; and

(b) to seize anything found there which the constable has reason to believe is such an article.

....

(3) A person exercising a power conferred by a warrant under this section may use such force as is reasonable in the circumstances for exercising that power.

(4) An article seized under the authority of a warrant issued under this section-

(a) may be removed by a constable to such place as he thinks fit; and

(b) must be retained there in the custody of a constable until returned or otherwise disposed of in accordance with this Act.

....

30 Extension to internal waters of authorisations to stop and search

(1) The Terrorism Act 2000 is amended as follows.

(2) In section 44 (authorisations for stop and search), after subsection (4) insert-

"(4ZA) The power of a person mentioned in subsection (4) to give an authorisation specifying an area or place so mentioned includes power to give such an authorisation specifying such an area or place together with-

(a) the internal waters adjacent to that area or place; or

(b) such area of those internal waters as is specified in the authorisation."

....

31 Amendment of the Intelligence Services Act 1994 1994년 정보서비스법의 일부 개정

(1) The Intelligence Services Act 1994 (c. 13) is amended as follows.

(2) In subsection (1) of section 6 (persons under whose hand a warrant to act within the British Islands may be issued), after paragraph (c) insert "or

(d) in an urgent case where the Secretary of State has expressly authorised the issue of warrants in accordance with this paragraph by specified senior officials and a statement of that fact is endorsed on the warrant, under the hand of any of the specified officials."

(3) After that subsection insert-

"(1A) But a warrant issued in accordance with subsection (1)(d) may authorise the taking of an action only if the action is an action in relation to property which, immediately before the issue of the warrant, would, if done outside the British Islands, have been authorised by virtue of an

authorisation under section 7 that was in force at that time."

(1B) A senior official who issues a warrant in accordance with subsection (1)(d) must inform the Secretary of State about the issue of the warrant as soon as practicable after issuing it."

....

32 Interception warrants 감청 영장

(1) The Regulation of Investigatory Powers Act 2000 (c. 23) is amended as follows.

(2) In section 9(6) (period for which interception warrants can be issued or renewed), after paragraph (a) insert-

"(ab) in relation to an unrenewed warrant which is endorsed under the hand of the Secretary of State with a statement that the issue of the warrant is believed to be necessary on grounds falling within section 5(3)(a) or (c), means the period of six months beginning with the day of the warrant's issue;".

....

33 Disclosure notices for the purposes of terrorist investigations

(1) In section 60 of the Serious Organised Crime and Police Act 2005 (c. 15) (investigatory powers of DPP etc.), in subsection (1), after "applies" insert "or in connection with a terrorist investigation".

(2) After subsection (6) of that section insert-

"(7) In this Chapter 'terrorist investigation' means an investigation of-

(a) the commission, preparation or instigation of acts of terrorism,

(b) any act or omission which appears to have been for the purposes of terrorism and which consists in or involves the commission, preparation or instigation of an offence, or

(c) the commission, preparation or instigation of an offence under the Terrorism Act 2000 (c. 11) or under Part 1 of the Terrorism Act 2006 other than an offence under section 1 or 2 of that Act."

....

34 Amendment of the definition of "terrorism" etc. 테러개념의 수정

In each of—t

(a) section 1(1)(b) of the Terrorism Act 2000 (c. 11) (under which actions and threats designed to influence a government may be terrorism), and

(b) section 113(1)(c) of the Anti-terrorism, Crime and Security Act 2001 (c. 24) (offence of using noxious substances or things to influence a government or to intimidate),

after "government" insert "or an international governmental organisation".

Other amendments 기타 수정

35 Applications for extended detention of seized cash

....

PART 3

SUPPLEMENTAL PROVISIONS

36 Review of terrorism legislation 기존법의 (타당성과 실효성) 점검과 책임자 임명

(1) The Secretary of State must appoint a person to review the operation of the provisions of the Terrorism Act 2000 and of Part 1 of this Act.

(2) That person may, from time to time, carry out a review of those provisions and, where he does so, must send a report on the outcome of his review to the Secretary of State as soon as reasonably practicable after completing the review.

(3) That person must carry out and report on his first review under this section before the end of the period of 12 months after the laying before Parliament of the last report to be so laid under section 126 of the Terrorism Act 2000 before the commencement of this section.

(4) That person must carry out and report on a review under this section at least once in every twelve month period ending with an anniversary of the end of the twelve month period mentioned in subsection (3). 의회에 연간 보고서 제출의무

(5) On receiving a report under this section, the Secretary of State must lay a copy of it before Parliament.

(6) The Secretary of State may, out of money provided by Parliament, pay a person appointed to carry out a review under this section, both his expenses and also such allowances as the Secretary of State determines.

37 Consequential amendments and repeals

....

38 Expenses 예산 조치

There shall be paid out of money provided by Parliament any increase attributable to this Act in the sums payable out of such money under any other Act.

39 Short title, commencement and extent

(1) This Act may be cited as the Terrorism Act 2006. 법의 명칭

(2) This Act (apart from this section) shall come into force on such day as the Secretary of State may by order made by statutory instrument appoint. 효력 발생일

(3) An order made under subsection (2) may make different provision for different purposes.

(4) Subject to section 17(6), an amendment or repeal by this Act of another enactment has the same extent as the enactment amended or repealed.

(5) Subject to section 17(6) and to subsection (4) of this section, this Act extends to the whole of the United Kingdom.

(6) Her Majesty may by Order in Council direct that any provisions of this Act shall extend, with such modifications as appear to Her Majesty to be appropriate, to any of the Channel Islands or the Isle of Man.

(7) In subsection (6) "modification" includes omissions, additions and alterations.

SCHEDULES

부칙

제3절 캐나다의 정보활동 근거와 규율법

I. 서 언

1. 개 관

캐나다 보안정보서비스법(Canadian Security Intelligence Service Act)은 정보기구의 정보수집 활동에 대한 실정법으로 캐나다 보안부(Canadian Security Intelligence Service)를 창설한 캐나다의 대표적인 정보근거법이다. 동법은 국가정보 활동에 대한 민주적 통제를 대표적으로 구현한 법이라고 말해진다. 보안정보 활동의 임무, 전문가로 구성된 보안정보위원회, 법에서 명시한 다양한 내용을 특정하여 수록한 보고서의 의회에의 주기적 제출의무, 독립 감찰감에 의한 업무통제, 정보활동 과정에서 야기된 진정사건 처리, 정보활동 과정에서 야기된 인권관련 문제에 대한 캐나다 인권위원회에의 질의 등 다양한 내용의 인권 통제장치를 규정하고 있다.

한편 법은 캐나다의 국가안보에 위협을 주는 보안(threats to the security of Canada) 활동의 범위에 대해서도 “캐나다에 반하거나 캐나다의 이익을 위태롭게 하는 간첩이나 태업활동 또는 그러한 간첩이나 태업활동을 지지하는 활동”을 포함하여 4개의 행위 유형에 대하여, 용어의 정의로 그 내용을 명백히 한정하고 그러한 행위를 주요한 보안 방첩대상으로 설정하였다. 그러나 법은 그러한 4개 유형의 행위와 연결되지 않는 단순한 법적 항의나 불만은 캐나다의 안보에의 위협은 아니라고 하였다.

2. 캐나다 보안정보부(Canadian Security Intelligence Service)

보안정보부(CSIS, 영어 발음은 시-시스)는 캐나다의 대표적 중앙정보기구로 공공안전과비상사태대비부(Minister of Public Safety and Emergency Preparedness) 소속이다. 보안정보부는 국가안보를 위협하는 정보의 수집, 모니터링, 정보분석, 그리고 비밀공작 업무 수행을 임무로 한다. 본부는 1995년도에 완공된 현대식 건물로 온타리오 주 오타와 오길비 가(Ogilvie Road) 1941번지에 위치한다.

1) 창설 취지

보안정보부(CSIS)는 그동안 정보기구의 권한 남용에 대한 반성으로 국가 정보체계를 재구축하면서 1984년 6월 21일 창설되었다. 창설의 주된 취지는 보안정보 활동을 정책공동체의 법집행 업무인 경찰활동과 구별시키고, 새로 창설되는 보안정보부의 활동은 영장에 의한 사법심사와 더불어서 함께 신설되는 보안정보감독위원회(SIRC)의 업무에 대한 전반적인 심사를 받는다는 것이었다.

2) 임무(Mission)

보안정보부는 캐나다 국가안보 문제에 대한 중심적인 정보기구이다. 연방 정보기구인 CSIS는 국가안보 관련 문제에 대한 조사와 국내와 해외에서의 보안정보 수집에 책임이 있다. 전술한 바와 같이 CSIS는 물론 경찰기구는 아니고 어디까지나 국가정보기구로서 법집행업무 즉 수사가 주된 임무는 아니다. 범죄 수사는 왕립기마경찰(RCMP)과 지역 경찰 담당이다. CSIS는 캐나다의 안보를 위협하는 쟁점과 활동에 대한 해당 정보를 수집하고 분석하여, 필요한 정보를 생산 · 배포하고, 캐나다 정부에 자문한다. 또한 왕립기마경찰(Royal Canadian Mounted Police: RCMP)을 제외하고, 국방부를 포함한 공직 지망자들에 대한 신원보안 조사와 평가업무도 담당한다.

통상 CSIS는 보안방첩기구로 말해지지만 순수한 국내정보기구가 아니다. 해외정보 업무도 담당하여 캐나다와 캐나다 시민에 대한 위협정보수집은 전 세계 어느 곳에서도 수행한다. 한편 법상 보안정보(security intelligence)와 해외정보(foreign intelligence)는 구별된다. 보안정보는 테러나 간첩과 같은 국가안보에 대한 위협과 관련된 정보이다. 한편 해외정보는 외국정부의 정치적 · 경제적 활동을 포함한 제반정보를 말한다(Section 16). 보안정보서비스법(CSIS Act)은 보안정보부의 권한과 활동을 정의하고 통제하며 따라서 철저히 동법에 따라서 업무를 수행한다. CSIS의 대표적 공작 업무 프로그램(Operational Programs)은 다음과 같다.

(1) 대 테러활동(Counter-terrorism2)
(2) 대량살상무기확산 방지(Counter-proliferation)
(3) 방첩공작활동(Counterintelligence: CI)
(4) 신원검색(Security screening)
(5) 애쉴론(ECHELON) 업무 공조

보안정보부(CSIS)는 CIA를 비롯한 미국정보기구, 영국, 오스트레일리아의 정보기구들과 긴밀한 업무공조 체계를 구축하고 있다. 한편 캐나다 경찰, 국방 기구, 그리고 많은 다수의 정부 부분은 자체의 정보요소를 구축하여 범죄정보와 군사전략정보 그리고 필요한 정책정보를 수집하고 분석한다. 예컨대 외무부국제무역부(Department of Foreign Affairs and International Trade : DFAIT) 소속 보안정보국은 주로 공개정보 기법으로 수집된 정보를 검토하고 분석하여 필요한 고급 정보를 생산한다.

3) 업무 감독(Oversight)

보안정보부(CSIS)의 활동은 의회를 대신한 보안정보감독위원회(Security Intelligence Review Committee: SIRC)의 주기적인 감독과 점검을 받으며(법 제34조-39조 참조), 또한 감찰감(CSIS Inspector General)은 독자적인 감독업무 수행으로 CSIS의 공작활동에 대한 비밀분류된 연례보고서를 작성하여 직속인 공공안전과비상사태대비부(Department of Public Safety and Emergency Preparedness) 장관에게 직접 보고한다. 업무 수행을 위해 보안정보감독위원회(SIRC)와 감찰감(CSIS IG)은 일정한 예외를 제외하고 CSIS의 모든 비밀정보에 접근할 수 있다. CSIS는 소속 장관과, 활동을 위한 영장과 관련하여 연방 법원에 책임을 지며 또한 SIRC의 업무감독을 통하여 의회에 책임을 진다.

SIRC는 독립된 정부기구로 CSIS의 업무를 감독하고, 정보수준을 평가하고 CSIS 정보활동과 관련된 진정사건을 조사할 권한을 가진다. 위원회는 1984년 캐나다 정보기구를 재편하며 CSIS를 창설함과 동시에 함께 탄생하였다. 이처럼 SIRC의 주된 역할은 캐나다 시민의 권리와 자유를 보호하기 위하여 보안부에 부여된 막강한 권한이 합법적으로 그리고 적절하게 사용되는지를 감시하는 것이다. 보안정보감독위원회는 연방정부에 의해 임명되는 5명의 위원으로 구성되고 매달 업무감독 회의를 진행한다.

II. 캐나다 보안정보서비스법 원문

Canadian Security Intelligence Service Act

(R.S., 1985, c. C-23)

SHORT TITLE

1. This Act may be cited as the Canadian Security Intelligence Service Act.

INTERPRETATION

Definitions

2. In this Act,
각종 용어의 정의

....

"threats to the security of Canada" means

(a) espionage or sabotage that is against Canada or is detrimental to the interests of Canada or activities directed toward or in support of such espionage or sabotage,

(b) foreign influenced activities within or relating to Canada that are detrimental to the interests of Canada and are clandestine or deceptive or involve a threat to any person,

(c) activities within or relating to Canada directed toward or in support of the threat or use of acts of serious violence against persons or property for the purpose of achieving a political, religious or ideological objective within Canada or a foreign state, and

(d) activities directed toward undermining by covert unlawful acts, or directed toward or intended ultimately to lead to the destruction or overthrow by violence of, the constitutionally established system of government in Canada,

but does not include lawful advocacy, protest or dissent, unless carried on in conjunction with any of the activities referred to in paragraphs (a) to (d).

PART I. CANADIAN SECURITY INTELLIGENCE SERVICE

Establishment of Service 보안정보부의 창설

3. (1) The Canadian Security Intelligence Service is hereby established, consisting of the Director and employees of the Service.

(2) The principal office of the Service shall be in the National Capital Region described in the schedule to the National Capital Act.

(3) The Director may, with the approval of the Minister, establish other offices of the Service elsewhere in Canada.

Director 국장

4. (1) The Governor in Council shall appoint the Director of the Service.

(2) The Director shall be appointed to hold office during pleasure for a term not exceeding five years.

(3) Subject to subsection (4), the Director is eligible, on the expiration of a first or any subsequent term of office, to be re-appointed for a further term not exceeding five years.

Limitation

(4) No person shall hold office as Director for terms exceeding ten years in the aggregate. 임기 10년 이하

(5) In the event of the absence or incapacity of the Director, ... 국장 부재시 후임자 조치

Salary and expenses

....

Management of Service

Role of Director 국장의 역할

6. (1) The Director, under the direction of the Minister, has the control and management of the Service and all matters connected therewith. 보안부 통솔

(2) In providing the direction referred to in subsection (1), the Minister may issue to the Director written directions with respect to the Service and a copy of any such direction shall, forthwith after it is issued, be given to the Review Committee.

(3) Directions issued by the Minister under subsection (2) shall be deemed not to be statutory instruments for the purposes of the Statutory Instruments Act.

Consultation with Deputy Minister

7. (1) The Director shall consult the Deputy Minister on

(a) the general operational policies of the Service; and

(b) any matter with respect to which consultation is required by directions issued under subsection 6(2).

(2) The Director or any employee designated by the Minister for the purpose of applying for a warrant under section 21 or 23 shall consult the Deputy Minister before applying for the warrant or the renewal of the warrant.

(3) The Deputy Minister shall advise the Minister with respect to directions issued under subsection 6(2) or that should, in the opinion of the Deputy Minister, be issued under that subsection.

Powers and functions of Director

8. (1) Notwithstanding the Financial Administration Act and the Public Service Employment Act, the Director has exclusive authority to appoint employees and, in relation to the human resources management of employees, other than persons attached or seconded to the Service

as employees,

(a) to provide for the terms and conditions of their employment; and

(b) subject to the regulations,

(i) to exercise the powers and perform the functions of the Treasury Board relating to human resources management under the Financial Administration Act, and

(ii) to exercise the powers and perform the functions assigned to the Public Service Commission by or pursuant to the Public Service Employment Act.

(2) Notwithstanding the Public Service Labour Relations Act but subject to subsection (3) and the regulations, the Director may establish procedures respecting the conduct and discipline of, and the presentation, consideration and adjudication of grievances in relation to, employees, other than persons attached or seconded to the Service as employees.

Adjudication of employee grievances

(3) When a grievance is referred to adjudication, the adjudication shall not be heard or determined by any person, other than a full-time member of the Public Service Labour Relations Board established under section 12 of the Public Service Labour Relations Act.

Regulations

(4) The Governor in Council may make regulations

(a) governing the exercise of the powers and the performance of the duties and functions of the Director referred to in subsection (1); and

(b) in relation to employees to whom subsection (2) applies, governing their conduct and discipline and the presentation, consideration and adjudication of grievances.

Process for resolution of disputes of support staff

9. (1) Notwithstanding the Public Service Labour Relations Act,

(a) the process for resolution of a dispute applicable to employees of the Service in a bargaining unit determined for the purposes of that Act is by the referral of the dispute to arbitration; and

(b) the process for resolution of a dispute referred to in paragraph (a) shall not be altered pursuant to that Act.

(2) Employees of the Service shall be deemed to be employed in the public service for the purposes of the Public Service Superannuation Act.

Oaths 선서 조항

10. The Director and every employee shall, before commencing the duties of office, take an oath of allegiance and the oaths set out in the schedule.

Certificate

11. A certificate purporting to be issued by or under the authority of the Director and stating that the person to whom it is issued is an employee or is a person, or a person included in a class of persons, to whom a warrant issued under section 21 or 23 is directed is evidence of the statements contained therein and is admissible in evidence without proof of the signature or official character of the person purporting to have issued it.

Duties and Functions of Service

Collection, analysis and retention 수집 · 분석과 보유

12. The Service shall collect, by investigation or otherwise, to the extent that it is strictly necessary, and analyse and retain information and intelligence respecting activities that may on reasonable grounds be suspected of constituting threats to the security of Canada and, in relation thereto, shall report to and advise the Government of Canada.

Security assessments 보안 평가

13. (1) The Service may provide security assessments to departments of the Government of Canada.

(2) The Service may, with the approval of the Minister, enter into an arrangement with

(a) the government of a province or any department thereof, or

(b) any police force in a province, with the approval of the Minister responsible for policing in the province,

(3) The Service may, with the approval of the Minister after consultation by the Minister with the Minister of Foreign Affairs, enter into an arrangement with the government of a foreign state or an institution thereof or an international organization of states or an institution thereof authorizing the Service to provide the government, institution or organization with security assessments.

외국정부와의 협조

Advice to Ministers 수상에의 안보보좌관

14. The Service may

(a) advise any minister of the Crown on matters relating to the security of Canada, or

(b) provide any minister of the Crown with information relating to security matters or criminal activities, that is relevant to the exercise of any power or the performance of any duty or function by that Minister under the Citizenship Act or the Immigration and Refugee Protection Act.

Investigations 보안 조사

15. The Service may conduct such investigations as are required for the purpose of providing security assessments pursuant to section 13 or advice pursuant to section 14.

Collection of information concerning foreign states and persons

16. (1) Subject to this section, the Service may, in relation to the defence of Canada or the conduct of the international affairs of Canada, assist the Minister of National Defence or the Minister of Foreign Affairs, within Canada, in the collection of information or intelligence relating to the capabilities, intentions or activities of

(a) any foreign state or group of foreign states; or

(b) any person other than

(i) a Canadian citizen,

(ii) a permanent resident within the meaning of subsection 2(1) of the Immigration and Refugee Protection Act, or

(iii) a corporation incorporated by or under an Act of Parliament or of the legislature of a province.

Limitation

(2) The assistance provided pursuant to subsection (1) shall not be directed at any person referred to in subparagraph (1)(b)(i), (ii) or (iii).

Personal consent of Ministers required

(3) The Service shall not perform its duties and functions under subsection (1) unless it does so

(a) on the personal request in writing of the Minister of National Defence or the Minister of Foreign Affairs; and

(b) with the personal consent in writing of the Minister.

Cooperation

17. (1) For the purpose of performing its duties and functions under this Act, the Service may,

(a) with the approval of the Minister, enter into an arrangement or otherwise cooperate with

(i) any department of the Government of Canada or the government of a province or any department thereof, or

(ii) any police force in a province, with the approval of the Minister responsible for policing in the province; or

(b) with the approval of the Minister after consultation by the Minister with the Minister of Foreign Affairs, enter into an arrangement or otherwise cooperate with the government of a foreign state or an institution thereof or an international organization of states or an institution thereof.

Copies of arrangements to Review Committee 감독위원회에의 사본 제출

(2) Where a written arrangement is entered into pursuant to subsection (1) or subsection 13(2) or (3), a copy thereof shall be given forthwith to the Review Committee.

Offence to disclose identity

18. (1) Subject to subsection (2), no person shall disclose any information that the person obtained or to which the person had access in the course of the performance by that person of duties and functions under this Act or the participation by that person in the administration or enforcement of this Act and from which the identity of

(a) any other person who is or was a confidential source of information or assistance to the Service, or

(b) any person who is or was an employee engaged in covert operational activities of the Service can be inferred.

Exceptions

(2) A person may disclose information referred to in subsection (1) for the purposes of the performance of duties and functions under this Act or any other Act of Parliament or the administration or enforcement of this Act or as required by any other law or in the circumstances described in any of paragraphs 19(2)(a) to

....

(d).

(3) Every one who contravenes subsection (1)

(a) is guilty of an indictable offence and liable to imprisonment for a term not exceeding five years; or

(b) is guilty of an offence punishable on summary conviction.

Authorized disclosure of information 정보의 합법적 공개

19. (1) Information obtained in the performance of the duties and functions of the Service under this Act shall not be disclosed by the Service except in accordance with this section.

(2) The Service may disclose information referred to in subsection (1) for the purposes of the performance of its duties and functions under this Act or the administration or enforcement of this Act or as required by any other law and may also disclose such information,

(a) where the information may be used in the investigation or prosecution of an alleged contravention of any law of Canada or a province, to a peace officer having jurisdiction to investigate the alleged contravention and to the Attorney General of Canada and the Attorney General of the province in which proceedings in respect of the alleged contravention may be taken;

(b) where the information relates to the conduct of the international affairs of Canada, to the Minister of Foreign Affairs or a person designated by the Minister of Foreign Affairs for the purpose;

(c) where the information is relevant to the defence of Canada, to the Minister of National Defence or a person designated by the Minister of National Defence for the purpose; or

(d) where, in the opinion of the Minister, disclosure of the information to any minister of the Crown or person in the federal public administration is essential in the public interest and that interest clearly outweighs any invasion of privacy that could result from the disclosure, to that minister or person.

Report to Review Committee

(3) The Director shall, as soon as practicable after a disclosure referred to in paragraph (2)(d) is made, submit a report to the Review Committee with respect to the disclosure.

Protection of employees

20. (1) The Director and employees have, in performing the duties and functions of the Service under this Act, the same protection under the law as peace officers have in performing their duties and functions as peace officers.

Unlawful conduct

(2) If the Director is of the opinion that an employee may, on a particular occasion, have acted unlawfully in the purported performance of the duties and functions of the Service under this Act, the Director shall cause to be submitted a report in respect thereof to the Minister.

Report and comments to Attorney General of Canada

(3) The Minister shall cause to be given to the Attorney General of Canada a copy of any report that he receives pursuant to subsection (2), together with any comment that he considers appropriate in the circumstances.

Copies to Review Committee

(4) A copy of anything given to the Attorney General of Canada pursuant to subsection (3) shall be given forthwith to the Review Committee.

PART II. JUDICIAL CONTROL 사법적 통제

Application for warrant 영장 신청

21. (1) Where the Director or any employee designated by the Minister for the purpose believes, on reasonable grounds, that a warrant under this section is required to enable the Service to investigate a threat to the security of Canada or to perform its duties and functions under section 16, the Director or employee may, after having obtained the approval of the Minister, make an application in accordance with subsection (2) to a judge for a warrant under this section.

Matters to be specified in application for warrant 영장 신청에 적시할 사항

(2) An application to a judge under subsection (1) shall be made in writing and be accompanied by an affidavit of the applicant deposing to the following matters, namely,

(a) the facts relied on to justify the belief, on reasonable grounds, that a warrant under this section is required to enable the Service to investigate a threat to the security of Canada or to perform its duties and functions under section 16;

(b) that other investigative procedures have been tried and have failed or why it appears that they are unlikely to succeed, that the urgency of the matter is such that it would be impractical to carry out the investigation using only other investigative procedures or that without a warrant under this section it is likely that information of importance with respect to the threat to the security of Canada or the performance of the duties and functions under section 16 referred to in paragraph (a) would not be obtained;

(c) the type of communication proposed to be intercepted, the type of information, records, documents or things proposed to be obtained and the powers referred to in paragraphs (3)(a) to (c) proposed to be exercised for that purpose;

(d) the identity of the person, if known, whose communication is proposed to be intercepted or who has possession of the information, record, document or thing proposed to be obtained;

(e) the persons or classes of persons to whom the warrant is proposed to be directed;

(f) a general description of the place where the warrant is proposed to be executed, if a general description of that place can be given;

(g) the period, not exceeding sixty days or one year, as the case may be, for which the warrant is requested to be in force that is applicable by virtue of subsection (5); and

(h) any previous application made in relation to a person identified in the affidavit pursuant to paragraph (d), the date on which the application was made, the name of the judge to whom each application was made and the decision of the judge thereon.

Issuance of warrant 영장 발부

(3) Notwithstanding any other law but subject to the Statistics Act, where the judge to whom an application under subsection (1) is made is satisfied of the matters referred to in paragraphs (2)(a) and (b) set out in the affidavit accompanying the application, the judge may issue a warrant authorizing the persons to whom it is directed to intercept any communication or obtain any information, record, document or thing and, for that purpose,

(a) to enter any place or open or obtain access to any thing;

(b) to search for, remove or return, or examine, take extracts from or make copies of or record in any other manner the information, record, document or thing; or

(c) to install, maintain or remove any thing.

Matters to be specified in warrant (발부) 영장에 특정할 사항

(4) There shall be specified in a warrant issued under subsection (3)

(a) the type of communication authorized to be intercepted, the type of information, records, documents or things authorized to be obtained and the powers referred to in paragraphs (3)(a) to (c) authorized to be exercised for that purpose;

(b) the identity of the person, if known, whose communication is to be intercepted or who has possession of the information, record, document or thing to be obtained;

(c) the persons or classes of persons to whom the warrant is directed;

(d) a general description of the place where the warrant may be executed, if a general description of that place can be given;

(e) the period for which the warrant is in force; and

(f) such terms and conditions as the judge considers advisable in the public interest.

Maximum duration of warrant 영장유효기간

(5) A warrant shall not be issued under subsection (3) for a period exceeding

(a) sixty days where the warrant is issued to enable the Service to investigate a threat to the security of Canada within the meaning of paragraph (d) of the definition of that expression in section 2; or

(b) one year in any other case.

Renewal of warrant 갱신

22. On application in writing to a judge for the renewal of a warrant issued under subsection 21(3) made by a person entitled to apply for such a warrant after having obtained the approval of the Minister, the judge may, from time to time, renew the warrant for a period not exceeding the period for which the warrant may be issued pursuant to subsection 21(5) if satisfied by evidence on oath that

(a) the warrant continues to be required to enable the Service to investigate a threat to the security of Canada or to perform its duties and functions under section 16; and

(b) any of the matters referred to in paragraph 21(2)(b) are applicable in the circumstances.

Warrant authorizing removal

23. (1) On application in writing by the Director or any employee designated by the Minister for the purpose, a judge may, if the judge thinks fit, issue a warrant authorizing the persons to whom the warrant is directed to remove from any place any thing installed pursuant to a warrant issued under subsection 21(3) and, for that purpose, to enter any place or open or obtain access to any thing.

Matters to be specified in warrants

(2) There shall be specified in a warrant issued under subsection (1) the matters referred to in paragraphs 21(4)(c) to (f).

Warrant to have effect notwithstanding other laws

24. Notwithstanding any other law, a warrant issued under section 21 or 23

(a) authorizes every person or person included in a class of persons to whom the warrant is directed,

(i) in the case of a warrant issued under section 21, to exercise the powers specified in the warrant for the purpose of intercepting communications of the type specified therein or obtaining information, records, documents or things of the type specified therein, or

(ii) in the case of a warrant issued under section 23, to execute the warrant; and

(b) authorizes any other person to assist a person who that other person believes on reasonable grounds is acting in accordance with such a warrant.

Crown Liability and Proceedings Act not to apply

25. No action lies under section 18 of the Crown Liability and Proceedings Act in respect of

(a) the use or disclosure pursuant to this Act of any communication intercepted under the authority of a warrant issued under section 21; or

(b) the disclosure pursuant to this Act of the existence of any such communication.

Exclusion of Part VI of Criminal Code

26. Part VI of the Criminal Code does not apply in relation to any interception of a communication under the authority of a warrant issued under section 21 or in relation to any communication so intercepted.

Hearing of applications

27. An application under section 21, 22 or 23 to a judge for a warrant or the renewal of a warrant shall be heard in private in accordance with regulations made under section 28.

Regulations

28. The Governor in Council may make regulations

(a) prescribing the forms of warrants that may be issued under section 21 or 23;

(b) governing the practice and procedure of, and security requirements applicable to, hearings of applications for those warrants and for renewals of those warrants; and

(c) notwithstanding the Federal Courts Act and any rules made thereunder, specifying the places where those hearings may be held and the places where, and the manner in which, records or documents concerning those hearings shall be kept.

PART III. REVIEW 감독

Interpretation

Definition of "deputy head"

29. In this Part, "deputy head" means, in relation to

(a) a department named in Schedule I to the Financial Administration Act, the deputy minister thereof,

(b) the Canadian Forces, the Chief of the Defence Staff,

(c) the Royal Canadian Mounted Police, the Commissioner,

(d) the Service, the Director, and

(e) any other portion of the federal public administration, the person designated by order in council pursuant to this paragraph and for the purposes of this Part to be the deputy head of that portion of the federal public administration.

Inspector General 감찰감

30. (1) The Governor in Council shall appoint an officer to be known as the Inspector General, who is responsible to the Deputy Minister.

Functions 감찰감의 기능

(2) The functions of the Inspector General are

(a) to monitor the compliance by the Service with its operational policies;

(b) to review the operational activities of the Service; and

(c) to submit certificates pursuant to subsection 33(2).

Access to information 감찰감의 정보에의 접근

31. (1) Notwithstanding any other Act of Parliament but subject to subsection (2), the Inspector General is entitled to have access to any information under the control of the Service that relates to the performance of the duties and functions of the Inspector General and is also entitled to receive from the Director and employees such information, reports and explanations as the Inspector General deems necessary for the performance of those duties and functions.

Compelling production of information

(2) No information described in subsection (1), other than a confidence of the Queen's Privy Council for Canada in respect of which subsection 39(1) of the Canada Evidence Act applies, may be withheld from the Inspector General on any grounds.

Compliance with security requirements

32. The Inspector General shall comply with all security requirements applicable by or under this Act to an employee and shall take the oath of secrecy set out in the schedule.

Periodic reports by Director

33. (1) The Director shall, in relation to every period of twelve months or such lesser period as is specified by the Minister, submit to the Minister, at such times as the Minister specifies, reports with respect to the operational activities of the Service during that period, and shall cause the Inspector General to be given a copy of each such report.

Certificates of Inspector General

(2) As soon as practicable after receiving a copy of a report referred to in subsection (1), the Inspector General shall submit to the Minister a certificate stating the extent to which the Inspector General is satisfied with the report and whether any act or thing done by the Service in the course of its operational activities during the period to which the report relates is, in the opinion of the Inspector General,

(a) not authorized by or under this Act or contravenes any directions issued by the Minister under subsection 6(2); or

(b) involves an unreasonable or unnecessary exercise by the Service of any of its powers.

Transmission to Review Committee

(3) As soon as practicable after receiving a report referred to in subsection (1) and a certificate of the Inspector General referred to in subsection (2), the Minister shall cause the report and certificate to be transmitted to the Review Committee.

Security Intelligence Review Committee

34. (1) There is hereby established a committee, to be known as the Security Intelligence Review Committee, consisting of a Chairman and not less than two and not more than four other members, all of whom shall be appointed by the Governor in Council from among members of the Queen's Privy Council for Canada who are not members of the Senate or the House of Commons, after consultation by the Prime Minister of Canada with the Leader of the Opposition in the House of Commons and the leader in the House of Commons of each party having at least twelve members in that House.

Term of office

(2) Each member of the Review Committee shall be appointed to hold office during good behaviour for a term not exceeding five years. 감독위원의 임기는 5년

Re-appointment

(3) A member of the Review Committee is eligible to be re-appointed for a term not exceeding five years.

Expenses

(4) Each member of the Review Committee is entitled to be paid, for each day that the member performs duties and functions under this Act, such remuneration as is fixed by the Governor in Council and shall be paid reasonable travel and living expenses incurred by the member in the

performance of those duties and functions.

Chairman of the Review Committee

35. (1) The Chairman of the Review Committee is the chief executive officer of the Committee.

Acting Chairman of the Review Committee

(2) The Chairman of the Review Committee may designate another member of the Committee to act as the Chairman in the event of the absence or incapacity of the Chairman and, if no such designation is in force or the office of Chairman is vacant, the Minister may designate a member of the Committee to act as the Chairman.

Staff of Review Committee 사무국

36. The Review Committee may, with the approval of the Treasury Board,

(a) engage a secretary and such other staff as it requires; and

(b) fix and pay the remuneration and expenses of persons engaged pursuant to paragraph (a).

Compliance with security requirements

37. Every member of the Review Committee and every person engaged by it shall comply with all security requirements applicable by or under this Act to an employee and shall take the oath of secrecy set out in the schedule.

Functions of Review Committee 감독 위원회의 기능

38. The functions of the Review Committee are

(a) to review generally the performance by the Service of its duties and functions and, in connection therewith,

(i) to review the reports of the Director and certificates of the Inspector General transmitted to it pursuant to subsection 33(3),

(ii) to review directions issued by the Minister under subsection 6(2),

(iii) to review arrangements entered into by the Service pursuant to subsections 13(2) and (3) and 17(1) and to monitor the provision of information and intelligence pursuant to those arrangements,

(iv) to review any report or comment given to it pursuant to subsection 20(4),

(v) to monitor any request referred to in paragraph 16(3)(a) made to the Service,

(vi) to review the regulations, and

(vii) to compile and analyse statistics on the operational activities of the Service;

(b) to arrange for reviews to be conducted, or to conduct reviews, pursuant to section 40; and

(c) to conduct investigations in relation to

(i) complaints made to the Committee under sections 41 and 42,

(ii) reports made to the Committee pursuant to section 19 of the Citizenship Act, and

(iii) matters referred to the Committee pursuant to section 45 of the Canadian Human Rights Act.

Committee procedures

39. (1) Subject to this Act, the Review Committee may determine the procedure to be followed in the performance of any of its duties or functions.

Access to information 정보에의 접근

(2) Notwithstanding any other Act of Parliament or any privilege under the law of evidence, but subject to subsection (3), the Review Committee is entitled

(a) to have access to any information under the control of the Service or of the Inspector General that relates to the performance of the duties and functions of the Committee and to receive from the Inspector General, Director and employees such information, reports and explanations as the Committee deems necessary for the performance of its duties and functions; and

(b) during any investigation referred to in paragraph 38(c), to have access to any information under the control of the deputy head concerned that is relevant to the investigation.

(3) No information described in subsection (2), other than a confidence of the Queen's Privy Council for Canada in respect of which subsection 39(1) of the Canada Evidence Act applies, may be withheld from the Committee on any grounds.

Review

40. For the purpose of ensuring that the activities of the Service are carried out in accordance with this Act, the regulations and directions issued by the Minister under subsection 6(2) and that the activities do not involve any unreasonable or unnecessary exercise by the Service of any of its powers, the Review Committee may

(a) direct the Service or Inspector General to conduct a review of specific activities of the Service and provide the Committee with a report of the review; or

(b) where it considers that a review by the Service or the Inspector General would be inappropriate, conduct such a review itself.

Complaints 진정사건

41. (1) Any person may make a complaint to the Review Committee with respect to any act or thing done by the Service and the Committee shall, subject to subsection (2), investigate the complaint if

(a) the complainant has made a complaint to the Director with respect to that act or thing and the complainant has not received a response within such period of time as the Committee considers reasonable or is dissatisfied with the response given; and

(b) the Committee is satisfied that the complaint is not trivial, frivolous, vexatious or made in bad faith.

Other redress available

(2) The Review Committee shall not investigate a complaint in respect of which the complainant is entitled to seek redress by means of a grievance procedure established pursuant to this Act or the Public Service Labour Relations Act.

Denial of security clearance 비밀취급인가의 거부

42. (1) Where, by reason only of the denial of a security clearance required by the Government of Canada, a decision is made by a deputy head to deny employment to an individual or to dismiss, demote or transfer an individual or to deny a promotion or transfer to an individual, the deputy head shall send, within ten days after the decision is made, a notice informing the individual of the denial of the security clearance.

(2) Where, by reason only of the denial of a security clearance required by the Government of Canada to be given in respect of an individual, a decision is made to deny the individual or any other person a contract to provide goods or services to the Government of Canada, the deputy head concerned shall send, within ten days after the decision is made, a notice informing the individual and, where applicable, the other person of the denial of the security clearance.

Receipt and investigation of complaints

(3) The Review Committee shall receive and investigate a complaint from

(a) any individual referred to in subsection (1) who has been denied a security clearance; or

(b) any person who has been denied a contract to provide goods or services to the Government of Canada by reason only of the denial of a security clearance in respect of that person or any individual.

Time within which complaint is to be made

(4) A complaint under subsection (3) shall be made within thirty days after receipt of the notice referred to in subsection (1) or (2) or within such longer period as the Review Committee allows.

Member of the Committee authorized to act alone

43. A member of the Review Committee may exercise any of the powers or perform any of the duties or functions of the Committee under this Part in relation to complaints.

Complaints submitted on behalf of complainants

44. Nothing in this Act precludes the Review Committee from receiving and investigating complaints described in sections 41 and 42 that are submitted by a person authorized by the complainant to act on behalf of the complainant, and a reference to a complainant in any other section includes a reference to a person so authorized.

Written complaint

45. A complaint under this Part shall be made to the Review Committee in writing unless the Committee authorizes otherwise.

Statement and notice of hearing to be sent to the complainant

46. The Review Committee shall, as soon as practicable after receiving a complaint made under section 42, send to the complainant a statement summarizing such information available to the Committee as will enable the complainant to be as fully informed as possible of the circumstances giving rise to the denial of the security clearance and shall send a copy of the statement to the Director and the deputy head concerned.

Investigations 조사

Notice of intention to investigate

47. Before commencing an investigation of a complaint referred to in paragraph 38(c) other than an investigation under section 41, the Review Committee shall notify the Director and, where applicable, the deputy head concerned of its intention to carry out the investigation and shall inform the Director and the deputy head of the substance of the complaint.

Investigations in private

48. (1) Every investigation of a complaint under this Part by the Review Committee shall be conducted in private.

Right to make representations

(2) In the course of an investigation of a complaint under this Part by the Review Committee, the complainant, deputy head concerned and the Director shall be given an opportunity to make representations to the Review Committee, to present evidence and to be heard personally or by counsel, but no one is entitled as of right to be present during, to have access to or to comment on representations made to the Review Committee by any other person.

Canadian Human Rights Commission may comment

49. In the course of an investigation of a complaint under this Part, the Review Committee shall, where appropriate, ask the Canadian Human Rights Commission for its opinion or comments with respect to the complaint.

Powers of Review Committee

50. The Review Committee has, in relation to the investigation of any complaint under this Part, power

(a) to summon and enforce the appearance of persons before the Committee and to compel them to give oral or written evidence on oath and to produce such documents and things as the Committee deems requisite to the full investigation and consideration of the complaint in the same manner and to the same extent as a superior court of record;

(b) to administer oaths; and

(c) to receive and accept such evidence and other information, whether on oath or by affidavit or otherwise, as the Committee sees fit, whether or not that evidence or information is or would be admissible in a court of law.

Evidence in other proceedings

51. Except in a prosecution of a person for an offence under section 133 of the Criminal Code (false statements in extra-judicial proceedings) in respect of a statement made under this Act, evidence given by a person in proceedings under this Part and evidence of the existence of the proceedings are inadmissible against that person in a court or in any other proceedings.

Report of findings

52. (1) The Review Committee shall,

(a) on completion of an investigation in relation to a complaint under section 41, provide the Minister and the Director with a report containing the findings of the investigation and any recommendations that the Committee considers appropriate; and

(b) at the same time as or after a report is provided pursuant to paragraph (a), report

the findings of the investigation to the complainant and may, if it thinks fit, report to the complainant any recommendations referred to in that paragraph.
(2) On completion of an investigation in relation to a complaint under section 42, the Review Committee shall provide the Minister, the Director, the deputy head concerned and the complainant with a report containing any recommendations that the Committee considers appropriate, and those findings of the investigation that the Committee considers it fit to report to the complainant.

Reports 보고서 제도

Annual reports 연례 보고서

53. The Review Committee shall, not later than September 30 in each fiscal year, submit to the Minister a report of the activities of the Committee during the preceding fiscal year and the Minister shall cause the report to be laid before each House of Parliament on any of the first fifteen days on which that House is sitting after the day the Minister receives it.

Special reports 특별 보고서

54. The Review Committee may, on request by the Minister or at any other time, furnish the Minister with a special report concerning any matter that relates to the performance of its duties and functions.

Protection of confidential information

55. The Review Committee shall consult with the Director in order to ensure compliance with section 37 in preparing

(a) a statement under section 46 of this Act, subsection 45(6) of the Canadian Human Rights Act or subsection 19(5) of the Citizenship Act; or

(b) a report under paragraph 52(1)(b), subsection 52(2) or section 53 of this Act, subsection 46(1) of the Canadian Human Rights Act or subsection 19(6) of the Citizenship Act.

PART IV REVIEW BY PARLIAMENT 의회 감독

Review of Act after five years

56. (1) After July 16, 1989, a comprehensive review of the provisions and operation of this Act shall be undertaken by such committee of the House of Commons or of both Houses of Parliament as may be designated or established by Parliament for that purpose.

Report to Parliament

(2) The committee referred to in subsection (1) shall, within a year after a review is undertaken pursuant to that subsection or within such further time as Parliament may authorize, submit a report on the review to Parliament including a statement of any changes the committee recommends.
1984, c. 21, s. 69.

SCHEDULE 부칙

....

찾아보기

국가정보체계 혁신론

2009년 2월 15일 1판 1쇄 인쇄
2009년 2월 25일 1판 1쇄 발행

저 자 한 희 원
발행인 김 용 성
발행처 법률출판사
서울시 동대문구 이문2동 346-41 영일빌딩 2층
☎ 02)962-9154 팩스 02)962-9156
등록번호 제1-1982호

ISBN 978-89-5821-122-8 93360

정가 28,000원